职业教育课程改革创新教材
(电子商务专业)

跨境电子商务基础

麦艳云 严 敏 陈兴华 主 编
潘昭利 陈回凤 龙洁华 李 婷 副主编

电子工业出版社
Publishing House of Electronics Industry
北京·BEIJING

内 容 简 介

本书系统地讲解了跨境电子商务各阶段的理论和实操技能，主要内容包含走进跨境电商、跨境电商市场调研、跨境电子商务平台操作、跨境电商视觉设计、跨境电子商务营销、跨境电商物流、数据分析和跨境电商客户服务，共计 8 个学习项目。

本书按照跨境电商行业知识层次安排，符合学生认知规律，将知识目标和能力目标充分结合，深入跨境电商各个领域的知识和技能培养。本书取材速卖通、阿里国际站、ebay、亚马逊等大型平台的案例和具体操作。依靠 Alexa、SimilarWeb、GlobalSources 等权威网站最新行业信息，数据来源可靠，内容新颖，环节安排生动有趣，突出系统化知识的提炼与总结，强调实践能力的培养。

本书适合作为职业院校电子商务、市场营销、国际贸易和商务英语等相关专业的教材，也可供电子商务相关从业人员作为参考学习用书。

未经许可，不得以任何方式复制或抄袭本书之部分或全部内容。
版权所有，侵权必究。

图书在版编目（CIP）数据

跨境电子商务基础 / 麦艳云，严敏，陈兴华主编. —北京：电子工业出版社，2017.10
ISBN 978-7-121-32512-0

Ⅰ. ①跨… Ⅱ. ①麦… ②严… ③陈… Ⅲ. ①电子商务 Ⅳ. ①F713.36

中国版本图书馆 CIP 数据核字（2017）第 200088 号

策划编辑：关雅莉　罗美娜
责任编辑：裴　杰
印　　刷：北京七彩京通数码快印有限公司
装　　订：北京七彩京通数码快印有限公司
出版发行：电子工业出版社
　　　　　北京市海淀区万寿路 173 信箱　邮编　100036
开　　本：787×1 092　1/16　印张：20　字数：610 千字
版　　次：2017 年 10 月第 1 版
印　　次：2024 年 8 月第 10 次印刷
定　　价：39.80 元

凡所购买电子工业出版社图书有缺损问题，请向购买书店调换。若书店售缺，请与本社发行部联系，联系及邮购电话：(010) 88254888，88258888。

质量投诉请发邮件至 zlts@phei.com.cn，盗版侵权举报请发邮件至 dbqq@phei.com.cn。
本书咨询联系方式：(010) 88254617，luomn@phei.com.cn。

前言

当前，国内越来越多的外贸企业需要开展跨境电商业务，而国内跨境电商人才奇缺，在一定程度上妨碍了行业的发展。本书是为面向跨境电子商务人才培养这一极大需求而设计编写的以工作任务为导向的教材。

本书在编写过程中特别注重跨境电商理论与实践的结合。全书编写思路明确，内容广度和深度把握合理，理论知识体系完整，基本覆盖目前跨境电子商务实操的各个环节。我们力求以项目引导的方式，由浅入深地引导学生近距离地了解跨境电商的方方面面，为个人能力发展打好基础。每章都配备高质量的案例分析和实操讲解，以适合教学入手的"速卖通"平台为例，讲解跨境电商学习中的共性部分，并结合 ebay、亚马逊、Wish 各自平台的特点进行讲解。

本书坚持以工作任务导向的课程开发方法论为指导，参照现行中、高职教学标准，将一个完整且真实的项目全过程进行任务分解，系统地呈现了走进跨境电商、跨境电商市场调研、跨境电子商务平台操作、跨境电商视觉设计、跨境电子商务营销、跨境电商物流、数据分析和跨境电商客户服务 8 个学习项目。同时，还为读者提供了配套的教学资源包，包括教学课件、教学案例等。

本书由麦艳云、严敏、陈兴华担任主编，潘昭利、陈回凤、龙洁华、李婷担任副主编，韦志强、罗家锋、邓镇锋、梁佩蓉、龙芳、叶艳、康乔等参与了本书的编写，在此表示衷心的感谢！

为了方便教师教学，本书还配有电子教学参考资料包，请有需要的教师登录华信教育资源网（http://www.hxedu.com.cn）注册后免费下载使用。

跨境电子商务方兴未艾，对跨境电子商务领域的教育还在初步积累和研究深化中，本书还有很多需改进之处，须加以不断地完善和提升，敬请广大读者批评指正。

编　者

目 录

项目一　走进跨境电商 1

　　模块一　任务分解 2
　　　　任务一　跨境电商的发展 2
　　　　任务二　跨境电商的模式 12
　　　　任务三　跨境电子商务与传统国际贸易 16
　　　　任务四　跨境电商法律法规 20
　　模块二　相关知识 30

项目二　跨境电商市场调研 33

　　模块一　任务分解 34
　　　　任务一　跨境电商平台选择 34
　　　　任务二　数据化选品 40
　　　　任务三　货源渠道确认 46
　　模块二　相关知识 48
　　　　一、跨境电商平台分析 48
　　　　二、2015年跨境电商平台新增规则 49
　　　　三、跨境电商各行业的热门关键词 49
　　　　四、爆款选品 50
　　　　五、货源优缺点对比 51
　　　　六、寻找货源的注意事项 51

项目三　跨境电子商务平台操作 53

　　模块一　任务分解 54
　　　　任务一　速卖通 54
　　　　任务二　Amazon 75
　　　　任务三　ebay 85

	任务四　LAZADA	104
	任务五　Wish	115
	任务六　阿里巴巴国际站	123
模块二	相关知识	126
	一、Wish 平台	126
	二、阿里巴巴国际站	127

项目四　跨境电商视觉设计

模块一	任务分解	130
	任务一　文案策划	130
	任务二　商品主图的设计和构建	131
	任务三　店招图设计	136
	任务四　广告图设计	138
	任务五　自定义模块的设计	141
模块二	相关知识	144
	一、做视觉营销的必备技能	144
	二、视觉规范化的实施和应用	144
	三、文案策划	145

项目五　跨境电子商务营销

模块一	任务分解	148
	任务一　营销方式的认识和选择	148
	任务二　营销活动的实施	158
	任务三　流量引入和使用	184
	任务四　营销效果监测	213
模块二	相关知识	215
	一、Google 搜索引擎	215
	二、社交网站核心营销策略	220

项目六　跨境电商物流

模块一	任务分解	224
	任务一　国际物流认知	224
	任务二　物流模板设置	236
	任务三　海外仓物流模板设置	243
模块二	相关知识	250

一、认识国际物流 ··· 250
　　二、常用订单跟踪查询网站 ··· 251

项目七　数据分析 ··· 252

　模块一　任务分解 ··· 253
　　任务一　行业数据分析 ·· 253
　　任务二　店铺经营分析 ·· 263
　　任务三　移动端店铺数据分析 ·· 272

　模块二　相关知识 ··· 282
　　一、数据分析常用公式和名词解释 ··· 282
　　二、数据分析常用指标说明 ··· 283
　　三、影响商品转化率的因素 ··· 285
　　四、站外工具——了解站外市场行情 ·· 285

项目八　跨境电商客户服务 ··· 286

　模块一　任务分解 ··· 287
　　任务一　跨境电商询盘 ·· 287
　　任务二　客户服务 ·· 293
　　任务三　纠纷处理 ·· 302

　模块二　相关知识 ··· 305
　　一、客户询盘分析及回复技巧 ·· 305
　　二、客户服务技巧 ·· 306
　　三、纠纷处理技巧 ·· 307

参考文献 ··· 311

走进跨境电商

随着经济全球化和电子商务的不断发展，跨境电子商务作为一种新型实用方便的国际贸易方式，正在不断地融入世界各地。2013年底我国已有超过5000家的平台企业。其中大型的有阿里巴巴速卖通、兰亭集势、敦煌网、易唐网、易宝、唯品会等。目前，国内为大家所熟知的电子商务平台如京东、1号店、天猫、苏宁易购等也开始进行跨境业务。随着这些跨境电子商务平台的搭建，企业对跨境电子商务的认知度不断提高，会有更多的中小微企业、传统的外贸企业加入到这种新型的外贸经营模式中来。

跨境电子商务的兴起不是偶然，而是必然，但是在如今发展不完善的情况下，世界各国仍需面对许多挑战与危机，这些挑战与危机也像双刃剑，处理得好，就能够化为更多的利润与机会。如果处理得不好，可能就会导致亏损甚至国际贸易业务的流失。

 学习目标

知识目标

1. 了解跨境电商的岗位职责。
2. 了解跨境电商的模式分类。
3. 了解"互联网+"对传统外贸的影响。
4. 掌握跨境电商知识产权规则。
5. 掌握跨境禁限售规则。
6. 掌握跨境电商与传统外贸的区别。

能力目标

1. 了解跨境电商的发展趋势。
2. 掌握跨境进出口模式。
3. 掌握跨境电商平台运营方式的分类。
4. 掌握外贸企业的电子商务应对之策。
5. 掌握跨境电商的法律法规。

模块一 任务分解

☑ 任务一 跨境电商的发展

一、跨境电商的发展历程

（一）跨境电子商务的概念

跨境电子商务（Cross Border E-commerce）简称跨境电商，是指分属不同关境的交易主体，通过电子商务平台完成交易，进行支付结算，并通过跨境物流送达商品、完成交易的一种国际商业活动。

我国跨境电子商务主要分为跨境零售和跨境 B2B 贸易两种模式。

跨境零售包括 B2C（Business-to-Customer）和 C2C（Consumer-to-Consumer，或 Customer-to-Customer）两种模式。跨境 B2C 电子商务是指分属不同关境的企业直接面向消费个人开展在线销售产品和服务，通过电商平台完成交易、进行支付结算，并通过跨境物流送达商品、完成交易的一种国际商业活动。跨境 C2C 即 Customer（Consumer）to Customer（Consumer），是指分属不同关境的个人卖方对个人买方开展在线销售产品和服务，由个人卖家通过第三方电商平台发布产品和服务销售产品信息、价格等内容，个人买方进行筛选，最终通过电商平台完成交易、进行支付结算，并通过跨境物流送达商品、完成交易的一种国际商业活动。在 B2C 模式下，我国企业直接面对国外消费者，以销售个人消费品为主，物流方面主要采用邮政物流、商业快递、专业快递及海外仓储等方式，其报关主体是邮政或快递公司，目前大多还未纳入海关登记。

跨境 B2B（Business-to-Business）贸易是指分属不同关境的企业对企业，通过电商平台完成交易、进行支付结算，并通过跨境物流送达商品、完成交易的一种国际商业活动，现已纳入海关一般贸易统计。

（二）跨境电商的发展历程

1999 年阿里巴巴实现用互联网连接中国供应商与海外买家后，中国对外出口贸易就实现了互联网化。在此之后，共经历了三个阶段，实现了从信息服务到在线交易、全产业链服务的跨境电商产业转型。

1. 跨境电商 1.0 阶段（1999—2003 年）

跨境电商 1.0 时代的主要商业模式是网上展示、线下交易的外贸信息服务模式。跨境电商 1.0 阶段第三方平台主要的功能是为企业信息以及产品提供网络展示平台，并不在网络上涉及任何交易环节。

此时的盈利模式主要是通过向进行信息展示的企业收取会员费（例如年服务费）。跨境电商 1.0 阶段发展过程中，也逐渐衍生出竞价推广、咨询服务等为供应商提供一条龙的信息流增值服务。

在跨境电商 1.0 阶段中，阿里巴巴国际站、环球资源网为典型的代表平台。其中，阿里巴巴成立于 1999 年，以网络信息服务为主，线下会议交易为辅，是中国最大的外贸信息黄页平台之一。环球资源网 1971 年成立，前身为 Asian Source，是亚洲较早的提供贸易市场资讯者，并于2000年4月28日在纳斯达克证券交易所上市,如图1-1所示。

在此期间还出现了中国制造网、韩国EC21网、Kellysearch等大量以供需信息交易为主的跨境电商平台。跨境电商1.0阶段虽然通过互联网解决了中国贸易信息面向世界买家的难题,但是依然无法完成在线交易,对于外贸电商产业链的整合仅完成信息流整合环节。

2. 跨境电商2.0阶段(2004—2012年)

2004年,随着敦煌网的上线,跨境电商进入了2.0阶段。这个阶段,跨境电商平台开始摆脱纯信息黄页的展示行为,将线下交易、支付、物流等流程实现电子化,逐步实现在线交易平台,如图1-2所示。

图1-1　阿里巴巴logo

图1-2　敦煌网logo

相比较第一阶段,跨境电商2.0更能体现电子商务的本质,借助于电子商务平台,通过服务、资源整合有效打通上下游供应链,包括B2B(平台对企业小额交易)平台模式以及B2C(平台对用户)平台模式。跨境电商2.0阶段,B2B平台模式为跨境电商主流模式,通过直接对接中小企业商户实现产业链的进一步缩短,提升商品销售利润空间。

在跨境电商2.0阶段,第三方平台实现了营收的多元化,同时实现后向收费模式,将"会员收费"改以收取"交易佣金"为主,即按成交效果来收取百分点佣金。同时还通过平台上的营销推广、支付服务、物流服务等获得增值收益。

2011年后,我们突然到处都听到"跨境电商"这个词语了。国家开始非常重视,一条条法规颁布出来,各个地区政府的扶持力度加强,当然,竞争也越来越激烈了。有传统的行业转型进入,线下供应商、物流商、服务商,并且阿里系的卖家越来越多涌入速卖通。

3. 跨境电商3.0阶段(2013年至今)

2013年成为跨境电商重要转型年,跨境电商全产业链都出现了商业模式的变化。随着跨境电商的转型,跨境电商3.0"大时代"随之到来,如图1-3所示。

图1-3　跨境电商企业蓬勃发展

首先,跨境电商3.0具有大型工厂上线、B类买家成规模、中大额订单比例提升、大型服务商加入和移动用户量爆发五方面特征。与此同时,跨境电商3.0服务全面升级,平台承载能力更强,全产业链服务在线化也是3.0时代的重要特征。

其次,在跨境电商3.0阶段,用户群体由草根创业向工厂、外贸公司转变,且具有极强的生产设计管理能力。平台销售产品由网商、二手货源向一手货源好产品转变。

最后，3.0 阶段的主要卖家群体正处于从传统外贸业务向跨境电商业务艰难转型期，生产模式由大生产线向柔性制造转变，对代运营和产业链配套服务需求较高，如图 1-4 所示。另一方面，3.0 阶段的主要平台模式也由 C2C、B2C 模式向 B2B、M2B 模式转变，批发商买家的中大额交易成为平台主要订单。

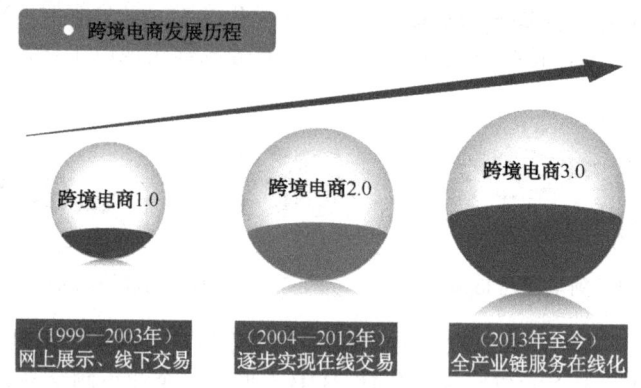

图 1-4　跨境电商发展历程

二、跨境电商的发展趋势

（一）跨境电商的发展现状

中国电子商务研究中心发布的《2015 年中国电子商务市场数据监测报告》显示，2015 年，中国跨境电商交易规模为 5.4 万亿元，同比增长 28.6%。其中，跨境电商进出口结构出口占比 83.2%，进口比例为 16.8%。中国跨境电商交易模式跨境电商 B2B 交易占比 88.5%，跨境电商 B2C 交易占比 11.5%。

跨境电子商务是一种新型贸易方式和新型业态，具有广阔的市场空间和良好的发展前景。2014 年被很多业内人士称为跨境进口电商元年。这一年里，传统零售商、海内外电商巨头、创业公司、物流服务商、供应链分销商纷纷入局，跑马圈地。

2014 年到 2015 年，政策层面一直在释放跨境贸易利好。2014 年 7 月，海关总署的《关于跨境贸易电子商务进出境货物、物品有关监管事宜的公告》和《关于增列海关监管方式代码的公告》，即业内熟知的"56 号"和"57 号"文接连出台，从政策层面上承认了跨境电子商务，也同时认可了业内通行的保税模式，此举被外界认为明确了对跨境电商的监管框架。此前"6+1"个跨境电商试点城市开放给予了跨境电商税收上的优惠政策，即通过跨境电商渠道购买的海外商品只需要缴纳行邮税，免去了一般进口贸易的"关税+增值税+消费税"。2015 年 4 月 28 日，国务院常务会议中关于降低进口产品关税试点、税制改革和恢复增设口岸免税店的相关政策，表明了政府促进消费回流国内的决心。这些都是明显的政策红利信号。即便跨境电商的税收红利窗口在未来会逐渐关闭，一般贸易税率可能平缓走低，但目前来看大势向好不可挡，主要表现在以下几个方面。

1. 用户规模交易量迅速增长

根据前瞻产业研究院数据，2014 年海淘人群 1 800 万，成交规模 1 400 亿元，从百亿级市场步入千亿级。预计在 2018 年，市场规模将达万亿元级别。

2. 消费需求和消费观念升级

中国中产阶级电商用户目前在 5 亿左右，消费升级需求旺盛，80、90 后人群购买商品的关注点倾向于食品安全、品质优良、品类多样、价格合理等方面。

3. 海外商品认知提升

旅游、海归群体的消费习惯辐射带动周围亲友海淘，对海外品牌认知度不断提高。

有关机构预测，全球跨境 B2C 电子商务市场交易额将由 2014 年的 2 300 亿美元升至 2020 年的 9 940 亿美元，届时，跨境 B2C 电商消费者总数也将由 2014 年的 3.09 亿人增加到 2020 年的超过 9 亿人。发展跨境电子商务不仅可以带动我国对外贸易和国民经济增长，还可以促进我国经济转型升级，提升"中国制造"和"中国服务"的国际竞争力，培育我国开放型经济新优势。

（二）国家对跨境电商的政策支持

为了支持跨境电子商务这个新型贸易方式和新型业态发展，我国政府逐步建立适应跨境电子商务发展特点的政策体系和监管体系，着力解决制约跨境电子商务发展的突出问题，引导企业用"互联网+外贸"实现优进优出，推动跨境电子商务在发展中逐步规范，在规范中健康发展。

2015 年 6 月 16 日，国务院印发《关于促进跨境电子商务健康快速发展的指导意见》，支持国内企业更好地利用电子商务开展对外贸易，进一步完善跨境电子商务进出境货物、物品管理模式，优化跨境电子商务海关进出口通关作业流程，建设综合服务体系，提高贸易各环节便利化水平。此外，我国政府在杭州等城市设立跨境电子商务综合试验区，探索跨境电子商务的发展模式和发展对策，取得了一些可复制、可推广的经验。

随着国家对跨境电商持续出台利好政策、消费者需求的不断增加、电商平台的积极推动以及配套软硬件的逐渐完善，预计我国跨境电子商务在"十三五"期间将继续保持快速增长态势，跨境电子商务直购进口、保税备货等新业态将蓬勃发展。

近几年，国内消费者一般采取代购或转运公司转运的方式海淘商品，商品真伪、质量、售后等均无法充分保障。2015 年，青岛、广州、南京、厦门等城市开通了跨境电子商务直购进口业务。"直购进口"接近于"海淘"概念。国内消费者在跨境电商网站订购境外商品，企业将电子订单、支付凭证、电子运单等实时传输给海关，随后在海外将商品打包，以海运、空运、邮递等方式直接运输入境，通过电商交易平台和海关通关管理系统对订单、支付、运单等进行信息申报，并按税率缴纳关税，实现快速通关。与传统"海淘"相比，跨境电商直购进口税费信息透明、通关时间短，并且购买平台均经合法注册备案，商品的质量、售后等得到了保障。通过直购进口模式，消费者从下单到收货的时间大大缩短，运输成本大幅降低。杭州跨境电商试验区 2015 年推出了保税备货模式，商家将热门商品提前备货到保税仓库，由于保税仓系统平台上协同对接了海关、商检等部门，订单产生后根据前置信息可以迅速地完成清关环节，正常情况下通关过程在 1 小时之内可完成。2015 年 8 月，宁波海关正式启动跨境贸易电子商务"一般进口"（跨境直购）模式。该模式允许特定商品在进口前完成海关备案手续，消费者购买商品后，海关给予跨境商品相应的通关便利。这些货物到宁波后，24 小时以内就能通关。今后，我国政府要继续进行政策创新，促进跨境电子商务直购进口、保税备货等新业态发展，满足消费者的个性化需求并提高我国跨境电子商务的发展质量。

1. 继续优化跨境电子商务的服务支撑体系

根据以零散邮寄方式向境外邮寄货品的情况，为了便利结汇，国家外汇管理局 2015 年在浙江和福建进行试点，允许以商业单据代替报关单作为结汇的依据，取得了比较好的效果。今后，在上海、重庆、杭州、宁波、郑州、广州、深圳等试点城市取得的经验的基础上，要建立起由海关、检验检疫、商务、工商、外汇等相关职能部门共同参与的良好协调沟通机制，大力推进体制机制改革和政策创新，继续优化通关、支付、物流、结汇等方面的服务支撑体系，进一步提高商检、清关、物流效率，降低跨境电商的运营成本。同时，要健全跨境电商入境消费品检验检疫监管机制，提升检验检疫服务效能，降低跨境电商的质量安全风险，保护消费者权益。

2. 加强跨境电子商务国际合作

我国跨境网络零售庞大的目标客户群都在海外，电商企业在跨境交易过程中也遇到了一些实际问题。今后我国商务部、海关总署等部门将继续与相关国家推进跨境电子商务规则、条约的研究和制定工作，包括跨境电子商务通关服务相关的配套管理制度和标准规范、邮件快件检验检疫的监管模式、产品质量的安全监管和溯源机制、邮件快件的管理制度等，争取建立健全跨境电子商务国际合作机制，为国内企业开展跨境电子商务创造必要条件。在区域全面经济伙伴关系、中美投资协定、中欧投资协定等双边、多边谈判中，要充分考虑我国跨境电子商务发展问题。积极利用WTO等相关国际组织的标准和协商体系，帮助国内企业处理跨境电子商务贸易纠纷。

3. 提升我国跨境电子商务服务业的发展水平和国际竞争力

跨境电商实现"买全球""卖全球"，需要跨境电子商务服务业提供有效支撑。跨境电子商务服务业为跨境电子商务应用提供各种专业服务，包括交易平台服务以及物流配送、电子支付等几个大类。

跨境电子商务服务业的第一个大类是跨境电子商务的交易平台服务，阿里巴巴、敦煌网、环球资源、中国制造网、环球市场集团、兰亭集势、苏宁、亚马逊中国、聚美优品、大龙网等电商平台企业占据了我国跨境电子商务比较大的市场份额。目前，跨境电子商务交易平台仍然是投资和发展的热点，国内众多电商公司纷纷推出国际板块和全球购的服务项目。2015年年初，网易公司上线"考拉海购"，顺丰速运上线顺丰海淘。京东商城2015年4月推出了"京东全球购"。2015年，一些传统零售企业如步步高、大商集团、中粮、华润万家等也开始纷纷涉足跨境电商。此外，一些地方政府和综合保税区、产业园区搭建了具有公益性质的跨境电商综合服务平台。

依据对销售数据的分析，跨境电子商务交易平台对热销的主流产品进行海外仓备货，快速完成头程运输及清关，在消费者下单后实现快速交付，能够显著改善消费者体验。我国规模较大的出口型跨境电子商务交易平台大多选择在国外建设海外仓，每个海外仓面积为3万~5万平方米，规模较大。相比而言，进口型跨境电子商务交易平台则建设面积较小的海外仓。建设海外仓可以帮助出口型跨境电子商务交易平台抢占市场，提升企业的竞争实力，提高流通性。对于进口型跨境电子商务交易平台而言，建设海外仓可以提升平台的供应链效率，降低进货门槛，为中国国内的消费者提供更加丰富的商品。海外仓需根据跨境电子商务交易平台的规模、销售量、商品特征等多重因素搭建，大规模建设海外仓存在空置危险。

（三）跨境电商的发展趋势

虽然我国电子商务发展起步比较晚，同发达国家相比还存在较大差距，但在政府、企业和消费者的共同推动下，我国电子商务将在进一步规范的环境中得到更加快速的发展，并呈现以下四个方面的趋势。

1. 产品种类和销售市场更加多元化

随着跨境电商的发展，跨境电商交易产品向多品类延伸，交易对象向多区域拓展。

从销售产品种类看，跨境电商企业销售的产品种类从服装服饰、3C电子、计算机及配件、家居园艺、珠宝、汽车配件、食品药品等便捷运输产品向家居、汽车等大型产品扩展。ebay数据显示，ebay平台上增速最快的三大品类依次为家居园艺、汽配和时尚，且71%的大卖家计划扩充现有的产品种类，64%的大卖家计划延伸到其他产品线。不断地拓展销售品类已成为跨境电商企业业务扩张的重要手段，品类的不断拓展，不仅使"中国产品"和全球消费者的日常生活联系更加紧密，而且也有助于跨境电商企业抓住最有消费能力的全球跨境网购群体。

从销售目标市场看，以美国、英国、德国、澳大利亚为代表的成熟市场，由于跨境网购观念普及、消费习惯成熟、整体商业文明规范程度较高、物流配套设施完善等优势，在未来仍是跨境电商零售出口产业的主要目标市场，且将持续保持快速增长。与此同时，不断崛起的新兴市场正成为跨境电商零售出口产业的新动力：俄罗斯、巴西、印度等国家的本土电商企业并不发达，消费需求旺盛，中国制造的产品物美价廉，在这些国家的市场上优势巨大。

大量企业也在拓展东南亚市场，印度尼西亚则是东南亚人口最多的国家，全球人口排名位居第四，具有巨大的消费潜力。目前，ebay、亚马逊、日本乐天等电商平台巨头都开始进入印度尼西亚市场。在中东欧、拉丁美洲、中东和非洲等地区，电子商务的渗透率依然较低，有望在未来获得较大突破。

2．在交易结构上，B2C 占比提升，B2B 和 B2C 协同发展

跨境电商 B2C 这种业务模式现已逐渐受到企业重视，近两年出现了爆发式增长，究其原因，主要是因为跨境电商 B2C 具有一些明显的优势。相较于传统跨境模式，B2C 模式可以跳过传统贸易的所有中间环节，打造从工厂到产品的最短路径，从而赚取高额利润。国内不再满足于做代工的工贸型企业和中国品牌可以利用跨境电商试水"走出去"战略，熟悉和适应海外市场，将中国制造、中国设计的产品带向全球开辟新的战线。在 B2C 模式下，企业直接面对终端消费者，有利于更好地把握市场需求，为客户提供个性化的定制服务。与传统产品和市场单一的大额贸易相比，小额的 B2C 贸易更为灵活，产品销售不受地域限制，可以面向全球 200 多个国家和地区，可以有效地降低单一市场竞争压力，市场空间巨大。

3．在交易渠道上，移动端成为跨境电商发展的重要推动力

移动技术的进步使线上与线下商务之间的界限逐渐模糊，以互联、无缝、多屏为核心的"全渠道"购物方式将快速发展。从 B2C 方面看，移动购物使消费者能够随时、随地、随心购物，极大地拉动市场需求，增加跨境零售出口电商企业的机会。从 B2B 方面看，全球贸易小额、碎片化发展的趋势明显，移动可以让跨国交易无缝完成，卖家随时随地做生意，白天卖家可以在仓库或工厂用手机上传产品图片，实现立时销售，晚上卖家可以回复询盘、接收订单。基于移动端做媒介，买卖双方的沟通变得非常便捷。

4．产业生态更为完善，各环节协同发展

跨境电子商务涵盖实物流、信息流、资金流、单证流，随着跨境电子商务经济的不断发展，软件公司、代运营公司、在线支付、物流公司等配套企业都开始围绕跨境电商企业进行集聚，服务内容涵盖网店装修、图片翻译描述、网站运营、营销、物流、退换货、金融服务、质检、保险等内容，整个行业生态体系越来越健全，分工更清晰，并逐渐呈现出生态化的特征。目前，我国跨境电商服务业已经初具规模，有力地推动了跨境电商行业的快速发展。

三、跨境电商公司的岗位职责

目前，跨境电商工作主要是中小企业从事外贸电子商务和网络营销相关的工作，典型职业岗位（群）以及对应的具体工作内容如下。

（一）初级岗位

初级岗位的特点是掌握跨境电子商务技能，懂得"如何做"跨境电子商务。目前岗位主要有以下几方面。

1．客户服务

能采取邮件、电话等沟通渠道，熟练运用英语以及法语、德语等小语种和客户进行交流，售后客服还需了解不同国家的法律，能够处理知识产权纠纷。

2．视觉设计

既精通设计美学又精通视觉营销，能拍出合适的产品图片和设计美观的页面。

3．网络推广

熟练运用信息技术编辑、上传、发布产品，能利用搜索引擎优化、交换链接、网站检测等技术和基本的数据分析方法进行产品推广。

（二）中级岗位

中级岗位的特点是熟悉现代商务活动，掌握跨境电子商务技术知识，懂得跨境电子商务

"能做什么"的新型专业人才。目前岗位主要有以下几方面。

1. 市场运营管理

既精通互联网，又精通营销推广，了解当地消费者的思维方式和生活方式，能够运用网络营销手段进行产品推广。包括活动策划、商品编辑、商业大数据分析、用户体验分析等。

2. 采购与供应链管理

所有电商平台的成功都是供应链管理的成功。跨境电商从产品方案制定、采购、生产、运输、库存、出口、物流配送等一系列环节都需要专业的供应链管理人才。

3. 国际结算管理

灵活掌握和应用国际结算中的各项规则，能有效地控制企业的国际结算风险，切实提升贸易、出口、商品及金融等领域的综合管理能力和应用法律法规的水准。

（三）高级岗位

高级岗位的特点是熟悉跨境电子商务前沿理论，能够从战略上洞察和把握跨境电子商务的特点及发展规律，具有前瞻性思维，引领跨境电子商务产业发展，懂得"为什么要做跨境电子商务"的战略性人才。主要包括熟悉跨境电子商务业务的高级职业经理人以及促进跨境电商产业发展的领军人物。

目前众多跨境电商企业多处于初创阶段，客服人员、网络推广人员、视觉设计人员等是最迫切需要的初级人才。随着企业向纵深发展，竞争不断加剧，负责跨境业务运营的商务型中级人才需求会越来越迫切。而有 3～5 年大型跨境电商企业管理经验，能引领企业国际化发展的战略管理型高级综合人才更是一将难求。

1. 电子商务主管/经理

某外贸企业电子商务主管/经理岗位范本如表 1-1 所示。

表 1-1　电子商务主管/经理岗位范本

部门	电子商务部	直接上级	总经理（暂定）
职位	电子商务主管/经理	直接下级	网络推广、客服
岗位职责	（1）协助总经理制定年度销售目标。 （2）保证每月销售额达到预期目标。 （3）每月与本部门人员进行实质沟通，分析和交流现存问题。 （4）帮助本部门人员解决工作中存在的问题。 （5）从实际出发，安排好每个岗位人员的工作任务和内容。 （6）督促本部门人员完成工作，并随时加以鼓励或指导。 （7）做好与总经理之间的沟通，制订企业品牌网络营销方案、宣传推广计划，并传达到相关的部门执行。 （8）维护好供应商与客户的关系。 （9）完成上级临时指派的其他工作任务。			
任职要求	（1）大专以上学历，三年以上电子商务主管工作经验。 （2）熟悉直通车、钻石展位、网络搜索引擎，擅长 SEO，熟悉网络推广模式，了解行业现状与发展趋势，具备网络社区或电子商务网站运营策划经验。 （3）熟悉主要外贸电商平台的运营环境、交易规则、推广方法。 （4）具有良好的文案撰写能力，善于运用语言文字打动买家，熟悉各大论坛的运作情况。 （5）负责网络营销及推广方案的制订与实施，编制推广费用预算，审核广告投放数据和进度；通过策划各类活动，结合互联网资源进行有效的广告宣传和促销推广。			
具备技能	□组织领导能力　□决策能力　□管理能力　□沟通协调能力 □解决问题能力　□计划能力　□创新能力　□执行力			

2. 业务员

业务员岗位介绍如表 1-2 所示。

表 1-2 业务员岗位介绍

部门	电子商务部	直接上级	电子商务主管/经理
职位	业务员	直接下级	无
岗位职责	（1）完成每月的销售定额目标。 （2）对客户提出的问题耐心、仔细、迅速地解答。 （3）维护好与新老客户的关系。 （4）建立客户档案，跟踪售后服务信息。		
任职要求	（1）大专以上学历，国际贸易或相关专业毕业，两年以上工作经验。 （2）英语听说读写能力达到六级水平以上。 （3）好学、上进，具备良好的沟通能力和销售技巧，性格开朗乐观，有较强的工作责任心		
具备技能	□沟通协调能力 □谈判能力 □解决问题能力 □创新能力		

3. 网络推广组长

网络推广组长岗位介绍如表 1-3 所示。

表 1-3 网络推广组长岗位介绍

部门	电子商务部	直接上级	电子商务主管/经理
职位	网络推广组长	直接下级	网络推广
岗位职责	（1）制订行之有效的推广计划。 （2）精通 Google、Yahoo!、Baidu 等搜索引擎的相关知识，以及 Alexa 排名机制和优化原则。 （3）利用各种互联网资源、网络媒介推广企业品牌、产品及服务，提高企业网站曝光度、知名度和美誉度 （4）提出富有创意的网络推广方案，并能高效地推动方案的执行。 （5）完成上级临时指派的其他工作任务		
任职要求	（1）大专以上学历，电子商务专业，两年以上各类网站推广经验、网络营销工作经验，文字功底扎实，有较强的策划、文案撰写能力，能够独立策划并撰写活动文案，书写各种宣传文件。 （2）精通 SEO 优化技术和部署技巧，熟悉网络和论坛，熟悉网络营销手段和策略，能根据要求提高关键词排名。 （3）具备多种迅速提高网络人气的技能，例如微信、微博、软文、论坛、博客、SNS 社区等。 （4）熟悉相关的网络广告投放者，有成功网站 SEO 推广经验和丰富的互联网资源者（例如网站站长、联盟、网络资源等）优先		
具备技能	□领导能力 □沟通协调能力 □管理能力 □培养下属能力 □学习能力 □创新能力 □执行力 □计划能力		

4. 网络推广员

网络推广员岗位介绍如表 1-4 所示。

表 1-4 网络推广员岗位介绍

部门	电子商务部	直接上级	网络推广组长
职位	网络推广员	直接下级	无
岗位职责	（1）利用微信、微博、博客、论坛、BBS 等多种网络推广方式进行相关的产品推广工作。 （2）运用多种网络推广手段提高网站访问量以及传播效果。 （3）分阶段按时完成网站推广任务，定期或不定期地对推广效果进行跟踪、评估。 （4）对网站的流量负责。 （5）及时提出网络推广的可行性建议。 （6）完成上级临时指派的其他工作任务		
任职要求	（1）一年以上推广发帖工作经验。 （2）了解网络推广，了解各大论坛、博客、SNS、微信等一些网络推广手段和方向。 （3）有较强的责任心和耐心，较好的书写能力。 （4）有电子商务行业推广工作经验或专职网络推广经验者优先		
具备技能	□团队协作能力 □学习能力 □创新能力 □执行力 □计划能力		

5. 网站建设主管

网站建设主管岗位介绍如表 1-5 所示。

表 1-5　网站建设主管岗位介绍

部门	电子商务部	直接上级	电子商务运营经理
职位	网站建设主管	直接下级	网站建设技术员
岗位职责	（1）分析现有网站资源是否能满足企业需求。 （2）负责网站的设计、建设以及日常的维护与更新。 （3）对网站系统数据库进行日常管理，统计数据库中的相关信息。 （4）负责网络运行的安全性、可靠性及稳定性。 （5）负责网站的链接、广告交换和网站层面的合作推广工作。 （6）负责软件开发工作。 （7）负责计算机硬件和软件的维护。 （8）完成上级临时指派的其他工作任务。		
任职要求	（1）大专以上学历，计算机软件开发专业。 （2）两年以上相关的工作经验。 （3）能独立完成网站设计及软件开发项目。 （4）能承受工作压力，有较好的工作责任心。		
具备技能	□领导能力　□管理能力　□专业知识技能　□创新能力　□执行力 □计划能力　□解决问题能力　□培养下属能力		

6. 网站程序员

网站程序员岗位介绍如表 1-6 所示。

表 1-6　网站程序员岗位介绍

部门	电子商务部	直接上级	网站建设主管
职位	网站程序员	直接下级	无
岗位职责	（1）协助主管建立、开发企业网站。 （2）保护企业网站正常运行。 （3）定期对网站进行维护、更新。 （4）协助主管做好软件开发工作。 （5）定成上级临时指派的其他任务。		
任职要求	（1）一年以上网络开发经验，熟悉软件开发过程和软件工程方法，熟悉软件开发工具的使用。 （2）熟悉 SQL Server 数据库系统的开发与应用，有较强的编程语言功底，熟悉 C#、ASP.NET、JavaScript、XML、HTML 语言。 （3）熟悉相关工具的使用，例如 Power Designer、Visio、Project、VSS 等。 （4）有大型专业网站开发经验者优先。		
具备技能	□专业技能　□团队协作能力　□创新能力　□分析能力　□概括能力　□判断能力　□逻辑思维能力　□沟通协调能力　□执行力		

7. 设计主管

设计主管岗位介绍如表 1-7 所示。

表1-7 设计主管岗位介绍

部门	设计部	直接上级	电子商务运营经理
职位	设计主管	直接下级	美工、摄影、室内设计
岗位职责	（1）负责企业品牌形象设计。 （2）进行网站项目的整体版式、风格设计，负责网页、专题设计和动态调整。 （3）负责企业网站的页面设计，页面内容的更新和网站优化。 （4）负责各类包装设计、平面设计。 （5）负责各类活动的道具设计、美术陈列。 （6）完成上级临时指派的其他工作任务		
任职要求	（1）本科以上学历，视觉设计类专业，美术和电脑应用功底扎实。 （2）精通Web页面设计原理，有良好的视觉设计能力，有优秀的布局感和色彩感，能够整体把握网站的风格和结构。 （3）精通平面设计，熟练掌握使用CorelDRAW、Photoshop、Illustrator、Flash、Dreamweaver等平面设计软件。 （4）敬业爱岗，积极进取，富有灵感，能高质量、快速地实现设计创意。 （5）具备网页制作和设计经验、有团队领导能力者优先		
具备技能	□组织领导能力 □管理能力 □专业知识技能 □创新能力 □执行力 □计划能力 □解决问题能力 □培养下属能力		

8. 美工

美工岗位介绍如表1-8所示。

表1-8 美工岗位介绍

部门	电子商务部	直接上级	设计主管
职位	美工	直接下级	无
岗位职责	（1）负责优化、上传产品图片，根据活动内容更新产品图片。 （2）协助设计主管完成各类包装设计、平面设计。 （3）协助设计主管完成各类活动的道具设计、美术陈列。 （4）完成上级临时指派的其他工作任务		
任职要求	（1）大专以上学历，视觉设计、平面设计类专业。 （2）有较强的平面设计和美术功底。 （3）熟练使用CorelDRAW、Photoshop、Illustrator、Flash、Dreamweaver、Office等常用设计软件。 （4）精通Web页面设计原理，有良好的视觉设计能力，有优秀的布局感和色彩感，能够整体把握网站的风格和结构。 （5）具备网页制作和设计经验、有团队领导能力者优先		
具备技能	□专业技能 □团队协作技能 □创新能力 □执行力 □沟通协调能力		

9. 摄影

摄影岗位介绍如表1-9所示。

表1-9 摄影岗位介绍

部门	电子商务部	直接上级	设计主管
职位	摄影	直接下级	无
岗位职责	（1）负责企业网站和实体店产品照片的拍摄工作。 （2）负责企业各类型的拍摄工作以及后期的制作。 （3）对拍摄出来的图片做好分类、上传工作。 （4）测量产品尺寸。 （5）完成上级临时指派的其他工作任务		

任职要求	（1）大专以上学历，一年以上影棚拍摄经验。 （2）具备扎实的美术功底，对色彩感觉强烈，对视觉表达有独特的观点。 （3）积极热情，具有职业道德，良好的行业素质。 （4）有较强的团队意识，能承受较大的工作压力
具备技能	□专业技能□团队协作技能 □创新能力□执行力□沟通协调能力

10. 室内设计

室内设计岗位介绍如表1-10所示。

表1-10 室内设计岗位介绍

部门	电子商务部	直接上级	设计主管
职位	室内设计	直接下级	无
岗位职责	（1）负责企业专卖店的设计、装修和布局。 （2）负责装修材料的购买和装修进度跟进。 （3）协助主管完成网店装修和各类美工工作。 （4）完成上级临时指派的其他工作任务		
任职要求	（1）大专以上学历，室内设计专业。 （2）一年以上室内设计工作经验。 （3）有较强的平面设计和美术功底。 （4）熟练使用CorelDRAW、Photoshop、CAD等常用设计软件。 （5）精通Web页面设计原理，有良好的视觉设计能力，有优秀的布局感和色彩感，能够整体把握专卖店的风格和结构		
具备技能	□专业技能□团队协作技能 □创新能力□执行力□沟通协调能力		

☑ 任务二 跨境电商的模式

一、进口与出口

跨境业务包括进口业务和出口业务，同样，跨境电商也包括进口跨境电商和出口跨境电商。进口跨境电商是海外卖家将商品直销给国内的买家，一般是国内消费者访问境外商家的购物网站选择商品，然后下单，由境外卖家发国际快递给国内消费者。出口跨境电商是国内卖家将商品直销给境外的买家，一般是国外买家访问国内商家的网店，然后下单购买，并完成支付，由国内的商家发国际物流至国外买家。

我国跨境电商贸易以出口为主，其中2014年占出口比86.7%，2015年出口占比83.2%。随着国内市场对海外商品需求的增长，跨境电商进口占比将不断地提升，到2017年有望达到16.2%。

在本书中，我们所讨论的跨境电商仅指出口跨境电商，现就进口跨境电商只做如下介绍。

首先，2015年是跨境电商初步洗牌的阶段，随之分别建立了合理的商业模式、规范的商品流转和商品种类结构，跨境电商（进口）基本确立了三个类别的商业模式。

第一类是买手制，比如洋码头、海蜜。

第二类是平台入驻型，比如天猫国际、京东国际。

第三类是B2C自营，比如蜜芽、波罗蜜。

除此以外，比如抓取数据的整合型卖场，单纯比价的搜索引擎型卖场，这些模式都已经逐步被市场证明没有竞争力。

其次，跨境电商的商品流转已经从2014年的直邮+转运为主，保税区为辅，逐步发展为以保税区为主，直邮为辅的模式。转运模式因为并不受国家的监管，消费者群众基础也并不扎实，所以发展力量正在日渐趋弱。

最后，跨境电商的商品种类结构已经从2014年到2015年年初的单一品类爆款为主，逐步在向多种类、多爆款，甚至无爆款的阶段过渡。消费者的消费结构正在越来越合理。

整个行业格局也逐渐清晰。

聚美优品、唯品会、考拉，都是流量和资金量相对巨大的平台。

蜜芽、小红书、波罗蜜、贝贝网，都是属于非常有自己特色的平台。

天猫国际目前仍然在第三方入驻型跨境电商中独树一帜。

洋码头在买手型的跨境电商中已经一骑领先。

达令、云猴为一类，是国内的行货普货与跨境电商的商品混卖的大卖场电商。

商务部预测，2016年中国跨境电商进出口贸易额将达6.5万亿元，未来几年跨境电商占中国进出口贸易比例将会提高到20%，年增长率将超过30%。同时，消费者行为也在发生变化，PayPal和国际市场研究机构Ipsos联合发布的《第二届全球跨境贸易调查报告》中称，2015年，有35%的中国网购消费者有过海淘经历。

二、跨境电商模式

（一）以交易主体类型分类

1. B2B跨境电商或平台

B2B跨境电商或平台所面对的最终客户为企业或集团客户，提供企业、产品、服务等相关的信息。目前，中国跨境电商市场交易规模中B2B跨境电商市场交易规模占总交易规模的90%以上。在跨境电商市场中，企业级市场始终处于主导地位。代表企业有敦煌网、中国制造、阿里巴巴国际站、环球资源网等。

2. B2C跨境电商或平台

B2C跨境电商所面对的最终客户为个人消费者，针对最终客户以网上零售的方式，将产品销售给个人消费者。

3C类跨境电商平台在不同垂直类目的商品销售上也有所不同，例如focalprice主营3C数码电子产品，兰亭集势则在婚纱销售上占有绝对优势。3C类跨境电商市场正在逐渐发展，且在中国整体跨境电商市场交易规模中的占比不断地提高。未来，3C类跨境电商市场将会迎来大规模增长。代表企业有速卖通、亚马逊、兰亭集势、米兰网、大龙网等。

3. C2C跨境电商或平台

C2C跨境电商所面对的最终客户为个人消费者，商家也是个人卖方。由个人卖家发布销售的产品和服务的信息、价格等内容，个人买方进行筛选，最终通过电商平台完成交易、进行支付结算，并通过跨境物流送达商品、完成交易。代表企业有ebay、速卖通等。

（二）以服务类型分类

1. 信息服务平台

信息服务平台主要是为境内外会员商户提供网络营销平台，传递供应商或采购商等商家的商品或服务信息，促成双方完成交易。代表企业有阿里巴巴国际站、环球资源网、中国制造网等。

2. 在线交易平台

在线交易平台不仅提供企业、产品、服务等多方面信息展示，并且可以通过平台线上完成搜索、咨询、对比下单、支付、物流、评价等全购物链环节。在线交易平台模式正逐渐成为跨境电商中的主流模式。代表企业有敦煌网、速卖通、米兰网、大龙网等。

（三）以平台运营方分类

1. 平台型

电商平台有开放性集市模式和管理型集市模式两种形式。亚马逊、京东是典型的管理型集市模式。速卖通、ebay、敦煌网等都是典型的开放性集市模式。开放性集市模式即只做平台服务，而不参与物流、配送和质量管控等环节。从发展情况来看，开放性集市模式最早在英美爆发，并且发展很快。但是，这两年来，以亚马逊为代表的管理型集市模式却表现出色，大有反超之势。所谓管理型集市模式，即电商平台虽然不持有任何商品，但是会参与货物配送、质量控制和退换货等环节的管理，以便为顾客提供更加良好的服务。亚马逊最大的特色是 FBA，就是在全球 100 多个国家都建立了仓储运营中心。和从国内发货相比，这些海外仓和海外本土化服务能够更好地靠近消费者，提高购物体验，从而能够极大地促进跨境电商发展。有些人把这种模式称为极速电商。目前有跨境电商进入极速电商时代，开放性集市模式已经落后的说法。

亚马逊、京东、ebay 主要是以在线零售为主。而敦煌网和速卖通却是以小额批发为主。敦煌网以小额批发起家，是中国最早的外贸小额批发平台。但是六年后被速卖通很轻松地超越了。这主要是速卖通依托阿里巴巴成熟的 B2B 业务，然后用先免费后收费的方式快速抢占市场。

而国内大龙网试图摆脱传统平台模式的束缚，立足发展中国家，积极发展以移动和社交商务为特色的"约商"，大力建设海外展示展销平台，把展会搬到国外去，并辅之以供应链为特色的外贸综合服务平台，外引内联，进出口相结合，发展国内国外两个市场。

可以看到同样是平台电商，但都不完全相同，甚至彼此差异很大。目前中国跨境电商主要是亚马逊、ebay 和速卖通三强鼎立。这三者之间又各具特色，形成差异化竞争和发展。

2. 垂直模式

垂直电商前面也介绍过。一般指不依托第三方平台，自己构造电商体系，自建网站，自己引流。兰亭集势是这类垂直电商。垂直电商的流量都是自己一手打造的，比较稳定，客户忠诚度比较高，但是缺点是引流成本高，引流技术比较复杂。如果说第三方平台像西药，见效快，但是有副作用，那么垂直电商流量就像中药，副作用小，但需要长期培养才见成效。

同样是垂直模式，各个电商之间又是不同的。比如，兰亭集势就是技术派。兰亭集势凭借 CEO 郭去疾 Google 中国前首席战略官的背景，利用 Google 技术优势，将搜索引擎优化和谷歌广告投放精准性做到极致。从 2008 年起，兰亭集势就已经开始熟练运用博客营销，并已经开始尝试 facebook。2009 年在 YouTube 上发布了公司视频和产品视频；10 年在 Twitter 上已有数以万计的用户。

垂直也可以理解为深耕某个行业。比如 SHEIN、执御等专注于时尚服饰，潘朵、银河在线长期专注于服装配饰，而环球易购、赛维等深圳跨境电商在电子产品上竞争激烈。还有傲基专注于欧洲小语种市场，主打德国、法国及西班牙市场，以 3C 产品为主。从 2013 年下半年开始做了一系列自有品牌建设，去年还并购了外贸 B2C 网站 Antelife，主要集中在热销产品上，还专门成立了一个 50 多人的品牌研发团队。目前傲基国际的品牌产品已占到整个公司 20% 的销售份额。

3. 第三方平台卖家

这在前面也介绍过，主要是在亚马逊、ebay、速卖通、Wish 等国际平台上开店的卖家。90% 的大卖家在深圳。中国跨境电商包裹 70% 来自深圳。深圳、广州、杭州和义乌是跨境电商最发达的地区之一。中国跨境电商绝大部分是第三方平台卖家。

4. 品牌电商

品牌是跨境电商当中最有活力、表现最抢眼的。品牌是跨境电商最有价值的资源。品牌能够吸引消费者，大大降低跨境电商的营销成本，消费者对品牌的忠诚度也决定了高转化率和复购率。目前跨境电商品牌主要有两种形式。一种是传统品牌凭借品牌的口碑和实力开拓市场。比如，苹果是世界上最大的跨境电商品牌。国内奥克斯跨境电商能做到40多亿元。传统品牌由于根植于传统经济，拥有先天资源和优势。一旦接触并掌握了网络品牌运营规律，就能够快速高效地向线上扩张。因此，传统品牌才是跨境电商发展的主流。

另外一种是新锐品牌。这些品牌利用互联网传播快、经济高效、低成本互动等特点，整合成熟的网络营销和网络零售技术，在以社交媒体为代表的新媒体甚至自媒体平台上，依托线上线下的二元市场，建立的一种对市场反应灵敏的，以消费者为导向的，以互动为特征的新型网络品牌模式。比如大家熟知的淘品牌，就是这一类在淘宝平台上快速成长起来的快时尚品牌。在跨境电商行业，ANKER就是杰出代表。ANKER品牌创始人阳萌仅仅只在2011年10月才开始接触亚马逊。对于其他大卖家来说，只能说刚好搭上末班车。但是他却是上第一个吃透亚马逊平台的精髓，用真正品牌的思路来运营亚马逊的人。结果是，用最短的时间取得骄人的成绩，超越了很多以前横亘在他面前的大卖家，并影响了很多跨境电商的经营思路。2014年下半年以来，以亚马逊平台创牌成为中国跨境电商主流方式。

5. 泛渠道模式

泛渠道就是多个渠道同时开店。比如深圳通拓，就是以"泛供应链、泛渠道"模式经营见长。把中国优质产品，通过ebay、亚马逊、速卖通、敦煌、Wish、淘宝、京东、有赞微商城等多种渠道销售到全世界。通拓科技经营的产品范围包括游戏配件、电脑配件、手机配件、家居、健康/美容、汽车配件、摄影器材、影音视频、激光/LED、服饰、玩具、户外等数十个种类，数十万种商品。通拓科技利用互联网思维方式、模块化管理、IT技术等多种方法，独创性地解决了多种类、多供应商、多平台、多仓库、多物流、多国家、多语言的复杂关系，通过大数据技术进行匹配组合，提供最优的个性化解决方案。

2014年以前，泛渠道模式还是比较流行的。但是这两年来，由于竞争过于激烈，这种模式不好继续玩儿下去了。大多数人开始分化出来，集中在亚马逊平台围绕品牌深耕细作。

6. 移动电商模式

这几年，移动商务发展很快。移动商务成为主流。一批移动电商产生了。比如Wish、ALLBUY、Bellbauy和ChicMe等。其中表现最突出的是Wish。和亚马逊、ebay等相比，Wish无疑是一种差异化很强的销售渠道。首先，基于移动。其次，独特的推荐算法。但是和亚马逊相比，wish规模和效果还是不显著。不建议独立运营，更多是多渠道的一极。目前Amazon＋Wish是打造品牌最好的组合方式。

7. 资本运作模式

与其说是商业模式，不如说是创业模式。兰亭集势/环球易购一开始就有资本参与。兰亭集势起家于电子产品，但成就于婚纱。在资本推动下，兰亭集势虽然很晚进入婚纱这个行业，但是通过重组供应链，将婚纱产地之一苏州虎丘的工厂小作坊进行改造，提高质量和规模，整合一条"工厂+UPS/DHL+全球买家"的产业链。听说当年盈利8000万元，兰亭集势的财务报表顿时亮丽起来，促使兰亭集势尽快上市。2016年，跨境电商进口由于税改而哀鸿遍野。跨境电商出口则表现平稳，最大的特点是资本运作进入深水区。该融资的都融资了，该上新三板的都在上。为了报表好看，跨境电商要么抛头露面，要么就是埋头苦干。

总之，分类是相对的，没有绝对区分。从长期发展来看，都有同质化和多元化发展的趋势。也就是说，除少数坚持单一模式之外，大家都在同时开展多种方式。比如兰亭集势以完善高效的网络营销技术做支撑,形成内外贸并举,多平台(大平台和垂直平台)、多品牌(自有品牌和代理品牌)、多模式(B2B 和 B2C)、多产品线的集成电商格局。

任务三　跨境电子商务与传统国际贸易

一、跨境电商与传统国际贸易的对比

跨境电子商务与传统国际贸易模式相比,受到地理范围的限制较少,受各国贸易保护措施影响较小,交易环节涉及中间商少,因此价格低廉,利润率高。但同时也存在明显的通关、结汇和退税障碍,贸易争端处理不完善等劣势。

通过对两者进行对比,可以看出其中的差异,如表 1-11 所示。

表 1-11　跨境电子商务与传统国际贸易模式的对比

	传统国际贸易	跨境电子商务
主体交流方式	面对面,直接接触	通过互联网平台,直接接触
运作模式	基于商务合同的运作模式	需借助互联网电子商务平台
订单类型	大批量、少批次、订单集中、周期长	小批量、多批次、订单分散、周期较短
价格、利润率	价格高、利润率较低	价格实惠、利润率高
产品类目	产品类目少、更新速度慢	产品类目多、更新速度快
规模、速度	市场规模大但受地域限制,增长速度缓慢	面向全球市场,规模大,增长速度快
交易环节	复杂(生产商—贸易商—进口商—批发商—零售商—消费者),涉及中间商众多	简单(生产商—零售商—消费者或生产商—消费者),涉及中间商较少
支付	正常贸易支付	需借助第三方支付
运输	多通过空运、集装箱海运完成,物流因素对交易主体影响不明显	通常借助第三方物流企业,一般以航空小包形式完成,物流因素对交易主体影响明显
通关、结汇	按传统国际贸易程序,可以享受正常通关、结汇和退税政策	通关缓慢或有一定的限制,无法享受退税和结汇政策(个别城市已尝试解决)
争端处理	健全的争端处理机制	争端处理不畅,效率低

归纳来看,跨境电子商务呈现出传统国际贸易所不具备的 5 个新特征:多边化、小批量、高频度、透明化、数字化。

(一)多边化

多边化是指跨境电商与贸易过程相关的信息流、商流、物流、资金流已由传统的双边逐步向多边的方向演进,呈网状结构。跨境电商可以通过 A 国的交易平台、B 国的支付结算平台、C 国的物流平台,实现其他国家之间的直接贸易。而传统的国际贸易主要表现为两国之间的双边贸易,即使有多边贸易,也是通过多个双边贸易实现的,呈线状结构。

(二)小批量

小批量是指跨境电商相对于传统贸易而言,单笔订单大多是小批量甚至消费者订单件。这是由于跨境电商实现了单个企业之间或单个企业与单个顾客之间的交易,跨境电子商务比传统贸易方式下产品类目多、更新速度快、具有海量商品信息库、个性化广告推送、支付方式简便多样等优势,并且由于掌握更多的顾客数据,跨境电子商务企业更能设计和生产出差异化、定制化的产品,更好地为顾客提供服务。

(三)频度

频度是指跨境电商实现了单个企业或消费者能够即时按需采购销售或消费。在传统国际贸

易模式下,信息流、资金流和物流是分离的,而跨境电子商务可以将信息流、资金流和物流集合在一个平台上完成,而且可以同时进行,因此相对于传统贸易而言,交易双方的交易频率大幅度提高。

(四)透明化

透明化是指跨境电商不仅可以通过电子商务交易与服务平台,实现多国企业之间、企业与最终消费者之间的直接交易,而且在跨境电子商务模式下,供求双方的贸易活动可以采用标准化、电子化的合同、提单、发票和凭证,使各种相关的单证在网上即可实现瞬间传递,增加贸易信息的透明度,减少信息不对称造成的贸易风险。特别是传统贸易中一些重要的中间角色被弱化甚至替代了,国际贸易供应链更加扁平化,形成了制造商和消费者的"双赢"局面。通过电子商务平台,跨境电子商务大大降低了国际贸易的门槛,使贸易主体更加多样化,大大丰富了国际贸易的主体阵营。

(五)数字化

数字化有两层含义,一是越来越多的传统跨境贸易借助于电子化平台开展,与传统的贸易环节相关的信息也更好地以无纸化的方式呈现;二是随着信息网络技术的深化应用,数字化产品(软件、影视作品、游戏等)的种类和贸易量快速增长,且通过跨境电商进行销售或消费的趋势更加明显。与之相比,传统的国际贸易主要存在于实物产品或服务中。

二、"互联网+"对传统外贸的影响

"互联网+外贸"是外贸稳增长促转型的新动力。近年来我国外贸形势增幅放缓,下行压力增大,很多地区近年甚至出现负增长。负增长实际是外贸在调整结构转型升级方面面临着突出的问题,从当前外贸面临的困境看主要有三个难题困扰企业的发展,即市场订单不足,利润空间变小,价值链低端。跨境电子商务作为互联网+外贸的新型业态,近年来以 30%以上的增长速度迅猛发展,相较于传统外贸的下行可谓是一枝独秀。

(一)跨境电商给传统外贸业务带来的机会

1. 跨境电商缩短了对外贸易的中间环节,提高了进出口贸易的效率,为小微企业提供了新的机会

跨境电商基于互联网的运营模式,正在重塑中小企业国际贸易链条。跨境电商打破了传统外贸模式下国外渠道例如进口商、批发商、分销商甚至零售商的垄断,使企业可以直接面对个体批发商、零售商,甚至是直接的消费者,有效地减少了贸易中间环节和商品流转成本,节省的中间环节成本为企业获利能力提升及消费者获得实惠提供了可能。

传统外贸环节和跨境电商环节的对比如图 1-5 和图 1-6 所示。

2. 跨境电商有利于实现外贸客户资源管理

外贸企业原有的经营方式多是业务员包揽从客户选择、签订合同、组织货源、验货报关到货款支付的全过程,掌握着客户资源。这会使企业无法掌握客户的状况,业务员在很大的程度上影响着企业的生存和发展,一旦人才流失,企业的竞争力就会急剧下降。而在电子商务模式下,外贸企业的信息化建设使每人每天的工作日程与行动记录都有据可查,所有细节一目了然,使信息主动权更多地掌握在外贸企业手中。

3. 跨境电商降低了交易成本和采购成本,交易透明度高

外贸企业在传统的国际贸易采购中,需要耗费大量的人力物力,买卖双方需要经过多次的询盘、还盘,大量的来往传真、电函才能成交,并且在这些询盘、还盘过程中还非常容易出现人为操作失误。资料表明,采用 EDI,商业文件的传递速度提高 81%,由差错造成的商业损失

减少40%，文件处理成本降低38%。使用EDI的公司通常可以节省5%~10%的进货费，同时可以使企业将工作重心集中在研发新产品、开拓新客户市场、巩固与供应商的合作关系以及企业的长远发展上。

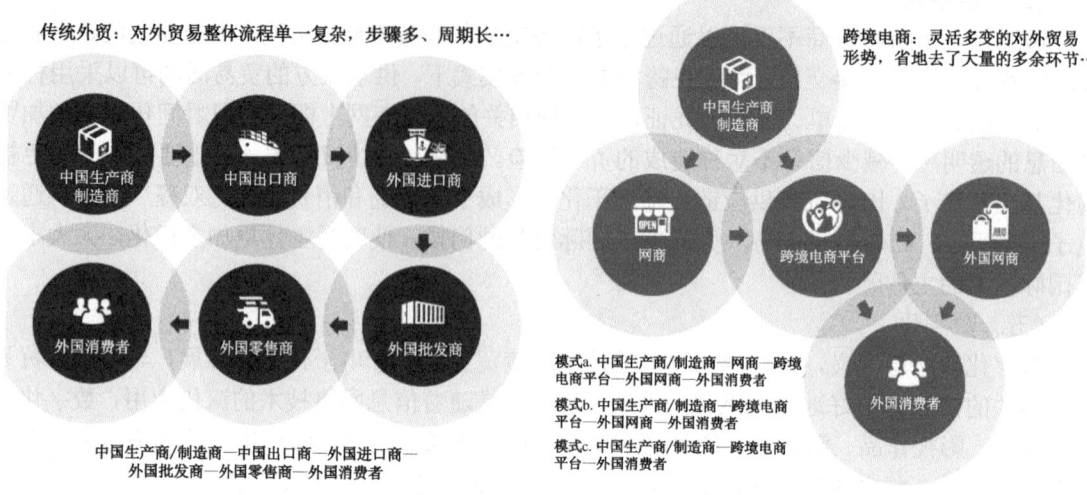

图1-5 传统外贸环节　　　　　　　　图1-6 跨境电商环节

企业在互联网上进行采购，还可以更广泛地选择供货商，压低进货成本，保证进货质量。开展电子商务，企业可随时在网上查找信息，营销和采购部门对市场的反应大大加快，可明显地缩短贸易双方的订货周期，从而减少库存天数，显著降低存货，甚至做到无存货，存储费用也会相应减少。另外，电子商务还可缩短交单结汇时间，加快资金周转，节省利息支出等费用。

此外，由于电子商务以网络信息和商务数据交换为媒介完成交易，网络的开放性使一些大宗商品，例如煤炭、钢铁、矿砂等原来只是供货商与用户直接交易的标的，也可以采用公开和透明的贸易方式。

4. 跨境电商有利于外贸企业越过贸易壁垒，扩大贸易机会

跨境电子商务的发展进一步推动了生产和服务的全球化，加速了全球市场一体化和生产国际化的进程，促进供应商和用户建立更紧密的联系。外贸企业可以向用户提供全天候的产品信息和服务，从而大大增加贸易机会，用户也可以在全球范围内选择最佳供应商。这有利于打破国际和地区之间有形与无形的壁垒，对世界经济产生巨大的影响。

5. 跨境电商有利于减轻外贸企业对实物基础设施的依赖

传统企业开展国内贸易业务都必须拥有相应的基础设施，与开展国内贸易相比，进行国际贸易对实物基础设施的依赖程度要高很多。如果企业利用电子商务开展国际贸易业务，则在这方面的投入要小很多。例如美国亚马逊网上书店，几乎找不到豪华的办公室、宽敞的营业大厅，甚至除了少量的畅销书有部分库存外，其他绝大多数图书品种都是在接到客户订单后再向各出版社订购的，几乎不占库存。因此，利用电子商务开展国际贸易可以显著减少企业在基础设施方面的投入。对信息产品而言，例如电子版的报刊杂志、视听娱乐和计算机软件及信息咨询提供等，如果产品本身可以在线成交和在线支付，那么销售柜台、仓储设施等完全是多余的，整个销售环节，从研制开发、订货、付款到产品交付都可以在网上实现。由于电子商务减轻或消除了对实物基础设施的依赖，所以外贸企业可以将节省的开支大部分让利给客户。

（二）传统外贸业务在跨境电商中面临的挑战

尽管跨境电子商务为我国的外贸企业带来了巨大的商机，但同时也使其面临很大的挑战。

1. 外贸企业信息化程度低

电子商务的实施，要以信息化为基础。与西方发达国家相比，我国企业信息化起步晚，信息化基础薄弱。中小外贸企业因为资金、人才缺陷，信息化水平仍然很低，具体表现为网站功能单一，管理不到位，营销推广效果不明。许多外贸企业的网站停留在提供信息和查询的初级阶段。很少的企业的网站能实现在线洽谈，签订购货合同等功能，更不用说顺利完成整个对外贸易流程了。

2. 交易安全的挑战

电子商务安全问题一直是影响电子商务发展的主要因素，电子商务是利用网上交易、网上支付的一种新形式。互联网具备的开放性，如何在开放的环境下保证交易的安全性、保证商业秘密不被窃取，是发展电子商务要着重解决的问题。从目前国际情况看，由于电子商务发展过快，其安全技术和安全管理还跟不上，对于各个国家来说，支付方式和结算手段的缺失都影响着交易的进行。目前我国电子商务所需要的银行的电子支付水平不高，安全性差，还未能承担电子支付的角色。

3. 法律法规滞后的挑战

由于我国电子商务的快速发展，很多相应的政策及法律法规还没有建立，互联网是一个虚拟的网络，本身就存在不安全性，因此发展网络贸易必须建立相关的法律法规做保障。因为外贸企业发展电子商务需要涉及交易双方、工商管理部门、海关、银行等多个部门和跨地区跨国家的贸易，这就需要加强电子商务法律建设。法律的缺失会带来很大的风险，法律法规的建设不容忽视。

4. 缺乏高级复合型人才

电子商务涉及的领域众多，包括技术、经济、管理、法律等。对外贸企业而言，只有既懂得计算机网络知识，又熟悉外贸业务的操作流程，同时还具备一定的外贸和电子商务法律知识的复合型人才才是企业最宝贵的资源。但是目前一些高等院校开设的电子商务专业过于侧重技术层面的培养，没有考虑电子商务的整体性，这与外贸企业的实际需求存在着很大的差距，电子商务人才的短缺与不足将直接影响外贸企业电子商务的竞争能力。

电子商务的发展与运用，深刻影响了我国的对外贸易企业，不但扩大了企业的国际市场，增加了企业利益，同时也带来了巨大的竞争。作为企业本身，应牢牢抓住由此带来的机遇，提高业务效率，降低成本，增加新的贸易机会。也要结合企业自身的特点，提高企业的诚信，利用电子商务的 ERP 系统，整合供应链管理，利用安全技术和相应的政策及法律法规，规避风险，扩大贸易量，开展并扩大国际电子商务市场，抢占电商时代的先机。

三、外贸企业的电子商务应对之策

外贸企业开展跨境电子商务不仅需要完善的外部环境，更需要较好的内部氛围和条件。针对前面所描述的我国外贸企业在电子商务应用中存在的内部问题，外贸企业在开展跨境电子商务活动时宜采取如下应对之策。

（一）加强网络营销，选择合适的第三方平台

企业需要转变传统的市场营销观念和营销视角，要关注最新的营销方式、方法和渠道，要站在消费者的角度制定新的市场营销策略。外贸企业对电子商务的利用应该不仅局限于了解市场价格、供需等信息，而且要利用电子商务对自身企业产品、服务、品牌进行不定期定量的测评和改进。

在对第三方平台的选择上，外贸企业也需要慎重考虑，好的第三方平台具有良好的知名度和信誉度，聚众效应也十分明显。我国外贸企业应该根据自身定位、产品性质、市场需求等各

方面综合选择合适的第三方平台开展跨境电子商务。目前，几个出类拔萃的跨境电子商务网站有易趣 ebay、敦煌网、兰亭集势、阿里巴巴等，选择好的知名的大型第三方平台，就相当于为自己进入国际贸易市场领到了一张贵宾入场券。

（二）积极开发新细分市场

多数中小外贸企业属于劳动密集型企业，技术含量不高，要想在新贸易壁垒环境下脱困，必须改变经营思路开发细分市场，例如研发并替代日本、欧洲产品，会获得较好的市场空间。以世界木制衣架主要产地的桂林为例，家用衣架生产属于劳动密集型行业，而桂林某家用衣架企业进行市场调研，通过市场细分，将产品定位成品牌服装店、酒店用的高端衣架，将售价为 4～5 元的普通家用衣架卖到出口售价 200 多元。

（三）提高产品技术含量，实行多元化的经营策略

对于一些中小型外贸企业，科技水平还处于相对落后的状态，面临绿色壁垒时更需实行多元化的经营策略。不同国家的绿色壁垒是不相同的，其检验标准也不尽相同。在进行跨境电子商务时，企业应该有意识地寻找一些检验标准不太高的国家，从而在遭遇贸易壁垒的时候，给自己留好退路，用最短的时间为自己的产品重新找到可推销的市场，减少市场风险。在允许的情况下，大型外贸企业还可以通过独资、合作、收购的方式有效地避免进口国的绿色贸易壁垒。

（四）提升企业自身管理能力，建立专业水平的跨境电商队伍

我国目前缺乏世界级的一流企业，在很大的程度上是因为我国企业管理能力落后，跨境电子商务企业也不例外。企业必须具备一支具有专业水平的队伍去开拓市场，这支队伍不仅要精通网站操作，还要对产品、外贸都有很专业的知识。对于很多外贸企业来说，经常会收到各种询盘，但是在回复后往往没有下文，从而失去了许多潜在的客户。对于不同的客户往往具有不同的需求，但由于外贸人员对业务流程或公司产品的不熟悉等其他原因，造成回复延误或答非所问，从而流失大量潜在的客户。一支专业队伍除了能更好地与客户交流、推介自己的产品以外，还能够利用客户所传达的信息，嗅出国际市场对产品的需求，及时调整和更新自己的产品，使自己站在国际市场的最前沿。

☑ 任务四　跨境电商法律法规

一、知识产权的概念与特点

（一）知识产权的概念

知识产权是指"权利人对其所创作的智力劳动成果所享有的专有权利"，一般只在有限时期内有效。各种智力创造比如发明、文学和艺术作品，以及在商业中使用的标志、名称、图像以及外观设计，都可被认为是某一个人或组织所拥有的知识产权。

（二）知识产权的特点

知识产权是一种无形资产，大部分知识产权的获得需要法定的程序，比如，商标权的获得需要经过登记注册。知识产权具有专有性、地域性、时间性的特点。

1. 专有性

专有性即独占性或垄断性。除权利人同意或法律规定外，权利人以外的任何人不得享有或使用该项权利。这表明权利人独占或垄断的专有权利受严格保护，不受他人侵犯。只有通过"强制许可""征用"等法律程序，才能变更权利人的专有权。

2. 地域性

地域性即只在所确认和保护的地域内有效。除签有国际公约或双边互惠协定外，经一个国家法律所保护的某项权利只在该国范围内发生法律效力。所以知识产权既具有地域性，在一定的条件下又具有国际性。

3. 时间性

时间性即只在规定的期限内受保护。法律对各项权利的保护，都规定有一定的有效期，各国法律对保护期限的长短可能一致，也可能不完全相同，只有参加国际协定或进行国际申请时，才对某项权利有统一的保护期限。

保护知识产权已成为各国政府的普遍共识。作为无形资产，知识产权是公司经营活动的主要资源，是公司市场竞争力的表现。保护公司的知识产权就是保护公司的经济资源和竞争力，违反知识产权法律规定的行为会受到相关国家或企业的制裁。例如，2002年春节过后，中国出口到欧盟成员国的DVD机被当地海关大规模扣押，原因是这些出口产品是未经合法授权、未缴纳专利费就生产的产品。

在不同的国家中，知识产权保护法的内容有很大的不同。在实施判例法的国家，知识产权所有者是通过"使用"界定的，而在实施成文法的国家，知识产权所有者则是通过"注册"确定的。例如，麦当劳的商标就曾经被日本一家公司抢先在日本注册，虽然麦当劳公司认为这是一种"侵权"行为，但根据日本的法律，这却属于合法行为。为此，麦当劳为重新夺回其商标在日本的使用权，花费了大量金钱用来打官司，最后经日本最高法院判决，麦当劳用钱从日本公司"买"回了自己的商标。

随着世界经济、贸易格局的巨大变化，知识产权保护在世界范围内受到了越来越大的关注。知识产权制度从国内法个别保护逐渐趋向于国际法统一保护，这是经济全球化、国家间博弈、政府间协调等因素共同作用的结果。旨在成为知识产权保护国际标准的《与贸易有关的知识产权协定》（Agreement on Trade-Related Aspects of Intellectual Property Rights，TRIPs）就是在这种形势下产生的。和以往的知识产权国际保护公约相比，《与贸易有关的知识产权协定》新增加了计算机软件、电影作品、录音制品的出租权，并将驰名商标的保护范围扩大至服务商标，在专利权方面授予权利人以进口权。在保护期限上，规定作品的著作权保护期限至少为50年，专利权的保护期限不少于20年。同时，《与贸易有关的知识产权协定》还规定有强大的执法程序和保护措施，例如临时措施、边境措施等。

二、知识产权的分类及形态

知识产权主要可分为专利权、著作权（版权）和商标权。

（一）专利权

专利权是指政府有关部门向发明人授予的在一定的期限内生产、销售或以其他方式使用发明的排他权利。专利分为发明、实用新型和外观设计三种。

专利权人对其发明创造享有独占性的制造、使用、销售和进口的权利。也就是说，其他任何单位或个人未经专利权人许可不得进行为生产、经营目的的制造、使用、销售和进口其专利产品，使用其专利方法，或者未经专利权人许可，为生产经营目的制造、使用、销售和进口依照其方法直接获得的产品。否则，就是侵犯专利权。

一个国家依照其本国专利法授予的专利权，仅在该国法律管辖的范围内有效，对其他国家没有任何约束力，外国对其专利权不承担保的义务。如果一项发明创造只在我国取得专利权，那么专利权人只在我国享有专有权或独占权。如果有人在其他国家和地区生产，使用或销售该发明创造，则不属于侵权行为。搞清楚专利权的地域性特点是很重要的，这样，我国的单位或个人如果研制出国际市场前景的发明创造,就不仅仅应及时申请国内专利,而且还应不失时机地在拥有良好市场前景的其他国际和地区申请专利,否则在国外市场就得不到保护。

专利权人对其发明创造所拥有的专有权只在法律规定的时间内有效,期限届满后,专利权人对其发明创造就不再享有制造、使用、销售和进口的专有权。这样,原来受法律保护的发明创造就成了社会的公共财富,任何单位或个人都可以无偿地使用。

对于专利权的期限,各国专利法都有明确的规定,对发明专利权的保护期限自申请之日起计算,一般在 10 至 20 年不等。对于实用新型和外观设计专利权的期限,大部分国家规定为 5 至 10 年。我国现行专利法规定的发明专利、实用新型专利以及外观设计专利的保护期限自申请之日起分别为 20 年、10 年和 10 年以下。一些国家专利法的主要特征如表 1-12 所示。

表 1-12 一些国家专利法的主要特征

国家	专利法的内容
日本	提倡技术共享,专利申请公开,专利申请人以"注册者"界定,专利 4~6 年内正式批准,专利有效期 20 年
美国	保护个体发明者,专利申请人以"发明者"界定,专利申请秘密,专利申请最长 24 个月批准,实用专利有效期 17 年,设计专利有效期 14 年
德国	专利申请人以"注册者"界定,专利有效期 10 年
沙特阿拉伯	只有本国公民才被接受专利注册,专利所有人以"注册者"界定,专利有效期 10 年
印度	专利有效期 14 年,禁止申请食品和药品专利,专利申请人以"注册者"界定
澳大利亚	专利所有人以"发明者"界定
巴西	专利所有人以"注册者"界定,发明专利有效期 15 年,工业设计专利有效期 10 年

专利侵权行为也称为侵犯专利权的行为,是指在专利权的有效期限内,任何他人在未经专利权人许可,也没有其他法定事由的情况下,擅自以赢利为目的实施专利的行为。

专利侵权行为主要有以下几种类型。
- 制造专利产品的行为。
- 故意使用发明或实用新型专利产品的行为。
- 许诺销售、销售专利产品的行为。
- 使用专利方法以及使用、许诺销售、销售依照专利方法直接获得的产品的行为。
- 进口专利产品或进口依照专利方法直接获得的产品的行为。
- 假冒他人专利的行为。
- 冒充专利的行为。

判断侵权与否的依据第一是专利权的保护范围,即发明创造专利权的法律效力范围。就发明或者实用新型而言,其效力范围就是专利权所保护的技术特征,主要以权利要求书的内容为准,同时可以参照附图及说明书的内容。就外观设计专利权而言,其效力范围就是专利权所保护的新设计,主要以表示在图片或者照片中的该外观设计专利产品为准,例如图片或者照片中的该产品的造型、图案、色彩或者其结合。

第二是被指控侵权的产品或方法包含了专利独立权利要求中的全部必要技术特征,则可判为相同侵权。或以基本相同的方式或手段(等价手段)替换属于专利保护的部分必要技术特征,完成相同的功能,产生实质上相同的效果,构成等同侵权。

第三,为了逃避侵权责任,在原专利技术的基础上增加一个或几个无足轻重的技术特征。只要被控侵权的产品或方法中包含了全部原专利权利要求中的技术特征,也就构成了侵权。

（二）著作权

著作权又称为版权。我国《著作权法》第十条规定，著作权包括著作人身权和著作财产权。著作人身权包括发表权，即决定作品是否公布于众的权利；署名权，即表明作者身份，在作品上署名的权利；修改权，即修改或者授权他人修改作品的权利；保护作品完整权，即保护作品不受歪曲、篡改的权利。著作财产权是作者对其作品的自行使用和被他人使用而享有的以物质利益为内容的权利。通过以下方式获得经济效益：复制、翻译、改编、表演、广播、展览、摄制电影、电视或录音等。

著作权的取得是指著作权人取得了著作权法的保护。各国法律对著作权的取得条件有不同的要求，主要分为自动取得和注册取得两大类。

自动取得是指著作权自作品创作完成时自动产生，不需要履行任何批准或登记手续。世界上大多数国家采取这种自动取得制度，我国也是采取这种制度。

注册取得是指以登记注册为取得著作权的条件，作品只有登记注册或批准后才能产生著作权，而不是自动产生。少数国家采取这种制度。

（三）商标权

商标可能是一个单词、字母、图形或者它们的组合，包括图画、符号等平面现象。商标权是指商标使用人依法对所使用的商标享有的专用权利。包括商标注册人对其注册商标的排他使用权、收益权、处分权、续展权和禁止他人侵害的权利。

商标权是一种无形资产，具有经济价值，可以用于抵债，即依法转让。商标可以转让，转让注册商标时转让人和受让人应该签订转让协议，并共同向商标局提出申请。

商标权具有专有性、地域性和时效性等特点。

所谓专有性，是指一个商标一般只能归一家企业、事业单位或个人在指定的商品上注册并归其所有，而不能同时为多个单位或个人所享有。商标权的专有性意味着其他任何人未经注册商标所有人许可，不得在与核定商品相同或类似范围内使用和该注册商标相同或近似的商标，否则构成商标侵权。

商标权的地域性是指经一个国家（或地区）商标注册机关核准注册的商标，其所有人的专有权被限定在该国（或地区）领域内，其他国家对该商标权没有保护义务。换言之，一个国家的商标所有人如果希望其商标权在其他国家也能获得保护，就应该到希望获得保护的国家去注册。

商标权的时效性是指商标经商标注册机关核准之后，在正常使用的情况下，可以在某个法定时间内受到法律保护，这个时间称为注册商标的有效期。有效期届满后，商标权人如果希望继续使用注册商标并使之得到法律的保护，就需要按照法定程序，进行注册续展。如果不发生导致商标撤销的诉讼，商标注册人只要按时履行续展手续，就可以无限期地保护下去。在这一点上，商标权既不同于有形财产权，也不同于同属知识产权的专利权和版权。

在企业发展到一定的阶段时应该尽量对其使用的商标进行注册。对于有更大抱负的企业，更应该注意这个问题，不仅要在国内注册，还要根据自己的产品的销售以及潜在市场，选择不同的国家进行商标国际注册，不要出现类似海信公司"Hisense"商标被西门子公司抢注的案例。在有些国家，虽然并没有要求商标必须注册，但是在保护时是以注册商标为主的。国际化企业就要根据所在地国家的法律规定，进行商标注册。

有下列行为之一的，均属于侵犯注册商标专用权。

- 未经注册商标所有人的许可，在同一种商品或者类似商品上使用与其注册商标相同或者近似的商标的。
- 销售明知是假冒注册商标的商品的。
- 伪造、擅自制造他人注册商标标识或者销售伪造、擅自制造商标标识的。

- 给他人的注册商标专用权造成其他损害的。

目前，品牌商标侵权是在阿里巴巴电商平台上知识产权侵权违规最多的情况，下面列举一些常见的问题供参考。

- 未经授权使用他人商标品牌信息，如产品文字描述中涉及品牌信息，如产品名称、描述、属性、关键词等公司信息中涉及品牌信息，如公司介绍、主营产品等产品图片中涉及品牌信息。
- 获得品牌授权，但信息中还涉及他人品牌。授权范围与发布信息用途不一致，如获得授权生产证明但用于销售该产品；如授权采购配件生产自有品牌产品却使用原品牌信息；销售发布的信息与获得授权的品牌不一致，如获得授权的是 AFS JEEP，但信息中出现的却是 JEEP。
- 在信息的其他地方涉及他人品牌，如信息超链接了他人的品牌信息。
- 涂抹、遮盖商标，故意使用变形词或变形 Logo 等。该情况属于恶意违规，有销售假货的嫌疑，阿里巴巴将予以严重处罚。此类情况被知识产权投诉成立三四次，将直接关闭其账号。

三、如何预防知识产权侵权

在传统的国际贸易活动中，大多是国外买家采取大批量订货的方式完成，进口商通常在进口商品前主动进行知识产权调查和风险防范，进行知识产权的把关，国内出口商虽然没有过多关注知识产权问题，但也不太会存在知识产权侵权风险。然而，与传统的外贸模式不同，跨境电子商务中，卖家以中小企业为主，甚至是很多自然人，他们往往缺乏有关知识产权方面的专业知识，而面对的国外买家也具有不特定性，因此知识产权问题变得更为突出。

近几年，通过人民法院受理的电子商务知识产权纠纷案件来看，案件数量呈逐年上升趋势，其中又以侵犯"商标权和著作权"的知识产权案件为最多。根据 ebay 的统计数据，中国跨境电商企业在 ebay 平台完成的跨境交易中，投诉率为 5.8%，而全球平均水平为 2.5%，我国的企业被投诉率远高于国际水平，甚至一些国际大型电商平台专门针对中国跨境电商企业制定了准入的歧视性条款，需要支付更高的平台佣金或者实施相比其他电商企业更严厉的侵权处罚措施。

目前跨境电子商务侵权主要表现在以下几个方面。首先是现行网络假货横行，侵犯商标权的现象大量发生，特别是在诸如天猫、京东等较大的电商平台上，很多中小商家打着品牌授权口号公然销售假冒伪劣产品。其次是在网络产品的传播方面，擅自使用其他网站的 Logo、图片、视频、原创内容等，或者模仿其他网站模板，采用相似域名等行为，这对消费者造成了严重误导，同时也对侵权的品牌带来了负面的影响。此外是网络诈骗，主要表现在恶意钓鱼或者欺诈网站，其主要通过技术手段来制作钓鱼网站，通过低价、广告等形式来诱导消费者进行消费。

那么，怎样防范知识产权侵权呢？

（一）了解平台对知识产权侵权行为的认定

以阿里巴巴国际站为例，防范知识产权侵权，首先要了解哪些行为属于知识产权侵权行为。阿里巴巴国际站平台严禁用户未经授权发布、销售涉及第三方知识产权的商品。知识产权侵权行为包括但不限于以下三类。

1. 著作权侵权

未经著作权人同意，又无法律上的依据，使用他人作品或行使著作权人专有权的行为，以及其他法律规定的损害著作权人合法权益的行为。

2. 商标侵权

未经商标权人的许可,在商标权核定的同一或类似的商品上使用与核准注册的商标相同或相近的商标的行为,以及其他法律规定的损害商标权人合法权益的行为。

3. 专利侵权

未经专利权人许可,以生产经营为目的,实施了依法受保护的有效专利的违法行为。

侵犯知识产权的行为,包括但不限于如下表现行为。

(1) 产品标题、描述或店铺名称使用知名品牌名称或衍生词,或明示模仿某知名品牌。

(2) 产品图片中含有知名品牌名称或衍生词、Logo 或相似 Logo,使用图片处理工具遮掩全部或部分 Logo。

(3) 模仿知名品牌代表性图案、底纹或款式的疑似产品。

(4) 卖家产品链接被知识产权所有人或拥有合法权利人授权的第三方代理机构投诉,未能提供有效、合理证明。

(5) 音像制品,中国大陆会员需提供相关政府部门颁发的音像制品经营许可证,而未能提供的。

(6) 原设备厂商软件、学术软件等,需提供相关政府部门颁发的有效销售许可证明,未能提供的。

(7) 其他侵犯第三方知识产权的行为。

(二) 商家应积极做好产品来源管理

相比欧美日等发达国家,我国的知识产权保护制度还不够完善,知识产权保护强度和执法强度还较弱,因此,对于山寨产品、侵权产品的管理效果还不够明显,这也纵容了我国很多电商平台上充满了山寨产品和侵权产品。但是,这种国内侵权的行为,到知识产权保护强度较高的发达国家后,将会面临着较高数额的赔偿,支付较高的侵权成本,甚至会被限制进入市场。因此,从长远发展来看,在产品的选择上,应该遵从知识产权保护原则,选择不侵权的产品进行销售。

随着电子商务的推广发展,一些新型的知识产权形式也随之产生,例如多媒体作品、数据库、网页设计等受著作权保护的知识产权和计算机技术等受专利法保护的专利;参与电子商务的权利人拥有的权利内容也逐渐发生了变化,《著作权法》经过修订完善后明确指出:作者对其作品拥有网络信息的传播权。如果在电子商务活动中要规避潜在的知识产权侵权风险,企业在开展电子商务活动时就必须能够识别具有特殊形式的知识产权,并树立起充分尊重知识产权的意识,尽量避免不恰当地使用各种技术手段而导致的知识产权侵权。

(三) 加大跨境电子商务平台对相关知识产权内容事前审查的力度

首先,电商平台应加强对用户身份的审查。如某个网络用户声称其为某知名品牌的网络代理商或授权商,跨境电商平台应要求其提供相关证明文件并对该文件的真实性向权利人进行核实,如果资料确为伪造,电商平台应禁止该用户入驻该电商平台。

其次,跨境电商平台还应加强对于特定情形下商品信息的审查。如对于知识产权知名度极高、被控侵权产品事实极为明显的情形,例如侵权信息处于网站首页、其他主要页面或其他可为电商平台明显所见的位置、电商平台对侵权信息进行了特别的推荐或编排等。电商平台应主动对商品信息进行审查,而不必等接到权利人的投诉通知再处理。如电商平台未履行事前审查,应与侵权者对权利人承担连带责任。

(四) 建立企业跨境电子商务风险审查机制

1. 加强对通知删除规则的研究和灵活应用

通知删除规则可以帮助权利人有效、快速制止侵权。对于被投诉的网络卖家而言,如果一被投诉就立刻遭受删除链接的制裁，对平台商的信誉和平台未来的发展都有所影响。从删除链接给卖家造成的损失来看，商品信息一旦被删除，卖家不仅无法销售该商品，更可能在瞬息万变的竞争中丧失交易机会、降低用户评价和信用度，进而给其带来致命打击。

跨境电子商务平台可以在接到权利人发来的投诉通知后，对通知中提及的侵权事实发生的可能性进行审查和判断，对于侵权可能性较大的，应在一定期间内采取相应措施，并将该通知转发给所涉的网络卖家。网络卖家在接到该通知后，可以在一定期间内，向电子商务平台发出反通知，由电子商务平台对通知与反通知进行综合审查判断，对于构成侵权可能性较大的，电子商务平台应继续采取删除、断链措施。对于构成侵权可能性不大的，应立即采取恢复链接等措施。无论如何应在接到通知或反通知的第一时间向对方转发。经过一轮通知与反通知，电子商务平台势必按照一方的意见采取了相应措施。对此，如果另一方提出异议并对跨境电子商务平台提起诉讼，平台商可以其接收到的通知及反通知材料等证明做到了普通经营者应尽的审查义务。

2. 用大数据思维监控海量商品信息的知识产权合法性

跨境电子商务经营者，尤其是大型综合平台服务商，可以自己开发系统软件，用大数据的思维筛选、抓取涉嫌侵犯知识产权的商品或者卖家信息，或者引入知识产权服务对其网络平台上的海量商品知识产权信息进行自我审查，并适时向相关人员发出侵权可能的提示信息、改进措施、扣分制度。对于确认侵权并拒不改正的卖家给予断链处罚，以警示和维护平台产品的正品信息形象，同时建立宽严适度的商品信息准入制度。

3. 建立跨境电子商务知识产权预警和保护平台

在政府层面，搭建集"风险预警、投诉举报、纠纷解决、信息发布、咨询指引"等功能于一体的面向社会各方主体的跨境电子商务知识产权预警和保护平台，为相关方的信息沟通、传递提供有效渠道，及时有效打击互联网领域侵犯知识产权的行为。筹建电子商务知识产权侵权预警中心、电子商务知识产权侵权纠纷解决中心。搭建知识产权法律法规与标准数据库、知识产权数据库、知识产权案件数据库、知识产权专家与机构数据库四个基础数据库。依托平台，有效整合侵权假冒相关法规、标准、主体信息、产品信息、知识产权信息、案例、专家等基础资源，立足打击网络环境下侵犯知识产权与制售假冒伪劣商品行为，面向社会提供开放式专业化公共服务。依托风险预警、举报投诉、监督查处、维权保护、咨询指引等功能模块，通过网上网下联动进行一体化统筹监管，实现对跨境电子商务侵犯知识产权行为的打击治理。

四、禁限售规则

禁售产品：指因涉嫌违法、违背社会道德或违背平台发展原则等原因，而禁止发布和交易的产品。

限售产品：指信息发布前需要取得商品销售的前置审批、凭证经营或授权经营等许可证明，否则不允许发布的产品。

需要重视的是以下这些禁售、限售产品：毒品、枪支、军警用品、各类药品、超长刀具、汽车安全气囊、音像制品、钱币、香烟、邮票、间谍用品、酒类、赌博用品、机票及航空制服、卫星接收设备、医学美容仪器、管制刀具等。

除禁售产品外，我们还需要了解限售产品，例如电子烟等。有的限售产品无论是否涉及品牌，都需要经过前置审批才能发布；否则一旦发布，积分和店铺会面临处罚。

速卖通具体的禁售、限售产品列表请参见《全球速卖通禁限售商品目录》，网址如下：
http://seller.aliexpress.com/education/rules/post001.html。

五、跨境电商法律法规

国家推出系列政策,从信息、支付、清算、物流、保税等多方面支持、监督跨境电商行业,推动跨境电商行业的发展和逐渐规范。政策的直接干预不仅对整体跨境电商市场的发展起到了极大推动力,也让跨境电商企业从企业运营成本、企业业务流程、企业同税等多方面获得了有力保障。

当前,我国跨境电子商务可能涉及的法律类条文、规范、文件可以分为三类。第一类是跨境电子商务涉及的贸易、商务、运输类,这一类主要是针对跨境电子商务活动中的跨境贸易属性,解决涉及贸易的基础问题,尤其适用于 B2B 类的跨境电子商务。第二类是跨境监管对应的有关法律、法规、规章等,此类主要是针对跨境电子商务过程中的通关、商检、外汇、税务等问题,这对多种跨境电子商务交易和服务都具有约束作用。第二类是电子商务活动相关的法律法规,重点在于电子商务本身一般性的法律问题,其关键在于电子信息技术带来的新空间、新模式。通过对现行法律的梳理,有利于找到跨境电子商务法律应该参照、包含、补充的具体范畴。

(一)跨境电商贸易、商务、运输相关法律

此类现行法律经过梳理,可以分为五个子类。

1. 规范对外贸易主体、贸易规范、贸易监管的一般性法律

跨境电子商务的参与者很多具有贸易主体的地位,对跨境 B2B 电子商务而言,仍然适用于货物贸易的情形。在这方面,我国出台的最重要的法律基础是《对外贸易法》。在修订后的对外贸易法中,规范了贸易参与者、货物进出口、贸易秩序、知识产权、法律责任等。从根本上确立了贸易参与者的备案登记,对货物进出口的许可管理和监管,保护知识产权等措施。与此同时,针对贸易参与者的登记问题,又出台了《对外贸易经营者备案登记办法》,规范了登记需要递交的材料和审核细节。针对货物进出口环节,我国还制定了《货物进出口管理条例》,具体规定了对禁止进出口、限制进出口、自由进出口等的管理措施。

2. 贸易合同方面的法律

跨境电子商务的合约除了电子合同的属性外,还具有贸易合同的性质。当前国际上比较重要的公约是《联合国国际货物销售合同公约》,该公约实际规范的是一般贸易形态的,商业主体之间的,非个人使用、非消费行为的货物销售合同订立。该公约具体规范了合同订立行为、货物销售、卖方义务、货物相符(含货物检验行为等)、买方义务、卖方补救措施、风险转移、救济措施、宣布合同无效的效果等。同时,也需要参照我国《合同法》进行规范。我国《合同法》不仅仅规范了销售合同,而且也对商事代理方面的合同行为提出了专门的条款,对运输过程中的一些问题也作了规定。

3. 知识产权方面的法律和规范

跨境电子商务活动中交易的商品需要遵守知识产权的有关规范。主要涉及商品的专利、商标、著作权等问题的规范。我国相继出台了《专利法》《商标法》和《著作权法》。我国已经加入或批准了《保护工业产权巴黎公约》以及《商标国际注册马德里协定》,在加入 WTO 之后同时也受到了《与贸易有关的知识产权协定》(TRIPS)的约束。这些法律以及国际公约详细规定了知识产权的性质、实施程序和争议解决机制。

4. 跨境运输方面的法律法规

跨境电子商务交易活动后期会涉及较多的跨境物流、运输问题,涉及海洋运输、航空运输方面的法律。主要应参照《海商法》《航空法》和《货物运输代理业管理规定》。这些法律法规对承运人的责任、交货提货、保险等事项作了具体规定,同时也对国际贸易中的货物运输代理行为作了规范,厘清了代理人作为承运人的责任。这部分的法律规范同时还需要与我国的《合

同法》进行参照，解决代理合同当中委托人、代理人、第三人之间的责任划分问题。货运代理的代理人身份和独立经营人身份/合同当事人的双重身份也需要参照《合同法》进行规范。

5. 产品质量和消费者权益方面的法律与其他规定

在法律实践中，跨境电子商务常常面临商品质量的责任和纠纷。在贸易过程中，产品/商品质量问题和责任需要通过法律来规范，消费者权益需要通过法律进行保护。这些法律对生产者、销售者的责任进行了梳理，以及欺诈、侵权的行为进行了规制，如表1-13所示。

表1-13 贸易类法律

相关业务	名称	类型
对外贸易	《中华人民共和国对外贸易法》	法律
对外贸易	《对外贸易经营者备案登记办法》	规章
对外贸易	《货物进出口管理条例》	规章
对外贸易	《联合国国际货物销售合同公约》	国际公约
商事合同	《中华人民共和国合同法》	法律
商事	《国际货物运输代理业管理规定》	规章
商事海事	《中华人民共和国海商法》	法律
商事运输	《中华人民共和国民用航空法》	法律
知识产权	《中华人民共和国知识产权法》	法律
知识产权	《中华人民共和国商标法》	法律
质量责任	《中华人民共和国产品质量法》	法律
消费者保护	《中华人民共和国消费者权益保护法》	法律

这部分法律对跨境电商的指导和规范作用主要是作为跨境电商的可参照的线下行为基础。对于跨境电子商务来说，相当多的活动实质上还是跨境贸易活动，相当部分参与者仍是传统贸易活动中的主体，很多贸易环节、贸易问题对跨境电子商务仍然适用。

（二）跨境电商监管（通关、商检、外汇、税收等）相关法律法规

1. 通关方面的法律法规

跨境电子商务所涉及的货物/物品需要经过海关的查验。我国出台了《海关法》，并通过《海关企业分类管理办法》《海关行政处罚实施条例》进一步细化。《海关法》涉及海关的监管职责，对进出境运输工具、货物、物品的查验、关税等内容。《海关企业分类管理办法》对海关管理企业实行企业分类管理，对信用较高的企业采用通关便利措施，对信用较低的企业采取更严密的监管措施。同时，也在通关环节，加强了"知识产权的海关保护"，出台了《知识产权海关保护条例》及其实施办法。针对目前空运快件、个人物品邮件增多的情况，也出台了一些专门的管理办法，如《快件监管办法》以及《海关总署公告2010年第43号（关于调整进出境个人邮递物品管理措施有关事宜）》等。

2. 商检方面的法律法规、跨境电子商务所交易的较多货物都需要通过商检的检验环

目前的依据主要是《商检法》，涉及商品检验检疫方面的出口、进口的检疫以及监督管理职责。同时依据《商检法》出台了《商品检验法实施条例》，对商检法各个部分拟定了细则。还出台了一些针对邮递和快件的检验检疫细则，如《进出境邮寄物检疫管理办法》和《出入境快件检验检疫管理办法》等。

3. 外汇管理的有关规定

跨境电子商务主要涉及向外汇管理部门、金融机构的结汇问题。当前的规范主要有《外汇管理条例》等。《外汇管理条例》中所涉及的经常项目售汇、结汇条文会直接影响到跨境电子商务的部分支付问题。

4. 税收方面的法律法规

跨境电子商务进出口环节可能会面临征税问题。该类法律法规主要有《进出口关税条例》，以及涉及退税阶段的各类规章制度。《进出口关税条例》在《海关法》和国务院制定的《进出口税则》的基础上来具体规定关税征收的规定和细则，包括货物关税税率设置和适用、完税价格确定、进出口货物关税的征收、进境货物的进口税征收等。针对新出现的跨境电子商务企业的征税和退税问题，税务总局也出台了一系列文件，如表1-14所示。

表1-14 监管类法律

相关业务	名称	类型	实施日期	颁布机构
出口退税	《国家税务总局商务部 关于进一步规范外贸出口经营秩序切实加强出口货物退（免）税管理的通知》（国税发〔2006〕24号）	规章	2006/3/1	国家税务总局、商务部
出口退税	《财政部国家税务总局关于出口货物劳务增值税和消费税政策的通知》（财税发〔2012〕39号）	规章	2012/7/1	财政部、国家税务总局
外汇管理	《中华人民共和国外汇管理条例》（国务院令第532号）	法规	2008/8/5	国务院
外汇管理	《国家外汇管理局关于印发货物贸易外汇管理法规有关问题的通知》（汇发〔2012〕38号）	规章	2012/8/1	国家外汇管理局
外汇管理	《国家外汇管理局、海关总署、国家税务总局关于货物贸易外汇管理制度改革的公告》2012年第1号	规章	2012/8/1	国家外汇管理局海关总署国家税务总局
外汇管理	《货物贸易外汇管理指引》	规章	2012/8/1	国家外汇管理局
通关	《中华人民共和国海关法》	法律		
通关	《中华人民共和国海关企业分类管理办法》（海关总署令第197号）	规章	2011/1/1	海关总署
通关	《中华人民共和国海关行政处罚实施条例》（国务院令第420号）	法规	2004/11/1	国务院
通关	《中华人民共和国海关关于<中华人民共和国知识产权海关保护条例>的实施办法》（海关总署令第183号）	规章	2009/7/1	海关总署
通关	《中华人民共和国知识产权海关保护条例》（国务院令第395号）	法规	2004/3/1	国务院
通关	《国务院关于修改<中华人民共和国知识产权海关保护条例>的决定》（国务院令第572号）	法规	2010/4/1	国务院
通关/税务	《中华人民共和国进出口关税条例》（国务院令〔2003〕第392号）	法规	2004/1/1	国务院
商检	《中华人民共和国进出口商品检验法》	法律		
商检	《中华人民共和国进出口商品检验法实施条例》	法规		

在跨境电子商务活动中，货物都需要通过海关、商检，经营参与者需要进行收汇和结汇，在通关过程中还会遇到税收问题。因此，跨境电子商务的法律需要考虑和参照已有的此类法律内容。

（三）电子商务相关法律法规

跨境电子商务仍然需要参照电子商务的一般性法律法规。当前我国电子商务主要的法律法规可以分为以下几类。

1. 电子商务登记、准入、认定相关法律制度

当前，此类法律制度主要以部门规章或规范性指导文件的形式存在，参与交易的企业以及各类第三方服务商都有一定的登记和准入要求，个人准入条件则较为模糊和宽泛。若涉及设立网站行为，应主要依据《电信条例》和《互联网信息服务管理办法》进行审批和登记。从参与交易或服务经营的角度，应符合国家工商总局出台的《网络商品交易及有关服务行为管理暂行办法》。电子商务各项活动的参与者应参照《电子商务模式规范》中关于成立、注册、身份认定审核的条件。第三方平台服务商还需要符合《第三方电子商务交易平台服务规范》的其他准入条件。

2. 电子商务合同、签名、认证相关法律

目前电子商务合同主要参照的应该是《合同法》中的相关条文。电子商务合同中的较多内

容可以在《合同法》中找到对应的等同的条文，其他如点击合同、确认规则、电子错误等问题目前应借鉴国际上有关的电子商务法律所规定的关于电子商务合同的条文，如联合国《电子商务示范法》和美国《统一计算机信息交易法》等。我国已经出台了《电子签名法》，对电子签名的适用范围、法律效力、法律责任进行了详细规定。

3. 电子商务支付相关法律

目前，主要参照的文件是《电子支付指引（第一号）》，对电子支付的原则、安全、差错处理、各方法律关系和权利义务等进行了说明和规范。

4. 知识产权、安全隐私、消费者权益保护类相关法律

知识产权相关的法律除遵守一般的《商标法》《著作权法》《专利法》的相关规定外，还需要参照一些关于域名管理、网络信息传播管理的相关规定，如表1-15所示。

表1-15 电子商务类法律法规

名称	类型
《中华人民共和国电子签名法》	法律
《中华人民共和国侵权责任法》	法律
《电子支付指引（第一号）》	文件
《中华人民共和国电信条例》	规章
《互联网信息服务管理办法》	文件
《中华人民共和国公司登记管理条例》	规章
《网络商品交易及有关服务行为管理暂行办法》	文件
《第三方电子商务交易平台服务规范》	文件
《电子商务模式规范》	文件

跨境电子商务作为一种电子商务活动，也需要参照上述电子商务有关的法律、法规、规章、文件进行规范。

模块二 相关知识

跨国电子商务特征

（一）全球性

网络是一个没有边界的媒介，具有全球性和非中心化的特征。依附于网络发生的跨境电子商务也因此具有了全球性和非中心化的特性。电子商务与传统的交易方式相比，其一个重要特点在于电子商务是一种无边界交易，丧失了传统交易所具有的地理因素。互联网用户不需要考虑跨越国界就可以把产品尤其是高附加值产品和服务提交到市场。网络的全球性特征带来的积极影响是信息的最大程度的共享，消极影响是用户必须面临因文化、政治和法律的不同而产生的风险。任何人只要具备了一定的技术手段，在任何时候、任何地方都可以让信息进入网络，相互联系进行交易。美国财政部在其财政报告中指出，对基于全球化的网络建立起来的电子商务活动进行课税是困难重重的，电子商务是基于虚拟的电脑空间展开的，丧失了传统交易方式下的地理因素；电子商务中的制造商容易隐匿其住所而消费者对制造商的住所是漠不关心的。比如，一家很小的爱尔兰在线公司，通过一个可供世界各地的消费者点击观看的网页，就可以

通过互联网销售其产品和服务,只要消费者接入了互联网。很难界定这一交易究竟是在哪个国家内发生的。

这种远程交易的发展,给税收当局制造了许多困难。税收权力只能严格地在一国范围内实施,网络的这种特性为税务机关对超越一国的在线交易行使税收管辖权带来了困难。而且互联网有时扮演了代理中介的角色。在传统交易模式下往往需要一个有形的销售网点的存在,例如,通过书店将书卖给读者,而在线书店可以代替书店这个销售网点直接完成整个交易。而问题是,税务当局往往要依靠这些销售网点获取税收所需要的基本信息,代扣代缴所得税等。没有这些销售网点的存在税收权力的行使也会发生困难。

(二)无形性

网络的发展使数字化产品和服务的传输盛行。而数字化传输是通过不同类型的媒介,例如数据、声音和图像在全球化网络环境中集中而进行的,这些媒介在网络中是以计算机数据代码的形式出现,因而是无形的。以一个 E-mail 信息的传输为例,这一信息首先要被服务器分解为数以百万计的数据包,然后按照 TCP/IP 协议通过不同的网络路径传输到一个目的地服务器并重新组织转发给接收人,整个过程都是在网络中瞬间完成的。电子商务是数字化传输活动的一种特殊形式,其无形性的特性使税务机关很难控制和检查销售商的交易活动,税务机关面对的交易记录都是体现为数据代码的形式,使税务核查员无法准确地计算销售所得和利润所得,从而给税收带来困难。

数字化产品和服务基于数字传输活动的特性也必然具有无形性,传统交易以实物交易为主,而在电子商务中,无形产品却可以替代实物成为交易的对象。以书籍为例,传统的纸质书籍,其排版、印刷、销售和购买被看作是产品的生产、销售。然而在电子商务交易中,消费者只要购买网上的数据权便可以使用书中的知识和信息。而如何界定该交易的性质、如何监督、如何征税等一系列的问题却给税务和法律部门带来了新的课题。

(三)匿名性

由于跨境电子商务的非中心化和全球性的特性,因此很难识别电子商务用户的身份和其所处的地理位置。在线交易的消费者往往不显示自己的真实身份和自己的地理位置,重要的是这丝毫不影响交易的进行,网络的匿名性也允许消费者这样做。在虚拟社会里,隐匿身份的便利迅即导致自由与责任的不对称。人们在这里可以享受最大的自由,却只承担最小的责任,甚至干脆逃避责任。这显然给税务机关制造了麻烦,税务机关无法查明应当纳税的在线交易人的身份和地理位置,也就无法获知纳税人的交易情况和应纳税额,更不要说去审计核实。该部分交易和纳税人在税务机关的视野中隐身了,这对税务机关是致命的。以 ebay 为例,ebay 是美国的一家网上拍卖公司,允许个人和商家拍卖任何物品,到目前为止 ebay 已经拥有 1.5 亿用户,每天拍卖数以万计的物品,总计营业额超过 800 亿美元。

电子商务交易的匿名性导致了避税现象的恶化,网络的发展,降低了避税成本,使电子商务避税更轻松易行。电子商务交易的匿名性使应纳税人利用避税地联机金融机构规避税收监管成为可能。电子货币的广泛使用,以及国际互联网所提供的某些避税地联机银行对客户的"完全税收保护",使纳税人可将其源于世界各国的投资所得直接汇入避税地联机银行,规避了应纳所得税。美国国内收入服务处在其规模最大的一次审计调查中发现大量的居民纳税人通过离岸避税地的金融机构隐藏了大量的应税收入。而美国政府估计大约 3 万亿美元的资金因受避税地联机银行的"完全税收保护"而被藏匿在避税地。

(四)即时性

对于网络而言,传输的速度和地理距离无关。传统交易模式,信息交流方式如信函、电报、传真等,在信息的发送与接收间,存在着长短不同的时间差。而电子商务中的信息交流,无论实际时空距离远近,一方发送信息与另一方接收信息几乎是同时的,就如同生活中面对面交谈。某些数字化产品（如音像制品、软件等）的交易,还可以即时清结,订货、付款、交货都可以在瞬间完成。

电子商务交易的即时性提高了人们交往和交易的效率,免去了传统交易中的中介环节,但也隐藏了法律危机。在税收领域表现为:电子商务交易的即时性往往会导致交易活动的随意性,电子商务主体的交易活动可能随时开始、随时终止、随时变动,这就使税务机关难以掌握交易双方的具体交易情况,不仅使税收的源泉扣缴的控管手段失灵,而且客观上促成了纳税人不遵从税法的随意性,加之税收领域现代化征管技术的严重滞后作用,都使依法治税变得苍白无力。

（五）无纸化

电子商务主要采取无纸化操作的方式,这是以电子商务形式进行交易的主要特征。在电子商务中,电子计算机通信记录取代了一系列的纸面交易文件。用户发送或接收电子信息。由于电子信息以比特的形式存在和传送,整个信息发送和接收过程实现了无纸化。无纸化带来的积极影响是使信息传递摆脱了纸张的限制,但由于传统法律的许多规范是以规范"有纸交易"为出发点的,因此,无纸化带来了一定程度上法律的混乱。

电子商务以数字合同、数字时间截取了传统贸易中的书面合同、结算票据,削弱了税务当局获取跨国纳税人经营状况和财务信息的能力,且电子商务所采用的其他保密措施也将增加税务机关掌握纳税人财务信息的难度。在某些交易无据可查的情形下,跨国纳税人的申报额将会大大降低,应纳税所得额和所征税款都将少于实际所达到的数量,从而引起征税国国际税收流失。例如,世界各国普遍开征的传统税种之一的印花税,其课税对象是交易各方提供的书面凭证,课税环节为各种法律合同、凭证的书立或做成,而在网络交易无纸化的情况下,物质形态的合同、凭证形式已不复存在,因此印花税的合同、凭证贴花（即完成印花税的缴纳行为）便无从下手。

（六）快速演进

互联网是一个新生事物,现阶段它尚处在幼年时期,网络设施和相应的软件协议的未来发展具有很大的不确定性。但税法制定者必须考虑的问题是网络,像其他的新生儿一样,必将以前所未有的速度和无法预知的方式不断演进。基于互联网的电子商务活动也处在瞬息万变的过程中,短短的几十年中电子交易经历了从 EDI 到电子商务零售业的兴起的过程,而数字化产品和服务更是花样出新,不断地改变着人类的生活。

而一般情况下,各国为了维护社会的稳定,都会注意保持法律的持续性与稳定性,税收法律也不例外。这就会引起网络的超速发展与税收法律规范相对滞后的矛盾。如何将分秒都处在发展与变化中的网络交易纳入税法的规范,是税收领域的一个难题。网络的发展不断给税务机关带来新的挑战,税务政策的制定者和税法立法机关应当密切注意网络的发展,在制定税务政策和税法规范时充分考虑这个因素。

跨国电子商务具有不同于传统贸易方式的诸多特点,而传统的税法制度却是在传统的贸易方式下产生的,必然会在电子商务贸易中漏洞百出。网络深刻地影响着人类社会,也给税收法律规范带来了前所未有的冲击与挑战。

跨境电商市场调研

随着国内从事跨境电商的卖家不断增多，卖家们也在不断尝试新的平台，拓展新的渠道。从国内跨境电商平台到 Amazon、ebay 等国外电商平台，近年又新增了 Wish 平台。跨境电商行业的蓬勃发展，渠道和平台的不断增多，经营模式和创意也是层出不穷，跨境电商已然成为当代热门行业。

跨境电商平台的迅速崛起，让各个卖家跃跃欲试。但平台营销前期工作市场调研必不可少。要想做好开店前的考察工作，需要在微观上调研顾客、竞争对手和潜在进入者；在中观上了解产业上下游发展状况及产业营销；在宏观上了解国家经济背景以及国家营销。要想做好开店前的考察工作，我们需要"把行为建筑在正确的假设上"，即开店期间的周期利润。不做系统客观的市场调研与预测，仅凭经验或不够完备的信息，就作出种种营销决策是非常危险的，也是十分落后的行为。所以对于跨境营销来说市场调研是非常重要的一个环节。

目前主流跨境电商平台有阿里巴巴国际站、速卖通、Amazon、ebay 等，它们之间的优势和特点也各不相同。这么多平台，如何做好前期市场调研工作？我们通过本项目学习跨境电商平台特点、如何数据化选品，以及货源来源渠道等，了解多种平台营销方式，掌握数据分析产品方法和选择货源物流渠道，完成前期市场调研工作。

学习目标

知识目标

1. 了解跨境电商平台。
2. 了解选品的重要性。
3. 了解选择货源渠道的重要性。

能力目标

1. 掌握数据分析产品方法。
2. 掌握货源渠道选择方法。

 项目情景

UR 全球快时尚品牌，是 UR 集团旗下的服装连锁零售品牌。自 2006 年在中国广州开出第一家店铺，经过 10 年的发展，现于上海、北京、广州、成都、大连等重点城市开设有近百家店铺。2013 年看好阿里巴巴旗下网购零售平台 B2B 销售模式，注册了天猫旗舰店，如图 2-1

所示。UR 天猫旗舰店每周每店两次货品更新，每年推出万款新品，致力于让消费者的每一次入店都有眼前一亮的新鲜感。近两年跨境电商外贸的兴起，UR 也看好国际外贸市场，想迈进跨境电商的行业。国内外多种知名电商平台，该如何选择合适的平台呢？

图 2-1　UR 天猫旗舰店首页展示

模块一　任务分解

想要跨进电商行业，首先需要了解各个电商平台的销售市场、物流特点、盈利方式、平台特点等。其次通过数据分析各个行业以及行业热销产品。最后根据销售的产品，寻找合适的货源，不仅需要确定货源的质量，还需要注意货源的可靠性。如何选择跨境电商平台呢？数据化选品是什么？如何寻找可靠的货源？带着这些问题开始我们本项目的学习。

☑ 任务一　跨境电商平台选择

一、跨境电商平台发展趋势

1999 年阿里巴巴成立，拉开了中国跨境电商发展的序幕。最初，阿里巴巴中国供应商只是互联网上的黄页，将中国企业的产品信息向全球客户展示，定位于 B2B 大宗贸易。买方通过阿里巴巴平台了解到卖方的产品信息，然后双方通过线下洽谈成交，所以当时的大部分交易是在线下完成的。

2000 年前后，少量国人开始在 ebay 和 Amazon 等国外平台尝试跨境电商，但并没有形成规模。

2004 年敦煌网在北京成立，区别于阿里巴巴中国供应商网上黄页的定位，敦煌网侧重于买卖双方在线完成交易，在敦煌网上发生的交易多数是小额 B2B 贸易。

2007 年兰亭集势成立，兰亭集势是整合国内供应链，以兰亭集势名义向国外销售的 B2C 平台。

2009 年阿里速卖通成立，速卖通以 B2C 和 C2C 为主要跨境贸易模式。随着速卖通的发展，国内的跨境电商开始兴起，很多中小型卖家都开始加入到这个队伍中。几年间，速卖通已迅速赶超其他平台成为国内卖家最集中的跨境电商平台。

除了一些巨头跨境电子商务平台如阿里巴巴国际站、速卖通、ebay、亚马逊、Wish、LAZADA等牢牢地占据大部分市场份额之外，中小型创业公司的平台也已在跨境电商市场觅得突围良机。

据北商研究院发布的名单显示，跨境电商市场呈现巨头林立与百花齐放共存的局面。其中，进口跨境电商市场上，天猫国际、京东全球购、苏宁海外购等传统电商已经牢牢占据大部分市场份额，但包括蜜芽、洋码头等创业公司或通过细分市场发力、或通过率先布局物流等方式，先后斩获上亿美元融资，无论是在品牌知名度、销售业绩，还是在服务质量上，都拥有了与巨头相抗衡的能力。

出口跨境电商行业也呈现类似特点。既有速卖通、ebay、亚马逊等老牌电商雄踞市场，也有敦煌网、兰亭集势等品牌进一步分羹，伴随 Wish、小笨鸟等后起之秀的崛起，百花齐放局面逐渐显现。

二、跨境电商平台介绍

（一）阿里巴巴国际站

阿里巴巴国际站是帮助中小企业拓展国际贸易的出口营销推广服务，它基于全球领先的企业间电子商务网站阿里巴巴国际站贸易平台，通过向海外买家展示、推广供应商的企业和产品，进而获得贸易商机和订单，是出口企业拓展国际贸易的首选网络平台，如图2-2所示。

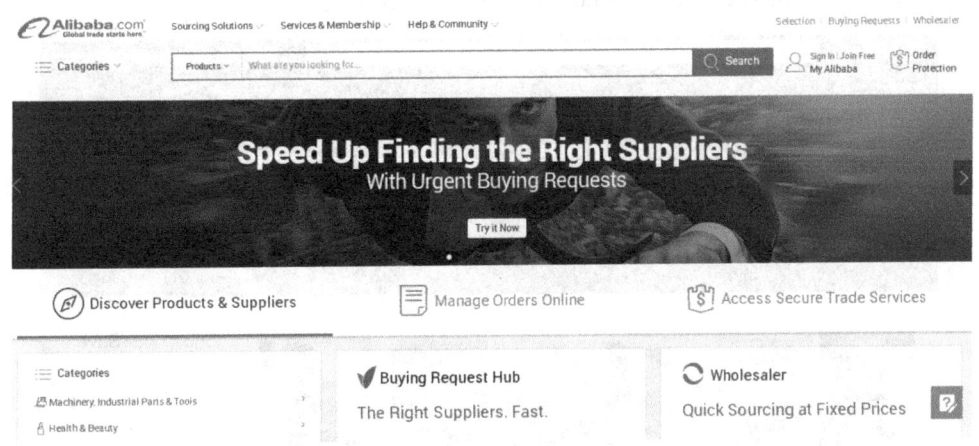

图 2-2　阿里巴巴国际站首页展示

阿里巴巴国际站提供一站式的店铺装修、产品展示、营销推广、生意洽谈及店铺管理等全系列线上服务和工具，帮助企业降低成本，高效率地开拓外贸大市场。

（二）速卖通

全球速卖通是阿里巴巴旗下面向全球市场打造的在线交易平台，被广大卖家称为国际版"淘宝"，如图2-3所示。速卖通于2010年4月上线，经过3年多的迅猛发展，目前已经覆盖220多个国家和地区的海外买家，每天海外买家的流量已经超过5 000万，最高峰值达到1亿，已经成为全球最大的跨境交易平台之一。

全球速卖通覆盖3C、服装、家居、饰品等共30个一级行业类目。其中优势行业主要有服装服饰、手机通讯、鞋包、美容保健、珠宝手表、消费电子、电脑网络、家居、汽车摩托车配件、灯具，等等。

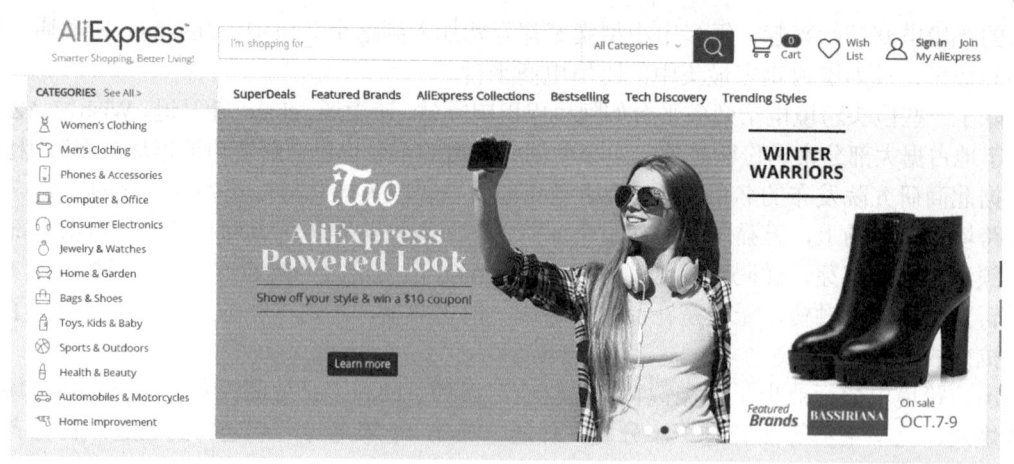

图 2-3 速卖通首页展示

（三）Amazon

Amazon（简称亚马逊）是美国最大的一家网络电子商务公司，位于华盛顿州的西雅图，如图 2-4 所示，是网络上最早开始经营电子商务的公司之一。亚马逊成立于 1995 年，一开始只经营网络的书籍销售业务，现在则扩及了范围相当广的其他产品，已成为全球商品品种最多的网上零售商和全球第二大互联网企业。在公司名下，也包括了 Alexa Internet、a9、lab126 和互联网电影数据库（Internet Movie Database，IMDB）等子公司。

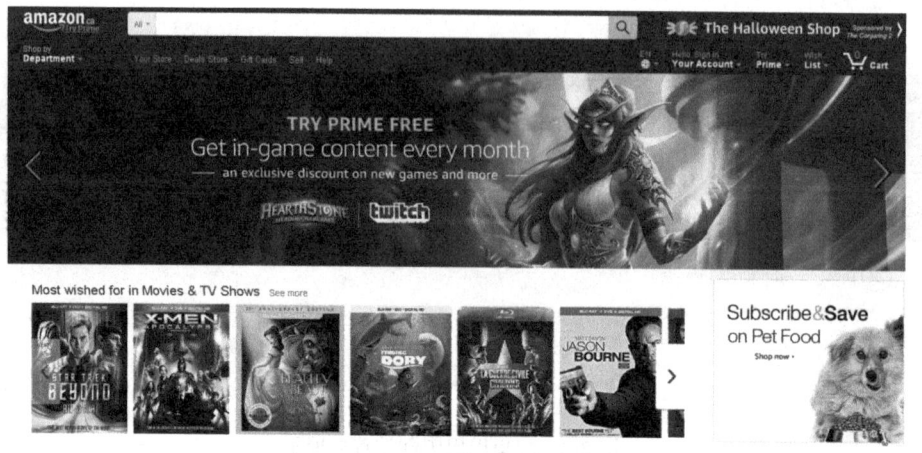

图 2-4 亚马逊首页展示

2004 年 8 月，亚马逊全资收购卓越网，使亚马逊全球领先的网上零售专长与卓越网深厚的中国市场经验相结合，进一步提升客户体验，并促进中国电子商务的成长。2016 年 10 月，亚马逊排 2016 年全球 100 大最有价值品牌第 8 名。

亚马逊及其他销售商为客户提供数百万种独特的全新、翻新及二手商品，如图书、影视、音乐和游戏、数码下载、电子和电脑、家居园艺用品、玩具、婴幼儿用品、食品、服饰、鞋类和珠宝、健康和个人护理用品、体育及户外用品、玩具、汽车及工业产品等。

（四）ebay

ebay（中文简称易贝）是一个管理可让全球民众上网买卖物品的线上拍卖及购物网站，如图 2-5 所示。ebay 于 1995 年 9 月 4 日由 Pierre Omidyar 以 Auctionweb 的名称创立于加利福尼亚州圣荷西。人们可以在 ebay 上通过网络出售商品。2014 年 2 月 20 日，ebay 宣布收购 3D 虚拟试衣公司 PhiSix。

ebay 首席执行官约翰·多纳霍称，当日达送货服务是大势所趋。ebay 的雄心就是当日达送货服务最终将推广到全美。它的计划是联合传统的快递公司、甚至是报社的送报车队，充分利用它们过剩的货运能力，提高物流的速度。ebay 将与市场推广方分享用户数据。

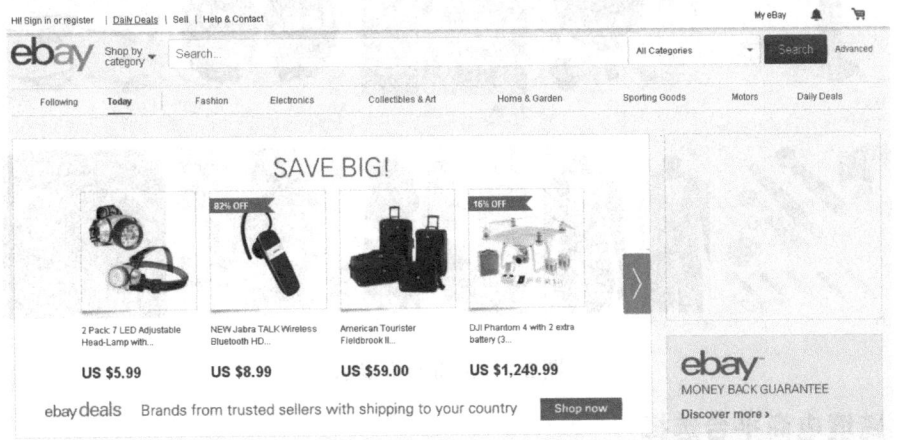

图 2-5　ebay 首页展示

（五）LAZADA

LAZADA 是东南亚地区最大的在线购物网站之一，如图 2-6 所示。获得德国创业孵化器 RocketInternet 桑威尔兄弟（Samwer Brothers）支持，LAZADA 的目标主要是印度尼西亚、马来西亚、菲律宾以及泰国用户。LAZADA 成立于 2012 年，仅用了 3 年时间便成为东南亚最大的电商平台，目前年经营额已达 10 亿美元，日均访问量 400 万，入驻商家数超过 1.5 万。

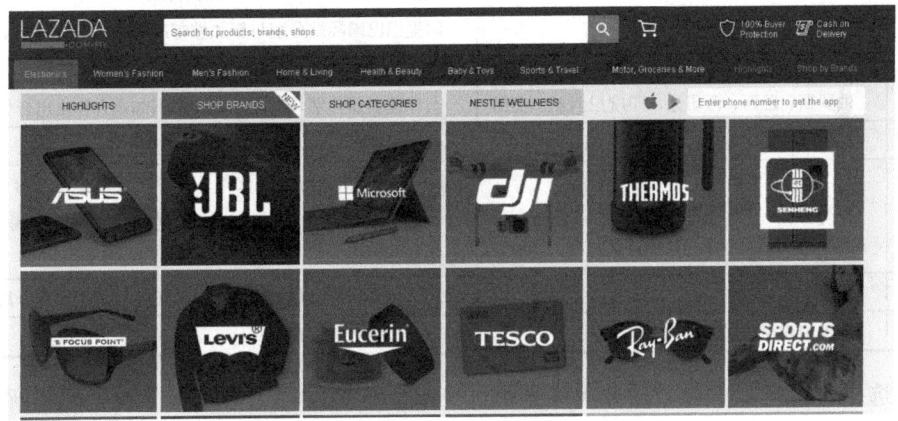

图 2-6　LAZADA 首页展示

（六）Wish

Wish 于 2011 年成立于美国旧金山，是一款基于移动端 App 的商业平台，如图 2-7 所示。起初，Wish 只是向用户推送信息，并不涉及商品交易。2013 年开始升级成为购物平台。Wish 的系统通过买家行为等数据的计算，判断买家的喜好、感兴趣的产品信息，并且选择相应的产品推送给买家。与多数电商平台不同，在 Wish 上的买家不太会通过关键词搜索来浏览商品，更倾向于无目的地浏览。这种浏览方式是美国人比较接受的，所以 Wish 平台超过六成的用户位于美国和加拿大，以及一些欧洲国家。

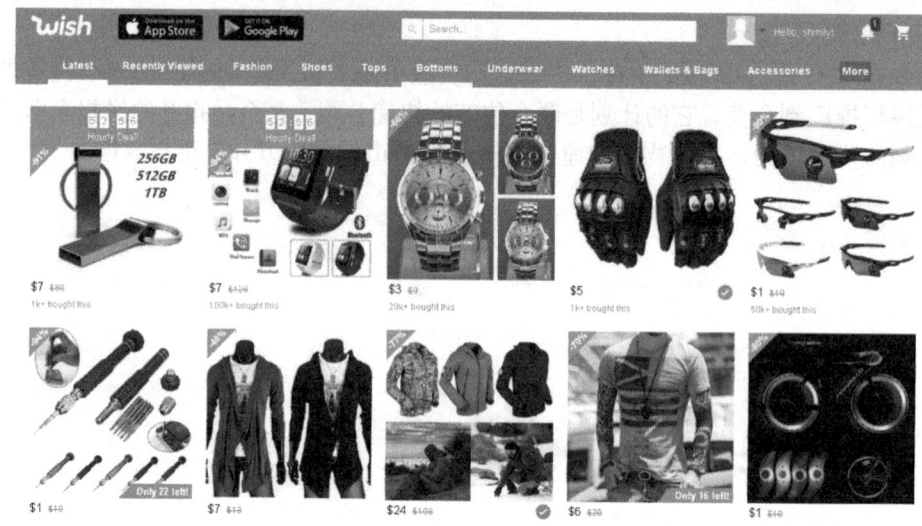

图 2-7　Wish 首页展示

三、跨境电商平台选择

跨境电子商务是指分属不同关境的交易主体，通过电子商务平台完成交易、进行支付结算，并通过跨境物流送达商品、完成交易的一种国际商业活动。利用跨境平台销售商品、从中获取利益，前期销售市场调研必不可少。跨境电商平台面向国家不同，销售市场和物流政策也不同，如表 2-1 所示。

表 2-1　跨境电商平台销售市场和物流特点

	主要销售市场	物流特点
阿里巴巴国际站	亚太、中东、欧洲、南美和北美	阿里巴巴国际站分别与新加坡邮政、美国邮政、巴西邮政、UPS 快递、FedEx 快递和德讯合作推出合作物流方式
速卖通	俄罗斯、巴西、西班牙、印度尼西亚、美国	全球速卖通分别与浙江邮政、中国邮政合作推出合作物流方式
Amazon	美国、中国、德国、日本、英国	自营物流中心
ebay	欧美	ebay 联合第三方合作伙伴，为中国卖家提供连接中美贸易的 ePacket 货运服务，推出澳大利亚、美国、英国、德国等地的海外仓储服务
LAZADA	东南亚地区	2015 年 12 月 4 日后入驻的 LAZADA 卖家全部统一用 LGS 物流
Wish	欧美和南美	卖方选择配送方式

如何选择跨境电商平台，需要考虑地域、产品、货源、物流等因素。首先要了解各个平台的劣势，如表 2-2 所示。其次了解各个平台的运营特点，如表 2-3 所示。最后需要了解具体平台的相关的政策法规，避免不必要的违规处罚。

表 2-2　跨境电商平台的优劣势

	优势	劣势
阿里巴巴国际站	（1）知名度高。 （2）功能较完善。 （3）优质的客户服务和销售服务系统。 （4）综合资源能力强	（1）恶性竞争激烈。 （2）排名没有保证。 （3）英文站价格高，实际效用与宣传有一定的差距。 （4）价格战比较激烈

续表

	优势	劣势
速卖通	(1) 全球市场覆盖率广。 (2) 买家流量高。 (3) 平台交易手续费率低。 (4) 丰富的淘宝产品资源	(1) 支付能力弱。 (2) 国际信誉度低。 (3) 客户服务专业水平低
Amazon	(1) 品牌的国际影响力。 (2) 优质的商家服务体系。 (3) 领先的国际物流仓储服务	(1) 中国市场启动较晚。 (2) 宣传力度不足。 (3) 支付能力弱
ebay	(1) 品牌的国际影响力。 (2) 领先的全球市场覆盖率。 (3) 丰富的产品种类选择。 (4) 优质的商家服务和保护体系，PayPal 支付紧密结合	(1) 收费较高。 (2) 物流与供应链服务有待提高
Lazada	(1) 竞争者少，市场环境好。 (2) 专注于为小商家和零售商打造销售平台	(1) 退货成本高。 (2) 缺乏 ERP 软件支持
Wish	(1) 卖家入驻门槛儿低。 (2) 平台流量大，成单率高。 (3) 利润率高于传统电商平台。 (4) 利用移动平台的特点与 PC 端展开差异化竞争	(1) 进入市场晚。 (2) 品牌影响力不大。 (3) 客户服务体系有待健全

表 2-3　跨境电商平台的特点

	平台特点
阿里巴巴国际站	(1) 互动：社区 Community 频道。 (2) 可信：第三方的认证。 (3) 专业：人性化的网站设计、丰富类目、出色的搜索和网页浏览，简便的沟通工具、账号管理工具。 (4) 全球化：客户遍布全球
速卖通	(1) 适合产品符合新兴市场的卖家（俄罗斯、巴西等）。 (2) 产品有供应链优势，价格优势明显的卖家，最好是工厂直接销售
Amazon	(1) 要有很好的外贸基础和资源，包括稳定可靠的供应商资源，美国本土的人脉资源。 (2) 卖家最好有一定的资金实力，并且有长期投入的心态
ebay	(1) 要有产品的地区优势。 (2) 操作简单，投入小，适合有一定的外贸资源的外贸人
LAZADA	(1) LAZADA 覆盖大约 6 亿消费者。 (2) 提供一年保修，免运费，14 天无条件退换货等售后服务。 (3) 多个地区都占有先发优势
Wish	(1) 智能推送技术。 (2) 客户下单率高，而且满意度高。 (3) 每次推送显示的产品数量比较少，这样对于客户体验来说非常好。 (4) 通过主要的精准营销，国内的卖家短期内销售额爆增

　　比较过 6 个主流跨境电商平台的运营特点、物流方式和优劣势之后，UR 公司最终选择了阿里巴巴旗下的"速卖通（AliExpress）"。速卖通已经覆盖 220 多个国家和地区的买家，覆盖服装服饰、3C、家居、饰品等共 30 个一级行业类目，海外买家流量超过 5 000 万/日，交易额年增长速度持续超过 400%，AliExpress 居 Alexa 排名 76 位，并在快速提升中，速卖通店铺运营操作方式和后台程序跟"淘宝"一样。对于有着三年天猫运营经验的 UR 公司来说，进入跨境电商有着绝对的优势。那么该如何进行数据化分析选择市场呢？如何选品？

任务二 数据化选品

一、数据化分析跨境电商趋势

中国电子商务研究中心发布最新《2015—2016年中国出口跨境电子商务发展报告》显示，2015年中国跨境电商交易规模5.4万亿元，同比增长28.6%。其中，出口跨境电商交易规模为4.5万亿元，同比增长26%。中国出口跨境电商B2B市场交易规模3.78万亿元，同比增长25%。

2015年，中国出口跨境电商主要国家分布：美国16.5%、欧盟15.8%、东盟11.4%、日本6.6%、俄罗斯4.2%、韩国3.5%、巴西2.2%、印度1.4%，其他38.4%，如图2-8所示。

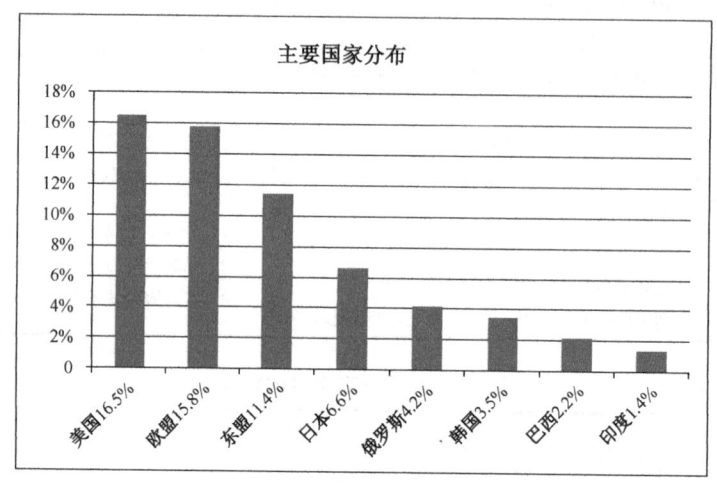

图2-8　2015年出口国家分布

目前出口跨境电商主要面向美国、欧美、东盟、日本等发达市场的中低端客群，同时俄罗斯、巴西、印度等新兴市场呈高速增长趋势。欧美日等发达经济体受益于量化宽松等刺激政策经济增速企稳回升，新兴经济体经济增速放缓。中国制造性价比优势在未来仍将保持，同时海外消费市场为国内过剩产能提供输出通道。

2015年，中国出口跨境电商卖家主要集中在：广东24.7%、浙江16.5%、江苏12.4%、福建9.4%、上海7.1%、北京5.2%、湖北4.1%、山东3.3%、其他17.3%，如图2-9所示。

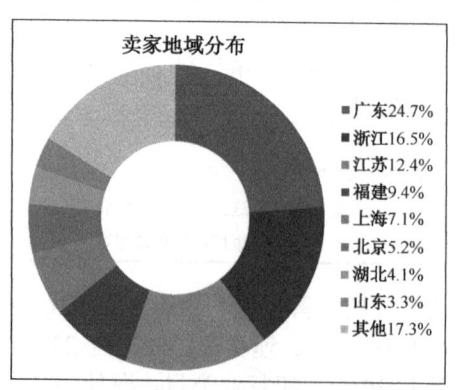

图2-9　2015年卖家地域分布

广东庞大的经济基础、高度集中的生产制造基地、丰富的外贸人才储备成为出口跨境电商卖家聚集地，品类丰富及完善的产业链是显著特征。长三角拥有发达的轻工业基础，从而服饰、鞋帽和家居类为销售领先，同时产业集群效应在长三角表现突出。

2015年，中国出口跨境电商卖家品类主要分布在：3C电子产品37.7%，服装服饰10.2%，户外用品7.5%，健康与美容7.4%，珠宝首饰6%，家居园艺4.7%，鞋帽箱包4.5%，母婴玩具3.6%，汽车配件3.1%，灯光照明2.8%，安全监控2.2%，其他10.3%，如图2-10所示。

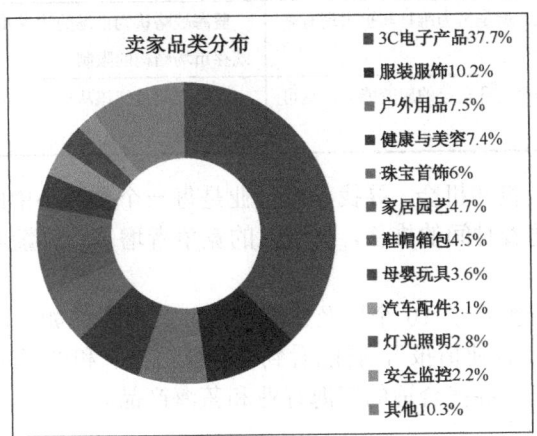

图2-10　2015年卖家品类分布

中国出口跨境电商品类以成本优势强、标准化程度高的3C电子、服饰、户外用品等为主，以标准品为主的出口产品结构符合跨境电商的发展特征，标准品因其品类的统一性而天然地适合利于互联网进行推广和销售。

根据2015年大数据显示，目前欧美市场升值空间很大，服装行业也占据市场比例10.2%，相对其他行业来说，市场占有率也较高。UR公司有国内平台自主品牌服饰经营的经验，做外贸出口行业有一定的信心。服装行业是UR公司迈进跨境电商外贸的第一步。

二、蓝海产品

现存的市场由两种海洋所组成，即红海和蓝海。首先，"红海"代表如今存在的所有产业，也就是我们已知的市场空间；"蓝海"是指未知的有待开拓的市场空间。其次，蓝海产品具备一个显著的特征，即无市场竞争产品或行业尚处于非激烈竞争阶段的产品，但又充满买家需求的行业。

由于以上特征，进行蓝海产品定价，基本缺乏竞争品牌各系列产品价格参照进行定价。同样，蓝海产品的蓝海阶段都是短暂的，随着跟随者的进入，蓝海产品将渐渐驶出"蓝海"，进入渐渐激烈的行业竞争当中。因此，蓝海产品的定价就更加应该具备战略性和竞争性的前瞻性。

价值创新是蓝海战略的基础。企业凭借其创新能力获得更快的增长和更高的利润。蓝海战略要求企业突破传统的血腥竞争所形成的"红海"，拓展新的竞争性的市场空间，考虑如何创造需求，突破竞争，如表2-4和表2-5所示。

表2-4　蓝海战略和红海战略对比

红海战略	蓝海战略
竞争于已有市场空间	开创无人争抢的市场空间
打败竞争对手	规避竞争
开发现有需求	创造和获取新的需求
在价值与成本之间权衡取舍	打破价值与成本之间的权衡取舍

表 2-5 蓝海战略和红海战略的区别

红海战略-竞争-随需应变	蓝海战略-价值创新-创造需求
在红海中，产业边界是明晰和确定的，竞争规则是已知的。竞争是红海战略永恒的主题	在蓝海中，竞争并不激烈。因为行业的竞争规则还没有形成。价值创新是蓝海战略的基础
公司提升市场份额的典型方式，就是努力维持和扩大现有客户群	蓝海战略认为市场的边界并不存在，所以思维方式不会受到既存市场结构的限制
通过对客户的需求变化的追踪来提升自己的应变能力，这可以被称为"随需应变"	着眼点就是应该从供给转向需求，从竞争转向发现新需求的价值创造

蓝海行业充满新的商机和机会。寻找蓝海行业是每一个卖家心中的期盼。蓝海行业和红海行业只是相对而言的，随着时间的推移，新进入的竞争者增多，流量爆发期过后也会出现价格搏杀的局面。

速卖通平台也为卖家推荐了 10 个以及蓝海行业。具体操作如下，首先登录店铺，然后在"数据纵横"界面，点击"行业情报"，就能看到"行业情报"和"蓝海行业"，如图 2-11 所示。根据各自店铺的具体情况，寻找合适的蓝海行业和蓝海产品。

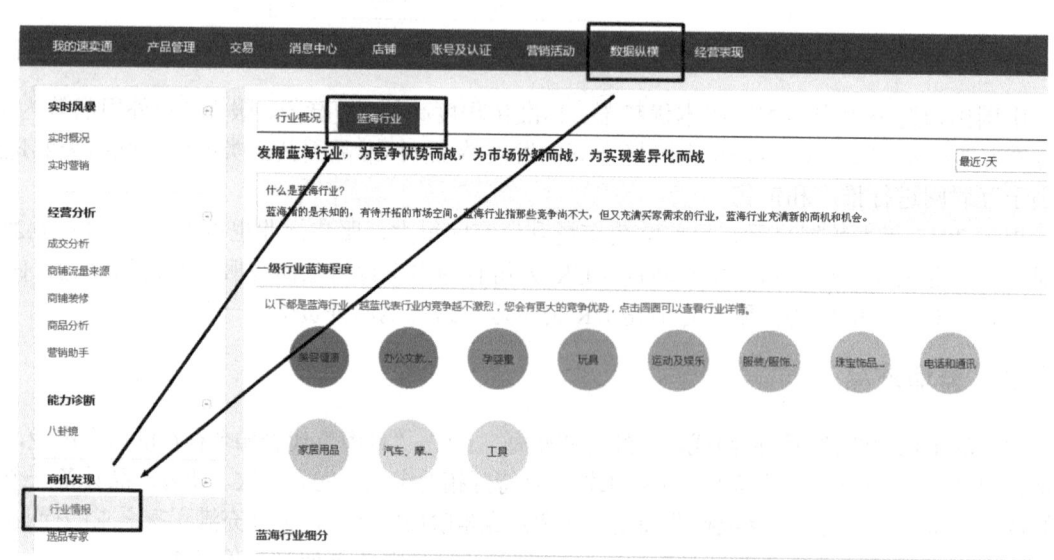

图 2-11 速卖通后台"蓝海行业"界面显示

目前对于 UR 公司来说，寻找蓝海行业和产品为时过早。先选择好的产品打入国际市场才是目前的重点任务。

三、选品策略

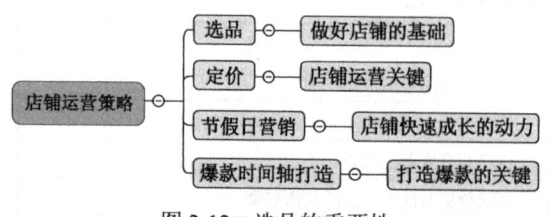

图 2-12 选品的重要性

（一）选品的重要性

选品的重要性对卖家来说不言而喻。对于 UR 公司来说也非常重要。而选品策略作为店铺运营策略的一部分，也被视为整个运营策略的基石。选对产品对本身的销售和店铺后期的成长至关重要，如图 2-12 所示。

选品的好处归纳为三个时期，依次为运营前期、运营中期、运营后期。每个时期做好选品给店铺整体运营带来的好处都有不同的特点。

店铺运营前期，产品快速地获得买家的青睐；获得速卖通平台的推荐，提高买家下单的概率。店铺运营中期，产品可以快速积累销量，获得买家的好评，从平台获得更多的自然流量，降低推广和采购成本。店铺运营后期，定期上传优质产品为店铺增加新的销量入口，为后期店铺营销打好基础，提高店铺产品的竞争力，如图2-13所示。

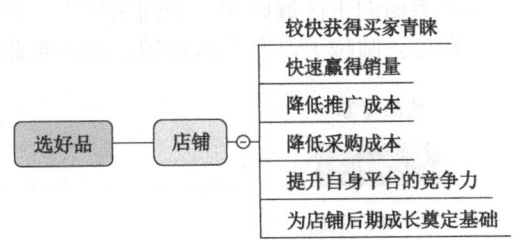

图2-13 选品的好处

从市场角色关系看，选品即选品人员从供应市场中选择适合目标市场需求的产品。从这个角度看，选品人员必须一方面把握用户需求，另一方面，要从众多供应市场中选出质量、价格和外观最符合目标市场需求的产品。成功的选品，最终实现供应商、客户、选品人员三者共赢的结果。此为选品价值所在。

从用户需求的角度看，选品要满足用户对某种效用的需求，比如带来生活方便、满足虚荣心、消除痛苦等方面的心理或生理需求。从产品的角度看，选出的产品，即在外观、质量和价格等方面符合目标用户需求的产品。由于需求和供应都处于不断变化之中，选品也是一个无休止的过程。

选型思路：网站定位→行业动态分析→区域需求分析→品相参考→产品开发与信息加工。

在把握网站定位的前提下，研究需要开发产品所处行业的出口情况，获得对供需市场的整体认识。借助数据分析工具，进一步把握目标市场的消费规律，并选择正确的参考网站，最终结合供应商市场，进行有目的的产品开发。

（二）数据化选品

速卖通后台"选品专家"模块，也为新手卖家提供了选品数据支持。具体操作如下，在"数据纵横"界面，单击"选品专家"，可以看到"热卖"和"热搜"数据情报，如图2-14所示。可以通过行业、国家、时间3个维度来筛选数据，并可以导出最近30天的原始数据自行处理分析。

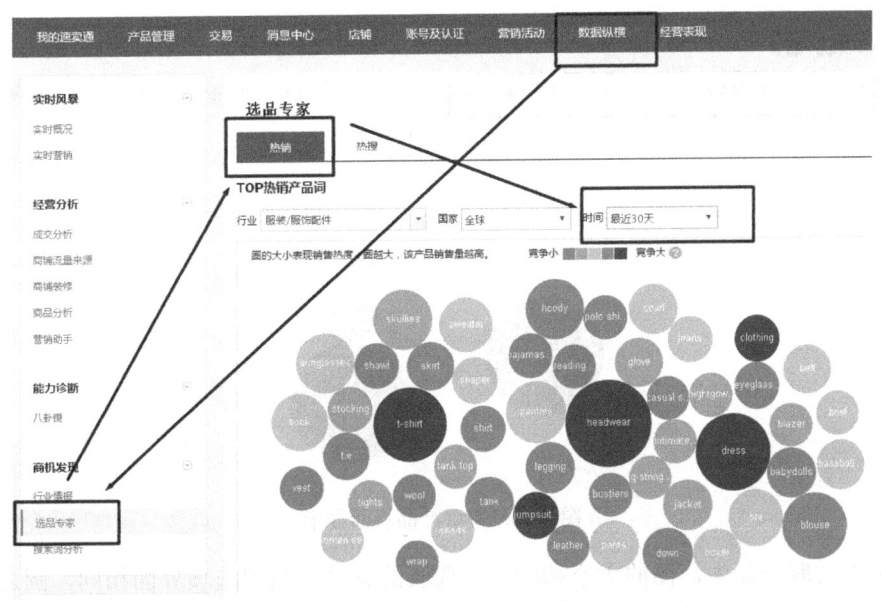

图2-14 速卖通后台"选品专家"界面显示

在界面的主区域则用一个圆来代表一种产品，圆的大小代表销售热度，圆的颜色深浅代表竞争程度。圆越大，产品越热销。颜色越蓝，产品的竞争程度越低，如图2-15所示。

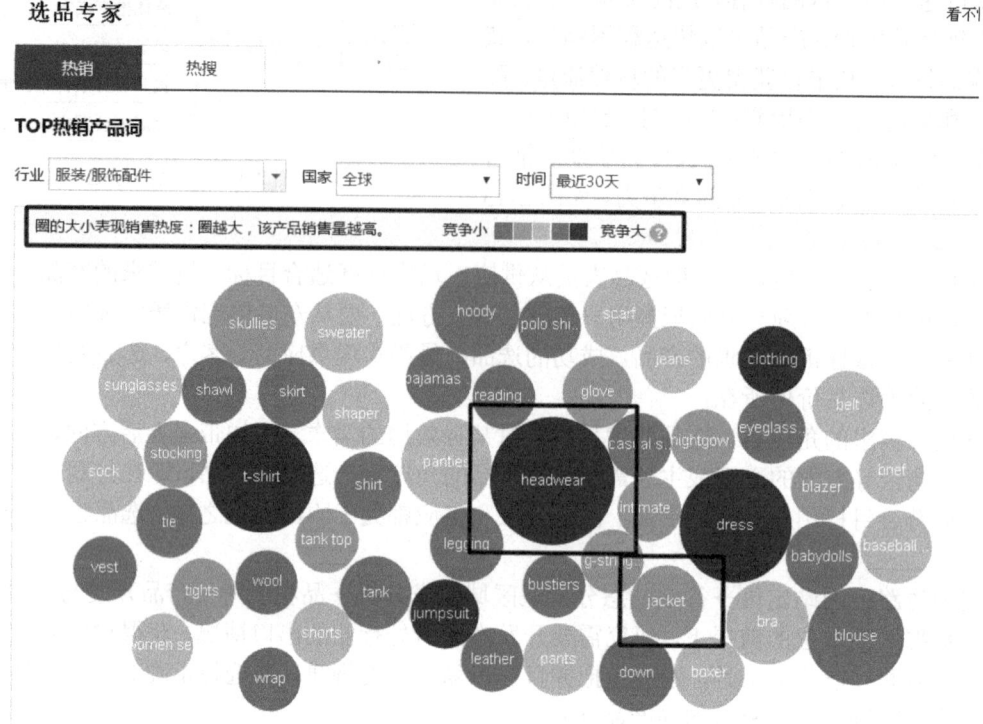

图2-15　"热销"数据界面显示

点击代表"headwear"的圆，进入热销选项的次级页面——销量详细分析页面。此页面有TOP关联产品的TOP热销属性两个区域，如图2-16所示。

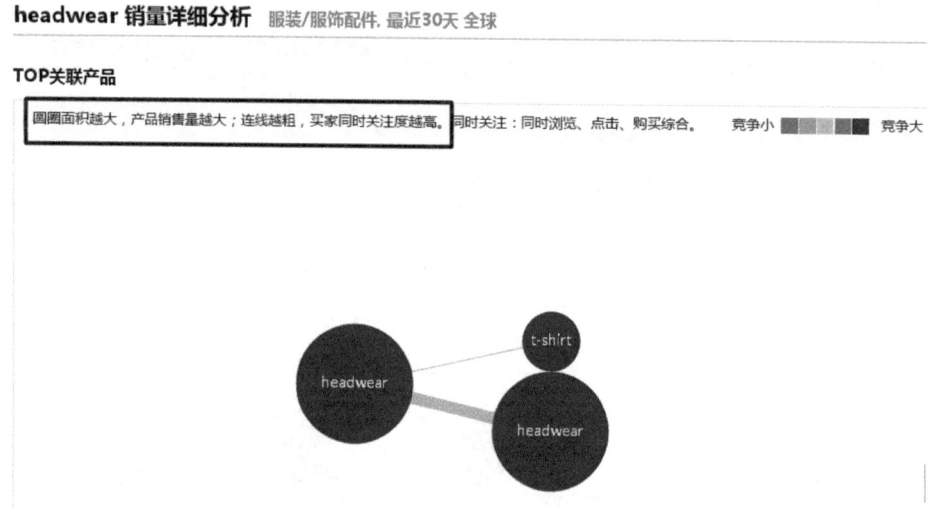

图2-16　关联产品界面显示

在TOP关联产品中，图的大小和颜色所代表的意思与热销选项界面相同，圆之间的连线的粗细代表了买家的同时关注度，所以其可作为关联产品选品的依据。

在 TOP 热销属性中，圆的大小、颜色所代表的意思和热销选项界面相同，在这里可以展开观察各属性的销售热度，可导出最近 30 天原始数据做进一步分析，如图 2-17 所示。

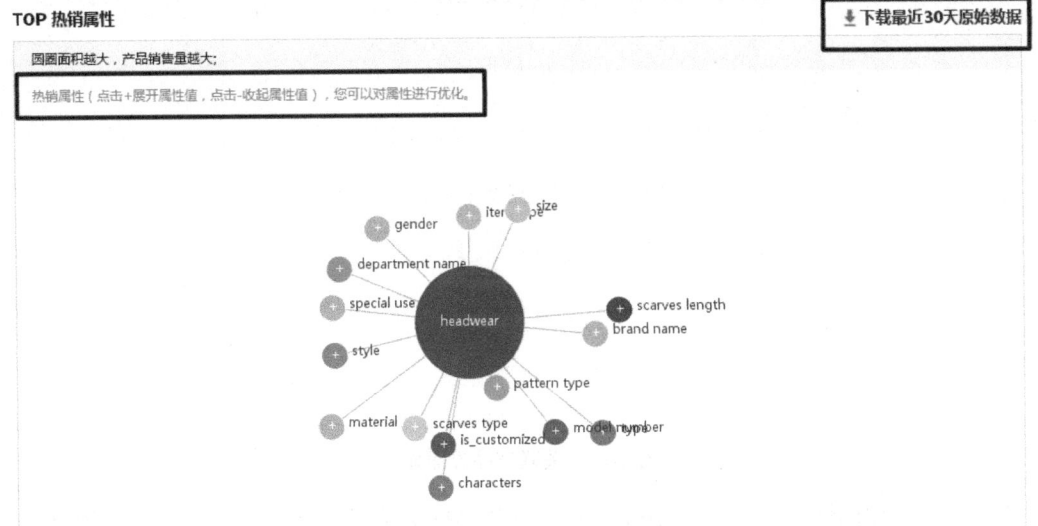

图 2-17　热销属性界面显示

"选品专家"中的"热搜选项"界面，在其中可以通过行业、国家、时间三个维度来筛选数据，并可以导出最近 30 天的原始数据自行处理分析。在界面的主区域则用一个圆来代表产品，圆的大小代表销售热度，如图 2-18 所示。

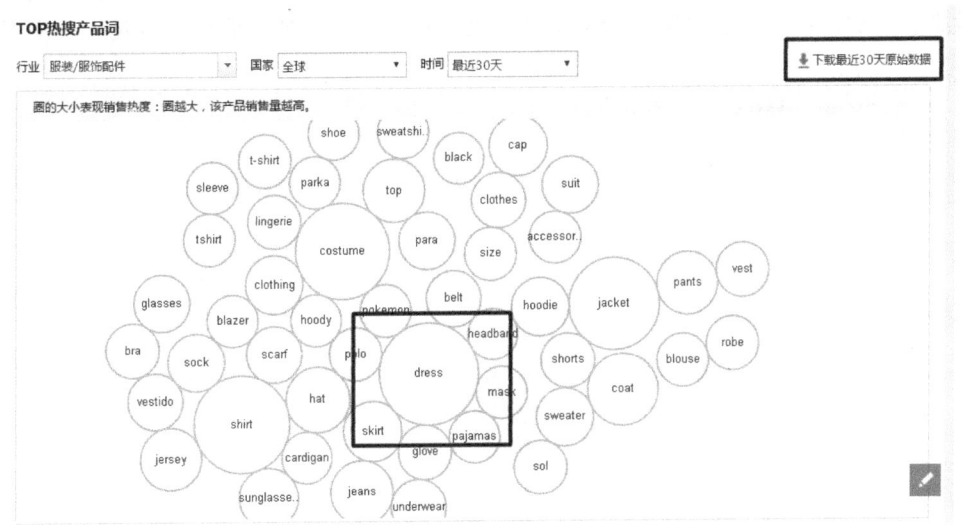

图 2-18　热搜产品词界面显示

点击"dress"的圆，进入热搜选项的次级页面"搜索详细分析页面"。此页面有"TOP 关联产品"和"TOP 热搜属性"两个区域。

在 TOP 关联产品中，圆的大小代表的意思和热搜选项界面相同，圆之间的连线的粗细代表了买家的同时搜索度，所以可以作为关联产品选品的依据，如图 2-19 所示。

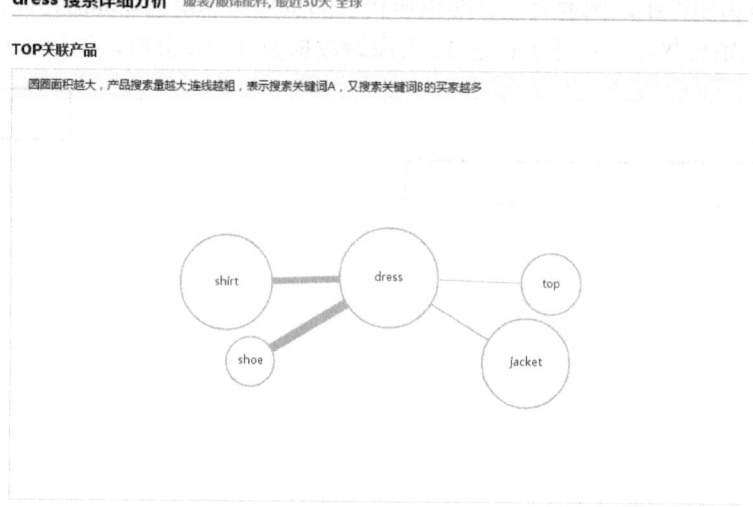

图 2-19　关联产品界面显示

在 TOP 热搜属性中，圆的大小代表的意思和热搜选项界面相同，在这里可以展开观察各属性的搜索度，可导出最近 30 天的原始数据做进一步分析，如图 2-20 所示。

UR 公司一直致力于倡导新的时尚观和购物方式，以"快、狠、准"为主要特征的快时尚迅速兴起，带动起全球的时尚消费习惯改变。UR 有自己的设计团队，产品系列包括女装、男装、童装及配饰等，为消费者提供不同品类的选择。所以对于跨境出口电商服装行业，非常有信心。UR 天猫旗舰店从服装设计、产品上架到货运物流都非常成熟，可是对于出口外贸，服装质量必须更加经过严格的质检。货源渠道和国际物流如何选择与监控，也是一个重点难题。

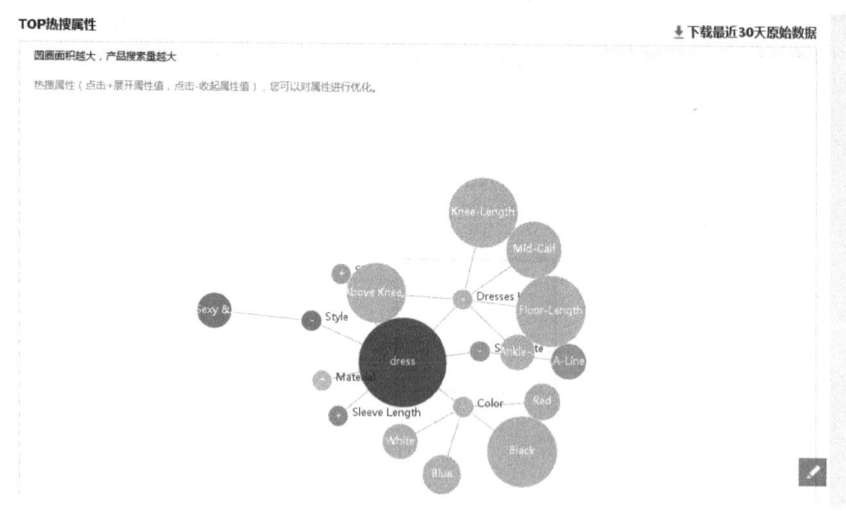

图 2-20　热搜属性界面显示

☑ 任务三　货源渠道确认

一、货源常见问题分析

对于卖家来说，确定了产品后，选择何种进货渠道也是一个苦恼的事情。如果是新手，在没有看到利润之前不敢贸然大量进货，而是有单后再做采购，或者是只考虑投入少量资金先进行一次尝试。如果是做兼职卖家，则没有太多时间去市场挑货。下面我们分析一些新手卖家寻找货源的常见问题，如表2-6所示。

表2-6 货源渠道常见问题

常见问题	解决方式	风险
因是新手，在没有看到利润之前，不敢贸然大量投资囤货，选择有单后再做采购，零库存	零售的订单，去国内其他网店进货	有可能遇到网站断货的可能，造成成交不卖的问题
因有全职工作，兼职做网店，没有时间去市场挑货	批发的订单，去国内有批发性质的网站进货，大家也可以加入一些比较靠谱的行业信息群，了解最新信息的同时掌握一手货源	金额稍大的订单在网上进货不放心
只考虑投入少量资金，尝试一下销售过程	不囤货、零库存，避免预算无效使用	有订单再采购，可能遇到物流等不可抗力原因超过发货周期

货源最重要的注意事项是切忌跟风。不要看见其他卖家卖什么卖得火自己的店铺也跟着卖，这是生意场上的大忌讳。知己知彼百战百胜，要将自身的具体情况和外部各条件综合起来，比较之后再作出决定。除了货源市场外，还要根据自己的时间条件来决定。如果你是上班族的兼职卖家，那你就要确定你是否有充足的时间去处理进货、发货等一系列细节问题。售后服务和货源也是同样重要。作为一个卖家，对行业知识懂得越深、越精，买家越觉得你是行家，才会对你有信任感，才有可能和你交易。

二、货源采购的主要渠道

无论是做传统外贸还是做跨境电商外贸，如何找货源成了广大卖家最为苦恼的事情。对于卖家来说有了好的货源，接下来的事情都是水到渠成。优质的货源无疑是卖家获得更多订单、赚取更多利润的基础。因此，卖家在考虑进货渠道时，可以从质量、议价空间、是否便捷等因素综合考虑。下面介绍几种找货源的方法。

（一）利用人际关系寻找货源

如果自己家或朋友有开实体店，或者和某些生产厂家有关系的，那就不用担心货源问题。利用好自己的交际圈子，可以节省成本，产品售后也有保障。

（二）在B2B网站找

阿里巴巴上聚集了各类厂家，很多都提供批发业务，产品也配有图片。不过，这类厂家很多都需要大量进货，如果前期资金和经验不足，建议可以在阿里的小额批发区进货。200~500的混批，虽然进价会稍微高一点，但是刚开始经营店铺不要过度追求高利润。

（三）做网店代理或代销

现在很多电子商务的网站上不仅仅做批发，还有提供代理、代销服务的。网店代理比较适合网店新手，不用什么成本就能将店开起来。但是在找这类代理的时候，一定要多对比，可以先买回一两件看看。

（四）直接在淘宝上找

淘宝上有很多有实力的大卖家，其中就有提供批发或代销的。可以找他们多了解一下，看看他们的客户对产品的评价如何，如果质量和货源都比较稳定的话还是可以的。

（五）去当地的批发市场

如果资金比较充裕，去批发市场看货进货是最直接的。这样有两个好处，一是我们可以看到商品的质量，二是自己有库存就不会出现断货的情况。

（六）空手套白狼

经营网店的最高境界之一就是空手套白狼。电子产品、化妆品等很多产品都是空手套白狼的选择对象，这些东西的图片和产品说明都是网上现成的，你可以先登商品，等有人买后再去进货也不迟。

UR 公司拥有销售、设计及生产的垂直一体化运营能力。产品设计由法国等多家知名设计顾问公司与全球买手团队联手设计研发，每一件 UR 的服装都拥有最新的潮流、稀有的数量、优良的品质、独特的品位。与货源材料渠道、服装质量监控相关的问题迎刃而解。

模块二　相关知识

一、跨境电商平台分析

跨境电商平台介绍分析如表 2-7 所示。

表 2-7　跨境电商平台介绍

	盈利方式	营销/服务
阿里巴巴国际站	（1）会员费。 （2）广告费。 （3）竞价排名。 （4）增值服务。 （5）线下服务。 （6）商务合作。 （7）按询盘付费	（1）免费会员。 （2）全球供应商会员。 （3）中国供应商会员
速卖通	（1）会员费。 （2）交易佣金。	（1）速卖通在阿里巴巴国际化布局的战略地位。 （2）速卖通发展的"三步走战略"。 （3）双 11 速卖通的战略使命。 （4）速卖通跨境物流的升级。 （5）速卖通跨境物流效率提升策略。 （6）自提点
Amazon	（1）专业卖家每月固定费用。 （2）个人卖家每笔订单手续费。 （3）交易佣金	（1）Listing。 （2）Buy Box。 （3）FBA
ebay	（1）产品发布费用。 （2）交易佣金	（1）拍卖。 （2）一口价
LAZADA	交易佣金	（1）不会随意罚款。 （2）不会随意接受买家退货。 （3）付款及时。 （4）QC 控制。 （5）不用跟用户直接沟通
Wish	交易佣金	（1）商品推送。 （2）手机端 App

二、2015年跨境电商平台新增规则

2015年出口电商平台规则如表2-8所示。

表2-8 出口电商平台规则

2015年度出口电商平台规则	
亚马逊	● 禁止销售5万毫安及以上的移动电源。 ● 产品标题不能超过200个字符
速卖通	● 发布2016全平台入驻新规，全面转型跨境B2C。 ● 上线新放款规则，注重综合经营情况。 ● 服务等级更新算法，卖家服务水平进一步差异化。 ● "无理由退货"服务的设置有门槛了
ebay	● 调整多国站点政策，不良交易率衡量指标变松
Wish	● 调整订单最长履行期限至5天。 ● 商户将承担低评级产品的全部退款
敦煌网	● 婚纱礼服新推准入准出政策，拒绝了个人新卖家

三、跨境电商各行业的热门关键词

关键词分析是指平台将为您提供搜索量大而产品数量较少的关键词，您可以据此上传产品，从而大大提高产品的针对性，提高成单率。同时，平台还会筛选出最具潜力行业的热门关键词，帮助您更好地关注行业经营效果和竞争环境，迅速、准确地选择合适的产品。

2015年跨境电商平台珠宝、表行业热门关键词如下，如图2-21和图2-22所示。聚会装饰用品、化妆舞会面具、玻璃烟枪、3D床上用品热度较高。

鞋行业2015年热门关键词如下，如图2-23所示。总体来看，篮球鞋和踝靴热度是最高的。

服饰箱、箱包、配件2015年热门关键词如下，如图2-24和图2-25所示。

珠宝行业热搜词

排名	关键词	搜索指数	搜索指数环比	搜索人气
1	statement	11811	2.96 % ↑	1834
2	bracelets	8343	1.93 % ↑	1414
3	infinity	7947	34.33 % ↓	1767
4	rings	7216	19.09 % ↓	1351
5	necklaces	3826	6.26 % ↓	523
6	christmas	3745	76.91 % ↓	984
7	silver	3551	40.62 % ↑	682
8	charms	3299	15.06 % ↑	745
9	statement necklaces	3223	15.17 % ↑	709
10	wedding	3148	4.73 % ↓	162

珠宝行业热搜词

排名	关键词	搜索指数	搜索指数环比	搜索人气
1	statement	11811	2.96 % ↑	1834
2	bracelets	8343	1.93 % ↑	1414
3	infinity	7947	34.33 % ↓	1767
4	rings	7216	19.09 % ↓	1351
5	necklaces	3826	6.26 % ↓	523
6	christmas	3745	76.91 % ↓	984
7	silver	3551	40.62 % ↑	682
8	charms	3299	15.06 % ↑	745
9	statement necklaces	3223	15.17 % ↑	709
10	wedding	3148	4.73 % ↓	162

图2-21 珠宝、手表行业数据

家居与花园行业热门关键词

排名	关键词	搜索指数	搜索指数环比	搜索人气
1	party decoration	5286	59.18 % ↑	1279
2	masquerade masks	4087	3.36 % ↓	1274
3	bong	3241	28.38 % ↓	482
4	glass bongs	2167	54.55 % ↑	334
5	3d bedding	1746	18.0 % ↓	320
6	water pipe	1704	9.8 % ↓	216
7	nutribullet	1436	5.45 % ↓	896
8	dog training collar	1422	49.96 % ↓	932
9	christmas decorations	1324	19.2 % ↓	253
10	christmas	1180	35.43 % ↓	257

图 2-22 家居、花园行业数据

鞋类与鞋类辅料行业热搜关键词如下：

排名	关键词	搜索指数	搜索指数环比	搜索人气
1	basketball shoes	11440	1.4 % ↑	3828
2	ankle boots	2620	4.02 % ↓	559
3	shoes women	2138	158.82 % ↑	331
4	shoes	2120	12.4 % ↑	518
5	salomon	1945	62.55 % ↑	478
6	boots women	1931	683.21 % ↑	205
7	boots	1625	11.89 % ↑	248
8	nike shoe	923	867.92 % ↑	316
9	mens shoes	842	47.11 % ↓	160
10	men shoes	829	24.93 % ↑	151

图 2-23 鞋类行业数据

服装行业热搜词

排名	关键词	搜索指数	搜索指数环比	搜索人气
1	party dress	66168	17.21 % ↓	7691
2	underwear	3961	30.37 % ↓	977
3	dresses for womens	3805	15.47 % ↓	513
4	dress	2584	54.74 % ↑	205
5	women dresses	2055	73.03 % ↑	234
6	sleepwear	1659	11.35 % ↑	297
7	dresses	1531	10.98 % ↓	140
8	leopard	1382	49.17 % ↓	214
9	swimwear for women	1305	8.69 % ↓	178
10	leather jacket	1209	255.55 % ↑	153

箱包及箱包辅料热搜词

排名	关键词	搜索指数	搜索指数环比	搜索人气
1	handbags	7428	0.5 % ↓	1265
2	handbag	2973	6.77 % ↓	871
3	bags	1567	3.22 % ↓	237
4	shoulder bags	1566	1.28 % ↑	252
5	backpacks	1409	69.48 % ↑	225
6	bags women	1146	231.77 % ↑	147
7	tote bags	1110	128.51 % ↑	131
8	men messenger bag	918	24.44 % ↓	185
9	wallet	914	18.96 % ↓	169
10	evening bags	846	8.54 % ↑	363

图 2-24 服装、箱包行业数据

时尚配件热搜词

排名	关键词	搜索指数	搜索指数环比	搜索人气
1	blanket scarves	2876	5.75 % ↑	1780
2	sunglasses	2827	32.79 % ↑	631
3	blanket	984	95.35 % ↑	646
4	sunglasses men	790	10.57 % ↑	226
5	snapback	750	71.02 % ↑	252
6	belts for men	601	6.7 % ↑	171
7	scarfs for women	601	94.18 % ↑	64
8	frozen	520	41.96 % ↓	230
9	belt	460	20.49 % ↓	88
10	belts	459	34.92 % ↑	79

图 2-25 时尚配件数据

四、爆款选品

（一）爆款打造

1. 成交速度

只要成交速度够快，快速地超过别人就能成为爆款。其实成交速度就是我们所说的权重，也就是销量的速度，当然其中不包括刷单。

2. 需求量

需求量在足够大的情况下，市场就一定足够大。需求就是市场，它一定是不能操控的，我们要做的就是找出符合需求量的产品然后顺势而为。

3. 转化率

其实转化率是否高也看市场，在直通车里面我们唯一能做的只有出价和筛选关键词，并不能控制转化率。转化率一定是在稳定的范围内波动的，但是只要需求量大时转化率就会高，销量就不会差。

（二）爆款选品注意事项

一个产品之所以能被卖家选为爆款产品，一定要有它自己的独特之处，这是区别于其他同款产品的优胜点。有经验的卖家们都知道，爆款大多是利润款，低利润款走量，高利润款一天卖几十个都可以。但针对爆款，还是有几个误区，需要卖家们在选品前注意。

1. 低端价格产品

如 10~50 元的产品，很多商家一开始都是先以亏本赚销量，最后才提价。首先，一个产品有它的权重，你提价后产品的权重会降低，那么排名也会降低。其次，一个产品 29.9 元你一天也可以卖 300 个，但提价提到 39.9 元后，可能 100 个都卖不到，因为这与市场的定价区间有关系，在价格区间市场决定你的日销量饱和度。若你想突破这个饱和度，那么只能通过站外推广来解决这个日销量最大限额问题。

2. 成本一定要有优势

对于一个店铺来说，你的价格比同类型的产品价格都高，那么基本是做不成爆款的，除非你的产品卖点比同类型的卖点要多，也就是性价比高，那么，就可以卖得起来了。千万不要想着通过无利润的爆款引流，促进其他产品的销售，这个想法是不可行的。据统计，在店铺装修尚不完善的情况下，卖 100 个爆款产品，大致上只能促进买家买 1~2 个与店铺其他相关性的产品。

3. 库存一定得充足

爆款的货品量一定要充足，若一个爆款真的大爆，那么一天卖几百件是件很轻松的事，1000 件不用两天就可以卖完，到时你再备货就来不及了。

五、货源优缺点对比

网上找货源、批发市场货源和其他渠道货源对比分析，如表 2-9 所示。

六、寻找货源的注意事项

虽说寻找货源的途径方式很多，但是在寻找货源的同时还是有许多注意事项。

（一）货好和货源好不是一个概念

质量好的货不一定就能成为好的货源，买家不只是简单地追求产品的质量而是性价比，只有性价比高的货源才能赢得买家的喜欢。

质量好、价格好的货也不一定就能成为好的货源，买家有时候很挑剔，追求性价比的同时，还要考虑到服务。所以说，性价比高的产品，但服务质量不好，依然不是好的货源。

选择货源不仅要看商品的人品也要看商家的能力，选择货源就是选择创业项目，一定要选择一个有前途的团队来参加。

挑选好货源，网上的货源价格一定要有好的优势。

（二）了解市场行情

1. 批发市场

卖家一定要去当地的批发市场了解一下那里有什么品牌，什么价格，做好记录。然后专门去选好的几家图片有现成的、价格有利润的空间店逛。

2. 网络批发市场

把之前做好的笔记跟网上价格对比一下，这样就知道产品在市场上的基本价格了，不管是进价还是销售价心里都有底了。之后根据自己的实际情况，选择产品的品牌、品种。

表2-9 货源优缺点对比

网上找货源			
	优点	缺点	适合人群
淘宝网上找代理	（1）产品细节描述清楚，有模特照、实物照、数据包等。 （2）发货服务和售后服务良好。 （3）不需要备货，资金占用少，容易操作	价格没有竞争力	刚创业的小卖家
专业批发网	（1）产品多。细节描述详细，服务好，有模特照、实物照、数据包等。 （2）可以一件代发，不需要备货。 （3）比代理淘宝卖家价格便宜	服装品种较少	刚创业的卖家
专业的货源工厂	（1）价格便宜。 （2）可以一件代发，无须备货。 （3）细节描述清楚，有模特照、实物照，有数据包	服装品种较少	淘宝大卖家和小卖家
非专业淘宝货源批发市场	（1）货源足。 （2）款式多。 （3）价格便宜	（1）没有现成模特照片和细节描述等。 （2）一般不可以退换货。 （3）需要备货	淘宝大卖家或者专业的小卖家
专业淘宝货源批发市场	（1）货源足、价格较低。 （2）款式多、不需要照相、量尺寸等细节。 （3）可以一件拿货。 （4）可以退换货	（1）服装质量较差。 （2）价格比非专业服装批发市场高	所有淘宝卖家
其他渠道			
	优点	缺点	适合人群
品牌代理的各个渠道	产品质量可靠	价格竞争激烈	刚创业的淘宝卖家
直接找工厂加工定做	（1）可自定义款式、质量。 （2）价格是最低的	资金占用较大	淘宝大卖家或者专业的小卖家

3. 网店代理代销

新手对货源都缺乏经验和了解，所以代理是不错的选择，避免了进货压货的环节。但是在选择代理时，对于代理商的货源价格、真实性、信誉、服务等都是重要的参考标准，要明白不仅是在选择代理商还是在选择创业项目和合作团队。

4. 虚拟货源网站识别的基本方法

（1）网站是否经过工业和信息化部正规的ICP备案，如果没有备案，十有八九是骗子。
（2）网站交易是否支持第三方担保交易。
（3）网站是否留有固定电话，正规公司都会留。
（4）百度一下网友对这个公司的评价，也是一条参考信息。
（5）正规公司都有400电话，选择正规的网店代理，这是成功的第一步。
（6）需要缴加盟费才可以成为代理，极有可能是假的。
（7）网站简单，图片粗略，客服回答草率，一般都是假的。

跨境电子商务平台操作

时下正兴的跨境电子商务平台如阿里巴巴国际站、速卖通、ebay、亚马逊、Wish、LAZADA等牢占大部分市场份额。涉足跨境电商，需确定目标市场，选择适当的平台申请开通，经营店铺。在本项目中，我们选取以上平台做详细引导，帮助学生掌握申请店铺开通、产品上架编辑、关键词选取、定价、模块设置等平台运营的实际操作内容。

 学习目标

知识目标

1. 熟知时下各大平台的运营规则。
2. 掌握速卖通、亚马逊、ebay 的平台操作及运营等相关知识。
3. 理解 Wish、LAZADA 平台的基本内容和操作模式。
4. 熟悉各平台入驻的条件、申请流程及注意事项。
5. 能够完成与订单处理等相关的操作。

技能目标

1. 能够进行速卖通、阿里国际站、ebay、亚马逊、Wish 平台的入驻申请，提交验证资料，完成开店。
2. 精通速卖通、阿里国际站、ebay、亚马逊、Wish 等平台的操作流程。
3. 能够借助跨境电商平台完成信息收集、发布、推广、商品销售及客户管理、店铺管理等工作。

项目情景

原电商卖家在做完市场调研后，非常看好跨境电商的前景，打算以平台入驻方式开始跨境电商之旅。时下可供中国卖家选择的跨境平台有很多，发展势头良好的平台有我国平台速卖通、阿里国际站、海外平台亚马逊、ebay、LAZADA 及新兴移动平台 Wish。现就如上平台如何进行开店及后台操作做以下讲解。

模块一 任务分解

☑ 任务一 速卖通

速卖通是阿里巴巴集团帮助中小企业直接与全球的个人消费者在线交易的跨境电商平台，集商品展示、客户下单、在线支付、跨境物流等多种功能于一体，可实现小批量、多批次快速销售，拓展利润空间。

无论是否具有外贸经验，速卖通都可以帮卖家实现 3 分钟商品上架，3 小时处理买卖信息，获得订单，3 天内通过快递将商品发往全球。在买家收货、确认付款之后，立刻拿到属于卖家的高额利润。

一、注册账号

（一）申请店铺

进入全球速卖通首页，单击右上角"立即入驻"按钮，如图 3-1 所示。

图 3-1 速卖通首页

进入注册界面，速卖通现在统一采用邮箱注册，填入邮箱账号进行验证，验证完成后单击"下一步"按钮，如图 3-2 和图 3-3 所示。

图 3-2 邮箱注册页面一

图 3-3 邮箱注册页面二

系统会将验证邮件发送到注册填写的邮箱内,单击"请查收邮件",会跳转邮箱登录页面,登录邮箱后邮件内容如图 3-4 所示。

图 3-4 邮箱确认页面

点击完成注册,跳转到速卖通注册界面,如图 3-5 所示。填入注册信息,其中经营模式选定后不可更改,不过对账户没有其他过多影响。

图 3-5 注册信息填写

填写完成后,单击最下方"确认"按钮,账号注册成功。下面开始实名认证。

（二）实名认证

速卖通平台做优化升级后,只有企业店铺才能进行经营。申请实名认证后的店铺如图 3-6

所示。

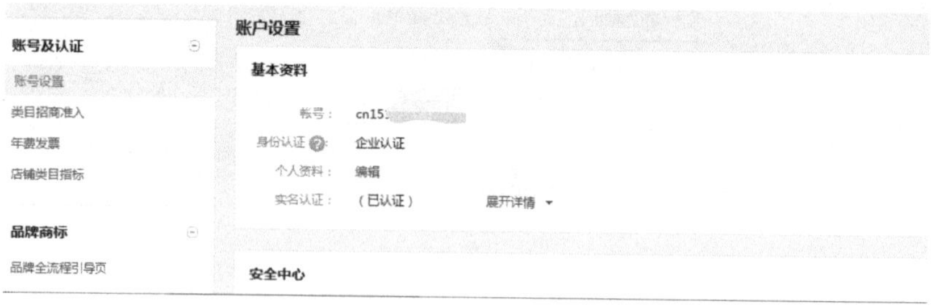

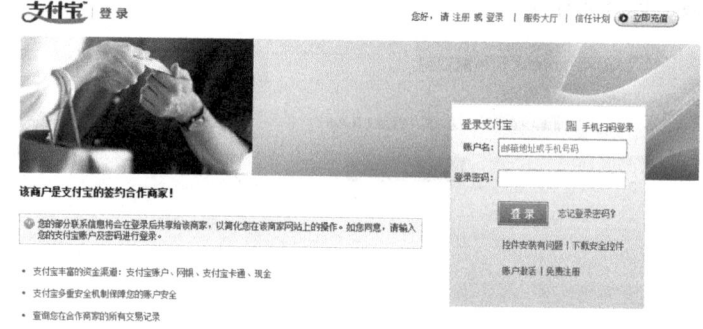

图 3-6 实名认证

实名认证资料：企业资质；企业支付宝。
跳转到支付宝登录界面，登录支付宝账号。如图 3-7 所示。

图 3-7 支付宝登录

通过支付宝账号登录后，需要支付宝进行授权，如图 3-8 所示。

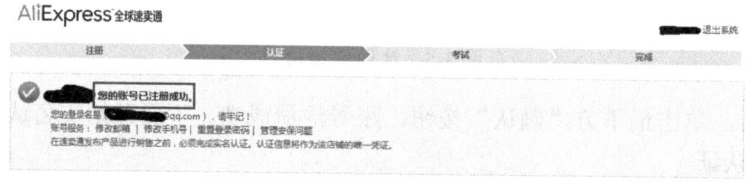

图 3-8 支付宝授权

点击授权，提示您的账号已注册成功，如图 3-9 所示。

图 3-9 成功授权

接下来就可以正式开启速卖通之旅了。

二、产品信息

(一) 产品发布

1. 产品发布步骤

主页—快速入口—产品发布，如图 3-10 所示。

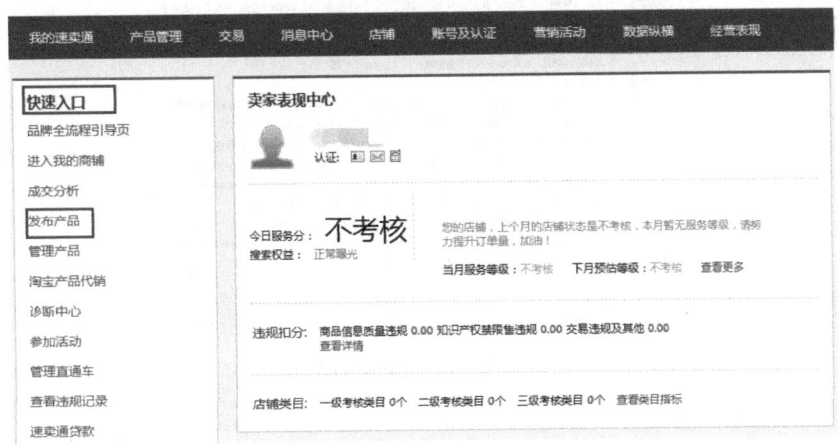

图 3-10　产品发布栏

2. 选择类目

在选择类目时需要注意，可经营类目（黑色字体）是已经向平台申请开通过的。初始类目是账户申请开通时勾选的类目。

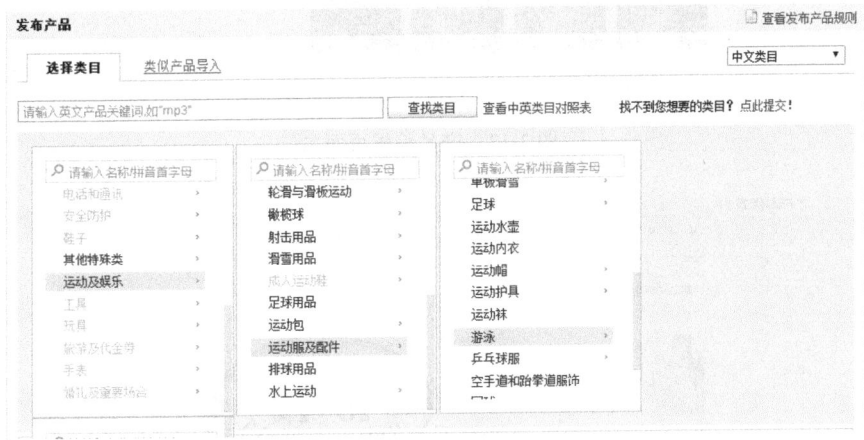

图 3-11　选择类目

3. 进入产品编辑页面

产品的基本信息是平台已经给定的，只需要根据商品的详情进行勾选即可，如图 3-12 所示。其中需要注意的是产品标题、产品图片和产品详情页的编辑。

如图 3-13 所示，产品标题需加入产品的主要功能、亮点等形容词。撰写时首字母需大写，尽量避免出现 of、about 等介词以防在搜索时平台抓取不到。

如图 3-14 所示，产品详情页展示如同我们看到的天猫或淘宝的详情页，是由很多图文结合的图片构成的。设计具体事项在视觉设计章节讲述。

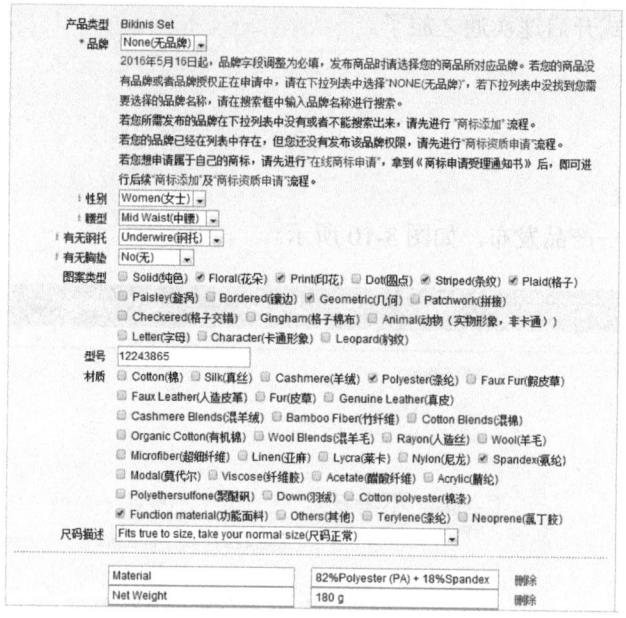

图 3-12　产品编辑页面一

图 3-13　产品编辑页面二

图 3-14　产品编辑页面三

4. 预览和发布

产品有效期可以配合当月的营销活动设定，如果活动期较短，就选择 14 天。如果是同月活动则选择 30 天。

产品在发布前先进行预览,核对产品信息无误后进行发布,如图3-15所示。

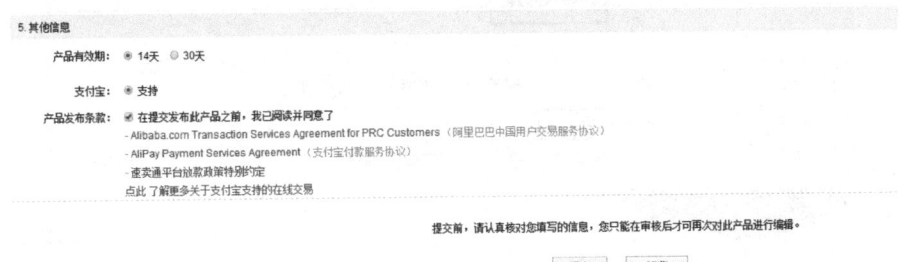

图3-15　产品发布

(二) 产品管理

1. 产品信息的管理及修改

(1) 产品审核

产品信息提交成功后,速卖通的工作人员会对产品信息进行审核。如果符合阿里巴巴信息发布规则的要求,则所发布的产品会在一个工作日之内审核完成,高峰期顺延。

可以打开"管理产品"—"产品管理"页面,在"正在销售"状态栏下查看和编辑通过审核的产品,如图3-16所示。

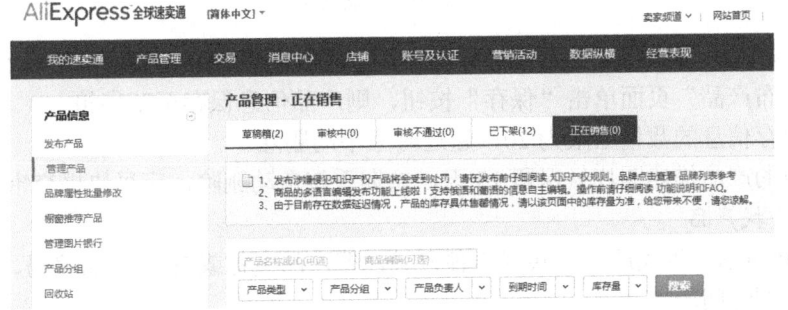

图3-16　产品管理页

(2) 产品修改

打开"管理产品"—"产品管理"页面,选择要修改的产品。点击操作下方的"编辑"按钮进入编辑页面,修改信息之后,单击"提交"按钮,进入等待审核阶段,如图3-17所示。

图3-17　产品编辑页

(3) 产品下架

产品的有效期分为14天、30天,过了有效期产品将从"正在销售"转为"已下架"状态。可以在"已下架"状态栏下查看下架的产品,也可以将已下架产品重新上架,如图3-18所示。

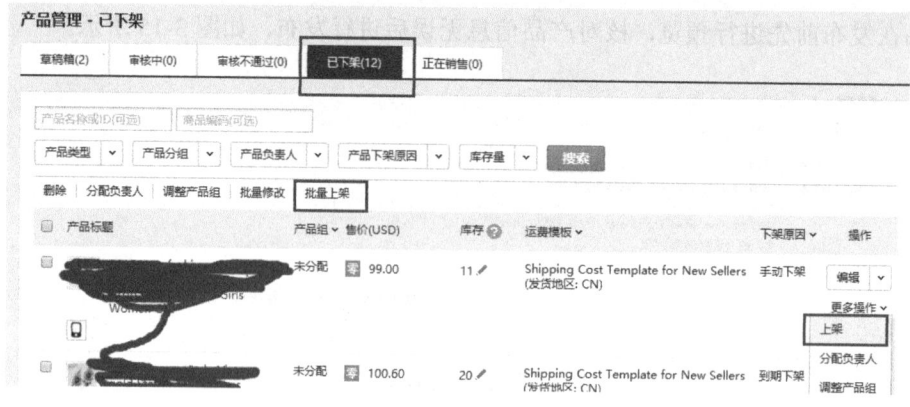

图 3-18 产品下架

2. 产品状态

任何一个产品发布之后，可能会处于 5 种状态，如图 3-19 所示。

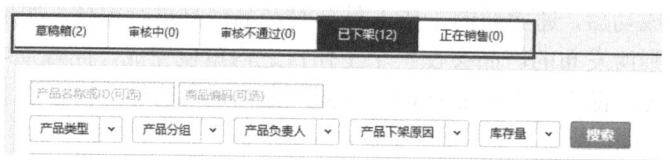

图 3-19 产品状态

草稿箱：若在"发布产品"页面进行编辑，则每 15 分钟系统自动保存一次信息。

若在"发布产品"页面单击"保存"按钮，则产品信息保存至草稿箱。

草稿箱保存信息的数量上限为 20，超过时应手动删除。

草稿箱中的产品描述图片只保留 15 天，逾期系统自动删除，应尽快提交审核。

3. 如何查找产品

如图 3-20 所示，查找产品一共有 5 种方式，即产品名称或 ID、产品编码、产品分组、产品负责人、到期时间。

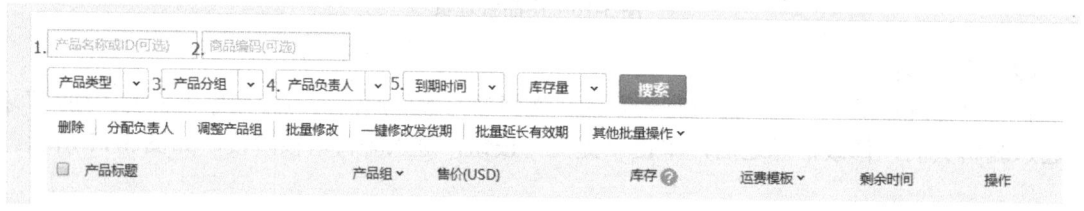

图 3-20 查找产品

4. 批量操作

其中批量操作包含以下几个部分：批量修改、一键修改发货期、批量延长有效期、批量下架、批量橱窗推荐，如图 3-21 所示。

图 3-21 批量操作页面

批量修改可同时修改多个产品的特性，包括产品标题、关键词、销售情况、单位/方式、包装重量、包装尺寸、产品信息模块、服务模板、运费模板、零售价。

（三）其他产品管理类工具

1. 橱窗推荐产品

橱窗推荐是平台奖励给卖家的资源，将产品应用到橱窗推荐可以提高产品在搜索结果中的排名（橱窗产品的曝光量比普通产品的曝光量要大 8~10 倍）。位置如图 3-22 所示。

图 3-22　橱窗推荐产品

橱窗推荐规则：

（1）平台通过卖家等级等活动免费赠送卖家，无须付费。

（2）可以登录"我的速卖通"，在页面中间的"可用资源"中查看可以使用的橱窗推荐位数量。

速卖通的橱窗设置是一种奖励机制，获得的方法如下。

卖家可以通过提升卖家服务等级获得，等级越高的买家享受的资源奖励越多。各等级卖家可获得的橱窗展位个数如图 3-23 所示。

奖励资源	优秀	良好	及格	不及格	成长期
橱窗推荐数	10	5	2	无	2

图 3-23　各等级卖家可获得的橱窗推荐数

参加平台的一些活动也有橱窗位的奖励，具体可以关注卖家频道首页公告。

2. 图片管理银行

图片管理银行集分组管理、图片搜索、图片筛选、图片重命名等功能于一体，能够提供更加强大的图片管理功能，帮助卖家更加方便、快捷地管理在线交易图片。

产品详细描述中的图片会默认保存到图片管理银行，如图 3-24 所示。

3. 产品分组

产品分组是指把同类产品集合到一起，并能够将产品整合展示在店铺中的功能。产品可以设置成不同的产品组分类展示到网站上，如图 3-25 所示。

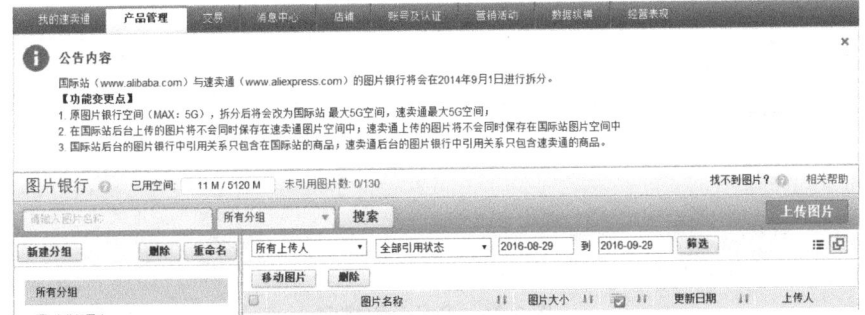

图 3-24　图片管理银行

图 3-25 产品分组

（1）产品分组功能介绍

产品分组是指能让买家更容易检索卖家商铺中产品的功能。而在实际使用过程中，很多卖家并不了解怎么调整产品组更便于买家使用，也不知道如何调整自身产品组在商铺首页的展示。

（2）合理的产品分组排序方式

合理的产品分组排序能够将店铺中的产品用最合理、最能吸引买家购买的方式展现。结合平台商铺的数据分析，如下形式的产品分组会更容易吸引买家。

① 促销产品分组。例如 New Arrive、Promotion、Discount。

② 热门种类的分组，例如 Xiaomi 配件、Meizu 配件。

③ 按照所属行业常用规则的产品分组，例如平板电脑可以按照屏幕尺寸分组。

④ 其他分组，放一些无法归类的产品。

（3）产品分组的注意事项

① 不要出现无法分组的产品，无法分组的产品会导致系统在分组里面增加一个额外的 other 分组。

② 不要只注重促销产品的分组，促销产品的分组比重不要过多，最好不要超过 3 个。

③ 不要将不相关的产品加在同一个产品组里面。

④ 不要用买家不容易弄懂的专业信息进行分组。

⑤ 不要有过多的产品分组，尽可能将产品分组控制在 20 个以内，超过 20 个分组买家是无法记忆的。

（4）如何优化商铺产品分组

进入速卖通后台，单击"产品管理"选项卡，打开"产品分组"页面。如果想调整某个产品分组的排序，只要用鼠标点击该产品组后的十字形按钮，将其拖动至想要展示的位置即可，如图 3-26 所示。

图 3-26 产品分组排序

若新增的产品组未在店铺首页展示，一般来说存在以下几种情况。

① 如果产品组是刚设置的，则由于新建的产品组不会立即展示在店铺首页，建议等待 24 小时后再去店铺首页查看。

② 确认产品组是否添加过产品，若产品组未添加过任何产品，那么该产品组不会在店铺首页展示。

③ 若产品组里的产品均被下架，即产品组里的产品数是 0，那么该产品组也不会在店铺首页展示。重新上架产品后，建议等待 24 小时后再去店铺首页查看。

4. 回收站

如果不小心删除了已发布的产品，则可以在"管理产品"页面的回收站中找到，并且可以在这里单击"恢复"按钮来恢复已删除的产品，如图 3-27 所示。

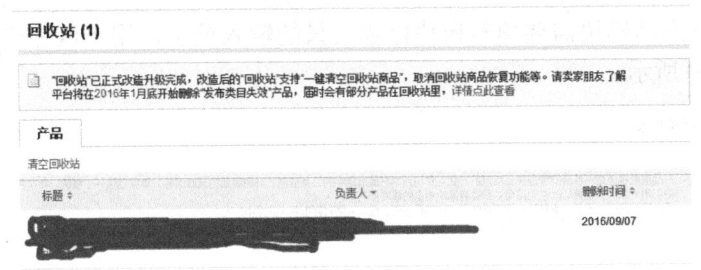

图 3-27　回收站找回

提示：

（1）被删除到回收站的产品信息需要在 24 小时后才能恢复上架操作，彻底删除或清空回收站后的产品将不能再被恢复。

（2）产品被删除并及时恢复后，之前的交易记录还会保留。但若彻底删除产品，则交易记录无法被保留。

三、模块管理

（一）产品信息模块

产品信息模块是一种新的管理产品信息的方式，你可以为产品信息中的公共信息（例如售后物流政策、活动信息等）单独创建一个模块，并在产品中引用。如果需要修改这些信息，只需要修改相应的模块，所有使用这个模块的产品中的信息就会全部自动更新。

产品信息模块除了可以放置公共信息外，还可以放置关联产品（已上线）、限时打折等（正在开发中）信息。

1. 创建模块位置

（1）在"卖家后台"—"产品管理"—"模板管理"页面中，可以找到"产品信息模块"的入口，在这里可以对产品信息模块进行管理操作，如图 3-28 所示。

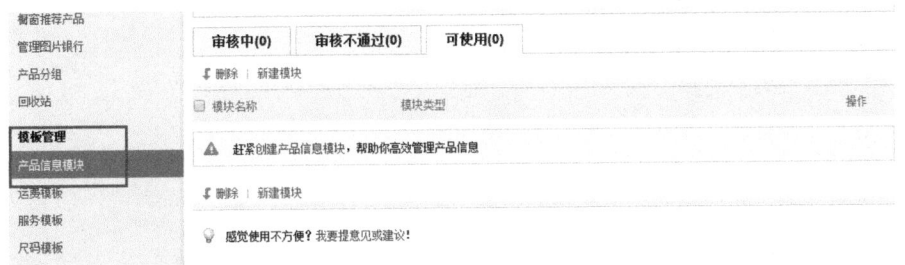

图 3-28　产品信息模块

（2）目前可以创建两种模块，即关联产品模块：可以选择最多 8 个关联产品；自定义模块：通常可以填写一些公共信息，例如公告、活动信息、物流售后政策等，如图 3-29 所示。速卖通平台会在后续提供更多的模块。

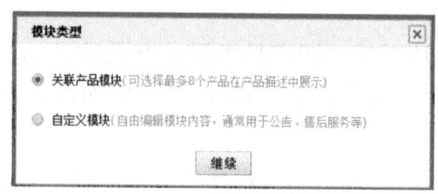

图 3-29　模块类型

（3）创建关联产品模块需要填写模块标题（只能输入英文，用于区分模块），选择至少一个产品，如图 3-30 所示。

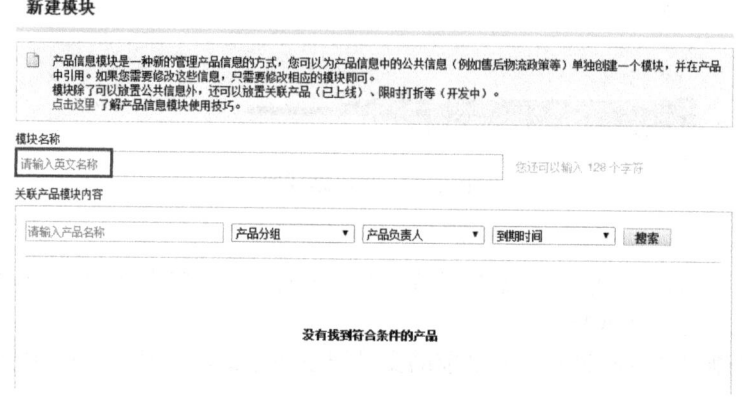

图 3-30　新建模块

（4）可以单击"预览"按钮来查看模块在前台的实际展示效果。

（5）创建自定义模块同样需要填写标题，与关联产品模板不同的是，在自定义模块中可以随意填写你需要的内容。需要注意的是，自定义模块的内容是需要通过审核的，只有审核通过的自定义模块才能够被使用，如图 3-31 所示。

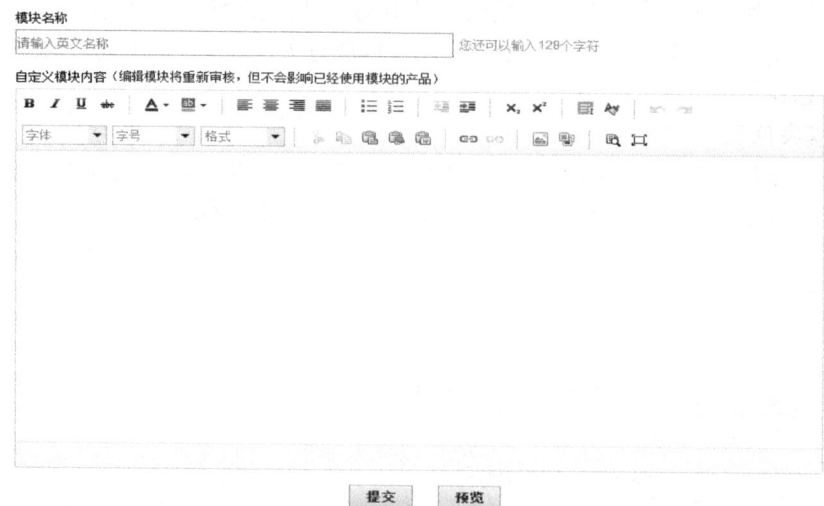

图 3-31　模块编辑

产品信息模块最大的好处在于如果需要修改模块内容，则只需要在产品的信息模块管理页面中修改一次即可，之后所有的产品信息都会同步更新。

2. 运费模板

（1）新增运费模板

① 打开"产品管理"—"运费模板"—"新增运费模板"页面，进行模板设置，如图3-32所示。

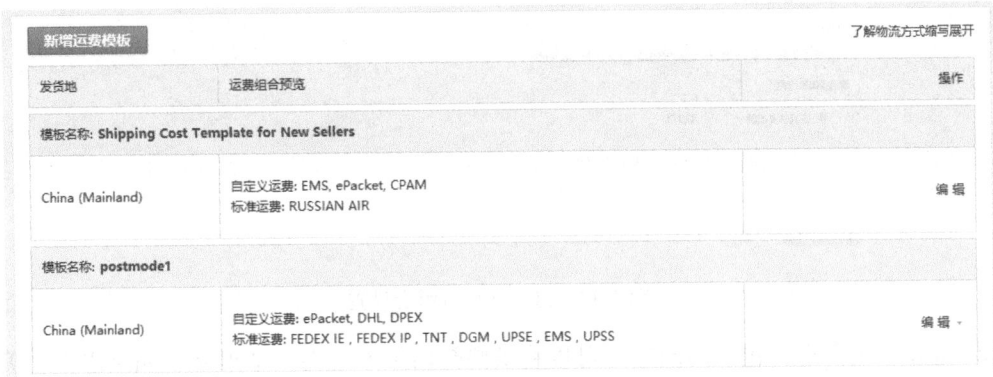

图3-32　新增运费模板

② 为该运费模板设置一个名字（不能输入中文），如图3-33所示。然后在如图3-34所示的页面中选择物流方式，填写货物运达时间和折扣。

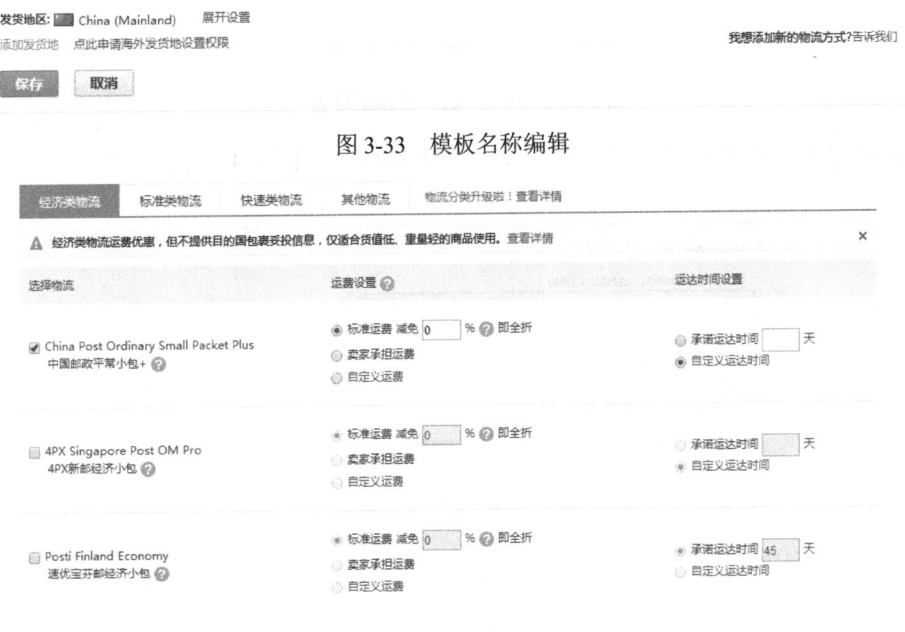

图3-33　模板名称编辑

图3-34　选择物流端

（2）自定义运费设置

如果需要对某种物流方式进行个性化设置，比如对部分国家设置标准运费，对部分国家设置免运费等情况，其操作步骤如下。

① 在"运费模板设置"页面中选择"自定义运费"—"添加一个运费组合"选项，如图 3-35 所示。

图 3-35　自定义运费组合设置

② 选择该运费组合包含的国家。可以将某些热门国家选为一个组合（如果想吸引美国的买家，则可以选择美国，并将美国地区的运费设置为容易吸引买家下单的水平，例如卖家承担运费），或按照区域选择国家，如图 3-36 所示。

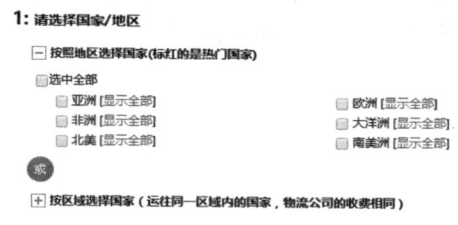

图 3-36　自定义运费国家设置一

③ 勾选完毕，系统显示当前已选×××国家/地区，如图 3-37 所示。

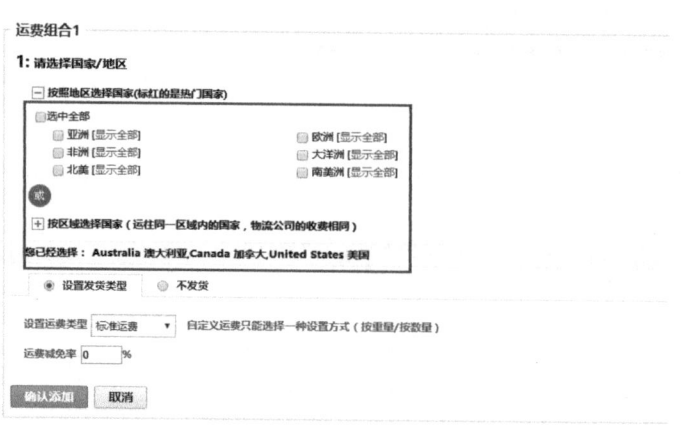

图 3-37　自定义运费国家设置二

④ 可以对该组合内的国家设置发货类型，例如标准运费减免折扣、卖家承担运费或者自定义运费。自定义运费的设置如图 3-38 所示。

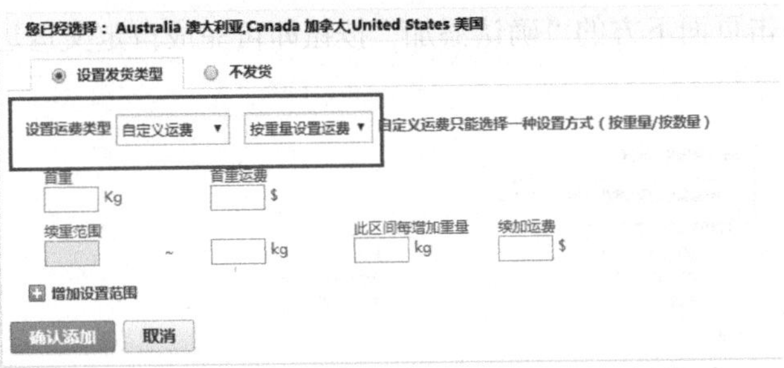

图 3-38　自定义运费国家设置三

⑤ 单击"确认添加"按钮后生成一个新的运费组合,还有继续添加运费组合,也可以对已经设置的运费组合进行编辑、删除等操作,如图 3-39 所示。

图 3-39　自定义运费组合修改一

⑥ 对于难以查询妥投信息、大小包裹运输时效差的国家,可以选择"不发货"选项,再单击"确认添加"按钮即可屏蔽该国家/地区,如图 3-40 所示。

(3) 自定义运达时间设置

如果需要对货物运达时间进行个性化设置,则可以单击"自定义运达时间"按钮进行操作。设置页面如图 3-41 所示。

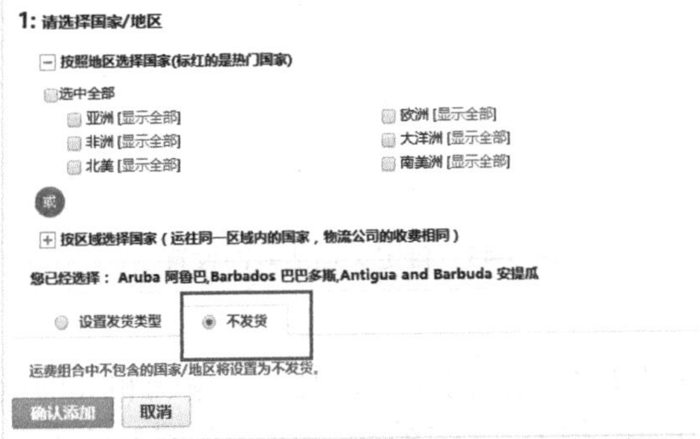

图 3-40　自定义运费组合修改一

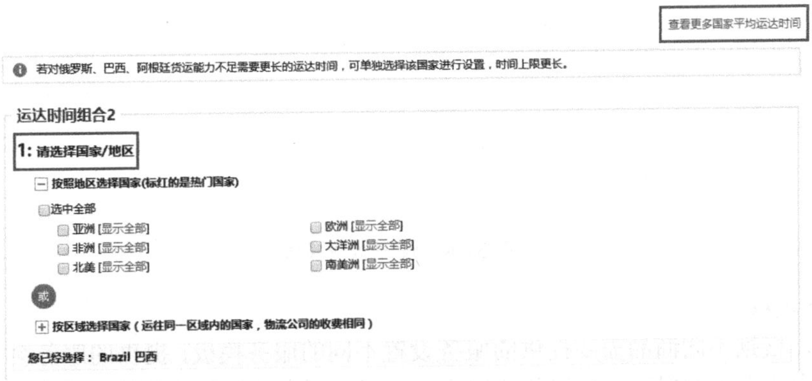

图 3-41　自定义运达时间设置一

设置完成后,单击页面下方的"确认添加"按钮即可完成自定义运达时间设置,如图3-42所示。

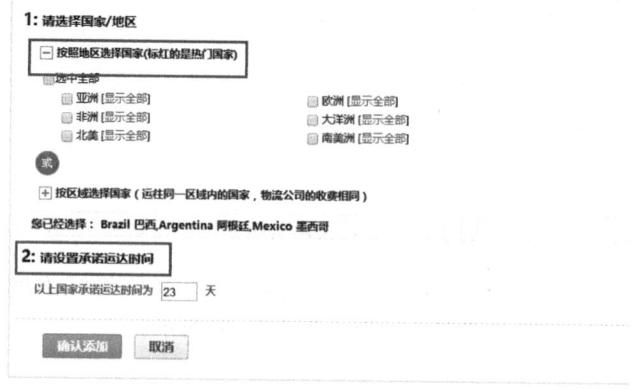

图 3-42　自定义运达时间设置二

在发布产品时,在"产品运费模板"选项中选择"自定义运费模板"选项,在下拉列表框中选择之前设置的物流模板即可,如图3-43所示。

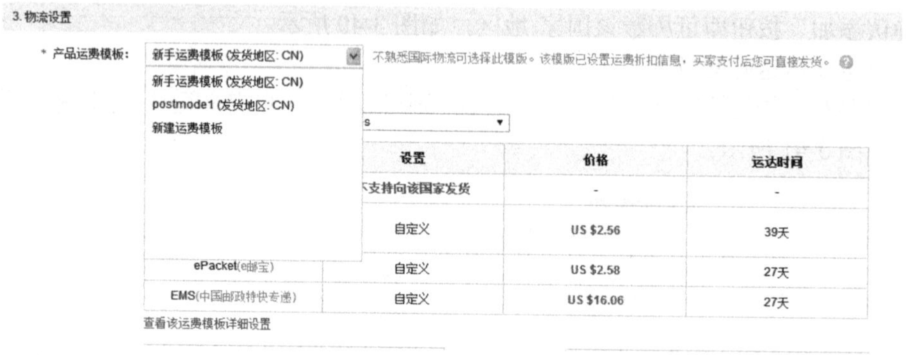

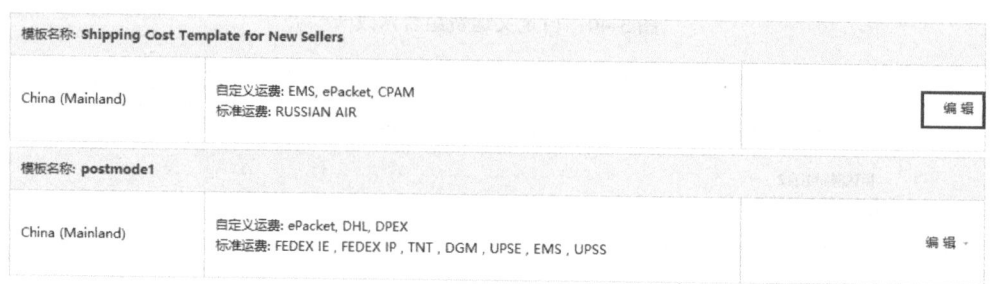

图 3-43　自定义运达时间设置三

(4)管理运费模板

如果已有的运费模板不符合现在的需要,则可以编辑相关的运费模板。打开"产品管理"—"运费模板"—"具体模板名"—"编辑"页面,如图3-44所示,即可编辑运费模板。

图 3-44　管理运费模板

3. 服务模板

卖家可以根据不同商品需要提供的服务设置不同的服务模板,提供的服务会展示在商品详情页面,作为强有力的保障买家权益的措施,以减少买家对商品的担忧,增强其购买信心,提升店铺的购买率。

（1）服务内容介绍

卖家自行设置的模板包括以下两部分。

货不对版买家要求退货。

卖家是否接受无理由退货。

（2）如何设置并应用服务模板

● 新增服务模板

① 打开"产品管理"—"模板管理"—"服务模板"页面，单击"新增服务模板"按钮，进行模板设置，如图 3-45 所示。

② 该服务设置一个名称（不超过 100 个字符），然后在下面的页面中选择服务选项。设置完成后，单击页面下方的"保存"按钮即可完成服务模板设置，如图 3-46 所示。

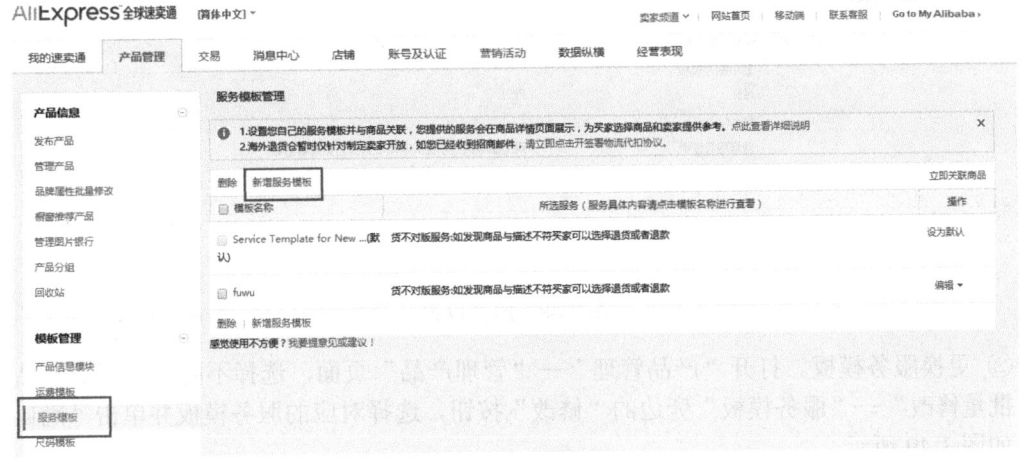

图 3-45　新增服务模板

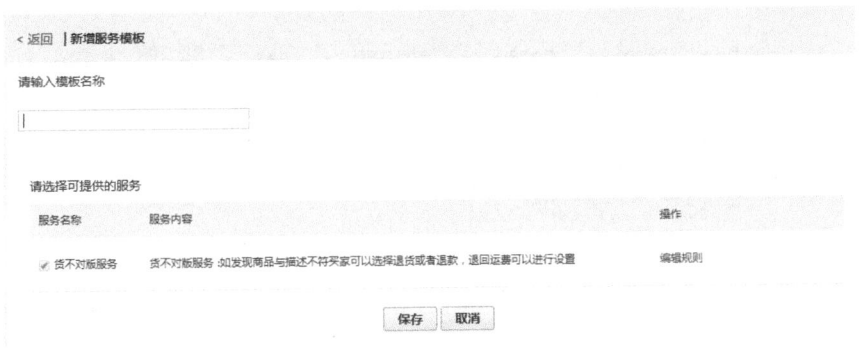

图 3-46　新增服务模板

③ 服务模板保存后会跳转到服务模板列表页面，在这里会看到所有的服务模板，其中"新手服务模板"是为新手卖家设置的，不可编辑或删除；其他模板是卖家自定义的。如果卖家有经常使用的服务模板，则可以设置为"默认"模板，产品应用模板的时候会默认使用该模板，如图 3-47 所示。

● 应用服务模板

① 新发布的产品选择服务模板。在产品发布页面中单击"服务设置"模块的下拉列表按钮，选择之前设置的服务模板，如图 3-48 所示。

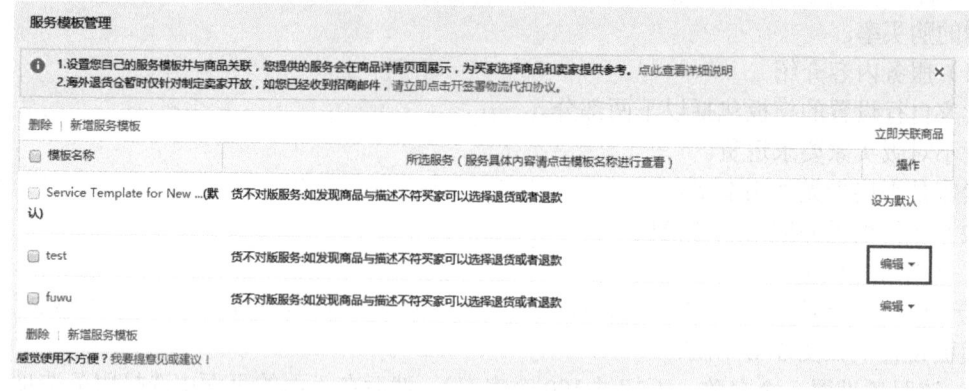

图 3-47 服务模板管理

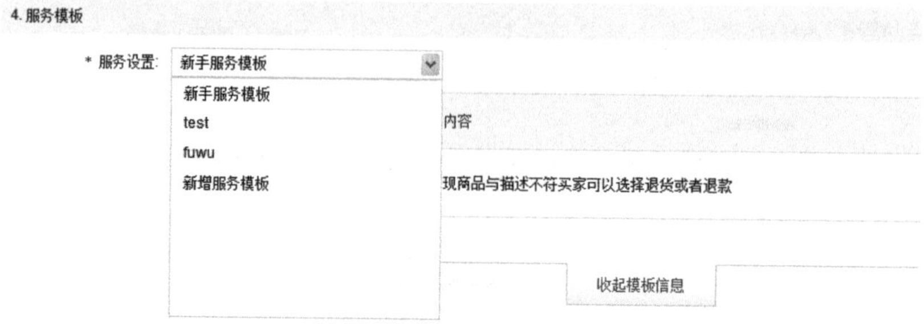

图 3-48 服务设置

② 更换服务模板。打开"产品管理"—"管理产品"页面，选择不同状态下的产品，单击"批量修改"—"服务模板"旁边的"修改"按钮，选择对应的服务模板并单击"确认"按钮，如图 3-49 所示。

图 3-49 更换服务模板一

在编辑产品页面中直接选择其他服务模板，如图 3-50 所示

● 管理服务模板

如果已有的服务模板不符合现在的需要，则可以编辑相关的服务模板。打开"服务模板管理"页面，单击具体服务模板名称右侧的"编辑"按钮，如图 3-51 所示。

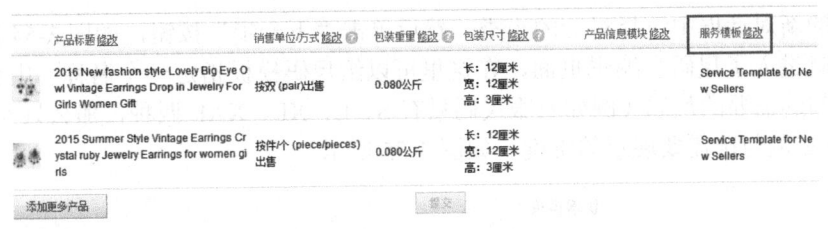

图 3-50　更换服务模板二

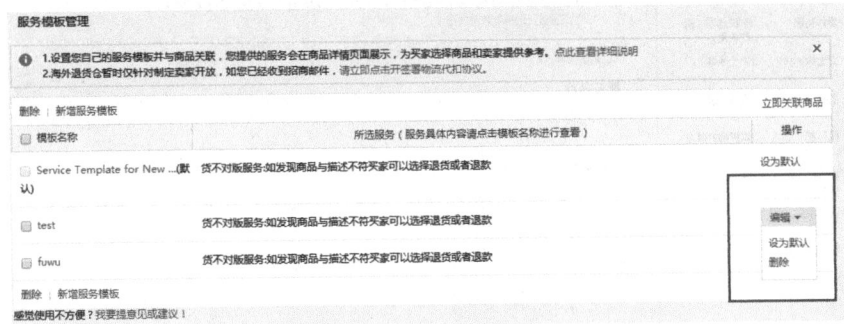

图 3-51　服务模板管理

4. 尺码模板

经营服装、鞋类、戒指等类目的卖家一定苦恼于每次都要在商品信息中编辑一套尺码信息，不仅填写、修改麻烦，很多时候买家还不一定能够看到，为此产生了各种咨询和纠纷。为了解决上述问题，速卖通上线了尺码模板的功能，通过尺码模板，卖家可以轻松地维护几套常用的尺码表，然后在发布商品时直接勾选即可快速关联。

（1）在哪里创建尺码模板

进入卖家后台的"产品管理"页面，即可看到尺码模板的选项入口，如图 3-52 所示。

（2）如何创建尺码模板

进入"尺码模板"页面后，首先要选择一个大类，例如想要给上衣创建尺码表，就选择"服装尺码"这个大类，然后点击"新增模板"按钮，如图 3-53 所示。

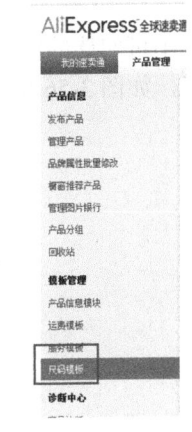

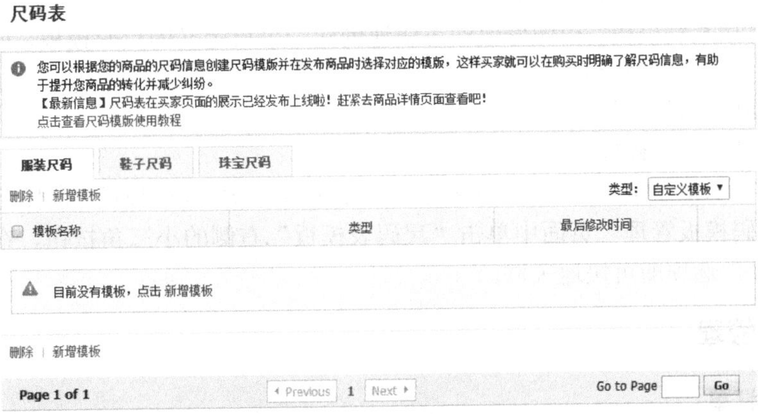

图 3-52　尺码模板的位置

图 3-53　尺码模板设置一

在打开的新对话框中选择对应的小类，然后单击"下一步"按钮，如图 3-54 所示。

接下来就进入了尺码表编辑页面，在这里可以给尺码模板指定一个名称（中英文均可），然后在左侧勾选需要的尺码（例如衣服尺码只有 S、L、XL、XXL 四种，那么只勾选这 4 个选项即可），在右侧勾选需要展示的维度，如图 3-55 所示。

图 3-54　尺码模板设置二　　　　　图 3-55　尺码模板设置三

不可勾选的维度为必填项，可以勾选的维度为可选项，例如腰围就是可选项，勾选后即可填写，如图 3-56 所示。

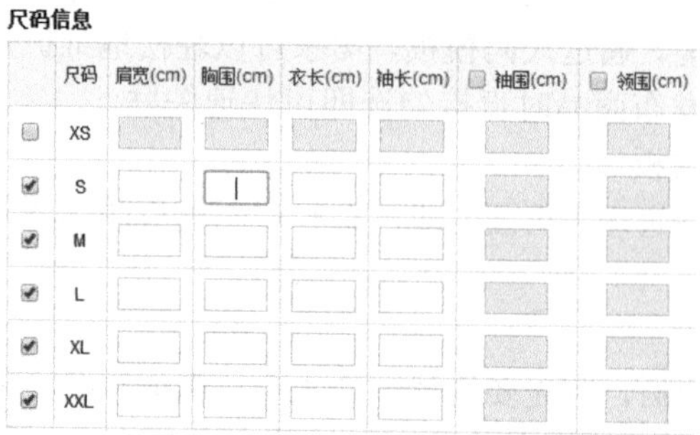

图 3-56　尺码模板设置四

填写完成后，单击"保存"按钮即可。

卖家可以直接复制模板，稍做修改即可快速创建一个自定义的尺码模板，而对于自己所创建的尺码模板也可以进行复制。

（3）如何使用尺码模板

① 发布产品时选择模板

在发布产品时，对于可以使用尺码模板的产品则选择对应的尺码模板，选择后即可正常关联。

② 在"尺码模板管理"页面中单击"尺码表模板"右侧的小三角按钮，在下拉列表中选择"应用到产品"选项即可快速关联。

四、订单管理

（一）我的订单

在"我的订单"页面，所有的订单分为特别关注、等待卖家操作的订单和等待买家操作的订单。

"特别关注"用于反映当日销售数据。

"等待卖家操作的订单"是需要进行操作处理的，如待输入运单号的待发货订单，需要处理的有纠纷订单，待回复留言的订单等。

"等待买家操作的订单"是需要及时关注的订单，其中等待买家付款的订单可以配合优惠券营销活动来促成买家付款，如图 3-57 所示。

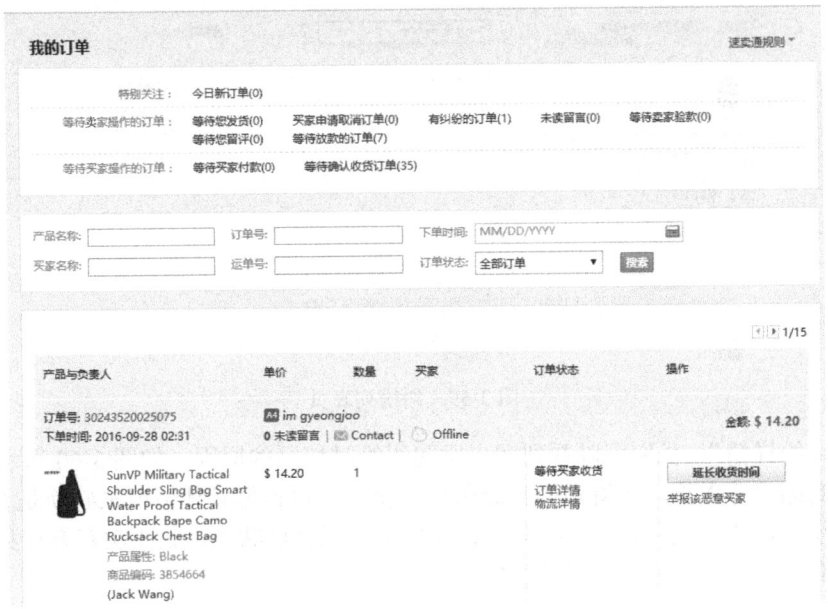

图 3-57 我的订单页

在订单页面可以反映每一个售出产品的详情，如图 3-58 所示，卖家可以通过订单详情和物流详情来获取订单的进行状况。

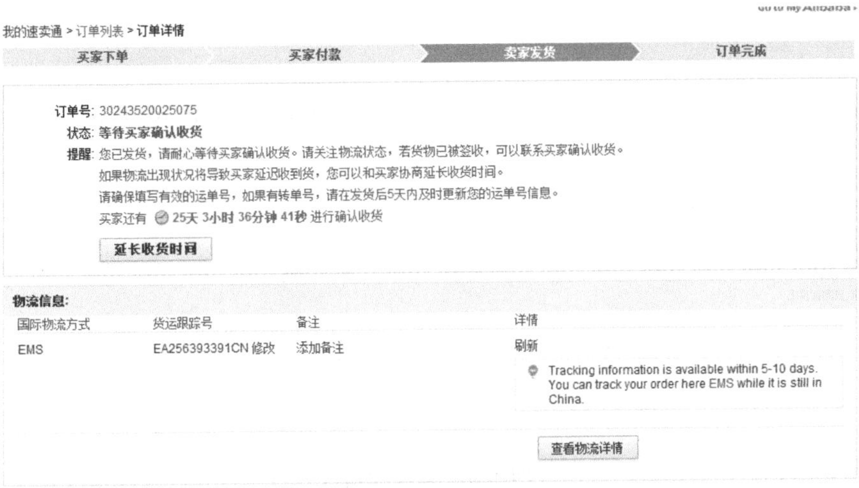

图 3-58 订单详情页

（二）退款和纠纷

纠纷订单排序默认以买家发起纠纷日期倒叙排列，如图 3-59 所示。卖家可以看到发起纠纷的产品详情、订单号等信息。卖家还可通过图示旺旺标识向买家发起会话进行协调。

图 3-59 纠纷列表页

点击"纠纷详情",我们可以看到客户发起纠纷时填写的原因。如图 3-60 所示,买家发起原因是因为商品尺寸太小。在得知退款原因后,卖家可以根据具体情况来判断是否同意退款。如买卖双方统一达成意见,处理纠纷后,该订单呈现已完成状态。如买卖双方意见不一致,速卖通平台会介入进行协商,作出最终裁定。

图 3-60 纠纷详情页

(三)订单导出

订单导出功能用于查看固定时间段内的销售详情,买家可根据具体需求选择需要导出的订单字段。该功能详情是店铺数据分析和营销活动设置的强有力依据,如图 3-61 所示。

图 3-61　订单批量导出页

☑ 任务二　Amazon

Amazon 是全球商品品种最多的网上零售商和全球第二大互联网企业之一。随着平台的开发及物流仓储的不断发力，Amazon 已经扩展到全球 13 个站点，覆盖 65 个国家和地区。Amazon 不仅拥有成熟的平台工具，还能为卖家提供仓储物流、业务分析报告、退换货处理以及客户服务等专业服务，它在全世界拥有 80 个仓储基地。

一、店铺注册

近两年 Amazon 在中国市场发展迅速，不少中国卖家纷纷入驻 Amazon 开展海外贸易，并取得了令人瞩目的成绩。随着 Amazon 的不断发力，中国卖家将会获得更大的发展空间。

无论是个人还是公司，都可以通过 Amazon 平台将商品售往全球，而注册 Amazon 卖家账号是开展全球贸易的第一步。

（一）注册 Amazon 账号前的准备工作

注册亚马逊之前需要提前准备好以下资料。

1. 一台电脑，有一根独立 IP 地址的网线（注册、登录需固定 VPN）

Amazon 在账号关联上有非常强大的侦查手段，所以最好为亚马逊账户准备独立的电脑和网络，而亚马逊账号的操作也最好只限于在这台电脑上进行。

2. 一部电话，手机或座机均可

亚马逊账户注册时用来接收验证码。

3. 一个常用邮箱

该邮箱是作为亚马逊账户的登录账号，邮箱账号注册成功后可以进行变更。建议使用国际邮箱。

此邮箱作为亚马逊的登录账号，邮箱账号注册成功后可以更换，最好使用国际邮箱（如 gmail.com、Hotmail.com 等）。此外，最好不要使用企业邮箱注册亚马逊账号。

4. 一张可透支的 VISA 信用卡或 Master 信用卡（公司银行卡可代替）与有效的账单地址

信用卡必须是双币卡，需要支持美元，该卡主要是用来激活亚马逊账户。

5. 一个美国本土银行卡或美国站支持的其他国家银行账户

个人账户和公司账户均可，用于收款。亚马逊店铺每日销售额是全部保存在亚马逊自身的账户系统中，每隔 14 天亚马逊会撤资到美国银行账户中，要想将钱提出来，必须输入美国银行卡 9 位 Routing Number。

（二）Amazon 账号注册

将一系列必要条件准备好后，就可以申请注册卖家账户了。Amazon 卖家账户分为专业卖家账户和个人卖家账户，作为新手卖家，可以销售超过 20 个产品种类，如果只计划卖出少量的产品可以考虑注册个人卖家。如果计划每月卖出超过 40 个规格的产品，应该考虑注册专业卖家，可以在 20 个产品种类的基础上再申请增加 15 个以上的额外种类。亚马逊中国首页如图 3-62 所示。

图 3-62　亚马逊中国首页

亚马逊对于新账户注册的标准较高，如果不能提供合理的开店信息，有可能无法通过开店审核。中国卖家想注册成为亚马逊全球卖家有两种渠道：一是在亚马逊美国网站上直接申请注册，如图 3-63 所示；二是通过亚马逊中国的官方网站进行申请，网址为 https://kaidian.amazon.cn/services/sell-on-amazon/how-it-works.html，如图 3-64 所示。

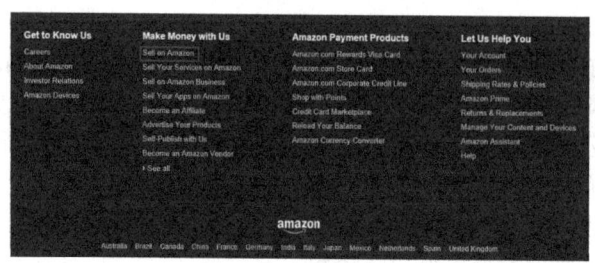

图 3-63　亚马逊美国注册

图 3-64　亚马逊中国注册

如果在美国亚马逊平台直接注册，要先选择注册账户的类型，如图 3-65 所示。专业卖家账户和个人卖家账户的收费是不同的，在后面将要提到的运营规则中也会影响排名。

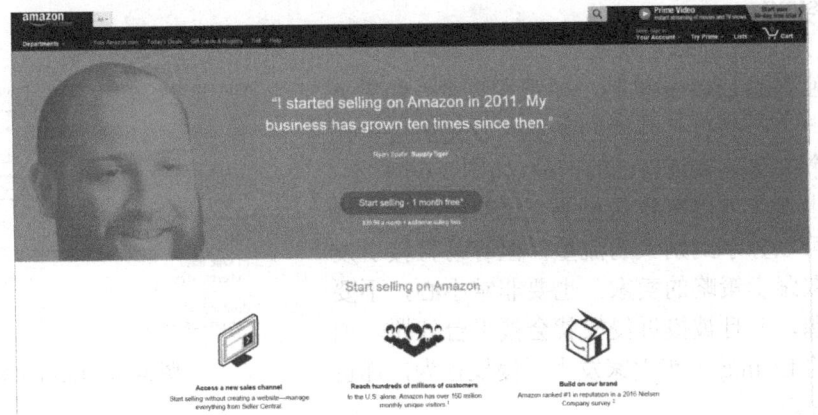

图 3-65 亚马逊美国注册

根据注册表单上的内容填写好自己的注册信息和卖家信息后提交，会收到亚马逊系统自动发送的一封邮件。这封邮件包含 5 个问题，需要认真回答。此邮件内容如下：

Hello,

It is standard procedure for Amazon to review new selling accounts.Your account is currently under review.

The following information will be needed for our review and it may take up to 10 days after the information is received for us to complete our review.

1．Current retail or online sales channels including links to selling pages (If applicable)．

2．Your business name and a detailed explanation of your business including your source(s)of inventory.

3．If you intend to sell internationally recognized branded products——please submit proof of authenticity or distribution authorization (If applicable)．

4．If you intend to sell products that have a safety component,including any toys or electrical devices——please submit any relevant safety testing certification that you may have(e.g.,Underwriter Laboratories, CE Marking,etc.) (If applicable)．

5．Please list the products that you plan to offer on your account.

Please e-mail us at seller-performance-preapprovals@amazon.com to provide us with the above information regarding your seller account.

We will evaluate the information that you provide to us and will respond accordingly.You will be notified via e-mail when our account review is complete.

Seller Performance Team
Amazon.com

此邮件是亚马逊考量申请账户的卖家是否有经营的实力，是否会认真对待亚马逊平台上的运营。所以，回复邮件的语气用词尽可能主动、热情、认真，如果只是应付了事，很容易被亚马逊拒绝。

二、亚马逊平台的运营特点

在亚马逊平台上的运营和推广策略和国内电商平台大有不同，如果想参加亚马逊平台组织的促销活动，要根据商品以往的销售记录和综合评分来判断是否可以入选。亚马逊有其独特的运营规则，了解了这些规则后在亚马逊平台上也可以做得很好。

（一）Listing

1. 什么是 Listing 跟卖政策

亚马逊独有的 Listing 机制，即跟卖政策。如果 A 卖家创建了一个产品页，其他同款卖家看见后可以在上面增加一个按钮链接到自己的产品，如图 3-66 所示。表示我这里也卖，可以来我这里买。这对新卖家来说是好机会，可以分享到别人的流量，但容易直接引发价格战。采取跟卖策略的卖家，也要非常小心，不要触犯侵权问题，一旦被投诉侵权就会被平台处罚。如果别人在你的 Listing 上跟卖家发生了侵权行为，你也可以向平台投诉。

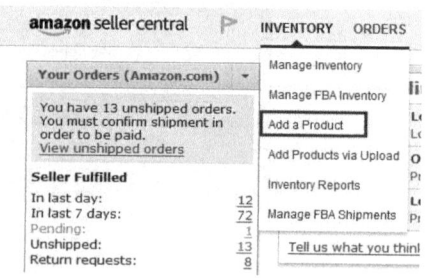

图 3-66　Listing 机制

为什么会有"跟卖"？任何卖家在亚马逊平台上传的 Listing 归属权都归于亚马逊，不再属于上传该 Listing 的卖家，这和国内大部分电商平台的规则不同。亚马逊平台认为同一款商品，商品的介绍、图片等信息应该是相同的，没必要出现同一款商品有很多页面的情况，唯一的区别就在于价格，所以亚马逊允许多个卖家使用同一个 Listing。如果有很多卖家销售同一款商品，则亚马逊会根据卖家提供服务的品质结合卖家的销售价格向消费者推荐更优的卖家。

怎么操作跟卖？找到你想跟卖产品的 ASIN，在卖家后台搜索该 ASIN，搜索出你要跟卖的产品并且点击页面上的"SELL YOURS HERE"，就可以进行跟卖了。

2. Listing 跟卖

跟卖的优势：
- 不用自己制作页面，几秒钟就可以搞定。
- 商品的出价会立即出现在排名靠前的 Listing 中。
- 跟卖大流量的 Listing 不仅可以迅速提升跟卖产品的销量，还可以带动店铺其他产品的销量。

跟卖的风险：
- 容易被 Listing 所有者投诉侵权，一旦投诉成功就会被封账号。
- 直接引发价格战，导致低利润。

跟卖的建议：
- 首先要确保自己的商品和跟卖的 Listing 描述完全一致，包括商品本身、包装、卖点、功能、描述等，否则，买家收到货如发现任何与描述不一致的地方，都可以向亚马逊投诉。你所跟卖的卖家也有可能对你的订单进行"Tast Buy"，如发现和描述不一致，也可以向亚马逊投诉。
- 跟卖时尽可能设置较低的价格，价格越低获得购物车的可能性越高。抢夺购物车的权重依次为：FBA>价格≥信誉度。
- 选择跟卖比较多的 Listing，如果一款产品销售好又没有人跟卖，极有可能是有品牌保护的，这个时候千万不要冒着侵权的风险去跟卖。
- 了解产品是否是注册品牌，可以在网上搜索或者去商标网站查看，主要通过 Google 搜索。
- 如果被投诉侵权要立刻取消跟卖，并且积极和对方沟通了解是否真实发生了侵权行为。

3. 自建 Listing

如果你的产品不是标准化产品，或者是你独有的品牌，就需要自建 Listing。在制作 Listing 时，页面的设计和文案要吸引人。

Listing 标题的写法：
- 每个单词的首字母要大写（特殊情况除外，如连词 and、or、for；冠词 the、a、an；少于 5 个字母的介词：in、on、over、with）。
- 能使用数字就使用数字而不是单词（如尽量使用 2 而不是 Two）；不要包含类似于！*$？这样的符号；把一些测量值拼写出来而不是用符号代替（如表达英寸时请使用 inches，而不是符号"）；不要使用中文输入法输入内容。
- 只包含商品本身的信息，不加入营销性质的词、物流方式的词，如 Free Shipping、New Arrival、Sale、Best Seller、Great Deal、Hot Item 等。
- 标题编写长度控制在每个特定类目的规定范围之内，标题中的单词避免拼写不规范或拼写错误。
- 描述清楚产品信息，通过标题就可以让买家知道要购买的是什么商品；但不要堆砌关键词，尽量保持标题简洁，关键词放在 search term 里。但是标题中已经出现的关键词就不用再重复出现在 search term 里了。关键词的每个单词之间用英文的空格隔开，同一个 SKU 的 5 个 search term 中的单词会自由组合成新的关键词。
- 参考亚马逊给出的标题建议，符合亚马逊平台算法，提升曝光量。

4. 做好 Listing 保护

如果自建了 Listing 就要做好后期的维护和保护，以免其他卖家过多地来跟卖，导致客户和价格被压低，损失利润。如何保护好我们辛苦做出的 Listing 呢？

（1）首先要注册自己的品牌（建议注册美国和当地国商标，中国商标投诉成功的概率非常小），注册品牌后到亚马逊平台备案，完成备案后会得到 GCID 码，拿到 GCID 码上传产品时，就不需要 UPC 码了，可以节省一部分费用。GCID 码并不能起到保护 Listing 的作用，作为初期没有美国商标的商家，可以先用中国商标备案，以便获得 GCID 码以节省 UPC 码的费用。

（2）商标备案，亚马逊官方的品牌申请说明 Brand Registry，请参考下列链接：https://sellercentral.amazon.com/gp/help/200955930。品牌备案只需要准备网站、以网站域名为后缀的邮箱、两张带有品牌的产品图片，提交亚马逊后就可以在 48 小时内完成备案。

（3）如果有品牌的商品被别人跟卖，可以与跟卖的卖家联系要求他们移除跟卖，或者直接向 Amazon Seller Support 提出举报，亚马逊会警告卖家甚至关闭其账号。

（二）Buy Box

Buy Box 的位置在每个商品页面的右上方，是买家浏览时最方便看见的黄金位置，只要买家点击"Add to Cart"按钮就会把该位置上卖家的产品放到买家购物车里，如图 3-67 所示。在同一时间段里，只有一个卖家可以得到 Buy Box 的位置。

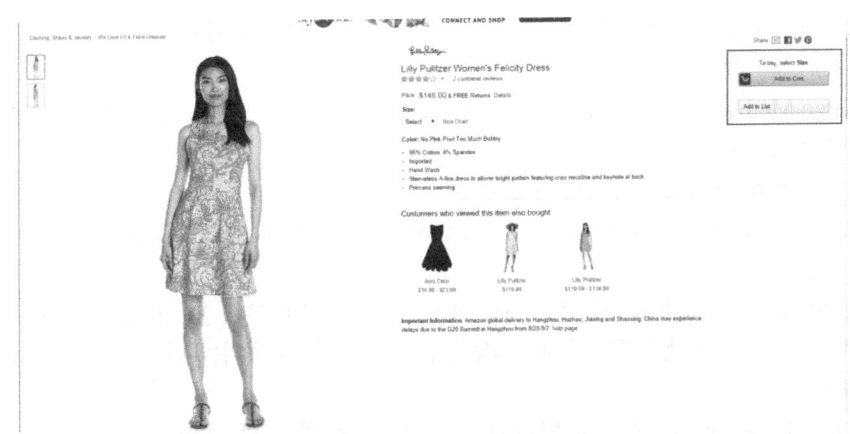

图 3-67　Buy Box

在亚马逊平台的运营策略中，抢占 Buy Box 是一种重要方法，占据 Buy Box 就意味着会有大量的订单。

1. Buy Box 分配原理

Buy Box 是系统通过计算卖家的综合素质来决定分配给哪个卖家的，影响因素主要如下。

- 配送方式：运用 FBA 将大大增加卖家获得 Buy Box 的概率。
- 最终价格：是卖家将产品运送给亚马逊时收取的价格（包括运费以及关税）。卖家的评级越高，收取亚马逊的价格越高，同时还能保留 Buy Box 的位置。
- 卖家评分：是卖家过去一年交易中的综合得分，越近期的交易得分在综合评分中所占的比重越大。
- 运输时间：亚马逊对运送时间的要求很高，亚马逊判断运送时间的标准分为 0～2 天、30～7 天、80～13 天、14 天。
- 还有其他一些因素会综合影响系统的判断。

2. 得到 Buy Box 必须满足的条件

- 卖家拥有一个专业卖家账户。
- 必须是特色卖家。特色卖家的要求是卖家需要在亚马逊上有 2～6 个月的销售记录，拥有一个比较高的卖家评级、送货评级，以及订单错误率低于 1%。
- 商品必须是全新状态。
- 商品必须有库存。

在亚马逊平台上的运营和推广策略与国内电商平台大有不同，如果想参加亚马逊平台组织的促销活动，要根据商品以往的销售记录和综合评分来判断是否可以入选。亚马逊有其独特的运营规则，了解了这些规则后在亚马逊平台上也可以做得很好。

三、平台操作

（一）后台介绍

1. 账户设置

（1）Account Info，在 Selling Plan 里可以变换专业卖家和个人卖家的设置。

（2）Seller Information，可以编辑卖家名称和客服邮箱、电话等信息。

（3）Storefront Link，可以设置自定义的店铺链接。

（4）Business Address，填写公司地址。

（5）Legal Entity，填写公司名称。

（6）Deposit Method，填写收款银行账号，拿到海外银行账号后第一时间在此录入银行账号信息，录入后亚马逊会每隔 14 天给卖家转账一次。

（7）Charge Method，填写信用卡信息，用来支付亚马逊平台费。如果账户上的余额不足以支付亚马逊平台费，就会从绑定的信用卡中扣除。

（8）Return Information，填写退货地址。

（9）Merchant Token，用来跟第三方软件进行对接时使用，此信息很重要，请注意保密。

2. 假期模式

Listings Status，显示所有商品的状态，Active 为正常上架状态，Inactive 为下架状态。在卖家团队放假期间，应该及时把商品状态改为 Inactive，避免发生买家下单无法发货的状况。

3. 提醒设置

Notification Preferences，在此可以选择需要邮件提醒的信息，如订单提醒、产品上传提醒、报表提醒、亚马逊销售技巧提醒等。

4. 登录设置

Login Setting，设置登录邮箱、密码、安全问题。

5. 退货设置

Return Setting，设置退货地址，可设置多个退货地址。

6. 礼品服务

Gift Option，设置是否提供礼品打包服务。

7. 用户设置

User Permission，可以设置多个子账号，并可以设置每个子账号的权限。

8. 其他设置

Your Info&Policies，可以设置卖家的公司信息、Logo、常见问题等。单击"About Seller"按钮后进入设置页面，可以使用 HTML 代码编辑。在"Fulfillment by Amazon"中设置 FBA 的服务。

（二）Selling Rating

Selling Rating 即卖家店铺评分。计算方法是：Selling Rating=最近 365 天内所有订单的得失分数总和加起来/最近 365 天内所有订单数量。

Selling Rating 计算分数情况如下。

（1）发货延迟和 24 小时之内没回复买家 Message，扣 0 分。

（2）确认发货前擅自取消客户订单，扣 100 分。

（3）因卖家原因引发的 A-to-Z Guarantee Claim，扣 500 分。

（4）1~2 星 Negative Feedback，扣 500 分。

（5）客户的开卡行发起的 Service Chargeback Claim，扣 500 分。

（6）Expired Order（过期订单）一般为超过发货期 30 天还没发货的订单，扣 500 分。

（7）如果一个订单自始至终都没有任何问题，这个订单就是 Perfect Order（完美订单），加 100 分。

8. 订单赢得加分：订单没有任何问题，并且有有效的跟踪信息，而且在 3 个工作日内成功投递，符合最快承诺到达时间并且没有任何退款和与买家的沟通让步，这样的订单就会奖励 10 分（这种订单多见于 FBA 订单）。

（三）Pending Orders

Pending Orders 意为挂单，也称为待处理订单。

1. Pending Orders 的主要原因

（1）亚马逊暂时还未能获取到买家支付这笔订单金额的银行卡授权，这一点上，可能不同的银行处理时效稍有不同。也就是说顾客可能选择货代付款，或者钱还没转到亚马逊。

（2）针对于 FBA 的订单，客户已经满足了 35 美元包邮的条件，但是由于这些订单分别是在不同的卖家店铺购买，这时候的 Pending Orders 可能是亚马逊在等待把所有的产品集合到一起的过程。

（3）针对于 FBA 的订单，客户在一个订单中购买了多件的产品，如果其中一个或 2 个缺货，那么即使亚马逊选择分开派送这个有库存或者没库存的产品，这个订单的状态也还是 Pending，不过这种情况的发生概率非常小。

2. 如何处理 Pending Orders

（1）不要对 Pending Orders 发货，即使是买家主动联系您也不要，以货款到账为准。

（2）当出现 Pending Orders 的时候，该订单在管理订单页面是呈灰色的。卖家不能对 Pending Orders 进行确认发货或者取消订单的操作。Pending Orders 不会显示在您的订单报表或者您的未发货订单报表中。

（3）Pending Orders 要等它转到 Unshipped 的状态才能进行发货操作，发货操作尽量在您后台上传产品时设置的 Handing Time 的时间段内，超出了就是发货延迟，如果 30 天内不对一个订单发货，即使您 30 天后最终发货了，亚马逊也不会把这个订单的货款给您。

（4）对于大量出现 Pending Orders，建议立刻联系您的客户经理，问清楚具体原因，有可能是亚马逊团队在审核您的订单。

（5）Pending Orders 没有关于买家的任何信息，所以最好的方法是等待。Pending Orders 的根本还是要回归产品，从产品自身在做研究，如果同一个产品产生很多的 Pending Orders，建议做产品优化。例如图片、关键词、价格等因素调整。

（6）如果转化率低的产品，做关键词点击付费的要及时处理该产品广告的投入。

四、刊登产品

（一）单独上传产品

1. 创建新产品

进入卖家后台，单击"INVENTORY"—"Add a Product"—"Create a new product"按钮，如图 3-68 所示。在列表中选择产品的详细种类，在搜索框里输入关键词可以搜索种类，单击"Select"按钮确认种类，如图 3-69 所示。

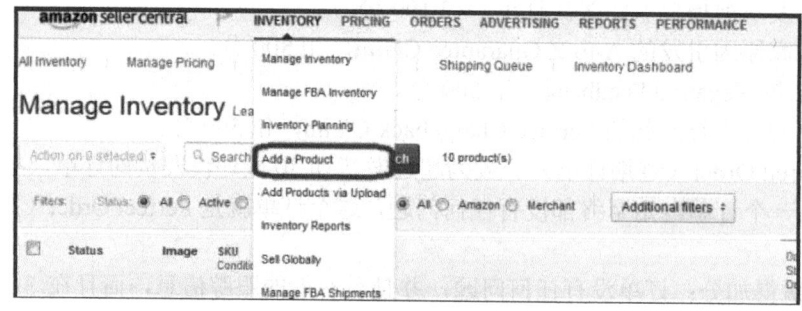

图 3-68　进入卖家后台

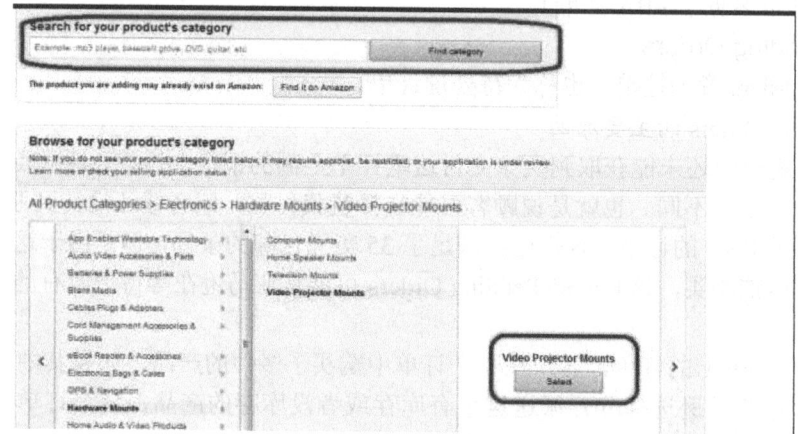

图 3-69　确认种类

2. 搜索种类

如果不确定产品属于什么种类，则可以使用种类搜索功能，确定正确的品类。在搜索框中输入关键词，找到适合产品的种类，按照正确的种类添加新产品，如图 3-70 所示。

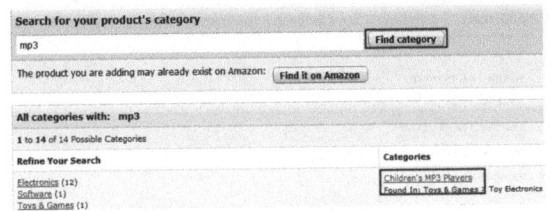

图 3-70　搜索种类

3. 编辑保存产品

按照提示填好所有的产品信息，带红星的为必填信息，但是建议没带红星的也尽可能填写完整。产品的基本信息要尽量齐全，如 SKU、标题、描述、品牌、生产厂商、功能、图片、价格、关键词、UPC 码等。在首次创建产品的过程中图片不会马上上传，要等产品信息都输入完毕后，单击"Save and finish"按钮时图片才会上传，如图 3-71 所示。

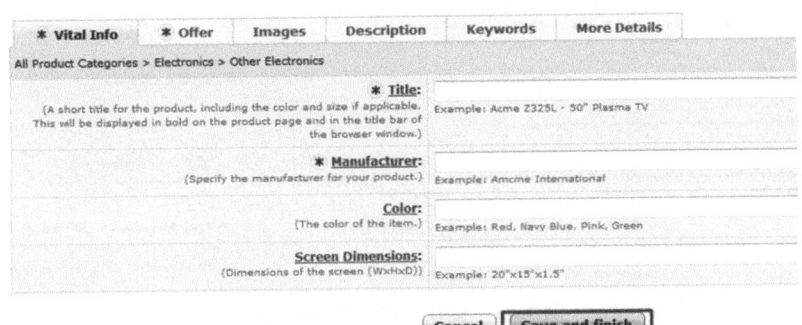

图 3-71　编辑保存产品

4. 上传产品成功

上传产品成功后，在"Manage Inventory"页面中会出现新上传的产品，如图 3-72 所示。

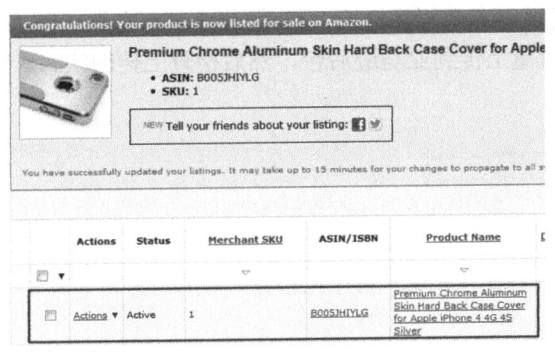

图 3-72　上传产品成功

（二）批量上传产品

（1）进入卖家后台，单击"INVENTORY"—"Add Products via Upload"，如图 3-73 所示。

（2）首先确认账户是否有应对产品类目的销售权限，如果没有则需要单独申请，一般 48 个工作小时内会回复。如果已经具备对应类目的销售权限，则先下载对应类目的模板，如图 3-74 所示。

在下载的模板中有这样几个子模板："Instructions" "Images" "Data Definitions" "Template" "Example" "Valid Values"。

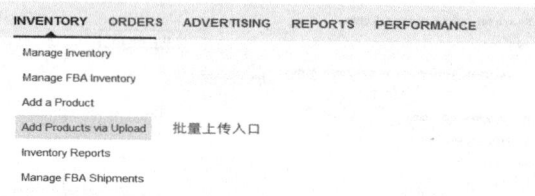

图 3-73　批量上传入口

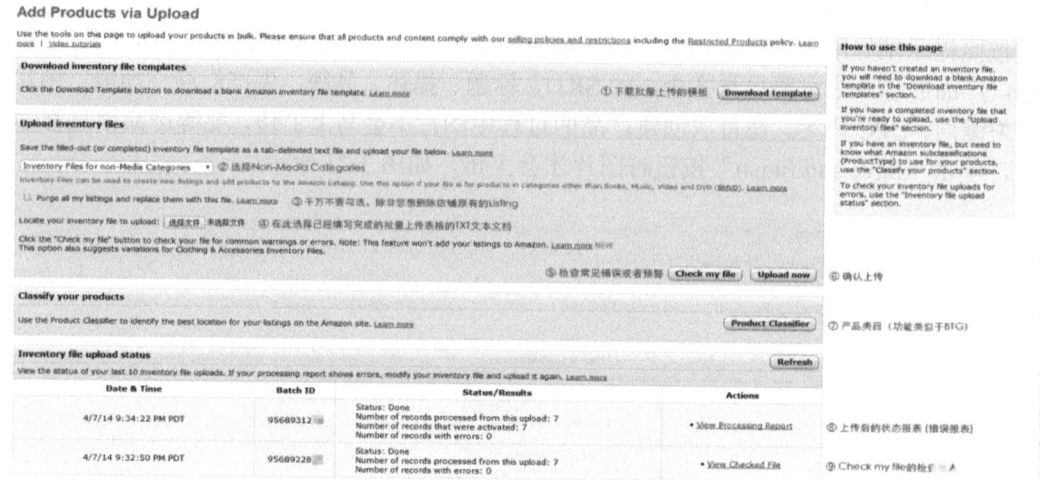

图 3-74　确认产品类目销售权限

（3）将"Template"模板单独复制到新建的 Excel 表格中，表格中每个选购的具体要求在"Data Definitions"中都有说明，其中一些"值"只可以在"Valid Values"中选择。图片处理好之后，先保存到图片空间中，免费的可以选择 http://www.photobucket.com/，然后将以".jpg"为后缀的图片地址粘贴到对应的产品中去。

（4）"Template"模板内容填写完之后，保存为"文本文件（制表符分隔）"类型的文件。

（5）将完成的文件批量上传到亚马逊后台，然后检查上传的状态。如图 3-75、图 3-76 所示。

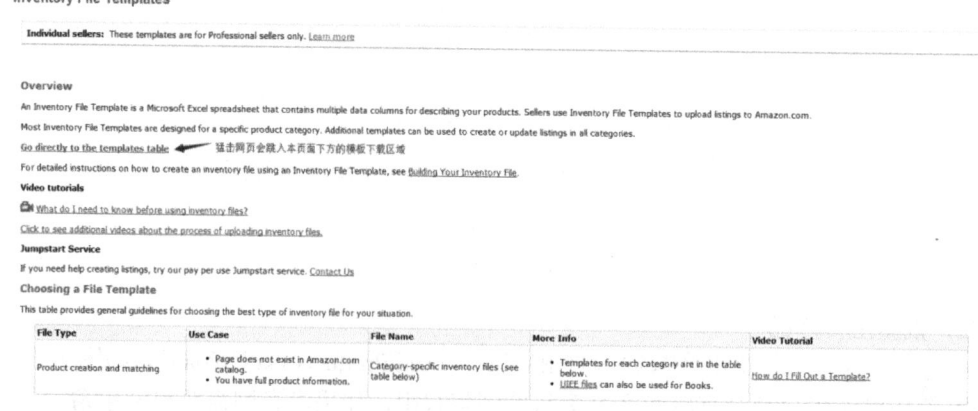

图 3-75　批量上传

图 3-76　检查上传状态

☑ 任务三　ebay

ebay 是全球最大的网络交易平台之一，用户遍布全球各地，站点覆盖全球 26 个国家和地区，卖家和买家可以一起浏览、买卖商品。ebay 交易平台完全自动化，商品种类多样，从电器到家居用品再到独一无二的收藏品，按照类别为用户提供商品销售服务。商品可以以拍卖形式、一口价形式或拍卖加一口价形式进行销售。ebay 门槛低、利润高、交易简单、支付方便，是很好的跨境电商平台。

一、ebay 平台注册

ebay 致力于为中国商家开辟海外网络直销渠道，免费注册，全球最大电子商务外贸平台，直面 3.8 亿海外买家。

（一）ebay 卖家账户类型

根据注册地不同，卖家账户分为海外账户和国内账户，ebay 对中国卖家的限制比较多，海外账户相对于国内账户来说竞争优势比较明显。假如卖家办公地点在中国，在使用海外账户的时候则需要采用翻墙软件来保护账户安全，否则 ebay 会检测到卖家使用的 IP 和注册的 IP 不一样，会要求卖家提供注册时的资料，严重时会限制正常销售。

此外，按照注册主体不同，卖家账户又可分为普通账户和企业商户，普通账户再分为个人账户和商业账户，个人和商业账户区别在于如果要在 ebay 欧洲站如德国站刊登销售，卖家账户必须为商业账户，如果注册企业账户那么可以通过 ebay 提供的绿色通道来申请。

（二）ebay 卖家个人账户注册

第一步：注册 ebay 交易账户。

（1）打开 www.ebay.com.hk 或者 www.ebay.cn，单击左上方"注册"按钮。

（2）进入 ebay 注册页面如图 3-77 所示，设定你的 ebay 会员

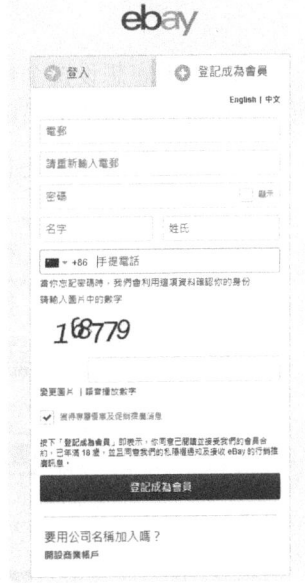

图 3-77　ebay 注册页面

账号及密码。

（3）按照注册表格的要求，如实填写每一栏的注册资料。

（4）部分用户会来到"请确认电话号码"页面，如图3-78所示，您可选择一种验证方式。

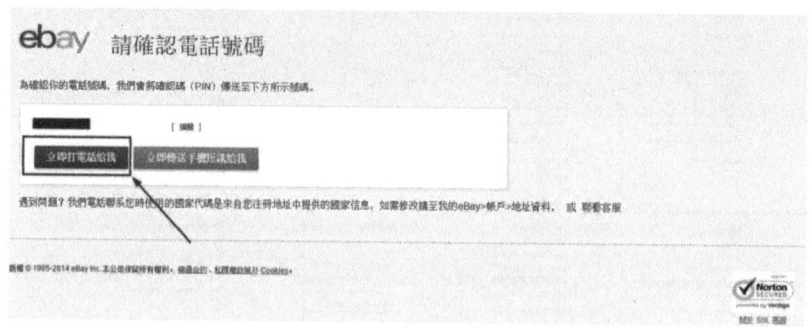

图3-78 电话号码确认

（5）请按照ebay的电话或短信提示，输入PIN码，如图3-79所示，完成验证后您将看到注册成功提示，系统将分配给您一个用户名。

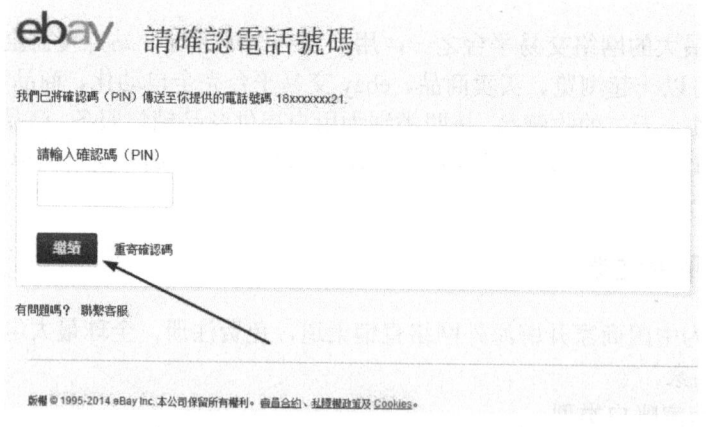

图3-79 输入确认码

（6）如果您想设置个性化的用户名，请点此登录。进入"变更会员账号"页面，如图3-80所示，您可设置新的会员账号名称，再单击"储存"即可。

图3-80 变更会员账号

第二步：注册 PayPal 资金账户。

PayPal 是全球流行的电子支付平台之一，支持多币种结算，免开户费。ebay 平台推荐使用 PayPal 作为资金账户进行跨国收付款交易。

PayPal 账户分为个人账户、高级账户及商业账户。个人账户用于个人购物付款，高级账户可用于以个人名义接受来自买家的付款，建议个人卖家选择。商业账户则可下设多个子账户并设有高级权限管理功能，适合企业的应用环境。高级账户可以升级成为商业账户。

填写注册表单的操作步骤：

（1）根据您的账户类型和所在地选择对应的注册链接。

高级账户（个人经营选择）（中国，香港，台湾）

商业账户（企业经营选择）（中国，香港，台湾）

（2）根据您的实际情况填写真实的注册资料，如图 3-81 所示为中国大陆用户注册高级账户时需提交的注册表单，完成后点击"同意并继续"按钮，并根据操作步骤激活账户。

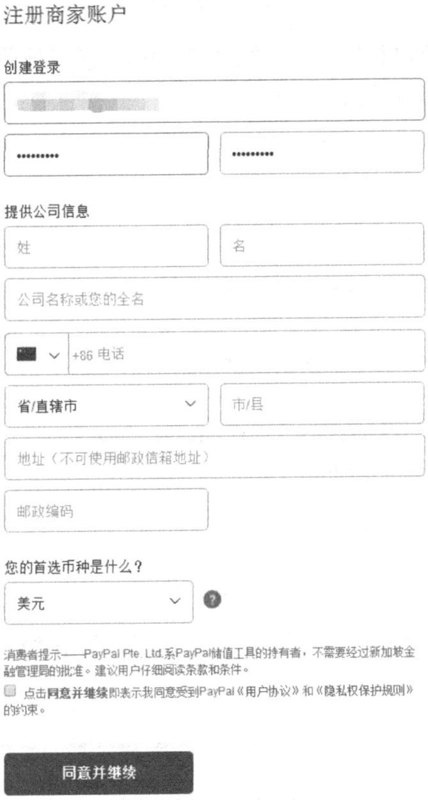

图 3-81　PayPal 注册界面

（3）PayPal 认证：可以通过双币信用卡或借记卡认证 PayPal 资金账户。

第三步：绑定您的 ebay 账户与 PayPal 账户

在开始正式刊登物品前，ebay 需要您将已认证的交易账户与资金账户进行绑定。请根据下列步骤进行操作。

（1）单击 ebay.com 顶端的 Sell 链接并登录您的 ebay 账户，如图 3-82 所示。

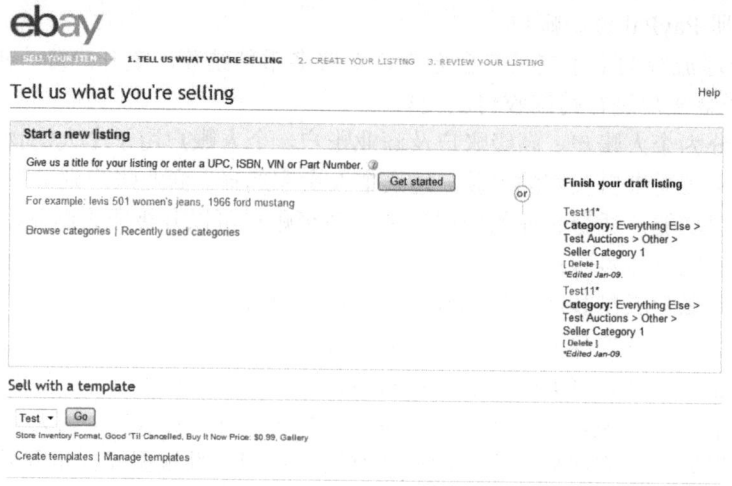

图 3-82　登录 ebay 账户

（2）根据提示，完善您的商品信息。在此过程中，您将被带到确认身份页面。如图 3-83 所示，并选择第一项链接已验证的 PayPal 账户。

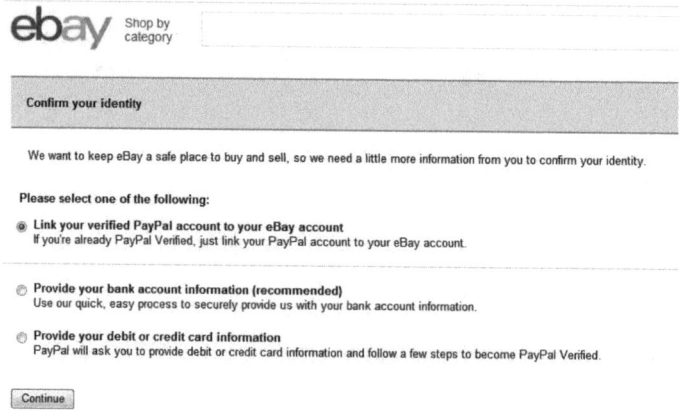

图 3-83　身份确认页面

（3）按页面提示输入您的 PayPal 电邮地址和密码后，单击"链接您的账户"，如图 3-84 所示。

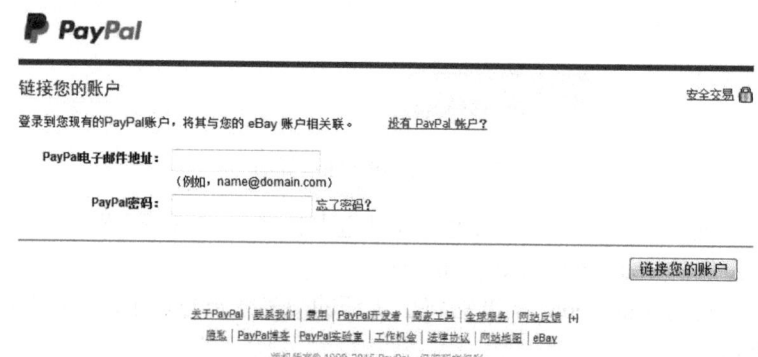

图 3-84　链接 PayPal 账户

（4）请根据页面提示如图 3-85 所示，点击"返回 ebay"，即可完成 ebay 账户与 PayPal 账户的绑定。

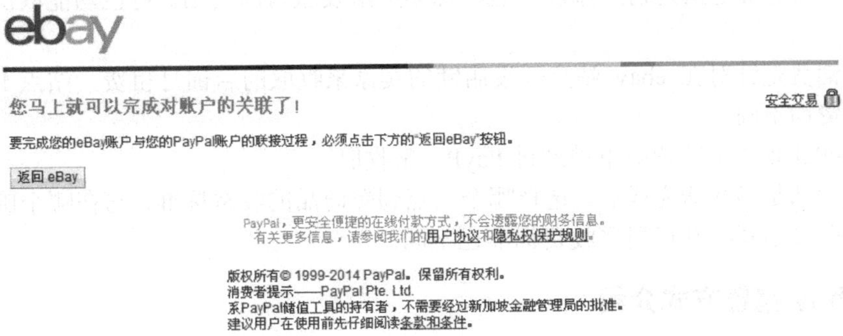

图 3-85　成功绑定 ebay 账户和 PayPal 账户

注意事项：

（1）注册账户时，如实填写注册资料。

（2）使用 hotmail、gmail、163 等国际通用的邮箱作为注册邮箱，以确保顺利接收来自 ebay 及海外买家的邮件。

（3）准备一张双币信用卡（VISA、MasterCard），信用卡开通网上银行方便日后操作。

（4）最好在跨国认证之后，再进行销售。

跨国认证需要的资料：身份证资料、个人近照、地址证明资料（地址证明要和注册地址一致）。

（三）个人账户与商业账户

1. 个人账户与商业账户之间的转换

登录我的 ebay—单击账户内部中的个人资料—编辑账户类型—按照类型填写公司名称即可。

2. 企业账户——绿色通道的注册流程

方法一： http://darnai.ebay.cn，直接提交公司资料，等 ebay 客服通过审核，一般 1~2 周，如果没有回应则是没有审核通过。

注意： 本服务仅面对首次入住的企业和客户，若已经注册了 ebay 账户，则无法通过审核。

方法二： 直接与上海 ebay 的工作人员联系，写邮件或打电话告知你想申请的企业账户，然后工作人员会把你需要提交的资料和相关的步骤发给你。

成功注册后可以进行商品的刊登，成功刊登一件商品，是开始 ebay 外贸的第一步。请务必真实准确地描述物品，从一开始就合理控制好买家的期望。买家对商品的了解越多，最后就越不容易对交易感到失望，也更容易赢得买家认可。

（四）ebay 的收费标准

注册 ebay 是完全免费的，并且 ebay 不设任何月租费或最低消费限额。所有费用都将取决于用户的使用情况。

在 ebay 上做生意一定要清楚 ebay 的收费标准，这样才能为商品制定合适的价格，获得目标利润。ebay 平台的手续费主要包括刊登费、成交手续费、PayPal 收款手续费、特色功能费和店铺费五个部分。

（1）非店铺卖家在 ebay 站点刊登物品进行销售需要付一定比例的刊登费，无论物品是否售出，只要刊登就要支付该笔费用。根据所选刊登方式的不同，刊登费用也会有所区别。

（2）成交费是指物品成功售出后，需要按照成交价的一定比例缴付相应的费用，物品未售出则无须缴付。

（3）特色功能费是指为物品添加一些特殊功能所要缴付的费用。特色功能取决于卖家是否选择使用。

（4）店铺费是针对在 ebay 站点开设店铺的卖家来收取的店铺月租费，站点不同，店铺等级不同，收费均不同。

（5）PayPal 收款手续费则单独通过 PayPal 来收取。

这些收费都是指注册完成后，选择哪个站点刊登商品的收费标准，与在哪个国家站点注册无关。当然选择不同的站点刊登收费标准也不同。

二、ebay 销售方式介绍

在 ebay 上，为卖家提供了 3 种刊登物品的方式。目前，ebay 全球不同站点有不同的收费标准，"拍卖"或"一口价"的销售方式刊登费标准也不尽相同。所以，选择适合自己的物品的销售刊登方式是实现低成本、高收益的第一步。

（一）拍卖

拍卖，顾名思义就是通过竞拍的方式进行销售，价高者得，以"拍卖"方式刊登物品是 ebay 卖家常用的销售方式，卖家通过设定物品的起拍价及在线时间，开始拍卖物品，并以下线时的最高竞拍金额卖出，出价最高的买家即为该物品的中标者。

采取这种方式销售物品需要根据自己设定的起拍价缴纳一定比例的刊登费，此外根据物品最后的成交价格还需缴纳一定比例的成交费。

1. 拍卖方式的优势

为商品设置较低的起拍价能够很好地激起买家踊跃竞拍的兴趣，通过连番竞拍也可以为卖家带来不错的利润。

以低起拍价的方式拍卖物品，仍然是能激起买家兴趣踊跃竞拍的最好途径。而且，在搜索排序中，即将结束的拍卖物品还会在"即将结束 / Ending Soonest"排序结果中获得较高的排名。

2. 遇到下列情况时，可选择"拍卖方式"销售

（1）无法确定物品确切的价值，但希望快速出售时，让 ebay 市场来决定物品的价格。

（2）有独特和难以买到的，而且能够产生需求并引起热烈竞标的物品时，拍卖能使您的利润最大化。

（3）目前正在使用拍卖刊登方式，并且有着较高的成交率（物品通常在刊登之后即被买走）。

（4）不定时销售，而且没有最近成交可提高您的物品的搜索排名。"拍卖方式"刊登能让物品有高排名的机会，即按照"即将结束的物品"排序时。

（二）一口价（方便买家立即购得商品）

一口价方式就是以定价的方式来刊登物品，这种销售方式能够方便买家非常快捷地购买商品。

1. 一口价方式的优势

采取一口价的方式可以享受很多优势，具体表现在以下几点。

（1）物品充分展现。利用"一口价方式"销售不仅费用低，而且可设置物品的在线时间最长达 30 天，让物品得到充分展示。

（2）一次性刊登。商品数量较多时可采用"多数量物品刊登"方式，一次性完成全部销售刊登，操作简单、便捷。

（3）较低的成交费用。通过"一口价"刊登物品您可根据所设定的物品价格支付刊登费，物品成交后收取较低比例的成交费。

（4）议价功能。采用一口价的销售方式，可以免费设定该物品的"议价"功能，当物品以讲价金额卖出时，则成交费会按照成交金额收取。

（5）操作省时省力。以定价方式刊登 ebay 店铺中热卖的库存物品，还可以使用预设的物品描述和物品说明，大大节省了卖家的刊登时间，也简化了卖家的刊登工序。

2. 遇到下列情况时，可选择"一口价方式"销售

（1）有多个物品，而且可以整合到一次刊登中。

（2）自己非常清楚所售商品的价值，希望从物品上获得相应的价值。

（3）有大量库存商品，希望尽量减少刊登费。使用 30 天在线时间并尝试通过自动更新来提高效率。

（4）希望物品在线时间超过 7 天供买家购买。

3. "一口价"方式刊登物品的注意事项

如果在刊登商品时没有可选择的"一口价"标签，则表明尚未符合该站点以"一口价"形式销售商品的资格条件。

物品刊登后，不能将"一口价"物品变更为具有"一口价"功能的"拍卖"物品，反之亦然。

"一口价"物品如果结束时间在 12 小时后，可编辑"一口价"价格。

（三）拍卖+一口价

所谓"拍卖+一口价"方式综合刊登，就是卖家在销售商品时选择拍卖方式，设置最低起拍价的同时，再根据自己对物品价值的评判设置一个满意的"保底价"，也就是一口价。这种方式能够综合拍卖和一口价的所有优势，能让买家根据自身需要和情况灵活选择购买方式，也能为卖家带来更多的商机。

遇到下列情况时，可以考虑选择"拍卖+一口价"的方式。

（1）所销售的商品种类较多，想尽可能地吸引更多的不同需求的买家。

（2）希望提升销量，扩大买家对库存商品的需求，通过拍卖+一口价的方式让更多的买家了解自己的店铺和其他销售商品。

三、店铺开设

开设 ebay 店铺，可以享受更完善的服务资源，吸引更多买家。如自定义店面、易用的经营工具等，能协助您成功开拓网络业务。

"ebay 基础店铺"简单易用、可轻松自定义，是助您拓展业务的网上店铺。"ebay 精选店铺"享有更多高级自定义选项和销售工具，为拓展业务的 ebay 中高级销售量的卖家而设。租用"ebay 超级店铺"，除了有普通和高级店铺的所有功能外，还可获得更多附加功能及优惠。

请按照下面的步骤开设"ebay 店铺"：

第一步：登录账号，单击页面右上方"My ebay"超链接，如图 3-86 所示。

在哪个 ebay 站点销售，就在该站点下申请开通 ebay 店铺。由于 ebay 是全球性的交易平台，各 ebay 站点的要求不尽相同，可至需要开设店铺站点的"帮助页面"查看。

第二步：在"My ebay"页面中单击"账户"标签，进入"账户"页面，在"账户"页面的左侧边栏中单击"登记使用"，进入"登记使用"页面，如图 3-87 所示。

第三步：进入"登记使用"页面，在"登记使用"模块中找到"ebay 商店"，单击"ebay 商店"下方的店铺类型，即可进入"ebay 店铺"的订阅页面（如果您需要订阅"一般店铺"或"精选店铺"，可单击其右侧登记使用按钮，如图 3-88 所示。

图 3-86 登录"my ebay"

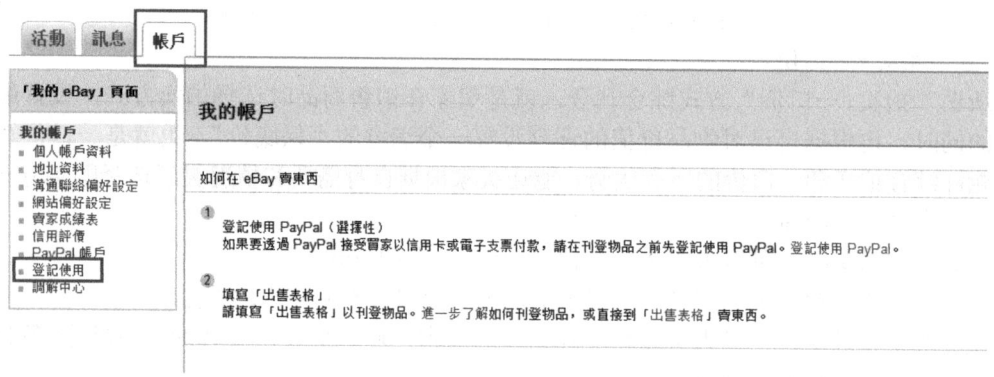

图 3-87 我的 ebay 账户页面

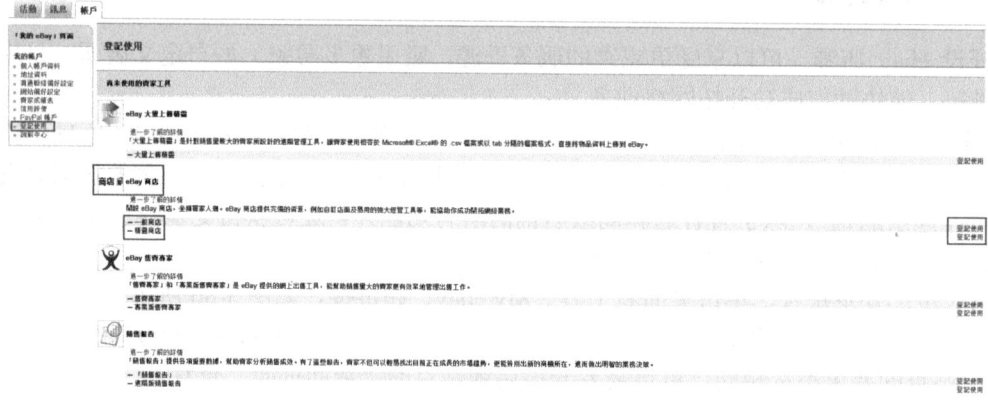

图 3-88 ebay 店铺类型选择

第四步：点选需要订阅的"ebay 店铺"和付款方式，一般商店和精选商店的费用即店铺租金，可在页面下方"为商店取名"下的文本框中填入店铺名称，并设置网址，单击"继续"按钮，如图 3-89 所示。

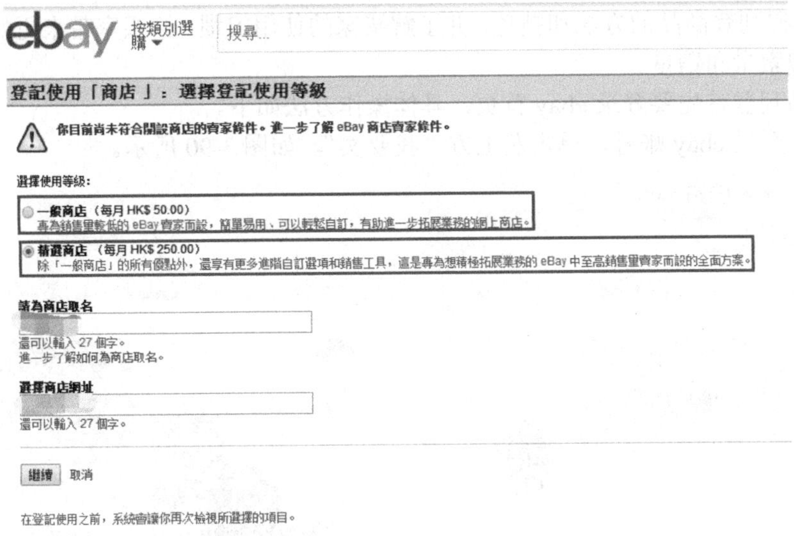

图 3-89　取名

提示：

1. 请选择可立即让买家知道您卖何种物品的店铺名称。如使用"贝氏计算机"比使用"斑马公园"，更能让买家直观了解销售的商品品种。当买家寻找商品种类时，搜寻引擎也会较容易找到您的店铺。

2. 如果要使用英文店铺名称，必须符合以下条件。

（1）开头与结尾都必须是英文字母或数字。

（2）开头不能有连续四个或以上的英文字母。

（3）不能使用如下字符：<、>或 @。

（4）不能使用其他 ebay 会员的名称。

（5）名称中不能包含"www"。

（6）不能包含两个或以上的连续空格或非英数字字符。

（7）结尾不能是网上通用的域名缩写，如.com、.net 等。

（8）不得与其他受到商标法保护的公司名称相同或雷同，不得含有"ebay""PayPal"或其他近似的单词。请参阅 ebay 的"商标和网络域名的基本知识"。

（9）不能以一个"e"或"E"后跟多个单数为店铺名称。

（10）不能使用其他 ebay 会员的用户 ID，也不能使用带有误导性的相似其他 ebay 会员的用户 ID。

3. 可使用自己的 ebay 会员账号作为店铺名称，不违反上述规定即可。一旦使用，建议尽量不要更改，一旦您变更店铺名称，买家先前建立的书签，或您先前建立的推广链接也将随之失效。此外，店铺在免费搜寻引擎中的排名也将归零，并被视为新成立的店铺。

第五步：可先检查所订阅的"ebay 店铺"和付款信息，查看"ebay 店铺的相关条款"，确认无误后单击"建立"，即可成功订阅"ebay 店铺"。

四、ebay 产品刊登

（一）刊登商品

要实现商品的销售，就需要将商品完美地展现出来，这就是在平台上刊登商品。对于卖家而言，需要掌握刊登商品的方法和技巧，并了解买家的使用习惯，给买家带来更好的购物体验，提高商品的搜索量和销量。

进行商品刊登首先要登录 ebay 首页，具体操作方法如下。

第一步：登录 ebay 账号，单击左上方"我要卖"，如图 3-90 所示。

图 3-90　登录 ebay 首页

第二步：说明要出售的商品，请在文本框中输入要销售商品的名称，单击"开始卖东西"按钮，如图 3-91 所示。

图 3-91　输入商品名称

第三步：为商品选择一个合适的分类，如果下面列出的清单中没有你需要的商品分类，可以单击"选择合适的类别"按钮，选择合适的分类，然后单击"继续"按钮。如图 3-92 所示。

进入商品详情设置页面，商品详情分为 8 个部分来介绍：商品标题、上传图片、加入商品细节、商品详情、设置商品刊登方式、选择收款方式、物流设置以及退货设置。

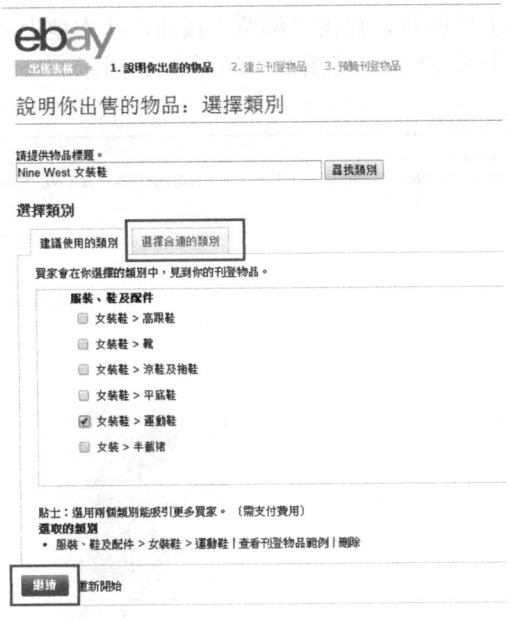

图 3-92 选择商品分类

1. 商品标题

为商品撰写标题,并设置物品状态:全新带包装盒、全新无包装盒、全新有瑕疵和二手,如图 3-93 所示。

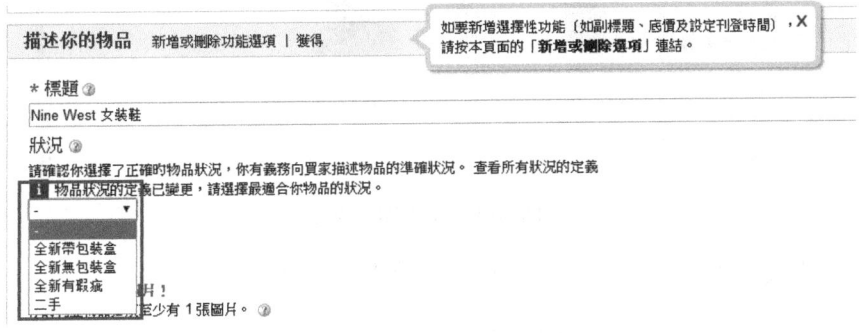

图 3-93 商品标题

2. 上传图片

在新增图片模块中可以上传图片,图片会最终展示在商品页面左上角最显眼的位置,上传的第一张图片会显示在搜索页面。

单击"新增图片"按钮,或下方黄色区域超链接,如图 3-94 所示。

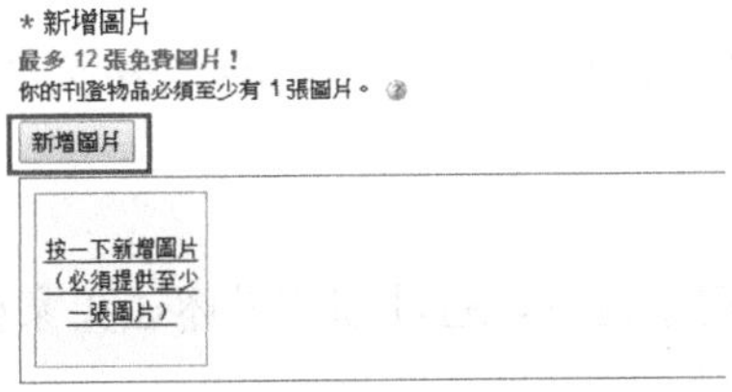

图 3-94 新增图片

在对话框中弹出选择上传图片，点击"浏览"按钮，从本地上传图片，图片上传完毕，第一张图片是主图，最多可上传12张免费图片。如图3-95所示。

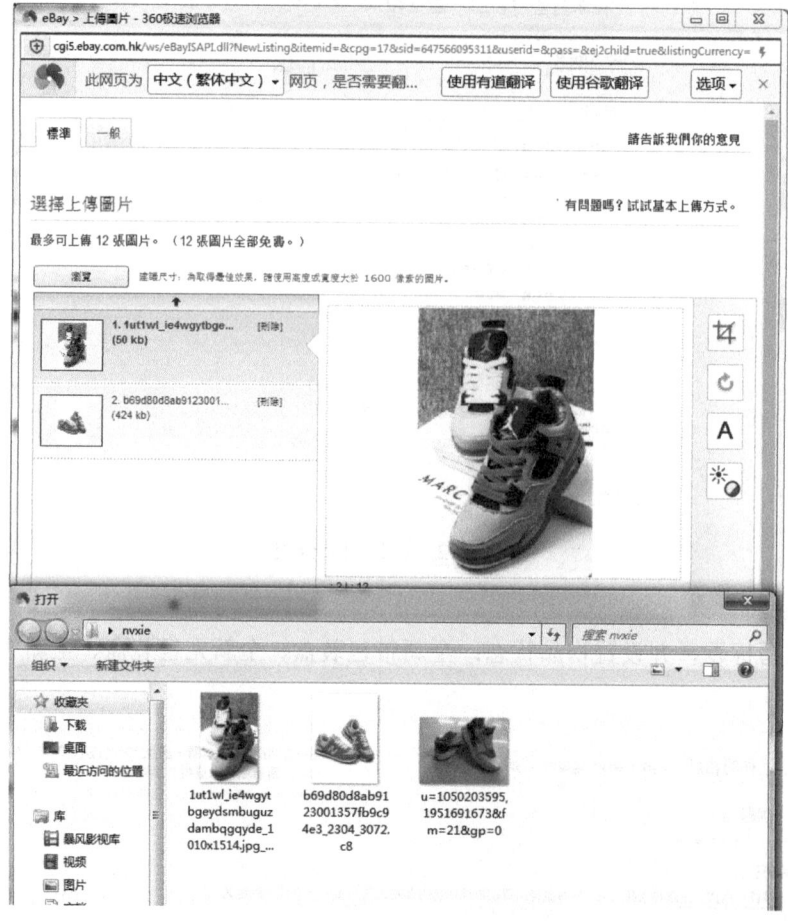

图3-95　本地图片上传

商品图片上传完毕后，即可在页面中浏览，如图3-96所示。

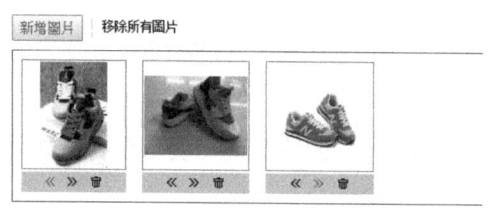

图3-96　上传图片页面显示

上传完成的图片也可以在页面浏览中移动和删除，«表示向前移一位，»表示向后移一位，🗑表示删除图片。

3. 加入商品细节

商品细节的描述在于缩小搜索范围，通过细节描述让买家精确找到该商品，帮助买家了解商品详情。如图3-97所示。

4. 商品详情

详细资料就是商品的详细描述，如图3-98所示。"标准"选项卡下可以是输入商品描述，

"HTML"选项卡可以使用 HTML 代码撰写较为复杂的商品描述。

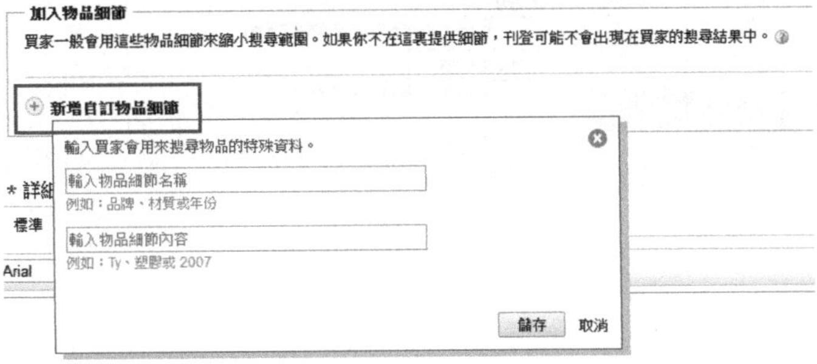

图 3-97　商品细节

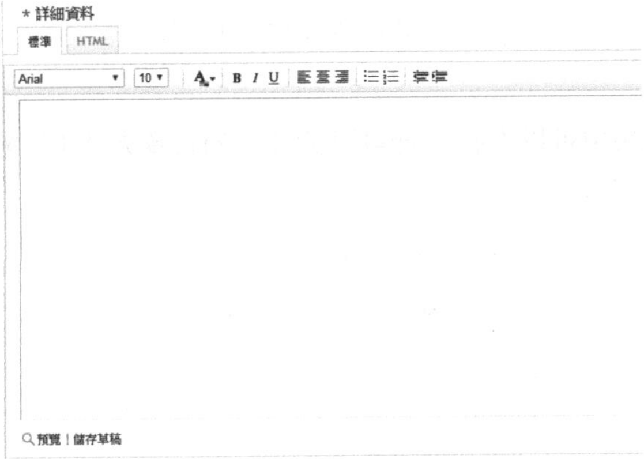

图 3-98　商品详细资料

5. 设置商品刊登方式

无论采用拍卖方式，还是一口价方式刊登商品，都需要设置商品的价格及可售数量，这样才能让商品以最合适的方式销售。

（1）拍卖方式：选择"拍卖"选项卡，在起标价下方的文本框输入起拍价（最低价格为＄0.99），同时还可以设置"拍卖"和"一口价"并存的销售方式，在"立即买"下方的文本框中输入保底价即可，如图 3-99 所示。

（2）一口价方式：单击"一口价"选项卡，在"立即买"文本框中输入商品的价格（最低价格为＄0.99），在数量文本框中输入商品的数量即可，如图 3-100 所示。

点击"新增或删除功能"超链接，在弹出的对话框中可选择"底价"和"定时刊登"功能，点击保存按钮可将这两个功能添加到刊登页面进行设置，如图 3-101 所示。

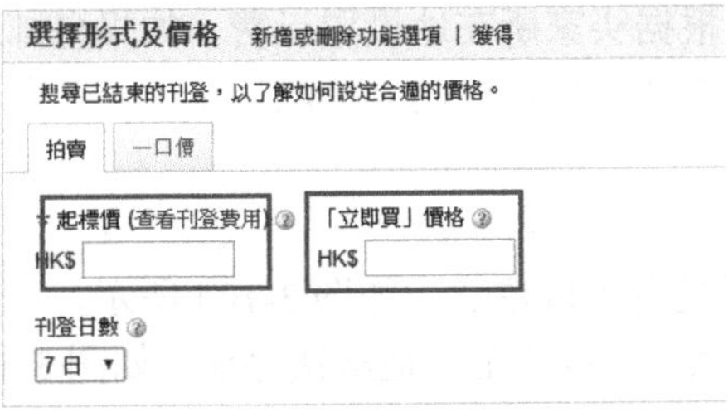

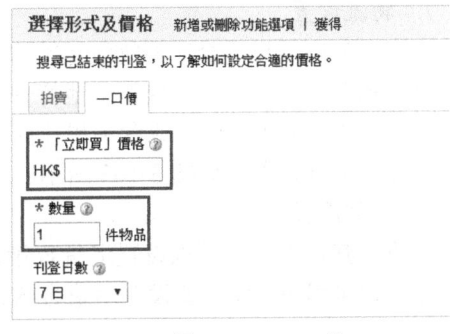

图 3-99　拍卖　　　　　　　　　　　图 3-100　一口价

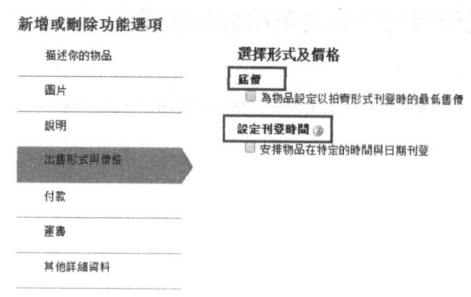

图 3-101　新增或删除功能

6. 选择收款方式

在选择收款方式模块中可以选择适合自己的商品的付款方式（只能选择卖家之前保存过的付款方式），如图 3-102 所示。

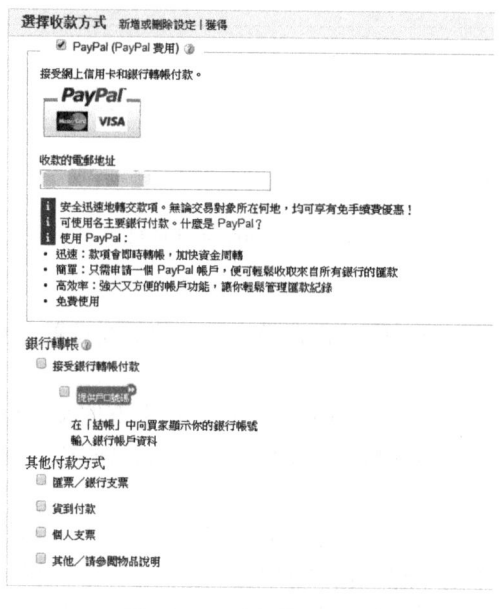

图 3-102　选择收款方式

7. 物流设置

卖家要为商品设置合适的物流运输方式，以保证商品能够及时准确地送到买家手中。本地运送包括邮政快递、普通邮政和本地特许邮政，根据买家所在地设置运费，如果包邮则选择免运费。对于一些偏远地区，或者不想让商品销售的地区也可以建立排除清单。商品所在地根据实际所在地进行设置。如图 3-103 所示。

8. 退货设置

在添加其他细节中可以设置退货政策，指明是否可以退货。如图 3-104 所示。

如设置可退货，就需要设置退货方式，是退款、换货还是其他解决办法。如图 3-105 所示。

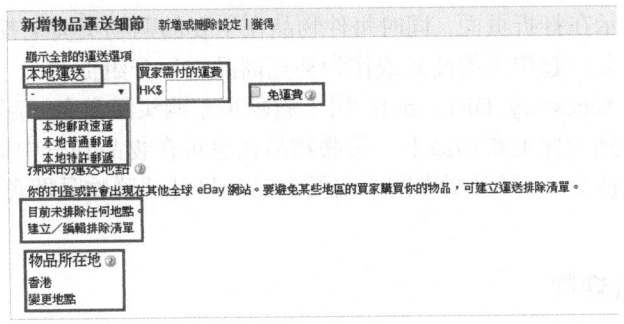

图 3-103　物流设置

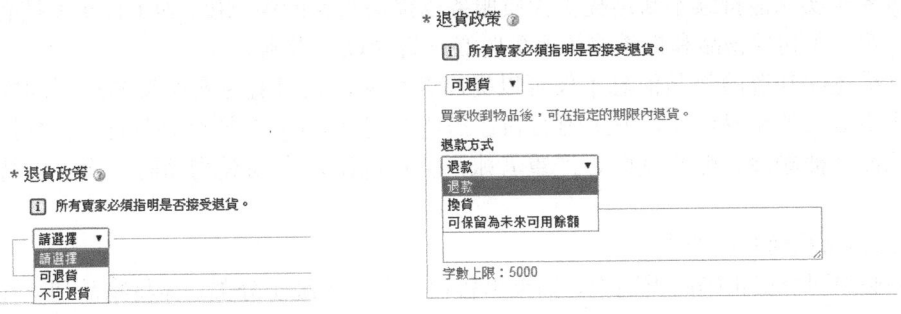

图 3-104　设置是否可退货　　　　　图 3-105　退货设置

（二）促销管理

您可在 ebay 店铺中轻松管理促销推广信息，把受欢迎的、热门的商品以诱人的优惠折扣推荐给更多买家，让您刊登的物品更有吸引力，为店铺创造更大的收益。

1．ebay 促销管理工具简介

ebay 促销管理工具能更好地化繁为简，让卖家轻松呈现需推出的优惠促销活动，不仅可助卖家扩大订单，更能让买家享受更多优惠和折扣，体会物美价廉。

2．ebay 促销管理工具的优势

- 帮你扩大订单和收入。
- 鼓励买家购买更多的物品，而不转向其他店铺。
- 通过促销相关的物品，获得更多曝光机会。
- 整合捆绑订单，可以有效地降低运费并提高利润空间。

3．ebay 促销管理工具的优惠类型

在 ebay 促销管理工具中可创建多种优惠类型，还可根据目标更加灵活地实现促销策略。

（1）扩大订单（Order Discount）：用于促销整个店铺、一个物品分类或者一组物品。扩大订单是一种操作简单的促销方式，可为买家在购买多件物品（或在每笔交易中消费超过一定的金额）时提供一定的金额或百分比的折扣，还可附赠赠品或以赠品加折扣的方式（例如买一送一，再优惠 50%）促进买家购买多件物品。

（2）优惠通道（Codeless Coupon）：通过优惠券吸引买家。优惠券可通过电子邮件以链接方式发送给买家，也可刊登到社交媒体网站和店铺等。优惠不会出现在自然搜索中，只有点击链接的买家才会看到。

（3）运费折扣（Shipping Discounts）：用于推广设置免运费规则的所有物品刊登。通过提供促销运费规则（如购买 2 件以上免运费等），可推广符合条件的物品以扩大订单。

（4）降价活动（Sale Event）—用于推广所有的打折物品，方便买家购买。可选择价格优惠的物品将其自动显示在打折页面，同时每件物品在主要的购物页面上都有链接，吸引买家访问此页面，可将通常会一起购买的商品或作为补充商品进行分组促销。

（5）捆绑销售（Accessory Discount）：用于激励买家购买经常会一起购买的特定物品。通过将相关的物品捆绑到一件主要物品上，关联物品优惠可在物品刊登中促销特定的 SKU（例如：推荐特定相机的镜头）。只要买家购买主要商品，每种关联物品即可按不同百分比的折扣购买。

五、ebay 平台规则

（一）刊登规则

ebay 希望卖家能持续不断地提供优质服务以提高买家的满意度，为了让买家拥有更好的购物体验，卖家在刊登物品和提供物流服务时必须符合以下准则。

正确描述欲刊登的物品信息不仅可以提高成交率，也可避免卖家交易过后因物品描述不符而产生不必要的交易纠纷，不正确的刊登描述会扰乱 ebay 市场交易秩序。刊登描述不当会导致违规商品被删除、账户受限，严重者账户会被冻结，在刊登物品时，卖家应特别注意以下规则：

1. 选择正确的物品分类

物品必须刊登在正确的类别中，如果出售物品存在多级子分类，需将物品刊登在相对应的分类中。

例如，出售戒指需要登录在"珠宝>戒指"分类中，而不能登录在"珠宝>其他"分类中。

2. 正确设置物品所在地

卖家必须在"物品所在地"栏如实填写物品寄出地点：一般情况下物品所在地需与账户信息相符，如果物品所在地在外地或其他国家，务必在刊登时选择真实的所在地（不能仅在物品描述中作声明），避免日后不必要的交易纠纷。需特别注意运费的设置要与物品所在地相匹配。

若账户信息为中国，物品所在地为美国，物品被一个美国买家拍下，运费价格需与美国当地运费相匹配，而不能设置为中国到美国的运费。

3. 使用符合 ebay 标准的链接

在 ebay 刊登物品时，可以在物品描述中使用一些链接来帮助促销物品。但是，有些类型的链接是不允许的。例如，你不能链接到个人或商业网站。请特别注意，本链接政策适用于一切可以将用户引导到 ebay 之外的文字或图片（如照片、商标或图标），任何链接均不能指向 ebay 以外含物品销售信息的页面。

4. 物品图片标准

高品质的图片能给买家提供更好的购物体验，使物品更容易售出，因此 ebay 对物品图片刊登有一套详细标准。

- 所有物品刊登必须至少包含一张图片。
- 图片的最长边不得低于 500 像素（建议高于 800 像素）。
- 图片不得包含任何边框、文字或插图。
- 二手物品刊登不得使用 ebay catalog 图片。
- 请务必尊重知识产权，不得盗用他人的图片及描述（详情请参见知识产权部分）。

5. 预售刊登必须符合预售刊登规则

预售刊登是指卖方刊登那些他们在刊登时未拥有的物品。此类刊登的物品，通常在对大众的交货日期前就已预先出售。

卖方需保证自物品购买之日（即刊登结束之日或从 ebay 店面购买刊登物品之日）起 30 天

之内可以送货，ebay 允许其有限制地刊登预售物品。

在 ebay 刊登（预售）物品的卖方，必须在刊登时表明该物品为预售物品，并说明交货日期，保证物品在刊登结束之日起 30 天内送出。

此外，这些文字必须（至少）用 3 号 HTML 字体。对于未注明这些资讯的任何预售物品，ebay 都会结束其刊登。

请特别注意，当三星、苹果公司推出热门大众消费新品时，ebay 会制定相对应的独立预售政策，如果您打算出售此类物品，请及时查看 ebay 官网公告。

6. 符合 HTML 和 JavaScript 编码规则

ebay 禁止会员在刊登物品中使用以下几种特定类型的 HTML 和 JavaScript 编码文字功能。违反此刊登规则会导致在线商品被删除，多次违规会导致账户受限，严重者账户将被冻结。建议用户在刊登商品前先咨询刊登物品平台客服，以避免不必要的违规。

以下类型均为违规的 HTML 和 JavaScript。
- 用来在任何 ebay 页面上放置或读取 Cookie 的 HTML 或 JavaScript。
- 将使用者从 ebay 重新导向至其他页面的 HTML 或 JavaScript（例如 "replace" 程序码）。
- 能自动呼叫远端程序码和页面的 HTML 或 JavaScript（例如 JavaScript 的 includes 或 iframes）。
- 能变更登录项目或写入其他使用者的电脑硬盘的 HTML 或 JavaScript。
- 用来建立自动 "弹出视窗" 的 HTML 或 JavaScript（例外：使用者按一下时会在新视窗中开启的链接）。
- 能在 ebay 中自动张贴程序码的 HTML 或 JavaScript。
- 能在其他使用者的电脑上自动载入任何二进位程序的 HTML 或 JavaScript（例外：Flash 内容）。
- 能在刊登物品上自动覆写物品说明区以外的任何区域的 HTML 或 JavaScript。

（二）违规行为

卖家在 ebay 上的所有行为应严格遵守国家相关的法律、国际贸易规则及 ebay 各相关站点的规则，尊重知识产权，对于任何违规行为 ebay 将会采取相应的措施，违规物品可能会被全部删除，销售活动也可能受到限制，严重时可导致账户冻结，甚至诉诸法律。以下（但不限于）为 ebay 严格禁止的主要违规行为。

1. 知识产权违规

ebay 一向致力于保护第三方知识产权，并为会员提供安全的交易场所。非法使用他人的知识产权是违法并违反 ebay 政策的。如未经授权而使用有版权的资料和商标或销售赝品。

（1）复制品、赝品和未经授权的复制品政策

能在 ebay 上进行刊登的含有公司名称、商标、品牌的物品必须是由本公司自行生产制造的官方正品。ebay 绝不允许任何伪造物品、赝品、复制品或未经授权的复制版本出售。未经授权的版本复制包括备份、私售、复制、盗版等均是违法的，会侵害其他人的知识产权或商标。

（2）刊登物品时描述物品的规则

在您对所售物品进行描述时，以下行为涉及侵犯第三方知识产权。
- 未经授权而使用来自其他 ebay 用户的物品描述或图片。
- 未经授权而使用来自厂商或其他互联网图片。
- 不当使用 ebay 所有的知识产权，包括使用 ebay 名称、图标，或链接到 ebay 网站的链接。
- 在刊登信息中包含 "真品免责声明"，或者拒绝对刊登的物品负责。
- 怂恿或促使他人侵犯第三方版权、商标或其他知识产权。

ebay 用户不能使用他人创建的文字或图片内容——包括照片及其他图片，除非得到拥有文字及图片所有者、代理或相关法律的授权。

2. 刊登违规

正确地刊登描述物品信息不仅可以提高买家的搜索效率，也可以避免卖家交易后因描述与实物不符而产生不必要的交易纠纷。不正确的刊登描述会严重扰乱 ebay 市场交易秩序。物品刊登中常见的违规类型有以下几种情况。

（1）禁止重复刊登

重复刊登会影响买家的购物体验以及 ebay 的市场秩序，因此 ebay 规定，以下类型的物品刊登，如果刊登的是相同的物品，即使刊登形式或内容描述不同，也将被视为重复刊登。
- 以拍卖形式刊登相同的物品，它们仅仅是结束时间、起拍价格或底价不同。
- 相同的物品，分别以带有一口价选项的拍卖形式和不带一口价选项的拍卖形式来刊登。
- 以一口价形式和带一口价选项的拍卖形式刊登相同的物品。

在 ebay 各站点：
- 卖家不能同时为同样的物品创建超过一条的一口价物品刊登。
- 卖家通常也不能够创建重复的拍卖物品刊登。只有那些以拍卖方式刊登会有较好的销售表现的物品，并且几乎能 100%售出的物品才能重复刊登。如果不确定物品是否有很大的售出概率，一次只应创建一条物品刊登。ebay 将酌情删除重复的拍卖物品刊登。

为了避免重复刊登，ebay 建议：
- 在刊登时，确保在物品的标题、价格、照片、副标题、物品 ID、物品属性或兼容性部分展示出它们的不同。
- 刊登相同物品的最好办法是使用大量一口价的刊登方式。
- 刊登多属性物品如不同尺码和颜色，最好的方法是使用多属性一口价的方式刊登。
- 刊登适用多种车辆物品的最好方法是创建零件兼容性物品刊登，但不要在标题里显示兼容车辆。

（2）禁止操纵搜索及滥用关键字

"滥用关键字"指卖家为吸引买家注意或将其注意力转移到某件刊登物品上，在物品名称或物品描述中放上各种品牌名称或其他不恰当的关键字。ebay 禁止在刊登物品时滥用关键字，卖家在刊登物品中设置的文字内容必须与所售物品直接相关。

为了避免操纵搜索及滥用关键字，在刊登物品设置关键字时不得罗列词语，不得滥用品牌名称，不得恶意隐藏 HTML 文本，不得利用商品兼容性滥设关键词，不得包含下拉框，不得将与赠品相关的关键词放入商品关键词，不得在商品名称中将商品与其他物品进行比较。请参考具体操作细则。

（3）禁止收取额外费用

当买家选择使用一般付款方式（包括使用支票、汇票、电汇）付款时，卖家不得向买家收取额外费用。这类费用应并入物品的价格中。

禁止的行为：
- 向选择以支票付款的卖家收取一笔额外费用。

符合规定的行为：
- 卖家可以在物品的成交价之外另外收取一笔合理的"运费和包装费"，以补偿自己在邮寄、包装和处理物品时的合理支出。然而，卖家不得将"运费和包装费"指定为成交价格的某个百分比。

注：部分国家的 ebay 网站允许卖家收取某些特定附加费。

（4）禁止规避 ebay 费用

为了维护 ebay 公平的交易秩序，建立更安全的交易环境，ebay 严禁通过以下方式规避 ebay 费用。

ebay 不允许用户进行及怂恿他人进行在 ebay 以外的私下交易，私下交易不适用 ebay 的各项服务及保护。

ebay 不允许卖家刊登 1 件物品，但在物品说明中提供额外的同一物品向买家出售，企图只支付一件物品的刊登费（如果你想以整批物品方式向同一买家出售多件物品，可使用拍卖或一口价形式，只需在"物品说明"中指明是整批物品出售即可）。

ebay 政策禁止用户滥用弃标处理程序，卖家不得为买家事实上已经付款的交易申请"成交费退款"。

3. 交易行为规范

（1）严禁卖家成交不卖

当卖家刊登在 ebay 上的物品有买家成功竞标时，买卖双方相当于签订了交易合同，双方必须在诚信的基础上完成交易。根据这个合约，卖家不可以在网上成功竞标后拒绝实际成交，或者收到货款不发货。

如果卖家因为物品本身的原因无法完成交易（如损坏），卖家需及时与买方沟通，解释说明并提供解决方案，以获得买家的理解与谅解。虽然在这种情况下，ebay 鼓励买家与卖家进行沟通，获取新的解决方案，但买家不是一定要接受卖家的新建议。所以，请卖家在刊登商品时务必熟知商品库存，在收到款项后及时发货，避免违反此政策。

（2）禁止卖家自我抬价

"自我抬价"是指人为抬高物品价格，以提高物品价格或增大需求为目的的出价行为，或者是能够获得一般大众无法获得的卖家物品信息的个人的出价。也就是卖家在竞拍的过程中，通过注册或操纵其他用户名虚假出价，或者是由卖家本人或与卖家有关联的人所进行，从而达到将价格抬高的目的。

自我抬价以不公平的手段来提高物品价格，会造成买家不信任出价系统，为 ebay 全球网络交易带来负面的影响。此外，这种行为在全球很多地方都是被法律所禁止的，为了确保 ebay 全球交易的公平公正，ebay 禁止抬价。

如果你认为有会员利用假出价动作，提高价格或热门程度，请向 ebay 检举，并请确保于检举问题中提供"会员账号"和物品编号。

4. 用户沟通规则

（1）禁止使用不雅言辞

ebay 绝不允许网站的公共区域上有任何不雅或粗俗的语言出现，包括种族歧视、仇恨、色情或有淫秽含意的语言。这项政策适用于网站上会员可查阅的所有区域，包括物品页、"我的档案"页、"ebay 商店"页、讨论区、聊天室或其他任何公共区域。

如果别人给你的信用评价意见中含有不雅言辞，卖家可以详照"信用评价移除政策"，并依规定提出移除信用评价申请。

（2）禁止未经允许的滥发电邮（垃圾邮件）

ebay 禁止滥发垃圾邮件。垃圾邮件是指未经要求且有广告性质的电邮。

请特别注意：

禁止发送提议在 ebay 以外进行私下交易的电邮。这种性质的提议对买卖双方具有潜在的诈骗风险，而且构成规避 ebay 收费的违规行为。

警惕假冒 ebay 的电邮和网站。ebay 绝不会在电邮中要求你通过邮件中的链接及功能，提供个人资料。

垃圾邮件不包括 ebay 意见调查、推广活动信息或其他电邮和非滥发性质的电邮（包括令人反感或不受欢迎的电邮）。

如果你收到其他 ebay 会员寄发的垃圾邮件，请立即检举。为了方便调查垃圾邮件的检举案件，请附上所收到的完整电邮，包括该信件的完整标题。

（3）禁止滥用 ebay 联系功能

ebay 提供了一套联络系统，让会员在有问题时，可以彼此联络。联络系统包括"联络会员""询问卖家问题"等功能，这些功能的目的是为会员提供公开的沟通途径，所以必须是为了协助交易顺利进行才可以通过这个系统传送信息，请勿作为宣传及广告等私人用途。

互相沟通的过程是会员在 ebay 交易时非常重要的体验，为了让会员们能够有更好的交易经验，我们除了提供联络渠道之外，也希望借着政策规范，避免会员滥用，以保护会员的权益。

若发现有会员滥用联络功能，请通过电邮中的"检举滥用"链接，立即向 ebay 检举。

☑ 任务四 LAZADA

2012 年成立于新加坡、深谙东南亚国情的 LAZADA（www.lazada.com）仅用三年时间便成为东南亚最大的电商平台，目前年经营额已达 10 亿美元，日均访问量 400 万，入驻商家数超过 1.5 万。加之电商巨头亚马逊尚未进军东南亚，LAZADA 一枝独秀，2015 年 LAZADA 交易额飙增，仅 3 月份一个月就破 13 亿美金，同比增长 350%。如图 3-106 所示。

亚马逊和 Wish 的结合体——Wish 所有订单都来自移动 App，而 LAZADA 未雨绸缪，目前正同步发展电脑端与移动端；同时 LAZADA 的销售规则很贴近亚马逊。

LAZADA 有 6 个分站，除了越南站，其他 5 个国家都对中国电商开放。新卖家会先入驻马来西亚站，根据业绩情况，Lazada 会考虑邀请开通其他站点。另外，东南亚的电商市场尚在培育阶段，虽然 LAZADA 宣称已有超过 1.5 万个卖家入驻，但实际活跃的卖家应远远小于这个数字，尚未形成太大竞争。

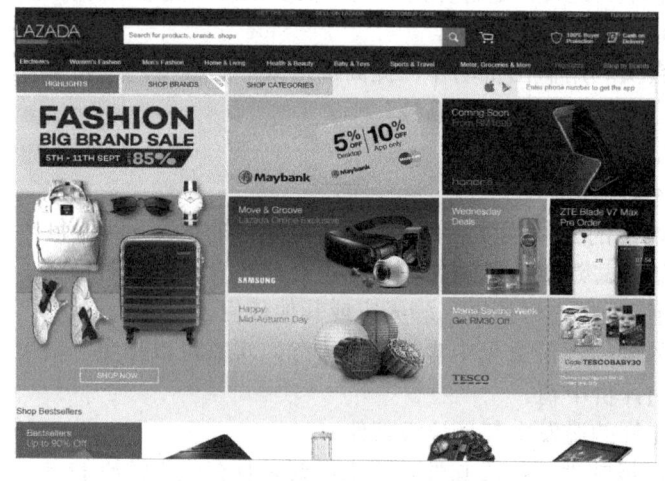

图 3-106 LAZADA 首页

一、LAZADA 店铺申请

店铺申请流程如图 3-107 所示。

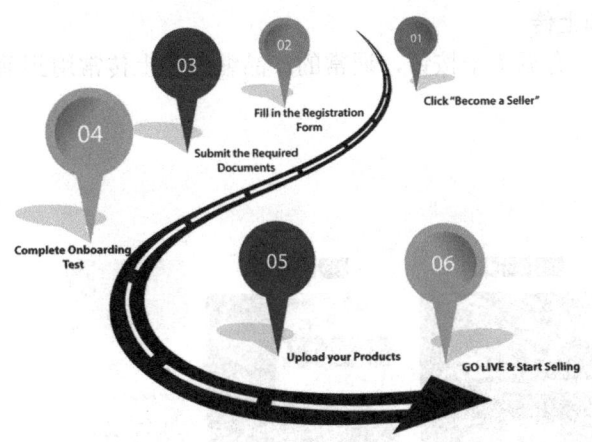

图 3-107　店铺申请流程

搜索 URL：https://www.lazada.com.my/marketplace/，点击 SELL ON LAZADA 按钮下的子按钮 BECOME A SELLER。

进入下面步骤，输入具体信息。

LAZADA 开店条件不算高。自与 Payoneer 正式合作后，已经取消了必须有外币对公账户的要求了。也就是说，开个 LAZADA 的店铺，一张企业营业执照、一个身份证复印件就能搞定。

所需要提交的资料如下（在 Lazada 注册后，Lazada 招商经理会提供下列表格）。

● 登记表格（公司和申请人名字要中英文，地址写英文）。

● New MP Seller Account Information 表格。

● 申请公司的营业执照，申请人或法人身份证复印件。

● 注册公司名一致的 Payoneer 企业账户（在这里注册）。

● 提交登记表，通过审核后，LAZADA 平台会发送网签协议、注册 Link 到卖家申请时提交的邮箱里，卖家可下载表格填写好后，一起发送给 LAZADA 平台。

如图 3-108 所示为 LAZADA 注册入口。如图 3-109 所示为注册信息填写。

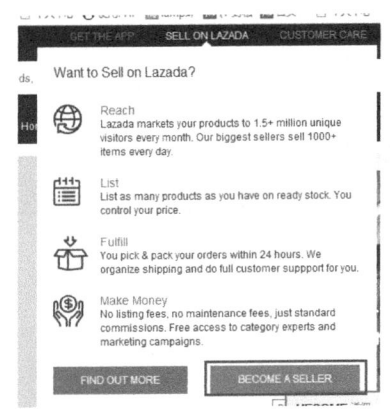

图 3-108　LAZADA 注册入口

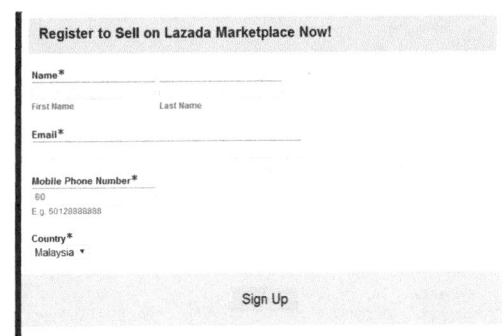

图 3-109　注册信息填写

二、LAZADA 后台操作

（一）后台主页

LAZADA 主页分为五个部分，分别是 Products（产品编辑）、Orders（订单处理）、Promotions（营销活动）、Reports（数据报告）、Settings（设置），如图 3-110 所示。

（二）产品编辑和上传

"Products"按钮下有五个子按钮，通常的产品编辑和上传常用到前两个如图 3-111 所示。

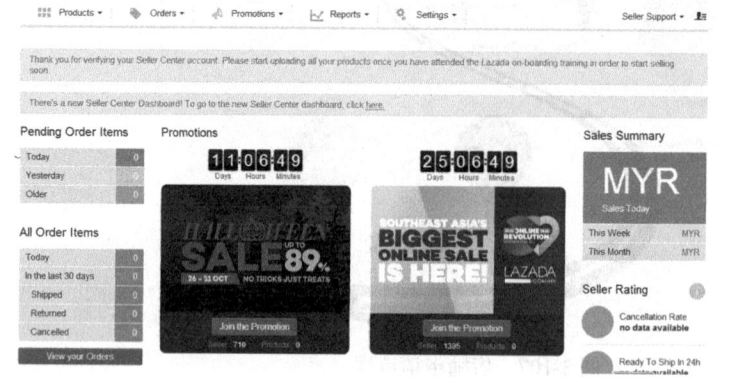

图 3-110　LAZADA 主页　　　　　图 3-111　产品编辑子目录

点击"Add a Product"进入如下页面，点击"Create a new Product"，如图 3-112 所示。

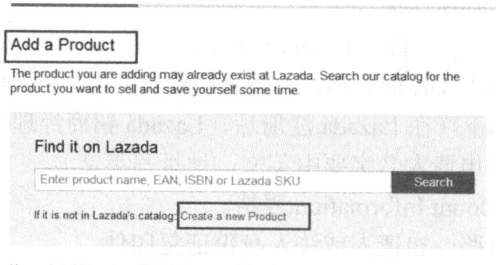

图 3-112　产品上传页面一

创建新产品，选择产品类别，类目从大到小一次排列，如图 3-113 和图 3-114 所示，最后点击"Select"提交。

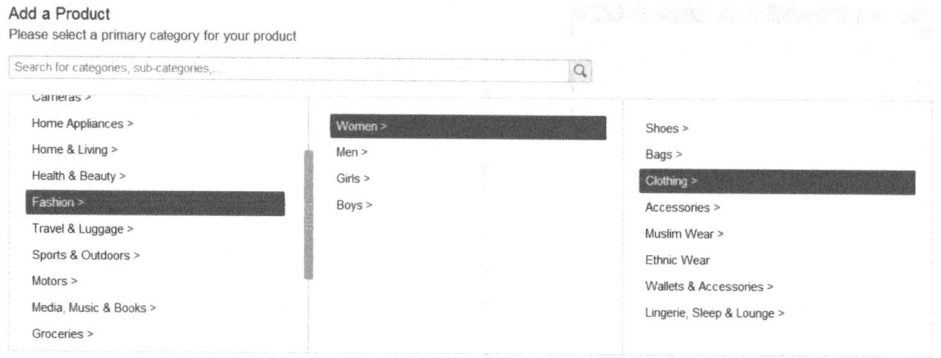

图 3-113　产品上传页面二

编写产品名称、品牌马来语名称、款式等，然后依次根据产品详情选择相关的详细信息。

马来语名称无须翻译，直接复制上一览英语名称，与英语保持一致。品牌必须存在于 LAZADA 品牌库，否则无法输入保存，可暂用 Not Specified 代替。白牌或无指定品牌也可用 Not Specified 代替，如图 3-115 所示。

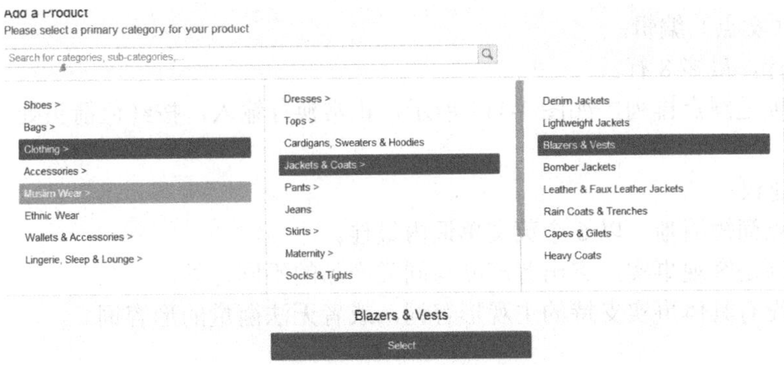

图 3-114 产品上传页面三

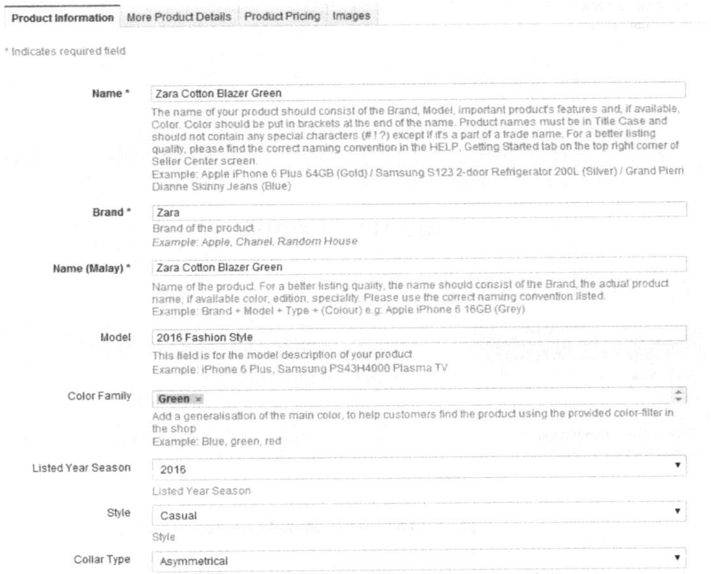

图 3-115 产品编辑详情页

提交主要信息后会跳转到"Taxes"栏,海外买家统一选择"Default",如图 3-116 所示。

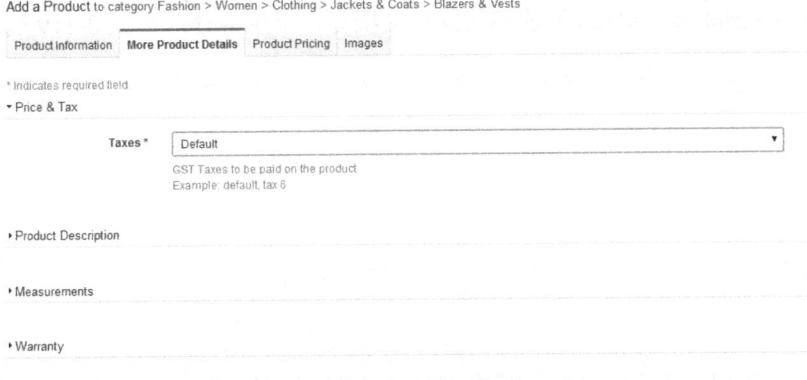

图 3-116 关税选择

Highlight（卖点）编辑：
- 至少 3 行，最多 8 行。
- 卖点必须是圆点排列，如图 3-117 所示，正常换行输入，按红色箭头处，同 Word 文档编辑。

卖点撰写建议：
- 每个卖点简短清晰，以 6 个英文单词内最佳。
- 卖点必须是客观事实，突出此产品与同类产品的不同之处。
- 不能用没有具体事实支持的主观形容词，或者无法衡量的形容词。

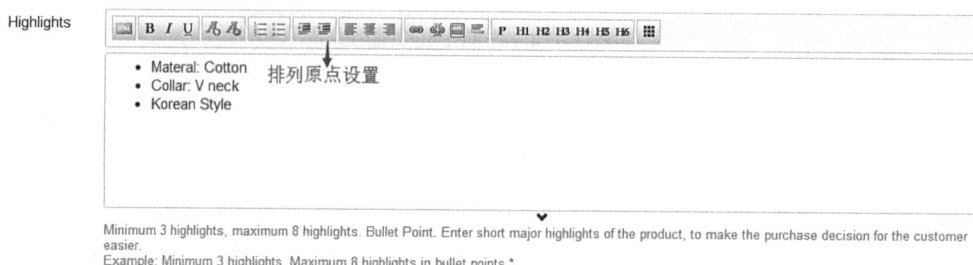

图 3-117　卖点编辑

不合格卖点及原因如图 3-118 所示。

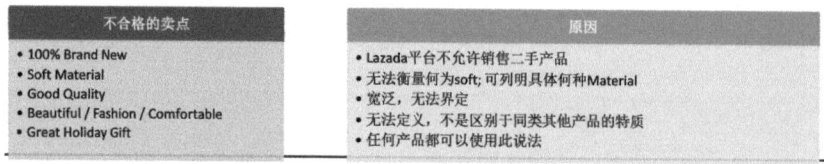

图 3-118　不合格卖点示例

Product Description（产品描述）：
- 以完整的英文句子为佳，排版整齐，句子符合基本的英语语法。
- 产品描述内可以插入图片，但必须是外部空间链接。此处的图片没有任何规定和限制。插入有效的链接后，图片会立即显现（网易 126、网易 163、百度的链接不适用）。
- Product Description（Malay）的撰写同英文撰写，不用翻译，如图 3-119 所示。

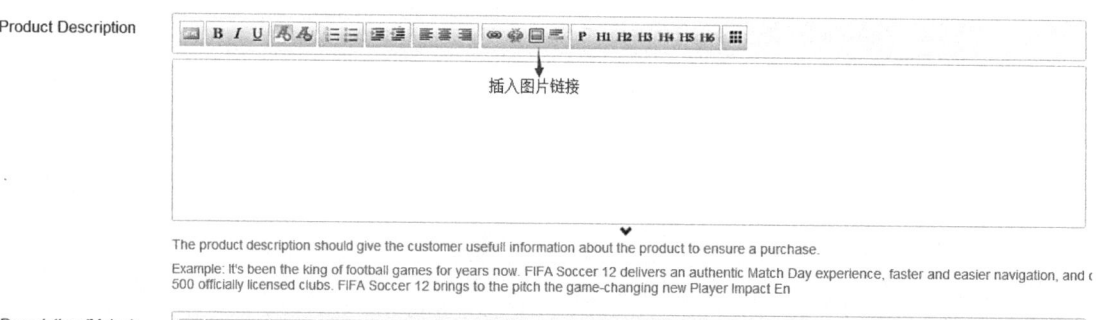

图 3-119　产品描述

What's in the box（包装内具体内容），如图 3-120 所示，必须是如下格式。

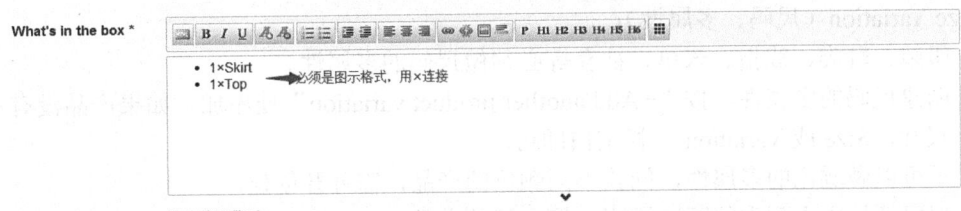

图 3-120 包装内容

Measurements（产品及包裹的尺寸与重量）。
- 后四栏的包装的长、宽、高一级重量都必填。
- 小数点后最多两位小数。
- 只需填写数字即可。长度单位默认为 cm，重量单位默认为 kg。
- 避免逻辑错误，例如 Package Weight 包裹重量不应小于 Product Weight 产品。
- 通常情况货物重量不得超过 2kg。

产品包装的尺寸与重量如图 3-121 所示。

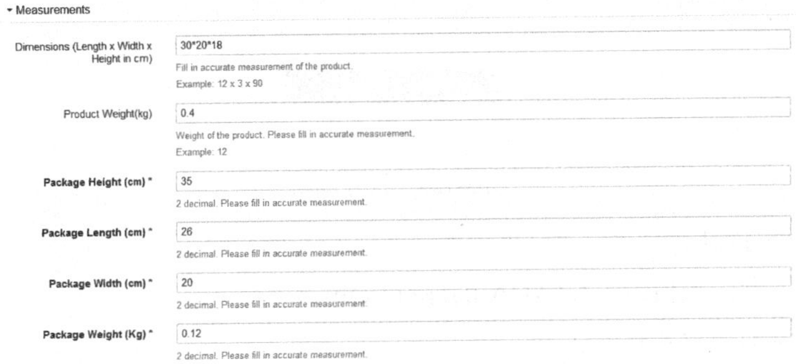

图 3-121　产品包装的尺寸与重量

Warranty Type（保修）：
- 所有海外买家均不设保修，在 Warranty Type 一栏选择"No Warranty"即可。所有国际保修的奢侈类手表除外，例如卡地亚手表。
- Warranty 所有其他部分均不填写，空白即可，如图 3-122 所示。

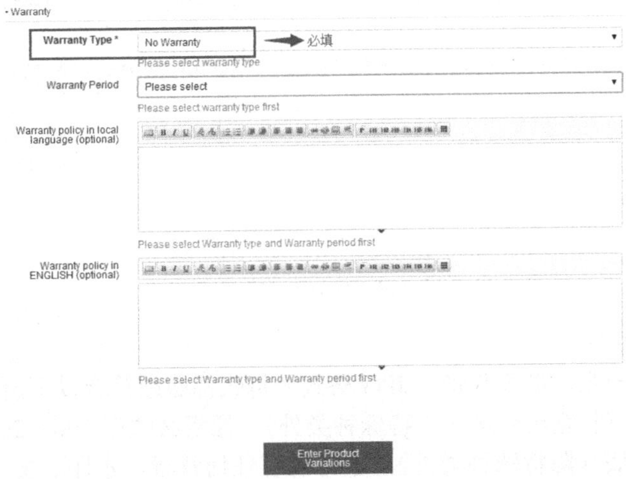

图 3-122　保修

Size/Variation（尺码、多属性）：
- 服装、鞋类、戒指、床单、被套等必须做尺码的多属性。
- 创建尺码的多属性，按"+Add another product variation"处添加。如果产品没有不同的尺寸，Size 或 Variation 一栏空白即可。
- 不可以做颜色的多属性，同款不同颜色的产品，需分开创建。
- 尺码请按由小到大的顺序排列。第一行的产品 Seller SKU 默认为这一组产品的 Parent SKU，如图 3-123 所示。

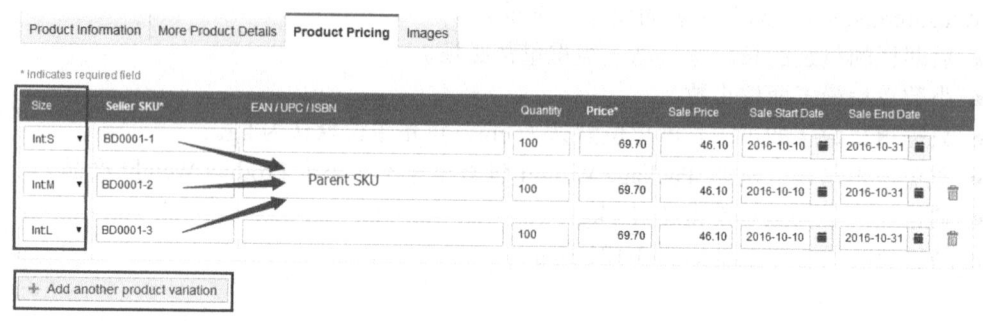

图 3-123　尺寸编辑

Quantity（库存数量）：
- 此数量应为专门预留给 LAZADA 的库存数量。
- 库存数量必须填写并且大于 0。

Price（原价）/Sales Price（促销价格）：
- Price（原价）必须填写，不能空白。
- 所有价格都是当地货币，马来西亚后台即为马币。
- Sales Price（促销价格）选填，通常情况建议填写。如果不设促销价格，请将此字段留空，不要填"0"。

Sales Start/End Date（促销起止日期）：
- 如果设有促销价格，请同时填写促销开始和结束日期，如图 3-124 所示。

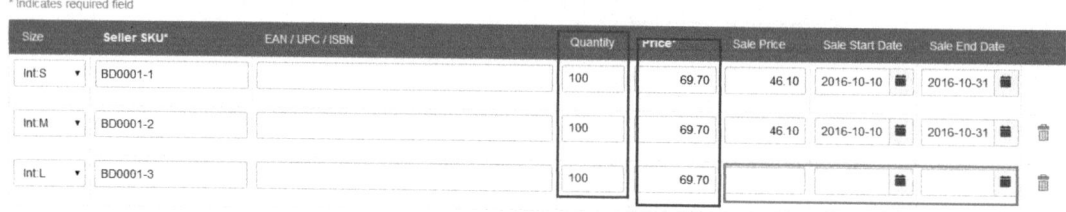

图 3-124　库存及价格编辑

Images（产品图片）：
- 产品图片最少一张，最多八张，.JPG 格式，每张都必须符合以下所有要求。
- 图片尺寸：没有长宽比要求（除特殊种类外），像素必须在 500～2000 之间。
- 图片必须是白底（除特殊种类外），不可以有任何背景、水印、文字、logo、品牌名及其他任何辅助性的文字或标志。

- 产品必须在图片中心位置，清晰聚焦，并至少覆盖画布 80%的面积。
- 必须有一张图片可以看到产品全貌，不能仅有一张细节图。
- 尽量避免镜面效果，阴影的面积过大会被视为违反纯白底的规则，如图 3-125 所示。

➢ 特殊种类

以下种类可以有背景，但不能有文字、水印及其他任何标识。
- Home&Living：长宽比无要求。
- Clothes Shoes&Bags：长宽比必须为 2:3（竖立长方形）。
- Watches Sunglasses Jewelry：长宽比为 1:1（正方形）。

产品审核：
- Image Missing：没有图片的产品不会进入等待审核的队列。
- Poor Quality：该栏显示的是审核未通过的产品。
- Reject Reasons：所有审核不通过，都会给出理由，请做出相应的修改。请注意，给出的理由可能未包含所有不合格的部分，所以修改时请检查所有部分，防止下一次其他原因再次审核不通过，如图 3-126 所示。

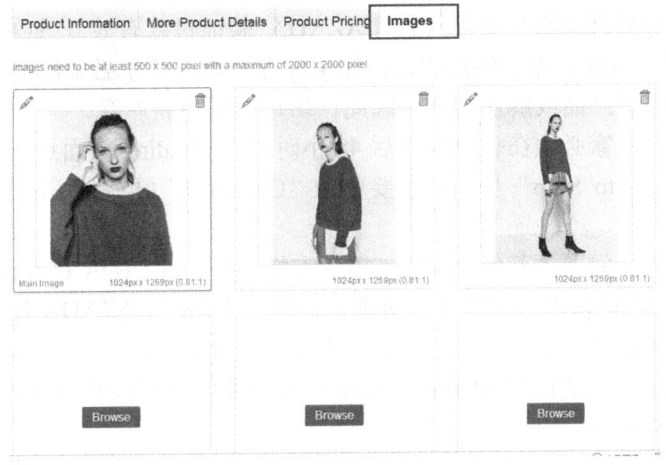

图 3-125　图片编辑

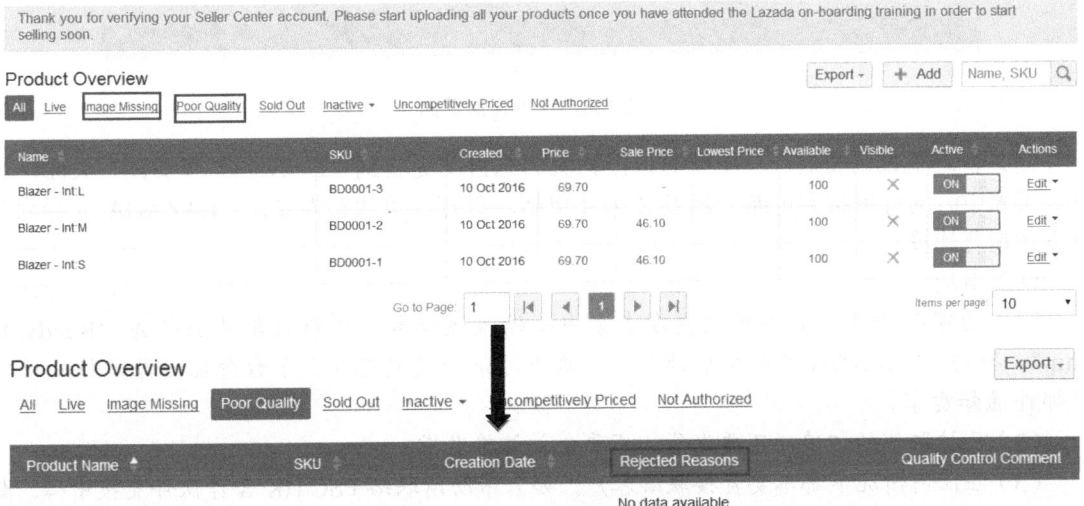

图 3-126　产品审核页面

产品审核要点:
(1) 产品信息和图片同时具备才会进入等待审核序列。没有图片的产品不会被审核。
(2) 处于冻结状态下的产品不会进入等待审核序列,但仍可以编辑内容。
(3) 产品等待审核,以最后一次编辑保存的时点为准,不是以产品创建时点为准。每次产品信息或图片被改动,将重新排队等候审核。
(4) 已上线的产品,任何信息或图片更新,都会被再次审核。审核通过前,前一版内容正常显示,直到再次审核通过后,自动覆盖前一版内容。

(三) 订单流程

(1) 进入后台查询订单状态:点击 Orders,选择 Manage Orders,如图 3-127 所示。

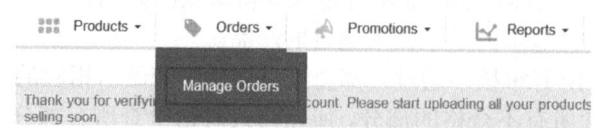

图 3-127　进入订单页面

(2) 对订单进行处理,客户下单(且 LAZADA 验证付款有效),订单创建成功,显示在"Pending"(待处理)页面。需要注意的是,如果库存不足,订单必须取消。因为 LAZADA 不会跟任何客户联络提供产品或解决方案。因此,切记实时更新库存。

(3) 更新订单。卖家必须在订单创建后 48 小时内在 Pending 页面点击"Ready to Ship",将订单更新到"Ready to Ship"页面。不要单击"Canceled"(取消),除非卖家库存不足或未及时发货。

(4) 随后关于发货问题,若使用 3PL(第三方物流),LAZADA 在确认运单号有效后,系统会将订单更新到"Shipped"(送货中)页面。若使用 LGS(LAZADA 物流解决方案),在包裹运抵目的地国家物流中心后,系统会将订单更新到"Shipped"(送货中)页面。需要注意的是在此页面,请勿点击后边的"Delivery Failed",否则即便客户收到包裹,LAZADA 也不会结算付款,如图 3-128 所示。

图 3-128　订单详情页面

(5) 客户签收包裹后,订单状态根据物流信息自动更新到"Delivered"(妥投)页面。另外,卖家中心的订单状态可能会延误 2 天才更新。只有订单状态为妥投,LAZADA 才会启动付款和运费计算。

注意事项:
(1) 卖家必须于 48 小时之内在卖家中心输入运单号,并将订单状态转为"Ready to Ship"。否则,LAZADA 可能会取消订单,卖家可能会受到惩罚。平台会发送每日待处理订单邮件通知卖家。
(2) 已被取消的订单,不要发货。不要合并订单发货。
(3) 在任何情况下都不要直接联络客户。如需帮助请联络 PSC HK 合作伙伴支持中心。如果付款方式为 COD(现金支付),请不要发货。
(4) 付款方式为"No Payment",若客户是选择(比如优惠券)支付,这种情况可正常发货。卖家如果库存不足就只能自己取消订单。

（5）卖家必须确保在卖家中心输入正确、可追踪的运单号。如果卖家输入错误的运单号码，必须在状态更新为"ready to 之后 ship" 48 小时内填写在线表格，提供正确、可追踪的运单号。

（6）Invoice 必须和产品一起放入包裹内发送，并在包装外面贴上正确的运单。

（7）避免由于库存不足而导致订单取消。任何由于库存不足而取消的订单，会导致卖家受到惩罚。

三、LAZADA 平台交易的特点

（一）不会随意罚款

LAZADA 也会有罚款政策，但更多的是通过减少订单的方式对买家进行惩罚，比如如果比例、店铺健康指标超标了，会在未来一周内降低一半的订单。此外还有暂停店铺、参加培训等惩罚措施。

（二）不会随意接受买家退货

LAZADA 在保护卖家方面做得还算不错，只有在寄错、少寄、损坏、描述不符的情况下，才会接受客户退货退款，并且进入卖家店铺的订单都是已经经过 LAZADA 验证、可以正常发货的订单，此时 LAZADA 已经收到了买家的钱了，资金方面有保障。

（三）付款及时

LAZADA 会通过系统和人工定期检测运单跟踪号在物流平台的签收记录。如果包裹显示已经妥投、客户签收，则这笔订单收入将在下周五进入你的 Payoneer 账户。自 2015 年 7 月 1 日起，LAZADA 与 Payoneer 正式合作，LAZADA 打款是以 API 对接直接入账到 Payoneer 企业账户的，这个是自动的，每周五即时免费到账。接下来卖家只需要将钱提现到对公银行账号或者公司的法人代表或股东账号即可。

（四）QC 控制（产品质量审核）

LAZADA 的产品质量审核是目前最为严格的平台 QC 了。除了 Fashion 品类，其他所有品类都要求白底，且不允许任何不相关的内容出现（标注了爆款、新品、包邮都无法通过审核），水印、倒影、多图等都不行。此外，对于可能涉及侵权知名品牌的也会被拒绝上线。

（五）不用跟用户直接沟通

卖家是否愿意接受淘宝、速卖通的模式，花大量时间、雇许多客服没完没了地去跟每一个客户闲聊呢？LAZADA 则干脆得多，仅分三步：客户下单、卖家发货、货到打款。

四、LAZADA 东南亚国家禁限售品类

LAZADA 卖家销售产品有其相关的规定，也有一些禁止销售的产品。根据规定，卖家必须出售全新、合法的授权产品或自产产品，不可以销售二手产品、法律禁售产品、食品、食用保健品、未经授权的产品（例如未经授权的含有迪斯尼形象的任何产品、假冒产品）、宣传暴力或种族主义及煽动仇恨或触犯当地宗教信仰的产品。

那么，东南亚各站点又有哪些具体的禁售产品规定呢？

在马来西亚平台禁售的产品包括食品；食用保健品、烟草和电子烟、武器刀具、烟花及其装置、产自科特迪瓦共和国的钻石、盗版和仿制产品。

在印度尼西亚平台禁售的产品包括食品饮料；任何药品；麻醉剂和保健品；传统中药；易爆危险品、易燃材料；烟花；香烟；电子烟等与烟草相关的产品；酒精和其他酒精饮料；枪械武器；情趣产品与色情暴露的产品；假冒、盗版或仿制产品；假冒纸币、票据或硬币。

在新加坡平台禁售的产品包括口香糖；烟草、电子烟、水烟；武器；过期或有害药品；禁

售或未贴标签的保健品；不雅的成人玩具。

在泰国平台禁售的产品包括烟草、电子烟或水烟；武器；酒精类产品；情趣用品；假冒或限制类药品；含氯氟烃的机器；吹塑泡泡、泡泡胶；可能受到铅污染的食品容器；产自塞拉利昂的钻石；植物。

在菲律宾平台禁售的产品包括掺假伪劣食品、生鲜小虾和对虾、烟草、武器（包括玩具手枪和仿真枪）、用于堕胎的药物和设备、含稀有金属（如金、银）的产品。

除了以上禁售的产品，还有一些品牌已经获得了独家授权在LAZADA各国站点销售，因此其他卖家也不能销售。

马来西亚禁售的品牌包括魅族、小米、BOSE、beats by dr.dre。

新加坡禁售的品牌包括JAYS的H系列、OPPO、BOSE。

泰国禁售的品牌包括一加的1+one手机。

菲律宾禁售的品牌包括华为的荣耀6、中兴、小米、魅族。

印度尼西亚禁售的品牌较多，分布在电子产品、家电产品、家居生活、旅游箱包4个类目里。

如果卖家违反以上相关的规定，LAZADA平台会强制下架相关的产品，并冻结卖家账户。下架店铺所有产品，更严重的会向司法机关举报，采取相应的法律行动。

五、产品命名指南

产品命名指南如表3-1所示。

表3-1　产品命名指南

Category	Naming Convention	
Mobiles & Tablets	Brand + Model + Storage Capacity + Color	
Computers & Laptops	Brand + Model + RAM Memory + CPU Brand + Display Size	
Cameras	Point & Shoot: Brand + Model + Megapixels +Optical Zoom + Color DSLR: （1）Body only: Brand + Model + Megapixels + Optical Zoom + Color （2）With lens kits: Brans + Megapixels + Lens model + [Lens Kit] （3）With lens and accessories: Brand + Model + Megapixels + Lens model + Main accessories + [Deluxe Kit]	
CE＞Television	Brand + Screen Size + Screen Features/Technology + Color + Model	
Home Appliance	Air Conditioner: Brand + Model + Horse Power + Type	If Brand Name is Generic Or OEM ● Skip the Brand Name ● Bring Model Number to the end ● Start with the next element after Model 　Example: Front Load Washing Machine 7kg wm1423
	Microwaves & Ovens: Brand + Model + Type + Microwave/Oven Capacity in Liters	
	Refrigerators: Brand + Model + Type + Cubic Feet/Capacity	
	Washing Machines: Brand + Model + Type + Washing Capacity in kg	
	Blenders & Mixers:Brand + Model + Type + Capacity in Liters	
	Rice Cooker: Brand + Model + Type + Capacity in Liters	

任务五 Wish

Wish 作为新兴的移动端电商,其 App 上销售的产品物美价廉,包括非品牌服装、珠宝、智能手机、家居饰品、日用百货等,成为欧美移动端购物的一种潮流。

一、店铺申请开通

打开 www.merchant.wish.com/,页面如图 3-129 所示,单击"免费使用"。

输入自己的账号信息,请输入有效的邮箱地址和正确的密码,这是再次登录的账号凭据,如图 3-130 所示。

图 3-129　Wish 主界面　　　　　　　图 3-130　创建店铺

输入自己的商户的信息与地址信息,并创建账号,如图 3-131 所示。

登录注册邮箱并确认邮箱地址,如图 3-132 所示。

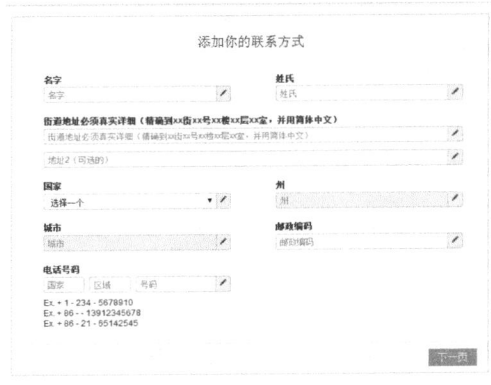
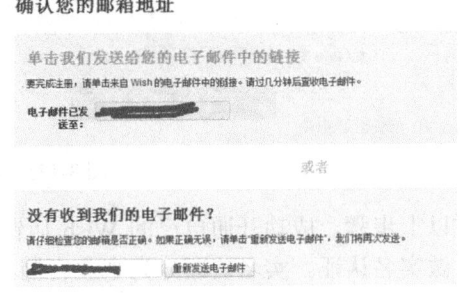

图 3-131　添加详细信息　　　　　　　图 3-132　邮箱确认

确认电话号码并输入验证码,如图 3-133 所示。

图 3-133　电话确认

设置店铺账号信息，如图3-134所示。

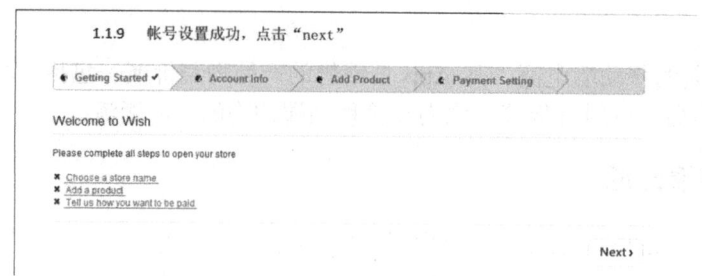

图3-134　账号信息

在设置收款方式时，有易联支付、联动支付、PingPang、Payoneer、Bill等多种方式。其中常用的是易联支付和Payoneer。

易联支付可以直接绑定银行卡，在回款到达账户后，通过易联支付转出至银行卡账户，收取1%的费用。不过其处理时间较慢。

Payoneer收款需申请实名Payoneer账户，绑定与Payoneer账户信息人一致的银行卡。平台回款会直接汇至绑定的Payoneer账户，到账后，用户可随时提现，灵活度高。费用收取和易联支付同样都是1%，如图3-135所示。

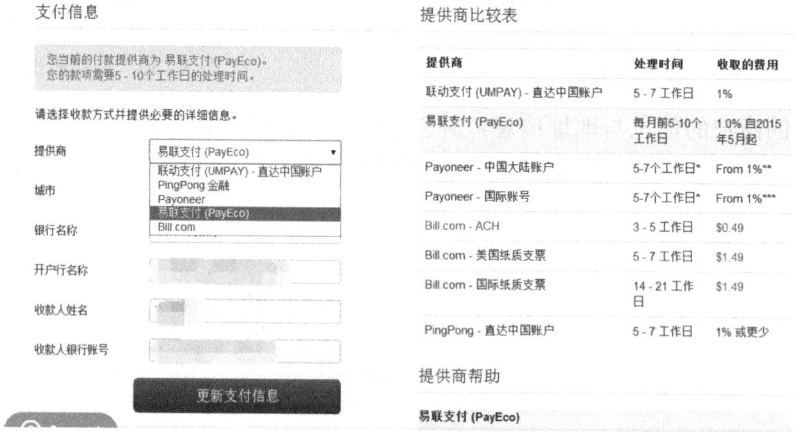

图3-135　收款设置

通过以上步骤，成功开通自己的Wish店铺。在店铺申请开通成功后，可试用上传一款产品，然后做实名认证。实名认证分为企业店铺和个人店铺两种，上传资料各有不同。

企业店铺：企业资质照片或扫描件；法人身份证件或扫描件；企业营业执照号。

个人店铺：个人身份证件编号；个人手持身份证及申请当日报纸拍照，日期及身份证号需清晰。

二、后台操作

（一）首页和产品管理

1. 后台主页

后台首页如图3-136所示，操作面板包括产品、订单、客户问题、业绩、违规、系统信息、帮助和账户8个部分。左侧栏有客户经理以及服务条款等信息，主页是店铺的综合指标，包括受信任店铺、配送订单金额、月中/月底收款金额，以及店铺累计日流量、Wish量、单日销售额等数据表。

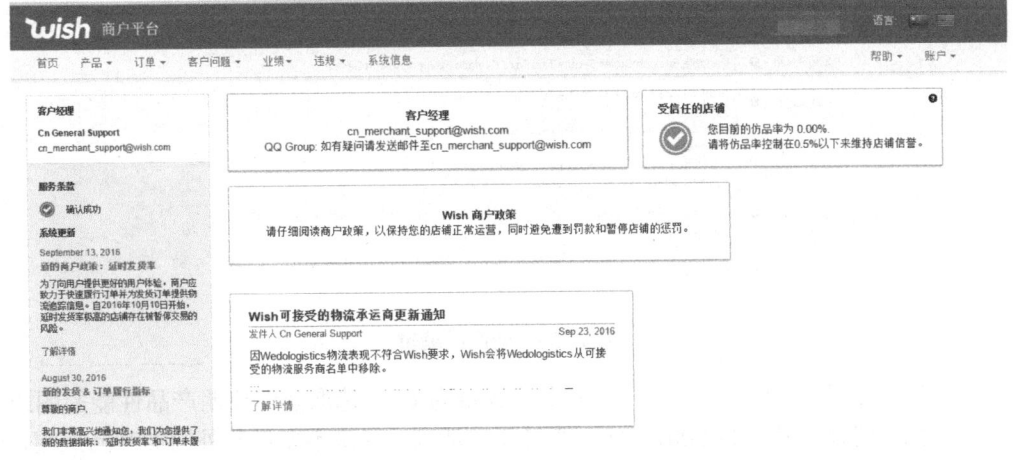

图 3-136　主界面

产品按钮下有 8 个子按钮，前 5 个为常规产品管理按钮，在选择其中任一项时都可分为"手动"和"产品 CSV 文件"，如图 3-137 所示，"手动"用于单个产品或者部分产品逐一编辑，"产品 CSV 文件"用于批量管理。

除添加新产品外，其余四项包括"所有产品的页面"打开后是相同的，如图 3-138 所示，都是所有产品可操作类目页面，在这个页面可以直接选择自己需要更改优化的类目。

"经 Wish 认证的项目"是 Wish 授予店铺内高质量、同时有特别好的客户反馈的产品。

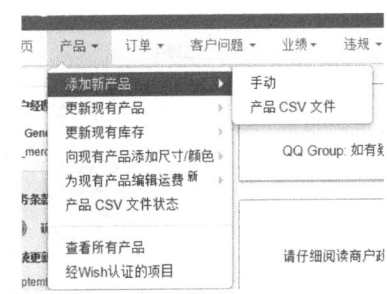

图 3-137　产品下拉子目录

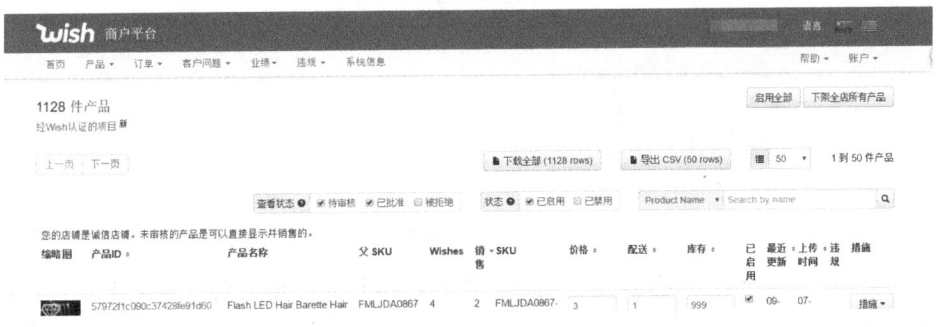

图 3-138　总产品编辑页

2. 添加新产品

首先，以一款睫毛夹为例，首先需要编辑产品的 Name、Description、Tags、SKU 信息。产品标题首字母需大写，描述内容需对产品颜色、功能、大小、重量、使用注意事项等描写清楚。其中 Tag 词是平台推送产品的强有力依据，Tag 词必须能够明确描述产品性质，数量上限为 10 个，在撰写的时候一般不得少于 8 个。SKU 作为店铺内所有产品的编号，不能重复，如图 3-139 所示。

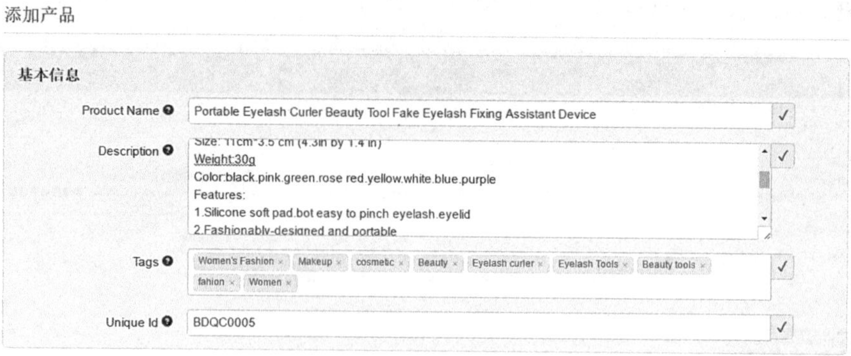

图 3-139 新产品编辑

其次，图片上传数量上限为 10，一般上传数量为 6+，选取能够说明产品性能的图或者组图概览为主图。建议图片质量 800×800，背景简单清晰，尽量不要做额外同类产品点缀，以免客户误解，导致订单纠纷。不得使用品牌词噱头和虚假宣传，因为产品在成功发布前，平台会进行计算机和人工两轮审核，很容易卷入知识产权纠纷如图 3-140 所示。

图 3-140 新产品图片上传

最后，编辑产品价格，库存数量和运费，选择送达时间。睫毛夹作为 1+1 项目，是很好的促销产品，即价格为$1，运费为$1。库存数量会影响到平台的推送率，因此我们在平台设置一般选择 800~1000，物流后端需要根据实际库存量及时备货。运送时间平台给出了五个常规期限，也可以根据具体情况选择其他自定义送达时间。然后根据提示，选定产品颜色，我们的睫毛夹供货为红、粉、蓝、黑、白、紫六色，如图 3-141 所示。

根据我们上面选择的产品变量进入最后一个环节，每个颜色建立子 SKU，一般命名规则为产品父级 SKU 加区分符号，再加数字；或者用符号隔开后，再加颜色、尺寸的第一个字母。例如，父级 SKU 为 BDQC0024，尺码为 S、M、L，子 SKU 可以命名为 BDQC0024-S、BDQC0024-M、BDQC0024-L。如图 3-142 所示，睫毛夹不同颜色的子 SKU 命名即为数字命名。确认价格和数量信息，完成提交。

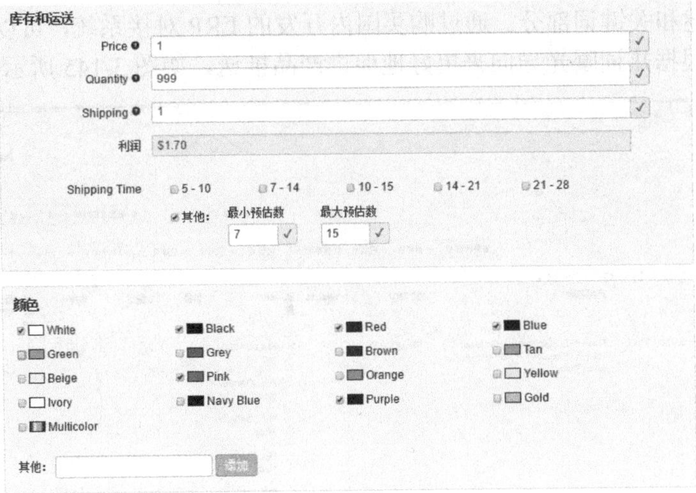

图 3-141　库存和颜色设置

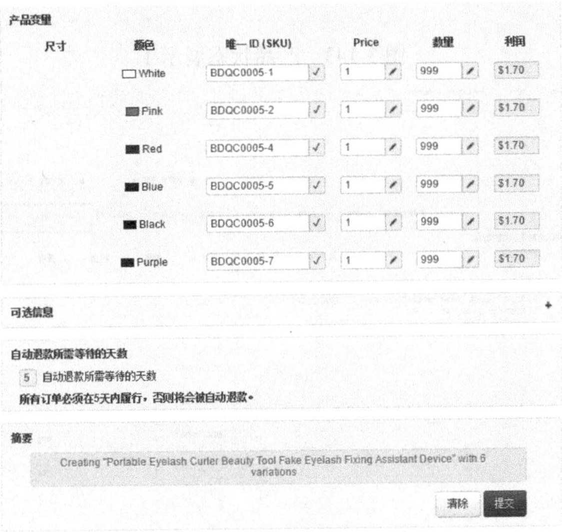

图 3-142　子 SKU 编辑

3. 产品优化编辑

进入产品编辑页面后，我们可以在列表翻页中找到店铺中的所有产品。我们可以对产品的价格、配送费、库存量、是否启用（即是否面向客户销售）进行直接更改。值得注意的是，在图 3-143 和图 3-144 中，三个产品左上角分别有不同的表示，我们新上产品睫毛夹是沙漏标示，是待审核产品。绿色对勾和加钻产品都是已经审核过可以正常销售的，加钻产品是平台统计近期有销量并且市场反应好的产品，平台会增加对此类产品的推送率，使其更多地曝光给客户，对卖家是有益的。不过，一旦产品成为促销产品，产品不得强制下架，更不能提升价格和运费，因此对此类产品的编辑只能是降低价格、增加库存和优化编辑。

在图 3-143 中我们通过 SKU 搜索，查找到我们在添加新产品环节上新的睫毛夹。产品的基础编辑在面板上是可以看得到的，产品名称、图片、关键词、描述等的细则优化更改可以通过措施按钮，点击进入，如图 3-144 所示。在编辑页面，除了产品 ID、SKU 外，我们可以对产品名称、描述、主图、标记等进行优化。由于 Wish 平台的瀑布流推送模式，为了增加新审核过的产品的曝光率，需要频繁优化产品，提高计算机对相关信息的抓取率。优化重点可以放在产品标题、描述和关键词部分。通过购买国内开发的 ERP 对接系统，可以查看 Wish 阶段时间内搜索热词，根据热词曝光导向来更好地促进产品推送，如图 3-145 所示。

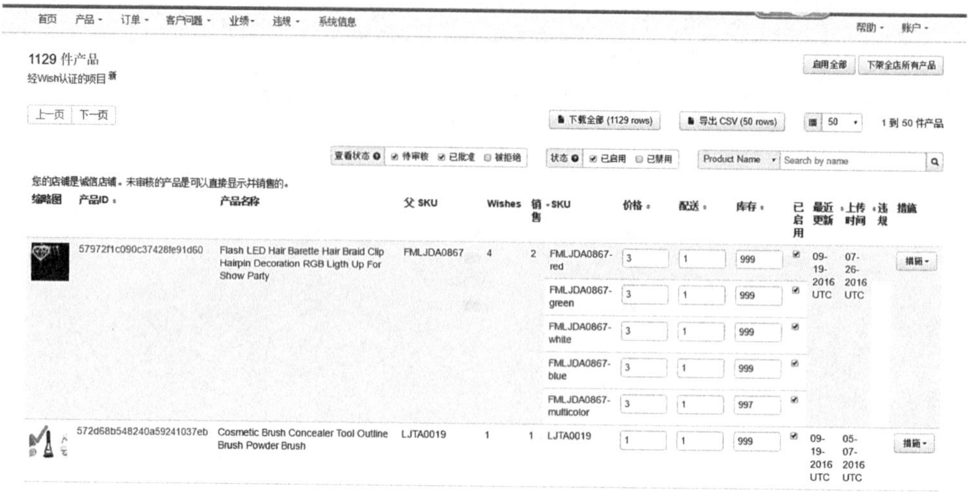

图 3-143　产品状态展示 1

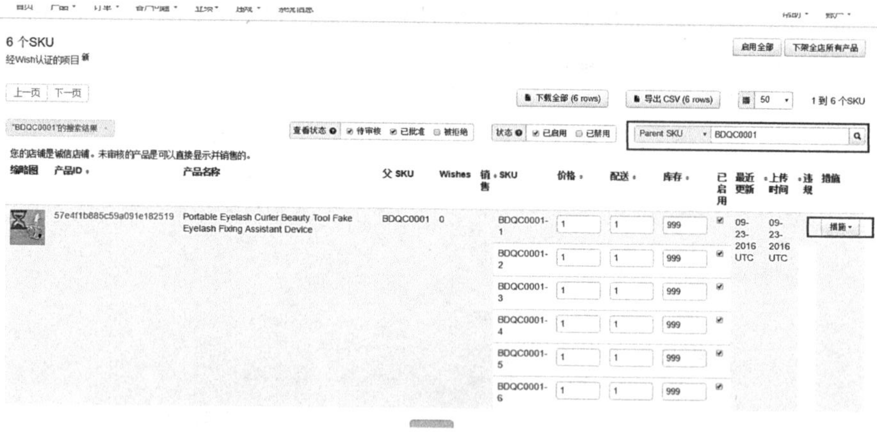

图 3-144　产品状态展示 2

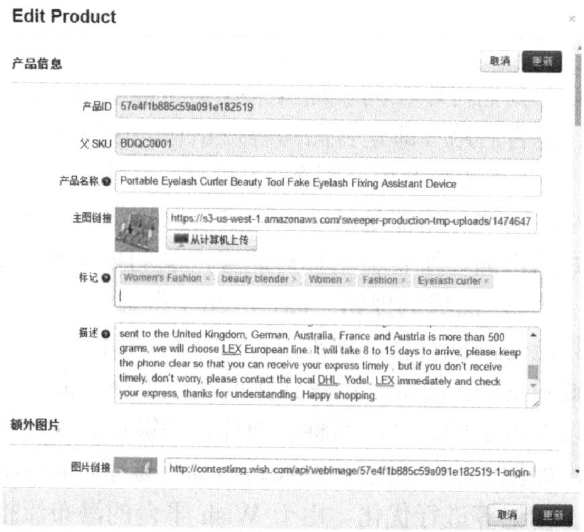

图 3-145　产品优化页面

(二)订单处理、客户问题和业绩

1. 订单处理

日常操作需要掌握的是"未处理"和"历史记录"两部分。Wish 订单生成后,平台会给卖家 5 天的备货期,超过备货期,平台则会退款给买家。由于系统对产品的推送与店铺的考核是有关系的,所以订单处理速度、物流时长和客户评价都是至关重要的。

客户下单通过平台审核非恶意订单后,订单界面会出现标红,打开订单处理页面,我们会看到订单的具体内容、产品 SKU、价格、运费、平台佣金收取等具体项目,如图 3-146 所示。

图 3-146 订单处理

点击 Action,选择在用的物流渠道,添加有效运单号即处理成功。订单号来源就是合作物流方发货单编号。

针对中国卖家,Wish 与中国邮政 EMS 合作,成立专门面向中国 Wish 卖家的 Wish 邮物流,有特惠折扣和物流线路,现在已经是大多数卖家的首选。

2. 客户问题

Wish 平台对客户的邮件等信息是保密的,在订单发生的整个过程中,客户可以通过平台发 ticket 联系卖家,后台提示会在"客户问题"处标红。卖家回复后,处理详情可在"历史记录"里面查看。平台为了保护卖家信息,整个联系是单向的,只有客户向卖家发起提问的时候,我们才能在原 ticket 回复,通常情况下我们联系不到客户。

点击图 3-147 查看,可以进入如图 3-148 所示页面,我们可以跟踪到整个订单的详细信息和已经配送状态。如若显示客户已签收,那该订单已经完成处理,属于成功交易订单。若如该例所示,订单状态显示为"退款已标记订单",接下来需要做的就是跟踪订单编号,查看它的退回状态,直至到达卖家的仓库。

图 3-147 客户问题

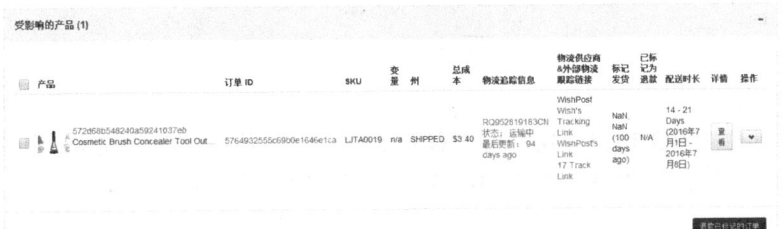

图 3-148 问题订单跟踪

3. 业绩

在业绩下拉的子目录栏，有十项相关的数据表现，用作店铺经营优化的参考项，如图 3-149 所示。在产品概览中，可以看到以七天为周期的产品表现概览。由于后台无法看到每个产品带来的流量，所以需通过近七天流量走向与七天内上架优化产品的对比，来判断带来流量的产品，然后做转化率分析，从而做出优化引导，如图 3-150 所示。

在该子目录栏中，“评分表现”“物流表现”和“用户服务表现”是平台对卖家业绩考核的重要指标，其很大程度关系到平台对店铺的推送率。卖家需特别警惕仿品率表现和退款表现，当仿品率＞5%时，店铺则有可能失去现有信任店铺的状态。当退款率＞7.5%时，店铺则面临暂停交易的风险。

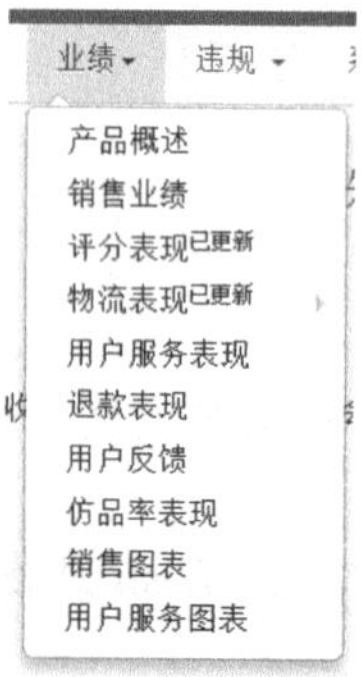

图 3-149 业绩子目录栏

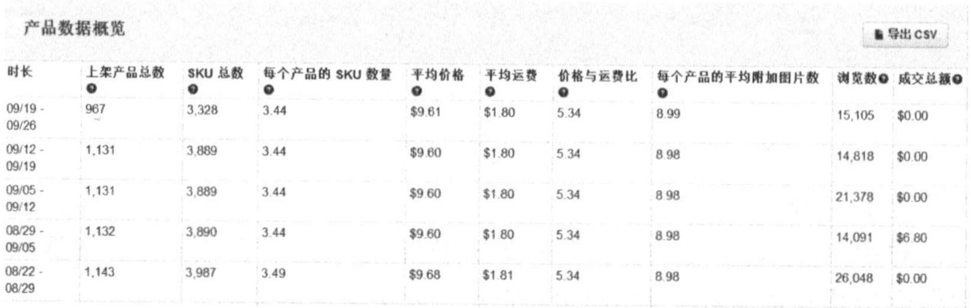

产品数据概览

导出CSV

时长	上架产品总数	SKU 总数	每个产品的 SKU 数量	平均价格	平均运费	价格与运费比	每个产品的平均附加图片数	浏览数	成交总额
09/19 - 09/26	967	3,328	3.44	$9.61	$1.80	5.34	8.99	15,105	$0.00
09/12 - 09/19	1,131	3,889	3.44	$9.60	$1.80	5.34	8.98	14,818	$0.00
09/05 - 09/12	1,131	3,889	3.44	$9.60	$1.80	5.34	8.98	21,378	$0.00
08/29 - 09/05	1,132	3,890	3.44	$9.60	$1.80	5.34	8.98	14,091	$6.80
08/22 - 08/29	1,143	3,987	3.49	$9.68	$1.81	5.34	8.98	26,048	$0.00

图 3-150 产品数据概览

（三）违规和系统信息

1. 违规

违规栏主要涉及的是知识产权问题。Wish 平台对疑似仿品、伪造品、未提供授权的相关产品的禁售规则是非常明确的。例如，儿童玩具类图案涉及迪斯尼、乐高等都会被平台以伪造品处理。在出现知识产权问题后，如果卖家销售的产品有厂家提供的品牌授权，可以单击“品牌授权”，上传相关的认证，等待平台仲裁结果。

为了避免该情况出现，卖家可以在知识产权提供的品牌大学中学习了解更多，如图 3-151 所示。

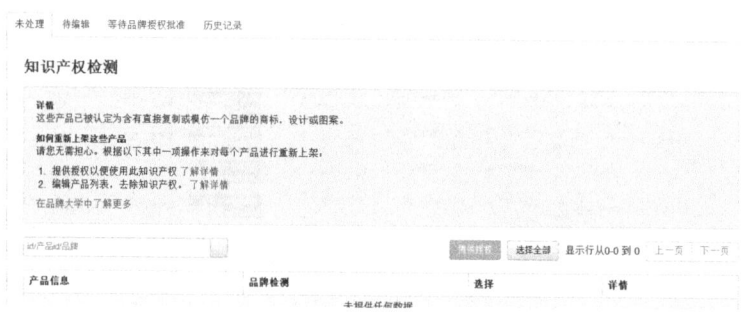

图 3-151 知识产权

2. 系统信息

在系统信息栏（图 3-152），我们可以看到平台给出的各种功能性提示。其中“付款栏”是该月月中或月末卖家会收到金额的明细，以及回款金额中转状态。

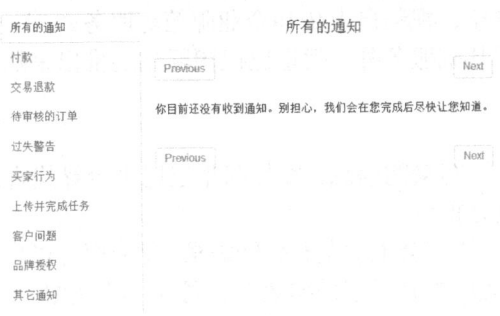

图 3-152　系统信息

任务六　阿里巴巴国际站

一、阿里国际站简介

阿里巴巴国际站是阿里巴巴集团最早创立的业务，帮助中小企业拓展国际贸易的出口营销推广平台，是目前全球领先的跨境 B2B 电子商务平台，服务全世界数以千万计的采购商和供应商。阿里巴巴国际站专注服务于全球中小微企业，在这个平台上，买卖双方可以在线更高效地找到适合的彼此，并更快更安心地完成交易。此外，阿里巴巴外贸综合服务平台提供的一站式通关、退税、物流等服务，让外贸企业在出口流通环节也变得更加便利和顺畅。

企业基于全球领先的企业间电子商务网站阿里巴巴国际站贸易平台，通过向海外买家展示、推广供应商的企业和产品，进而获得贸易商机和订单，是出口企业拓展国际贸易的首选网络平台。如图 3-153 所示。

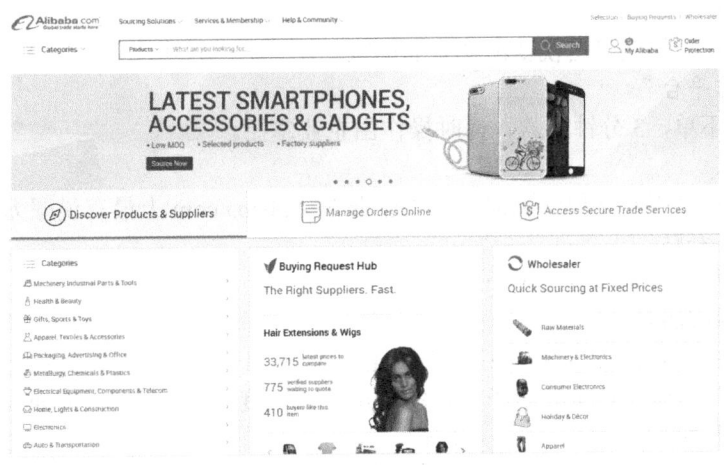

图 3-153　阿里巴巴国际站

"阿里巴巴国际站"提供一站式的店铺装修、产品展示、营销推广、生意洽谈及店铺管理等全系列线上服务和工具，帮助企业降低成本、高效率地开拓外贸大市场。阿里巴巴国际站定位是为全国中小企业提供网上贸易市场。

二、阿里国际站的特点

办理中国供应商出口通会员后就可以在阿里巴巴国际站上开店，发布产品信息，联系境外买家并报价。企业可以在国际站上建立企业网站，发布产品，向境外买家报价，拥有 10 个橱窗产品，还可以享受数据管家、视频自上传和企业邮箱等服务。

除了为卖家提供出口通基础服务外，阿里巴巴国际站还推出采购直达、一达通、信用保障服务等特色服务。

（一）采购直达

采购直达是指买家主动填写采购信息，委托阿里巴巴平台寻找合适的卖家，供应商可查看采购需求，根据买家要求及时报价。

在这个公开的大市场中，买家会主动发布采购需求，供应商可以自主挑选合适的买家进行报价。采购直达服务能够在大幅度提升买家采购效率的同时，帮助供应商更好地完成订单转化，并赢取更多高质量的买家。供应商可以通过频道搜索、自主定制、系统推荐等形式获得采购需求。

为了让采购直达市场健康地发展下去，让买卖双方达到共赢，市场规则迎来了新的变革，其中规则的主要变化有以下几方面。

（1）收紧报价权限：根据市场供需情况及供应商历史报价数据来分配给每家供应商合理的报价权限，避免大量报价权限被浪费或者滥用。

（2）先占位后报价：供应商点击"Quote Now"即成功占位，不需要匆忙提交去抢席位，给供应商充分的时间填写报价内容，以保证报价质量。

（3）按公司享有一定数量的报价权限：所有主子账号可以报价，但使用的是该公司的报价额度。比如一家公司每天10条报价额度，一个子账号报了2条，那其他子账号还可以报8条（如果报价审核未通过，不占用名额，和原有规则一致）。

（4）取消报价直达和人气供应商，取而代之是更为完善的等级制度，分为4级，在一定的报价量的基础上，报价质量越高，等级就越高，从而得到的报价权限及其他特权就越多。

（二）一达通

阿里巴巴一达通为外贸企业提供专业、快捷、低成本的通关、外汇、退税及配套的物流、金融服务，以电子商务的手段，解决外贸企业流通环节的服务难题。具有如下优势。

1. 快速退税

最快3个工作日将垫付退税款汇至企业的账户。

2. 自助操作平台

最快5分钟下单，3分钟转款。何时操作由企业掌控。

3. 数据沉淀

出口订单数据将不断累积、沉淀，成为企业在Alibaba.com上最有说服力的证明。

4. 外贸服务补贴

出口1美元最高补贴3分人民币。

（三）信用保障服务

信用保障服务（Trade Assurance）是阿里巴巴根据每个供应商在国际站上的基本信息和贸易交易额等其他信息综合评定并给予一定的信用保障额度，用于帮助供应商向买家提供跨境贸易安全保障的一种服务。

卖家可以通过登录"my alibaba后台—交易与物流—所有订单—点击'起草信用保障订单'"起草一达通出口服务订单，供应商需完成一达通的开票人预审及产品预审才能获得及展示该保障额度。同时交易完成后买家的评价可以展示在网站上，成为供应商企业信用和实力的证明，让供应商与买家更快达成互信，获得更多的商机。

信用保障服务的主要优势：

1. 彰显信用

独特专属标识及保障额度全网彰显，让信用看得见。

2. 促进交易

阿里巴巴帮助卖家向买家提供跨境贸易安全保障，帮助卖家更快完成交易。

3. 信用累积

保障额度和买家评价不断累积沉淀,向买家彰显实力,赢得更多订单。

阿里巴巴国际站卖家会员是收费办理的,按年收取,费用由基础服务费和增值服务费组成,具体由客户经理根据卖家想要的推广效果制定合适的方案。其中基础服务费为出口通基础服务,按年收取。增值服务费主要来自金品诚企、一达通、网商贷、培训之家以及海运综合服务平台增值服务等。

三、阿里国际站优劣势分析

（一）阿里巴巴国际站的优势

1. 知名度高

阿里巴巴在世界企业间 B2B 电子商务领域享有盛誉,号称全球最大的商务交流社区和网上交易市场。是国内三大主流 B2B 外贸平台上升劲头最快的一个,也是最饱受争议的一个。服务对象主要是国内中小型企业,近年也在向大型集团客户发展,其在国内的广告宣传力度最大,也最广,另外淘宝、诚信通（内贸）网站间的相互支撑也在不断地扩大阿里巴巴公司的名气。

2. 功能较完善

阿里巴巴帮助会员找买家、供应商、合作伙伴以及进行在线的销售和采购。提供最新的宏观的行业信息和微观信息,如产品库、公司库以及供应、求购、代理、合作、投资融资、招聘等信息,以帮助客户找到有用的商业资讯,作出正确的决策。为企业产品树立品牌。为客户提供即时交流工具等。

3. 优质的客户服务和销售服务系统

会员培训系统非常成熟,有线下培训和网络培训两种,帮助企业更好地开展对外贸易。

4. 轻工产品有优势

平台较偏向于轻工产品的推广。

5. 综合资源能力最强

阿里巴巴称未来的发展方向有这样两点。

第一,成为一个电子商务生态链,提供电子商务的一切服务和产品。

第二,未来发展成为类似于"水""电"这样融入千家万户的电子商务服务供应商。中小企业选择阿里巴巴对企业成长性会有很大的帮助。

6. 小额平台发展潜力巨大

阿里巴巴转型之作"速卖通",将成为电子商务发展的一个重要方向。

（二）阿里巴巴国际站的劣势

（1）中国诚信通会员扎堆,同一种产品好几页都是诚信通会员,竞争激烈。

（2）排名没有保障,谁花钱多谁排前面。

（3）英文站价格较高,实际效用与宣传有一定的差距。

（4）英文站采购商良莠不齐,客户的含金量不高,大多是境外华裔和东南亚及中东采购商,在欧洲北美没什么知名度,主要靠广告进行推广。

（5）询盘量相比其他网站会比较多,但是近几年全球经济不振,询盘越来越少。

（6）无效的询盘（比如广告、刺探情报、重复询盘、钓鱼询盘等）比较多,特别是尼日利亚等非洲国家。

（7）客人回复率比较低,由于采购商询盘采用群发机制,可能造成仅要报价或产品信息的客户比较多,而真正下单的客户较少。

（8）价格战会比较严重。由于买家同时会向几家供应商发询盘,这些供应商（有工厂也有贸易商）的产品质量和价格都不统一,所以供应商就希望能够通过压低价格来得到客户。

模块二 相关知识

一、Wish 平台

(一) 产品上架注意点

1. 高质量的产品图片

由于移动端屏幕小,买家浏览更多的是看图片而非文字,所以对图片的质量要求很高,建议多角度拍摄,数量不超过 6 张。

2. 简洁明确的产品标题

因为不注重搜索,所以不需要做标题优化,不要堆砌关键词,写标题的时候要注意简洁明确,包含必要的品牌名、产品名、关键属性词,特别注意不要出现敏感词和侵权词。

3. 认真填写 Tag 标签

Tag 在计算推送时权重很高,建议要仔细填写。Tag 建议包含精准词、宽泛词、产品词、属性词等。Tag 最多写 10 个,Tag 写得越精准转化率就越高,在系统判断推送时的转化率所占的权重非常高。

4. 产品描述简洁清晰

对图片无法表达的信息做必要的说明,内容不宜过多,排版清楚容易阅读,不要有 HTML 代码。

5. Color & Size

Wish 对于服装的尺码有一套官方尺码表,这两个选项属性要填写好,有利于增加曝光的机会。

6. 价格和运费

Wish 的用户对价格不会很敏感,但是卖家应该有自己的价格策略,合理地设置价格对成交是非常有帮助的。如果中途有降价行为时会被系统监测到,可以因此增加推送的机会。

以上几点认真做好,就可以得到更多的系统推送机会。另外发货时间和售后服务的评分也会影响卖家获得推送的机会。

(二) 发货和售后运营指标

Wish 平台很注重物流的速度,物流的速度是影响买家满意度很重要的因素,所以发货速度在系统计算权重中占比很高。系统要求卖家在交易成立后 2 天内上传物流跟踪号,3 天之内能查到跟踪信息,14 天之内派送成功。

卖家应注意以下几项运营指标。

1. 因缺货导致的退款率

因缺货导致无法发货是非常不好的用户体验,所以缺货的产品一定要下架,而不仅仅是把库存设置成 0。

2. Ticket 处理速度和投诉率

当买家有售后、投诉问题时是通过 Ticket 来呈现的,遇到 Ticket 时尽量在 24 小时内处理完毕。

3. 商品反馈评价

对于买家的评价,卖家可以选择公开回复或私下回复,所有的买家评价都是永久性的,卖家无法删除。

4. 取消订单

因售后处理不及时等卖家原因引起的取消订单。

5. 退单率

因质量问题、物流问题、客服问题引起的退单。

(三) Wish 的费用计算

Wish 不收取平台费用，按照每笔成交额的 15%收取佣金。计算方法是如一件商品售价 20 美元，运费 3 美元，则佣金为(20+3)×15%=3.45 美元。

另外，在使用 Payoneer 或易联支付等收款的情况下，收款账户本身对每笔款项要收取一定的费用，所以卖家收到的款项会比实际款项略少。

二、阿里巴巴国际站

(一) 盈利方式

1. 会员费

企业通过阿里巴巴国际站参与电子商务交易，必须注册为会员，每年要交纳一定的会员费，才能享受网站提供的各种服务，目前会员费是阿里巴巴国际站最主要的收入来源。

2. 广告费

网络广告是门户网站的主要盈利来源，同时也是阿里巴巴国际站的主要收入来源。

3. 竞价排名

企业为了促进产品的销售，都希望在 B2B 网站的信息搜索中将自己的排名靠前，而网站在确保信息准确的基础上，根据会员交费的不同对排名顺序做相应的调整。

4. 增值服务

阿里巴巴国际站通常除了为企业提供贸易供求信息以外，还会提供一些独特的增值服务，包括企业认证、独立域名、提供行业数据分析报告、搜索引擎优化等。

5. 线下服务

主要包括展会、期刊、研讨会等。通过展会，供应商和采购商面对面地交流，一般的中小企业还是比较青睐这个方式。期刊主要是关于行业资讯等信息，期刊里也可以植入广告。

6. 商务合作

包括广告联盟、政府、行业协会合作、传统媒体的合作等。广告联盟通常是网络广告联盟，联盟营销还处于萌芽阶段，阿里巴巴国际站对于联盟营销还有很大的发展空间。

7. 按询盘付费

区别于传统的会员包年付费模式，按询盘付费模式是指从事国际贸易的企业不是按照时间来付费，而是按照海外推广带来的实际效果，也就是海外买家实际的有效询盘来付费。其中询盘是否有效，主动权在消费者手中，由消费者自行判断，来决定是否消费。尽管 B2B 市场发展势头良好，但 B2B 市场还是存在发育不成熟的一面。这种不成熟表现在 B2B 交易的许多先天性交易优势，比如在线价格协商和在线协作等还没有充分发挥出来。因此传统的按年收费模式越来越受到以 ECVV 为代表的按询盘付费平台的冲击。"按询盘付费"有 4 个特点：零首付、零风险，主动权、消费权，免费推、针对广，及时付、便利大。广大企业不用冒着"投入几万元、十几万元，一年都收不回成本"的风险，零投入就可享受免费全球推广，成功获得有效询盘后，辨认询盘的真实性和有效性后，只需在线支付单条询盘价格，就可以获得与海外买家直接谈判成单的机会，主动权完全掌握在供应商手里。

(二) 服务种类

1. 免费会员

限制性申请：如公司是在中国大陆，只有加入中国供应商才能使用卖家的功能。国际免费会员能采购商品，还可以在国际站发布供应信息进行产品销售。

2. 全球供应商会员

全球供应商会员是指中国内地以外的付费卖家会员，可以在国际站采购商品，同时可以发布产品信息进行销售，还可以在国际站上继续搜索产品或者供应商的信息。针对后台的管理系统，可以提供英语、简体中文和繁体中文三种语言。在英语系统下，部分功能只开放一些增值分外贸服务。

3. 中国供应商会员

中国供应商会员一般所指的是中国大陆、香港、澳门和台湾的收费会员，这一部分会员是阿里巴巴国际站的主要付费会员，主要依托国际站寻找海外买家，从事出口贸易。具有一个非常强大的后台管理，在这里可以进行商品管理以及店铺装修等操作，而对于卖家来说不仅可以通过产品信息，也可以通过公司吸引买家，完成最后的交易，同时中国供应商也可以在网站上发布采购信息进行原材料的采购操作。

中国供应商会员是阿里巴巴国际站的主要付费会员。主要依托国际站寻找海外买家，从事出口贸易。中国供应商会员有专享的中国供应商服务，包括以下专享服务。

（1）拥有专业的二级域名网页。

（2）拥有强大的后台管理系统。

（3）可以与所有买家直接联系。

（4）信息排名优先。

（5）不限量产品发布。

（6）多账号外贸邮。

（7）买家IP定位。

（8）视频自主上传。

（9）数据管家。

（10）橱窗产品。

（11）其他服务，包括：在线推广、客户培训、海外展会、售后服务等。

跨境电商视觉设计

视觉营销是归属营销技术的一种方法,更是一种可视化的视觉体验。视觉营销是指通过视觉达到产品营销或品牌推广的目的,可以理解为通过视觉的冲击和审美视觉感观提高顾客(潜在的)兴趣,达到产品或服务的推广。

随着电子商务的发展,网络购物的普及,电子商务行业从业人员越来越多,视觉体验作为买家购物的第一印象受到越来越多卖家的重视。做好视觉营销,能够第一时间抓住买家眼球,提升网点的客流量、停留时间,并提升转化率与品牌认知度。

学习目标

1. 了解文案策划概念。
2. 理解文案写作技巧。
3. 掌握商品主图构图技巧。
4. 掌握网店各类图片类型与制作技巧。

能力目标

1. 能独立完成商品文案写作。
2. 能对商品进行拍摄构图设计。
3. 能对商品图片进行处理。

项目情景

视觉是人类接收外界信息的最重要渠道,也是影响消费者行为的重要先决因素,其根本目的就在于塑造网络店铺的良好形象和促进销售。视觉营销,顾名思义就是在顾客的视觉上下功夫,引起顾客注意,唤起顾客兴趣,激起顾客购买欲望,促进顾客采取购买行为,是视觉营销的目的和重要性所在。

模块一 任务分解

☑ 任务一 文案策划

一、店招文案

店招就是商店的招牌，随着网络交易平台的发展，店招也延伸到网店中。即虚拟店铺的招牌。一般都有统一的大小要求，以全球速卖通来说，店招宽度一般为1200px，高度为100～150px。格式为jpg、gif（淘宝网自身有flash的店招）。为了追求良好的视觉营销效果，卖家往往会追求店招的吸引性，由此，店招的形象化和生动化也逐渐为网店卖家所重视。而一个好的店招文案能够在店招图像说明的基础上，为店招加深商品或品牌的文字推广，并引起消费者对商品详细信息的关注。

那么，如何设计一个好的店招文案呢？首先来了解一下店招的组成部分。

国内网店，以淘宝网店为例，店招的组成要素一般包括店铺名称、品牌LOGO、主营商品三个基本部分，全球速卖通店招一般由店名、文字说明和商品图片组成，在文案设计中，要求有明确的产品定位，再加上适当的文字说明。

店铺名称一定要通俗易懂，朗朗上口，多种类产品的店铺名称，店名可以用单一单词或简单词组，但一定要简单大气。如果是经营单一的种类，则店名最好可以与产品有一定的关联性，可以选择将产品的关键词包含在店名中，如图4-1所示。

图4-1　速卖通平台某店铺名称展示

设计店招要做好产品、品牌、买家的定位，要充分体现出店铺的优势，并辅以让人过目不忘的广告词。另一方面，店铺的卖点和优势也是店招中要体现出的重要元素，加入店铺经营的是品牌类商品，就可以考虑做一个个性化定制，比如支持海外仓发货或厂家直销等。最后，由于店招所处的页面位置视觉展示效果较好，也可以将一些促销活动元素加入店招图片和文字的设计中，如"年中大促""双十一大促""打折季"等。每年3月和8月速卖通平台有大促销活动，还可以根据不同的店铺性质自行设计一些促销活动，都可以在店招中体现出来。

二、海报文案

网店的海报文案主要是指在跨境电商网店的显著位置或用于网络广告平台推广所使用的广告图片中的文案，这类文案的主要作用是吸引消费者点击进入店铺或商品详情页，扩大品牌影响力或商品的传播面，这类图片中文案对站内、站外引流起着至关重要的作用。

通常来说，网店海报可以分为三个类型，分别为爆款打造、种类推荐、活动广告。爆款打造又指单品推荐，一般放在网店的首页滚动banner中与详情页的关联推荐中，爆款打造的商品以低廉的价格吸引消费者关注，所以在海报图片设计中突出价格优势，可适当地将价格文字的表现效果突出，如图 4-2 所示。

品类推荐是针对网店主营类目产品进行推荐，所吸引的流量是针对类目下的一个大类，通过吸引流量到类目下提升店铺的整体转化率。因此，这类文案策划需要把握这类产品的共同优势，将流量和转化率较高的产品以及介绍放在海报主图的显要位置，如图 4-3 所示。

图 4-2　爆款打造海报展示　　　　图 4-3　种类推荐海报展示

促销活动广告一般有新品预售、清仓甩卖、节日促销等方式，活动设计强调利益引诱，所以在策划文案的时候一定要注意。

三、产品详情文案

详情文案有许多选择，可以按部就班地做一个从产品实际属性角度出发的文案，也可以做一个更加灵活、富有创意、有略微故事情节的文案，或者其他更好的选择。详情页的文案直接关系到店铺内的成交转化，因此需要在此处多费一些工夫。

一是一个好的详情文案，能更好地体现产品卖点，打动顾客的心。二是好的详情文案也能提高访问深度，甚至还能起到引导购买、提高转化率的作用，如图 4-4 所示。

在这里特别提醒一下，有一些文案可以图片的形式出现，但更多的时候，还是建议卖家在上传详情的时候直接使用文字就行，这样才能真正算作图文并茂，有利于提高产品的搜索匹配度。

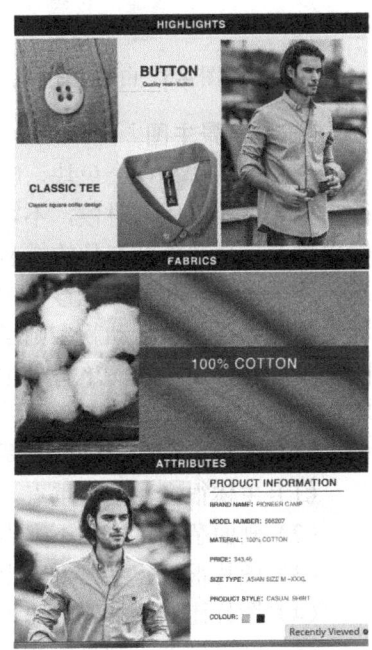

图 4-4　产品详情页展示

☑ 任务二　商品主图的设计和构建

一、商品主图视觉标准

当顾客在平台上进行搜索的时候，出现在他们眼前的就是产品主图。主图的作用是直接影响点击转化率。

目前在速卖通平台上，主图可以分为 3 类。

（一）白底主图

白底主图的优势在于干净大气、简单明了、主体突出。还有一点是，便于我们报活动以及参加大促等。如图 4-5 所示。

（二）边框主图

速卖通整个平台底色都是白色，边框主图正好能利用这一点，在众多产品中起到聚焦的作用，便于客户发现，吸引点击。如图 4-6 所示。

图 4-5　白底主图展示　　　　　图 4-6　边框主图展示

（三）背景主图

背景主图作为一个色块，吸引力还是非常大的。但往往很多卖家在使用的时候，不容易把握一个度，那就成了牛皮癣，反而会影响产品的排名，如图 4-7 所示。

综上所述，我们就应该明白自己的店铺大致应该用何种主图，如果是报活动款，则尽量使用干净大气的白底主图，平时可以用一些简单背景主图和边框主图以增加点击转化。

同时，也应该注意避免首图容易出现的一些误区。

（1）主体很多，没有重点。

（2）画面杂乱，主体不突出。

（3）图片很暗，主体不突出。

（4）图片比例不一致，非正方形。

（5）文字过多，遮盖主体。

图 4-7　影响产品排名的主图展示

二、商品主图设计

（一）了解主图制作

制作前需要准确把握速卖通平台对主图的要求，速卖通对产品主图的格式、大小等有硬性要求，具体如下。

（1）图片格式 JPEG。

（2）文件大小 5MB 以内。

（3）图片像素建议大于 800px×800px。

（4）横向和纵向比例建议 1:1 到 1:1.3 之间。

（5）途中产品主题占比建议大于 70%。

（6）背景白色或纯色，产品图片风格统一。

（7）产品 LOGO 建议防止左上角，不宜过大，不建议自行添加促销标签或文字。

（二）主图制作内容

1. 前期工作

（1）确定主图成品标准和参考，确立拍照的姿势，为后续的照片调型找好参照物。

（2）做好纠正图片偏色的准备，为后续纠正偏色放置灰卡。

（3）注意拍摄细节，方便后期处理，为后续调型留出衣袖和衣身的空间。

2. 主图制作的标准流程和操作方法

（1）调整偏色。按"Ctrl+M"组合键调出曲线命令，选择灰场吸管，然后单击灰卡，调整曲线之后纠正偏色，如图4-8所示。

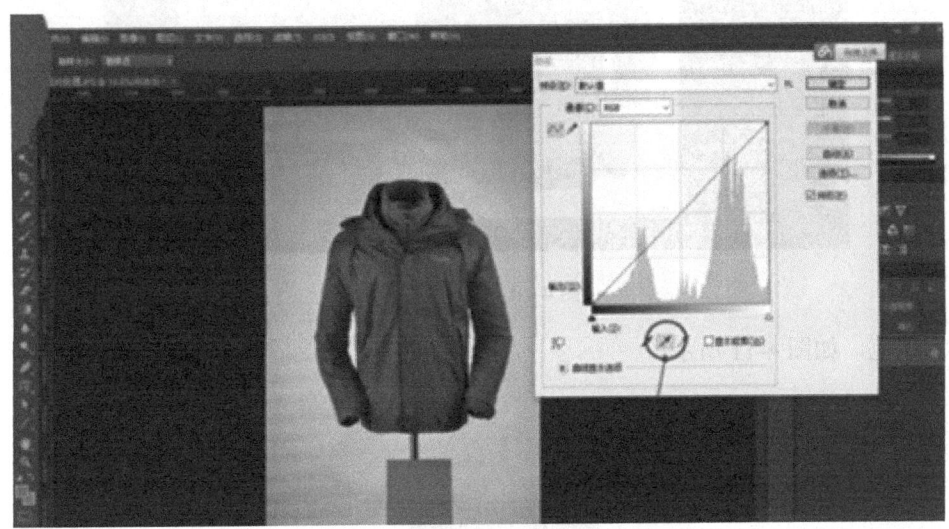

图 4-8　调整偏色

（2）调整中线。按"Ctrl+T"组合键旋转图片，使中线与参考线平行，要注意旋转中心点的位置，如图4-9所示。

图 4-9　调整中线

（3）抠图换背景。服装通常可用选择工具结合调整边缘抠图，高要求可用钢笔工具抠图，如图 4-10 所示。

图 4-10 抠图换背景

（4）调色，如图 4-11 所示。

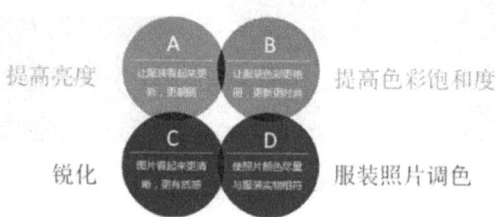

图 4-11 调色的功能展示

① 提高亮度：添加亮度对比度调整图层。放大图片，适当调整，如图 4-12 所示。

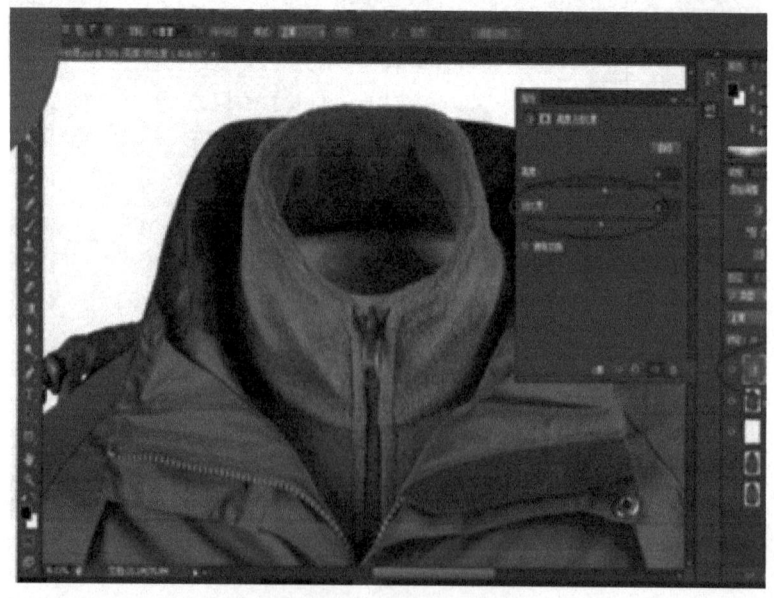

图 4-12 提高产品亮度

② 提高饱和度：添加饱和度调整图层，如图 4-13 所示。

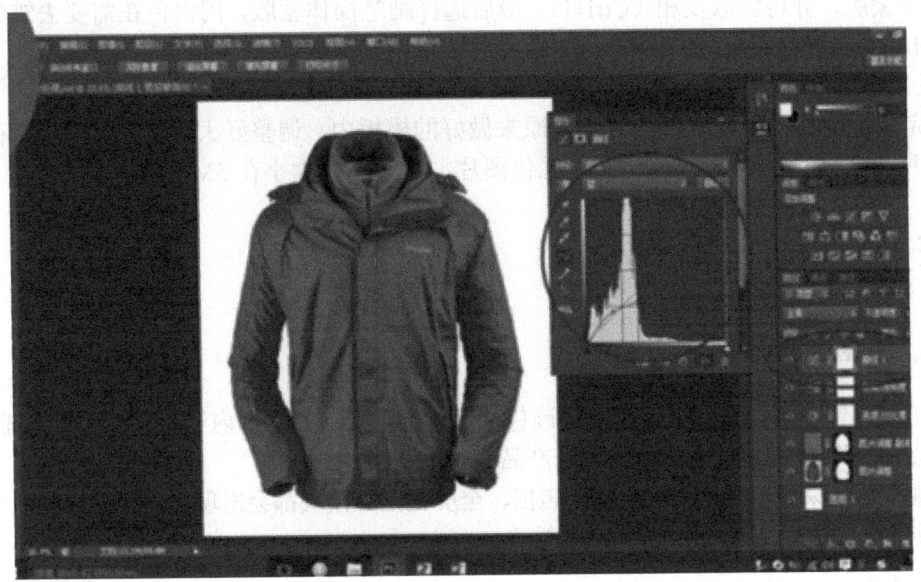

图 4-13　提高产品饱和度

③ 锐化：直接滤镜锐化，或添加"复制图层—去色—高反差保留图层—柔光模式"柔和锐化。

④ 服装照片调色：可对照服装实物，通过曲线、色彩平衡等多种工具综合调色。

（5）调整服装大小。调出参考图片，调整到合适的大小，调整图片透明度，随后接着按"Ctrl+T"组合键调出 8 点框，选择变形，参考调整，主要是大廓形调整。

（6）调整细节造型。通过滤镜—液化调整细节，如图 4-14 所示。

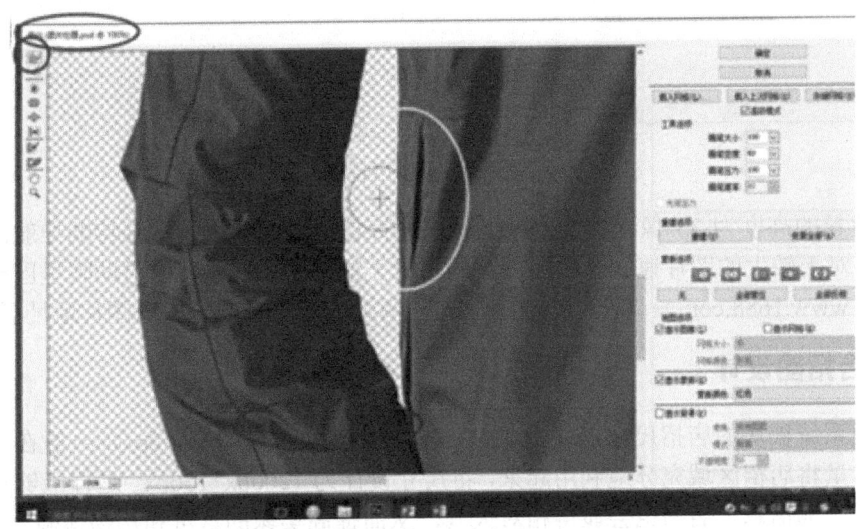

图 4-14　调整产品细节

去皱

- 移植法：将没皱的部位移植到有皱的部位将其代替。
- 内容识别填充（Shift+F5）：自动识别填充褶皱区域。
- 图章填充：要注意复制区域和 Alt 键。

- 滤镜模糊法:首先复制图层,执行"滤镜—高斯模糊",然后选择合适的模糊效果,再添加蒙版,并将蒙版反相(Ctrl+I),最后选择画笔操作蒙版,用白色在需要去皱的地方涂抹,以显现模糊后的去皱效果。

(三)成图

将完成标准流程处理好的图片拉到原来做好的模板中,调整好大小。保存图片,存储格式为 Web 所用格式,图片选 JPG 格式,优化图片,保持图片大小在 5MB 以内。

☑ 任务三　店招图设计

一、店招图视觉标准

店招指店铺招牌,通常在店招中应该包含店铺名称、LOGO 等内容,卖家看到店铺招牌后,对店铺会有一个大体的印象,并对店铺产品有一个大致的定位。

通常来说,只要选取了试用模板,店招、全屏轮播等模块都会出现,在第三方模板中,店招同样还能调整导航栏的样式,如图 4-15 所示。

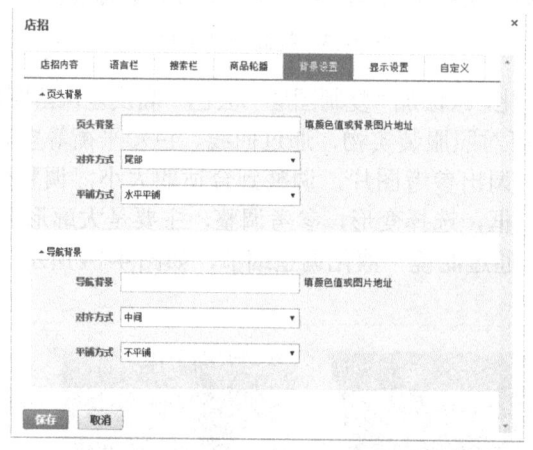

图 4-15　速卖通后台店招背景设置界面

导航背景的高度为 33 像素,我们可以充分发挥自己的创意去打造独特的导航。同时需要提醒一下:对于较大的图片速卖通的图片空间暂时无法支持,这里可以借助阿里巴巴的图片空间来实现(www.1688.com)。将图片上传到 1688 网站的图片空间,取得图片地址后使用。

二、店招图设计

速卖通系统板块的店招尺寸宽度为 1200px,高度可以在 100~150px,一般在设计店招的时候应该尽量将店招区域充分地利用起来,将尺寸设计为 1200px*150px。这样能够在尽可能大的空间展示店铺信息,店招也会显得相对大气,从而提高卖家的认可和购物体验。

在进行店招图片设计的时候,目前速卖通系统的店招板块只可以加入一个超链接。在不同的时间段,有不同的促销方式和不同的重点推荐产品,因此店招也要随之改变。爆款产品、产品分类、促销链接等都是可以放置在店招上的内容。但是大多数情况下,店招设置的链接还是首页链接,以方便买家挑选商品时随时回到网店首页。

速卖通提供的新店招还提供给网店更多的功能,比如国际语言、店铺收藏、二维码等。首先勾选需要添加的内容,如图 4-16 所示。然后在相应的板块中调整参数及图标,如图 4-17 所示。前台展示效果如图 4-18 所示。

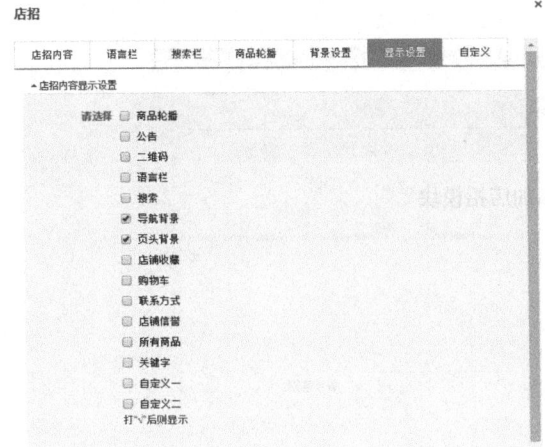

图 4-16　速卖通后台店招显示设置界面 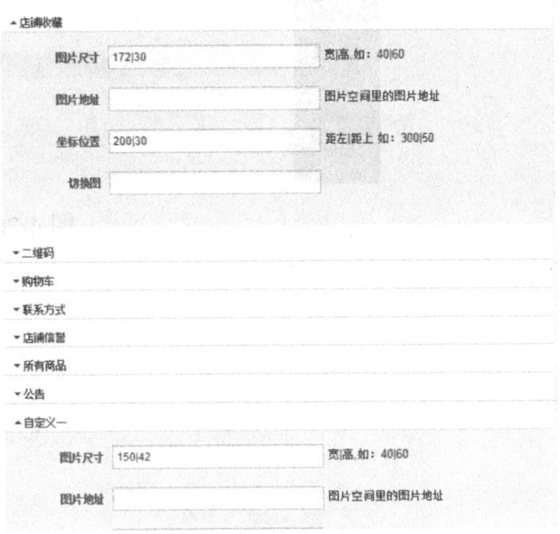　　　　图 4-17　调整模块参数

图 4-18　速卖通前台展示

三、店招图片上传

完成图片制作后，要将制作出来的店招图片上传到店铺中去，登录全球速卖通卖家账号，在卖家后台中选择"店铺"，进入"店铺"选项后选择右边的"店铺装修及管理"模块，选择"进入装修"进入网店装修界面，如图 4-19 所示。

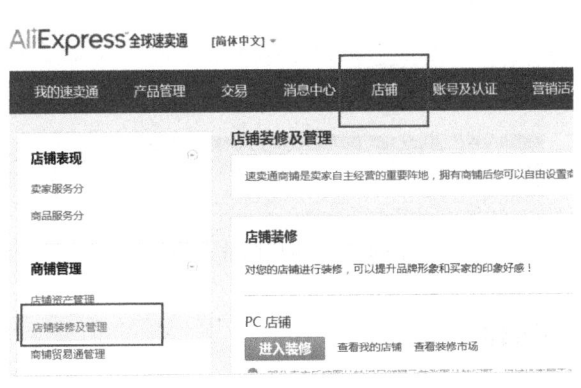

图 4-19　"店铺装修及管理"模块

初次进入速卖通后台页面时，店招板块在整个页面最上方，如果之前不小心删掉了店招板块，则只需要将光标移动到最上方，右侧就会出现"添加模块"按钮，单击"添加模块"就可以添加店招模块了。在"页面编辑"面板下出现了"基础页面"按钮，基础页面编辑最上面的模块，就是网店的店招，单击"编辑"，如图 4-20 所示。

单击店招图片右上角的"编辑"按钮，就会弹出店招编辑框，如图 4-21 所示。

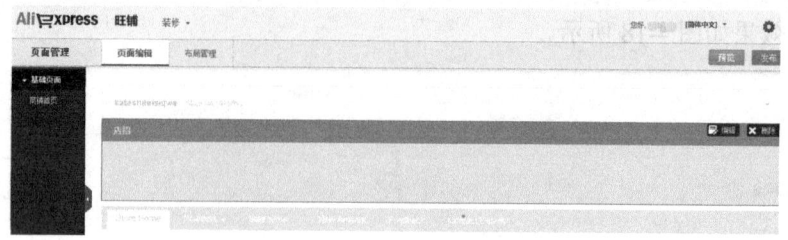

图 4-20　添加店招模块

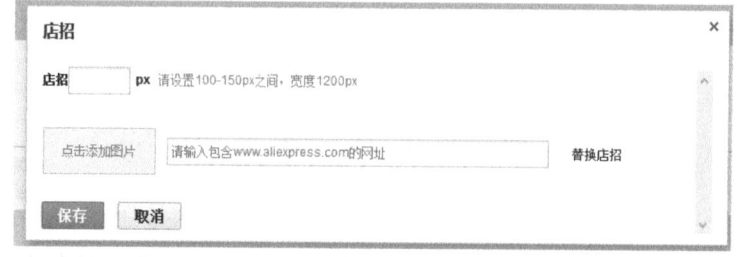

图 4-21　店招编辑界面展示

输入店招高度，单击"添加店招图片"，会弹出店招图片上传选项，选择自己制作的店招图片后上传，单击"使用这张图片"，选择"保存"，就可以成功保存自己制作的店招图片了，如图 4-22 所示。

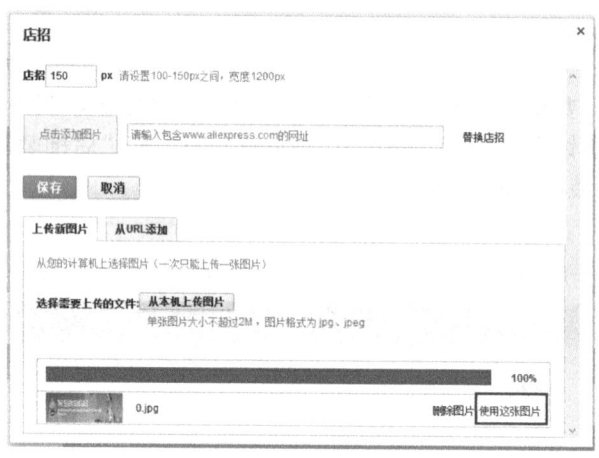

图 4-22　店招图片上传

☑ 任务四　广告图设计

一、广告图视觉标准

轮播广告海报在系统板块内的尺寸宽度为 960px，高度为 100～600px，对于 960px 宽度的广告图片来说，高度为 400px 在视觉效果上更加美观。图片要求无边框和水印，不允许拼图。另外，LOGO 需统一放在图片左上角，约占主图的 1/10。

轮播海报设计占用了大篇幅的系统首页空间，并占据了非常醒目且有价值的空间位置，所以在设计轮播海报时要注意，海报广告图片一定要有行之有效的文案与行为导向按钮。在轮播海报的设计中通过真实的产品展示，并配以营销型的文案口号，才更容易抓住买家的心。买家被海报的文案口号所吸引，对产品产生了购买欲望，就需要迫切地进入产品购买页面，那么一个醒目的购买链接就能很好地满足买家的需要，如图 4-23 所示。

图 4-23　附带产品链接的海报轮播图

二、广告图设计

打开图片轮播的编辑页面，可以单击"点击添加图片"来上传图片，或者单击"添加新图片"来增加图片的数量，如图 4-24 所示。

图 4-24　图片轮播模块展示

单击"点击添加图片"后，下方会出现上传图片的区域，您可以选择上传本机图片、从 URL 直接添加选择两种方式来进行，如图 4-25 所示。

图 4-25　添加轮播图片

图片上传成功后，您可以单击"使用这张图片"，即可在当前位置使用刚刚上传的图片了，如图4-26所示。

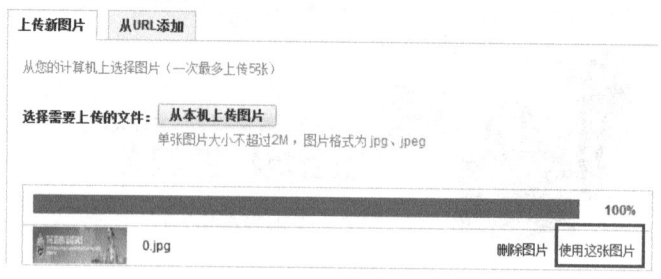

图4-26　使用上传图片

可以给每张图片分别设置一个URL超链接（必须是http://www.aliexpress.com/域名下的网址），也可以通过点击右侧的箭头来调整图片的上下顺序。当然，如果您不需要某张图片或者想要替换，则可以直接点击右侧的"X"按钮来删除这张图片，如图4-27所示。

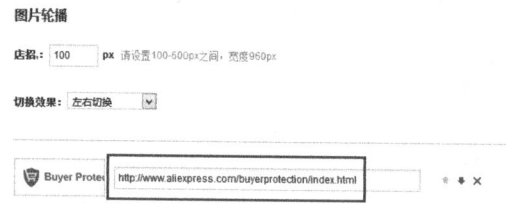

图4-27　给图片添加链接

三、广告图设计误区

（一）夸大其词

广告为了吸引顾客，难免有些夸大，这点本是无可厚非，但是过度吹嘘，尤其是保健品广告，更容易昙花一现。要知道，虽然有的顾客会被忽悠，但更多的顾客却会想到方案这种不实，从长远上看，这并不是一个明智的做法。

（二）重创意，轻叫卖

绝大多数消费者对广告的接受还停留在叫卖时代，这是一个不争的事实。叫卖式的广告要比含蓄式的广告更容易让人接受。创意，是让广告人眼热心跳的两个字眼儿，但有些广告，看完你一头雾水，甚至不知道它卖的是什么。更有些标榜创意的广告设计，看上去很美，但抓住你的是眼花缭乱的表现手段，最后却连品牌名都没让人记住，更别提卖产品了。有创意的广告有些我们也喜欢、也看得懂，但叫卖更直接、更能见效益。

（三）广告表现与广告诉求脱节

广告表现不是目的而是手段，广告表现的最终作用是将广告诉求以最鲜明最容易记忆的方式传达给目标消费者，广告表现与广告诉求一致的广告投放较少的量就能让消费者记住该记住的内容，如果吸引注意的表现手段与后期的广告诉求风马牛不相及，就会造成广告成本加大。

（四）盲目创意，忽视产品特质

广告的目的无非就是两点，一是销售产品，二是提升品牌形象。不能不问产品特性一概而论，什么产品广告都需要过度地吸引注意，感性的产品尽量就不要使用理性的手法进行宣传，反之亦然。

任务五　自定义模块的设计

一、自定义模块视觉标准

自定义模块可以放入我们自主设计的切片内容，基础板块中的自定义部分只支持宽度为 960 像素，而现在的第三方板块提供的自定义模块支持宽度为 1200 像素。后台编辑板块如图 4-28 所示。

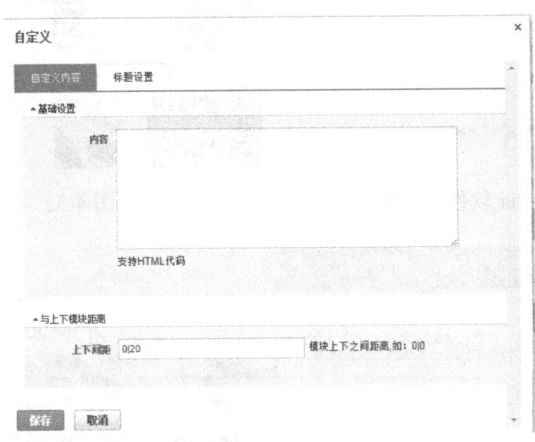

图 4-28　自定义内容模块展示

从后台编辑页面可以看出，之前基础板块中的工具都没有了，所以只能借助 Dreamweaver 软件来完成编码任务。将编辑好的代码全部复制、粘贴进来，保存即可。

二、自定义模块设计

速卖通运营过程中，许多方面设置的步骤都有技巧，否则操作起来很复杂、麻烦。新手卖家尤其是如此，怎样轻松完成自定义模块的设计呢？有以下四个小技巧。

（一）自定义信息模块的作用及实操

关联营销是给店铺新品引来流量的重要方式，因此如何制作海报和关联产品图非常重要。卖家需要先在电脑安装 Photoshop 和 Dreamweaver，接下来讲解制作步骤。

1. 第一步：Photoshop

图片首先进行拆分，如图 4-29 所示。按住 Alt+Shift+Ctrl+S 组合键，并设置图片格式为 JPEG，高质量。最后将优化结果保存为 HTML 格式，如图 4-30 所示。

图 4-29　图片拆分

图 4-30　保存图片为 HTML 格式

2. 第二步：Dreamweaver

录入代码，并将图片银行中的图片名称改为英文，鼠标右击复制图片网址，如图4-31~图4-33所示。

图4-31 使用Dreamweaver软件录入代码　　　图4-32 复制图片网址

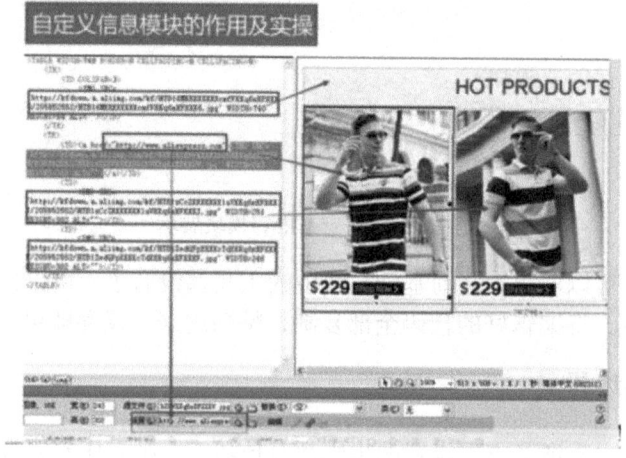

图4-33 Dreamweaver热点功能

3. 第三步：加载

加载产品图片链接，如图4-34所示。最后添加到自定义模块中，保存为一个固定模板，如图4-35所示。保存完之后，可以通过批量修改，加入到想要添加的产品里。

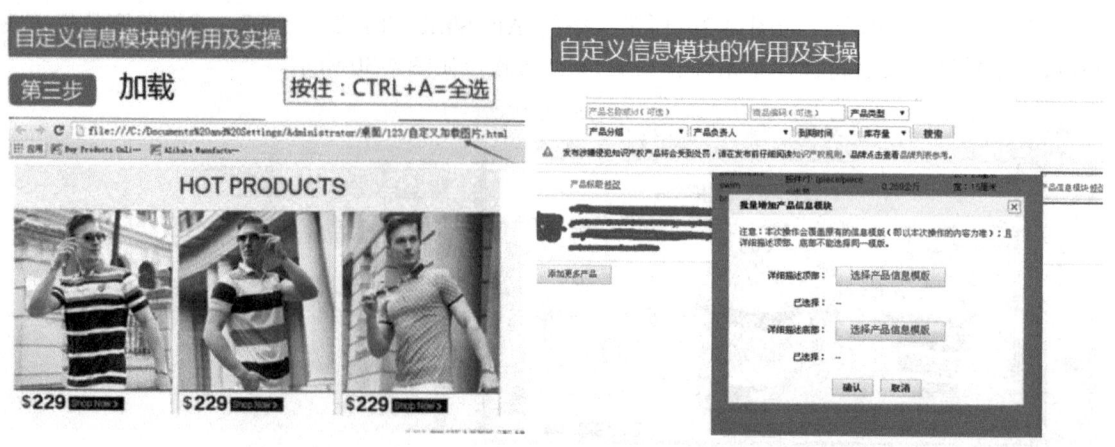

图4-34 加载产品链接　　　　　　　图4-35 增加产品信息模块

（二）店铺多国语言设置技巧

卖家在运营速卖通时，会运用到多个国家语言的设置，那么如何设置，这里将讲解一下技巧。

（1）首先进入店铺装修，自定义模块，如图4-36所示。

（2）点击源代码，将源代码中红色抹去部分换位店铺的编号，如图4-37所示。

代码以下面这段为模板，添加图片进去就行，前面是国家站的网址（不同国家改为不同国家的站点网址），×××××就是店铺编号。这其实就是一段简单的跳转页面代码，因此大家没学过代码的也不用恐慌，复制粘贴就行了。

图4-36　多语言设置界面

\<pstyle="text-align:center;"\>

\<ahref="http://ar.aliexpress.com/store/×××××"\>\<imgalt=""src="http://imgs.ebrun.com/resources/2015_05/2015_05_26/20150526499143261976 3046.jpg"/\>\</a\>

（三）店铺产品服务模板设置技巧

新手卖家都会选择新手服务模板，但要注意其中的内容，新手模板比较保护卖家利益，如图4-38所示。

图4-37　代码中替换店铺编号　　　　图4-38　服务模板界面展示

进入产品管理的服务模板管理，可以自定义新增服务模板，如图4-39所示。

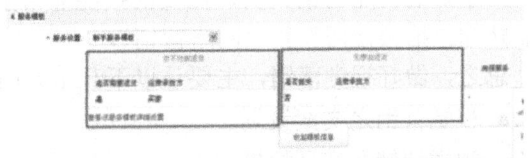

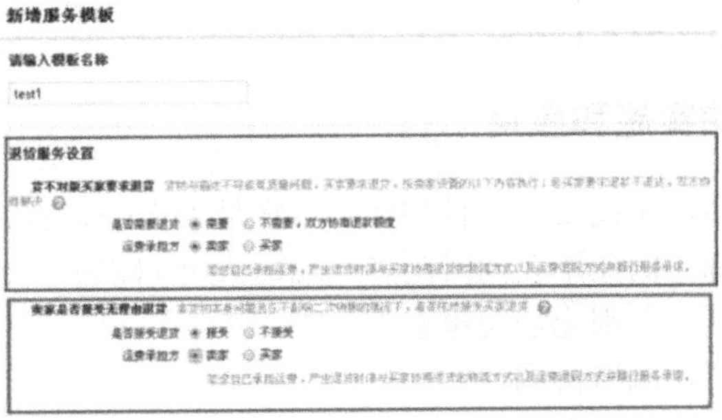

图4-39　新增服务模板界面展示

（四）店铺产品分组

随着运营的SKU越来越多，店铺产品分组显得尤为重要。"其他信息"模块里，在"产品组"里选择需要添加的产品分类，如图4-40所示。在"产品管理"模块里的"产品分组"下，添加"子分组",如图 4-41 所示。

图 4-40　产品组添加产品分类

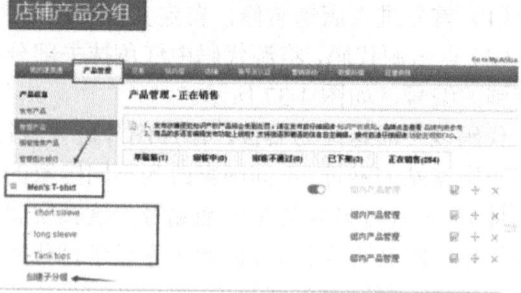

图 4-41　产品组里添加子分组

模块二　相关知识

一、做视觉营销的必备技能

随着电子商务的发展壮大,网店之众多,货品之繁杂,也让顾客的选择余地大了很多,相比之下,给卖家的压力无疑也大大增加了。要想突破重围,不花任何广告费,也能因网店装修布局引来新的访客,那么视觉营销就显得非常重要了。

一个好的视觉营销人员,需要的技能非常全面,必须懂得"图片处理"和"网页设计",还能熟知"拍摄技巧"和"网络营销"。

总之,做好视觉营销,主要从以下几个方面着手。

- 视觉营销之文案策划。
- 视觉营销之产品拍摄。
- 视觉营销之图片处理。
- 视觉营销之详情页设计。
- 视觉营销之店铺装修。

卖家需要掌握的技能如表 4-1 所示。

二、视觉规范化的实施和应用

- 不要超过三种字体,建议采用一种字体,用字号大小来突出关键词。
- 不要超过三种修饰,例如不要同时阴影+金属+发光+描边。
- 不要超过三种颜色,否则无法突出重点。
- 字体要与产品和店铺风格协调。
- 时尚家居类一般选择罗马系列字体。
- 3C 电子类一般选择黑体系列字体。
- 婴童类选择可爱的圆体系列字体。
- 运动、汽配类选择黑体类和斜体类。
- 杂货类选择万能字体黑体类,如 Arial、Helvetica。

表 4-1　卖家需要掌握的技能

视觉必备技能	文案策划	店招文案策划
		广告文案策划
		产品详情页文案策划
	产品拍摄	摄影器材的选择与使用技巧
		产品拍点分析
		产品拍摄技巧
		照片存档管理
	图片处理	图片处理
		广告图设计
		页面设计
		图片切割
		图片存档管理
	店铺装修	店首页规划和布局
		店招模块
		轮播海报
		自定义板块
		第三方装修板块

三、文案策划

（一）文案策划的概念

文案就是文字内容，策划就是通过文字内容来塑造一些画面、情景，刺激顾客感官让其产生联想，从而唤起顾客的兴趣。网络营销中，所有图片的设计都必须先从文案入手。文案策划主要考虑的是广告文案的策划，例如传达对象、传达重点、创意构思、情景设计等。在电商企业里，营销策划的工作通常由运营人员或者营销人员负责，而文案策划的工作就由文案策划人员来承担。

（二）营销型文案策划的注意事项

文案策划要做的只是真实地展示出产品的功能、用途、适合人群、适用场景等。视觉营销的最终目的是营销，所以，人们常把好的产品文案称为营销型文案。

营销型文案策划的注意事项如下。

1. 七秒定律

"七秒定律"是由美国营销界人士通过数据调研总结出来的，即人们在挑选产品的时候存在一个"七秒定律"：面对琳琅满目的产品，顾客只需要 7 秒钟就可以确定其购买意愿。现如今在各大网络购物平台也都会看到"秒杀"一词已被广泛应用。

在电商竞争异常激烈的互联网信息时代，消费者搜索任意产品进入产品页面停留的时间都是用秒来计算的，如何让消费者在七秒甚至更短的时间内获取最能够激发其购买兴趣的信息是关键，即人们常说的"视觉秒杀"。因此，做好视觉营销，"秒杀"是关键！

2. KISS 原则

KISS 原则是英语 Keep It Simple & Stupid 的首字母缩写，也有人称为"懒人原则"。英文的直译是把事情弄得越简单、越傻瓜化越好，这也是用户体验的高层境界了。

KISS 原则是针对产品的设计来说的，指产品的设计越简单越好，简单就是美。然而，产品的文案设计也是一样的道理，需要把一些专业性的产品参数转化成通俗易懂的文字。

3. FAB 原则

FAB 分别是英文单词 Feature、Advantage、Benefit 的缩写。FAB 原则就是指在产品介绍中，将产品的属性（特性）、所具有的作用（优点）、能够给买家带来的好处（益处）有机地结合起来，按照一定的逻辑顺序加以阐述，形成完整而又完善的推销劝说。FAB 法则，是推销员向顾客分析产品利益的好方法，也是文案策划中常会用到的营销方法。

首先，FAB 语言要有一定的逻辑性，让顾客感到通顺、合理。

其次，要有一定的感染力，塑造出画面感，才有可能真正打动买家。

更进一步，就是要能迎合和贴近买家的感受，即通过文字内容所传达的感受，要能够切合实际，并能够碰触到买家心底最柔软的地方。

项目五

跨境电子商务营销

速卖通于2010年4月上线,经过6年多的迅猛发展,目前已经覆盖220多个国家和地区的海外买家,每天海外买家的流量已经超过5000万,最高峰值达到1亿,已经成为全球最大的跨境交易平台,对于我国中小商家来说,速卖通是踏入跨境电子商务领域的首选。营销是给店铺带来流量及订单的重要因素之一,如何做好店铺的营销工作也成为店铺成功运营的重中之重。

 学习目标

知识目标

1. 熟知主要的营销方式及其适用情况。
2. 掌握与速卖通店铺自主营销、直通车平台活动等相关的知识。
3. 对社交媒体营销有整体认知。
4. 了解搜索引擎营销。
5. 熟记邮件营销的关键点和营销方法。

技能目标

1. 能够进行速卖通平台内包括店铺自主营销、平台活动、直通车等营销活动的设置和跟进。
2. 能够进行基本的社交媒体营销,掌握发帖技巧和关联店铺营销。
3. 对搜索引擎营销基本技巧的掌握。
4. 能够熟练进行邮件营销和挖掘新客户。
5. 国际商务视野的建立和互联网营销思维的培养。
6. 跨境营销岗位的学习和适应能力。

 项目情景

营销是企业经营至关重要的一步,对跨境电商来说更是。时下速卖通作为跨境电子商务的龙头平台,是国内企业进入跨境电商的首选。速卖通平台自身有店铺自主营销和平台活动及直通车等,同时,搜索引擎营销、社交媒体营销也是很好的选择。现就一个初级成长阶段的速卖通店铺为例,该如何正确选择营销方式并实施呢?

模块一 任务分解

该任务下需建立初级卖家对跨境电商营销的充分认识,其包括平台内、平台外、借助其他方式等。结合速卖通店铺初期的实际情况,卖家要能够选择适用的营销方式,了解其注意事项,并能够进行相关的推广操作,监测推广效果。

✅ 任务一 营销方式的认识和选择

一、营销方式的认识

跨境电商营销分为营销活动和流量引入两部分。

营销活动是对已有流量和进入平台内顾客来进行营销,激发客户购买欲望,提高客单价,生成订单。流量引入是通过速卖通直通车及站外引流的方式,来吸引新老客户回到店铺,发起购买。跨境电商营销的框架如图 5-1 所示。

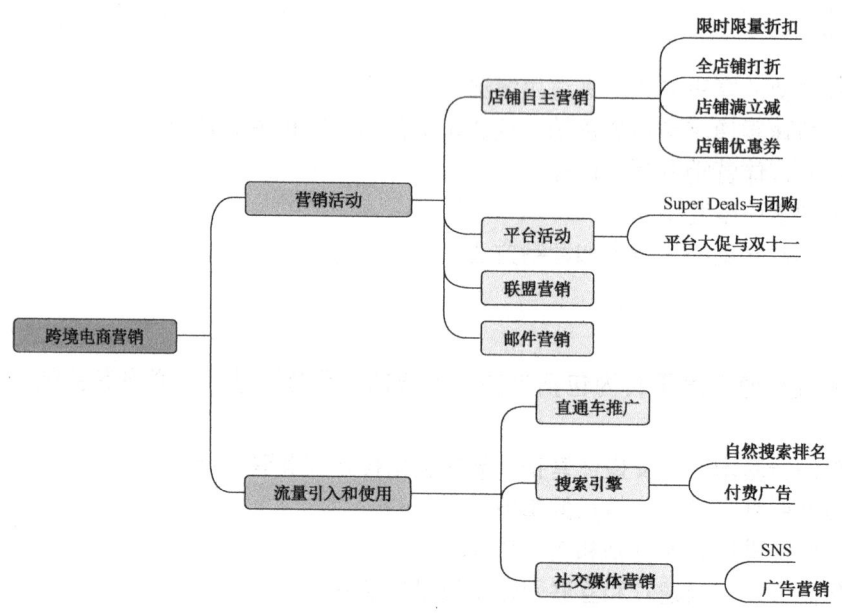

图 5-1 跨境电商营销框架

（一）营销活动

1. 店铺自主营销

店铺自主营销主要包括限时限量折扣、全店铺满减、店铺优惠券、全店铺打折四项,以及限时限量折扣关联其他营销活动并列进行。

权限要求:

（1）限时限量折扣、全店铺打折和全店铺满立减活动,只要有在线商品就可以参加。

（2）店铺优惠券活动,需要开通速卖通店铺才可以参加。

设置和展示规则:

（1）限时限量折扣活动必须提前12小时创建，全店铺打折、满立减和优惠券店铺活动都必须提前24小时创建。假如你要创建2月1日开始的活动，限时限量折扣需要在1月31日前创建，全店铺打折、满立减和优惠券需要在1月30日前创建。

（2）限时限量折扣、全店铺打折、店铺优惠券活动可以跨月创建，全店铺满立减开始和结束日期必须在同一个月内。例如，限时限量折扣的开始时间若在1月1日，结束时间在2月28日之前均有效。满立减店铺活动的开始时间若在1月1日，结束时间需要在1月31日之前。

（3）限时限量折扣活动一旦创建，活动商品即被锁定，无法编辑。如果想编辑该商品，需在活动开始前6小时退出活动。全店铺打折的商品在创建活动时不会立刻锁定，在活动正式开始前12小时才会锁定，无法编辑。

（4）限时限量折扣活动在开始前6小时、全店铺满立减活动在开始前24小时，即处于"等待展示"阶段，在此阶段之前都可以修改活动内容。若活动一旦处于"等待展示"和"展示中"状态，则无法再修改，请卖家创建活动后务必认真检查。

（5）店铺优惠券活动在活动开始前均可编辑和关闭，活动一旦处于"展示中"状态，则无法修改或关闭。

优惠生效规则：

（1）限时限量折扣活动与平台常规活动的优先级相同，正在进行其中任一个活动的商品不能参加另一个活动。

（2）限时限量折扣活动和平台活动的优先级高于全店铺打折活动，如果有商品同时参加了限时限量折扣活动（或平台活动）和全店铺打折活动，则该商品在买家页面展示时以限时限量折扣活动（或平台活动）的设置为准，两者的折扣不会叠加。

（3）全店铺满立减和店铺优惠券活动可同时进行，且跟任一折扣活动都可以同时进行，折扣商品以折后价（包括运费）计入满立减、店铺优惠券的订单中，产生叠加优惠，更易刺激买家下单。

2. 平台活动

定期平台活动：super deal：全站唯一首页单品曝光；每周二招商，适合打造爆款。价格折扣根据不同种类有不同的要求，一般要求价格折扣：99%off~35%off。店铺等级：一勋-五冠，90天好评率一般要求大于或等于90%，全球免邮。Daily Deals是super deal最有代表性的活动，属于速卖通自己的聚划算。只要参与，基本能出单。而且每个卖家只能报名一个产品，同样要求90天好评率大于或等于90%，全球免邮。weekend deal：每周四招商，周末显示。价格折扣根据不同种类有不同的要求，一般要求：99%off~35%off。店铺等级一般要求新店-五冠，90天好评率应该大于或等于91%。weekend deal每周精选产品定期定时在首页大banner展示，可以获取很高的点击量。产品则是要求有销量且严禁提价打折。俄罗斯团购、巴西团购、Today deals：类似秒杀，利润低，走量，以抢曝光和信誉为主。俄罗斯团购一般要求严禁提价销售，团购商品要求一口价。如果卖家有折扣大、库存多的商品优先考虑。另外，一般根据不同活动，要求俄罗斯或俄语系国家包邮。值得注意的是，俄罗斯团购与巴西团购还有Today deals活动不能同时报名。

非定期平台活动：非定期平台活动包括"平台特定主题频道活动"和"平台大促"。非定期平台活动如新年换新季活动、情人节大促、双十一活动，等等，对价格折扣、店铺等级、90天好评率都有一定的要求。

3. 联盟营销

速卖通联盟是速卖通官方推出的一种"按效果付费"的推广模式，它是国内最大的海外网络联盟体系之一。加入速卖通联盟营销的卖家可以得到海量海外网站曝光机会并享有联盟专区定制化推广流量。速卖通联盟卖家只需为联盟网站带来的成交订单支付联盟佣金，不成交不付费,是性价比极高的推广方式。

速卖通联盟有三个特点:

(1) 海量曝光:数十亿次网络曝光,PC&移动全覆盖。

(2) 全球覆盖:覆盖全球上百个国家,数十亿海外买家覆盖。

(3) 精准投放:精准地域匹配,精准购物习惯匹配。

速卖通联盟的价值:

(1) 解决速卖通卖家在经营中遇到的多个问题。

(2) 抢占先机,扩展站外买家第一渠道。

(3) 精确将商品与人群匹配,锁定目标人群,提升转化,如图5-2~图5-4所示。

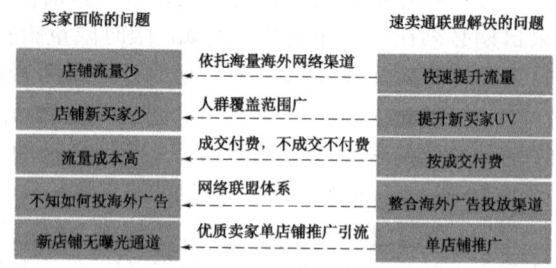

图 5-2 联盟营销功能

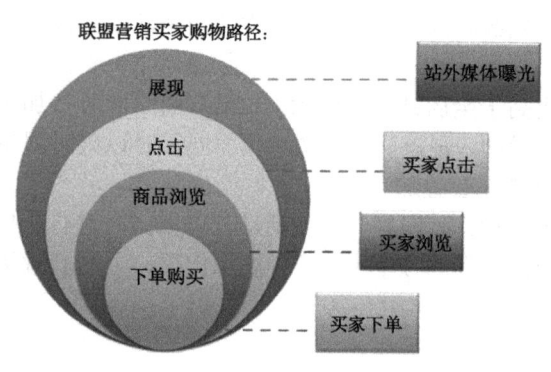

图 5-3 联盟营销买家购买途径

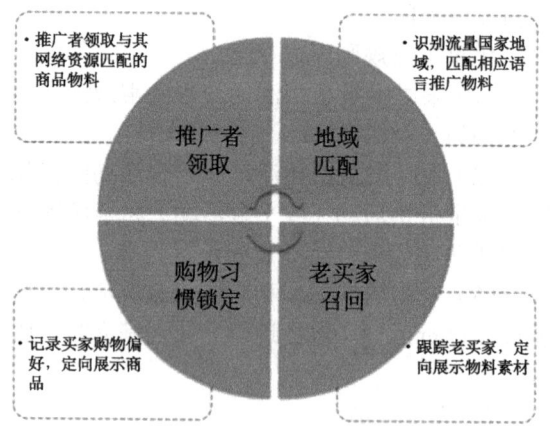

图 5-4 联盟营销目标人群锁定

4. 邮件营销

如图5-5所示,邮件营销是速卖通平台基于客户管理与营销下,对历史客户进行营销的一种方式。通过对买家信息的分析,包括买家的购买次数、累计购买金额、最近一次购买时间、买家信息等对买家进行有针对性的再次营销。

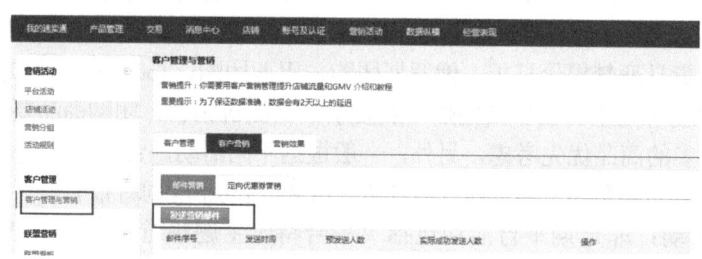

图 5-5 邮件营销

(二) 流量引入和使用

1. 直通车推广

速卖通直通车是阿里巴巴全球速卖通平台会员通过自主设置多维度关键词,免费展示产品信息,通过大量曝光产品来吸引潜在的买家,并按照点击付费的全新网络推广方式。简单来说,速卖通直通车就是一种快速提升店铺流量的营销工具。直通车主页如图5-6所示。

图 5-6　直通车主页

特色优势：
- 按点击付费：根据海外买家点击和查看后的结果，产生推广费用（中国大陆点击不收费）。
- 灵活可控：有效控制每日推广预算，淡旺季推广方案灵活可控。
- 海量选词：关键词海量选择，多维度曝光产品，全面覆盖潜在的买家。

2. 搜索引擎营销

搜索引擎营销分为付费广告和自然搜索排名两种。

SEM 涵盖关键词排名、竞价广告等，大多数情况下以点击计费。它的基本思想是让用户发现信息，并通过（搜索引擎）搜索点击进入网站/网页进一步了解他所需要的信息。在介绍搜索引擎策略时，一般认为，搜索引擎优化设计主要目标有 2 个层次：被搜索引擎收录、在搜索结果中排名靠前。简单来说 SEM 所做的就是以最小的投入在搜索引擎中获得最大的访问量并产生商业价值。

SEO 中文意思是搜索引擎优化。原意是指从自然搜索结果中获得网站流量的技术和过程，是在了解搜索引擎自然排名机制的基础上，对网站进行内部及外部的调整优化，改进网站在搜索引擎中的关键词自然排名，获得更多的流量，从而达到网站销售及品牌建设的目标。

但在速卖通中，SEO 引申为一个狭义的理解，即产品搜索排序优化，目的在于在既定的速卖通网站搜索规则下，让目标产品在其搜索关键词下能够被系统抓取，但是抓取不等同于曝光。如图 5-7 所示。

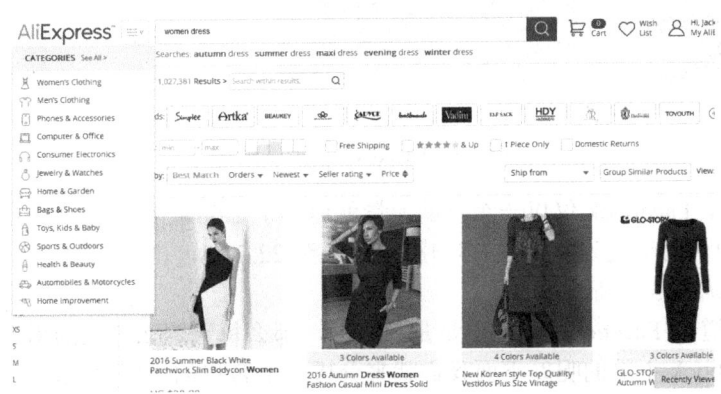

图 5-7　SEO 抓取

3. 社交媒体营销

SNS 全称为 Social Networking Services（社会服务型网络），国际上以 Facebook、Twitter、Instagram、Pinterest、VK 等 SNS 平台为代表，专指旨在帮助人们建立社会性网络的互联网应用服务。也指社会现有已成熟普及的信息载体，例如 SMS 服务。SNS 的另一种解释是：Social Network Site，即"社交网络"或"社交网"。社会性网络（Social Networking）是指个人之间的关系网络，这种基于社会网络关系系统思想的网站就是社会性网络。

进入社交媒体时代后，沟通渠道开始变得多样，沟通过程也融入了更多的个人情感。粉丝可能在你开设的 Facebook、Twitter 中评论或者分享他们的观点。在信息时代企业不止是信息的发布者，更变成活动的聆听者和参与者。

社交媒体平台营销分为主页发帖吸引粉丝互动（免费）和广告投放（付费）两种。

发帖包括更新主页状态、发布照片视频、发布活动信息、发布大事记、建立和参与小组讨论等，吸引自然粉并与之互动，多以内容创意和活动吸引力以及与客户的互动为取胜点。

以 CPC、CPM 等方式付费营销是社交媒体营销中逐渐形成和强化的另一种快速见效的营销方式。其多以网站中的广告横幅、文本链接、多媒体等形式出现展示给互联网用户。伴随着受众的注意力从电视转移到其他网络媒体，互联网广告已经逐渐成为广告营销的重要发展方向。

以下为国际几大社交媒体概况。

（1）Facebook 市场流量分析与粉丝行为习惯分析

Facebook 是全球最大的社交网络服务网站，中文网名译为"脸谱网"。它于 2004 年 2 月 4 日上线，据 2007 年 7 月数据显示，Facebook 在所有以服务于大学生为主要业务的网站中，拥有最多的用户：3400 万活跃用户，包括在非大学网络中的用户。从 2006 年 9 月到 2007 年 9 月，该网站在全美网站中的排名由第 60 位上升至第 7 位。同时 Facebook 是美国排名第一的照片分享站点，每天上传 850 万张照片。2010 年世界品牌 500 强：Facebook 超微软居第一。

下面先通过图 5-8 来了解一下 Facebook 的流量情况。

图 5-8　Facebook 的流量概况

2016 年 8 月，Facebook 仅仅一个月的流量就达到了 2.68 亿次，每个客户的平均停留时间为 16 分钟，客户访问深度为 14.41，客户跳出率低至 22.57%，由这些数据可见 Facebook 的客户群体黏度和忠诚度是极高的。

我们已经知道了 Facebook 的浏览量是惊人的，那么每天这么庞大的用户群体都是通过什么方式进入 Facebook 主页的呢？下面我们就来分析一下客户的访问来源，如图 5-9 所示。

直接访问的人多达 60.78%。也就是说，大部分客户是通过直接键入域名进入 Facebook 官方网站的，可见客户忠诚度极高，大部分访客是经常浏览 Facebook 的。23.64%的访客来源于其他网站的推荐，这是 Facebook 的口碑营销。9.59%的人来源于搜索。也就是说，这部分群体是听说了 Facebook，然后直接通过搜索引擎搜索来进入网站。1.79%来源于社交网站，3.07%来源于 E-mail，1.13%来源于付费广告。

下面是 Facebook 的世界排名，如图 5-10 所示。

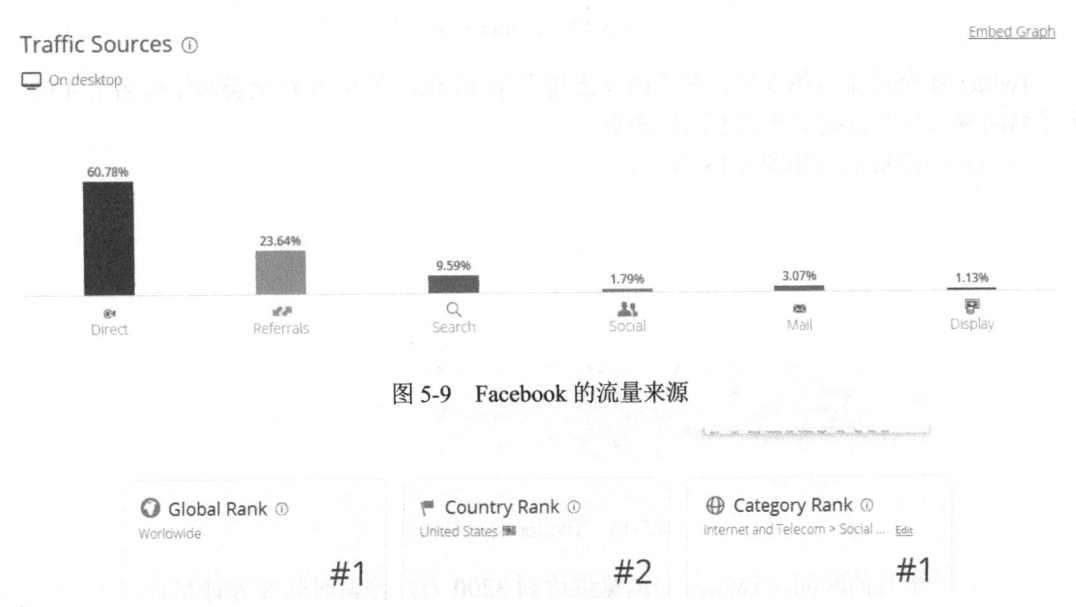

图 5-9　Facebook 的流量来源

图 5-10　Facebook 的世界排名

从图 5-11 可以看出，来自 Facebook 出生地美国的客户占比明显是最大的，其次是速卖通上的热销国家巴西。结合 8 月份的访客数据，2.68 亿人群中有 7.07%来源于巴西，其次是土耳其、英国和法国。

图 5-11　Facebook 流量的来源国家

（2）Twitter 市场流量与粉丝行为分析

Twitter（非官方中文译名为"推特"）是社交网络和微博客服务，它可以让用户更新不超过 140 个字符的信息，这些消息被称作"推文（Tweet）"。Twitter 在全世界都非常流行，据 Twitter 现任 CEO 迪克•科斯特洛（Dick Costolo）宣布，截至 2012 年 3 月，Twitter 共有 1.4 亿活跃用户，这些用户每天会发表约 3.4 亿条推文。同时，Twitter 每天还会处理约 1.6 亿的网络搜索请求。Twitter 被形容为"互联网的短信服务"。网站的非注册用户可以阅读公开的推文，而注册用户则可以通过 Twitter 网站、短信或者各种各样的应用软件来发布消息。Twitter 公司设立在旧金山，其部分办公室及服务器位于纽约。Twitter 是互联网访问量最大的十个网站之一。

下面我们来看一下 Twitter 的互联网上排名，如图 5-12 所示。

图 5-12 Twitter 排名

Twitter 在全球排名第 9 位，在美国本土排名第 10 位，在 SNS 社交类网站排名第 4 位。这个排名随着每月的数据更新而不断地变更。

Twitter 的流量情况如图 5-13 所示。

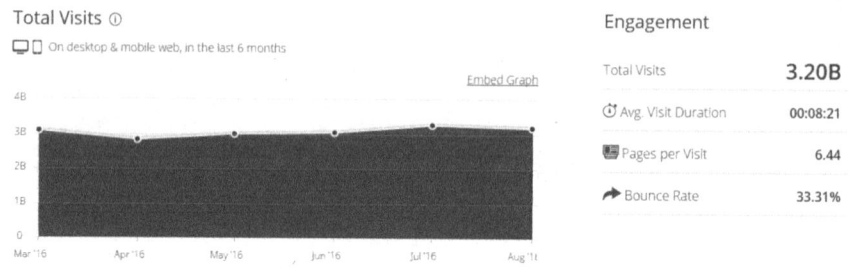

图 5-13 Twitter 的流量概况

仅 8 月一个月的时间，Twitter 的浏览量达到 3200 万，停留时间 8 分钟左右，访问深度为 6.44，跳出率为 33.31%。

Twitter 的流量来源分布如图 5-14 所示。

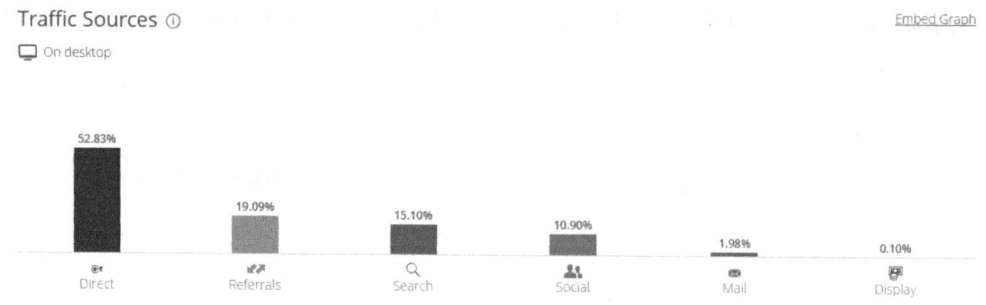

图 5-14 Twitter 流量的来源方式

其直接流量来源达 52.83%，超过一半，19.09%的流量来源于其他网站推荐，这是 Twitter 的口碑营销。15.1%的人来源于搜索和 10.9%来源于社交网络。

流量分布国家如图 5-15 所示。

图 5-15 Twitter 流量的来源国家

Twitter 的访问人群主要来源依旧是美国，位于亚洲的日本也有很高的占比，英国、土耳其和巴西这几年的流量也在逐渐增加。而土耳其和巴西都是速卖通上的热卖国家。

（3）Instagram 市场流量分析与粉丝行为习惯分析

Instagram 是一个免费提供在线图片及短视频分享的社交应用，于 2010 年 10 月发布。它可以让用户用智能手机拍下照片后再将不同的滤镜效果添加到图片上，然后分享到 Facebook、Twitter、Tumblr 或者 Instagram 的服务器上。

Instagram 的名称取自"即时"（英语：instant）与"电报"（英语：telegram）两个单词的结合。因为创始人的灵感来自即时成像的相机，且认为人与人之间的照片分享"就像用电线传送电报信息"一样，因此将两个单词结合成软件名称。Instagram 的一个显著特点是，用它拍摄的照片为正方形，类似用宝丽来即时成像相机拍摄的效果，而通常使用的移动设备的相机的纵横比为 4:3 和 16:9。

如图 5-16 所示，Instagram 在全球排位第 6，美国国家排名第 8，在社交类网站排名第 3，比去年 8 月份全球排名上升 20 个名次。

图 5-16　Instagram 的排名

图 5-17 是 Instagram 近半年的流量情况。我们可以看到在 8 月份达到了 1800 万，平均访问时间近 6 分钟，访问深度页面高达 27.32，这个深度远超过 Facebook，说明在 Instagram 上所发的内容有趣程度和关联性是很好的。

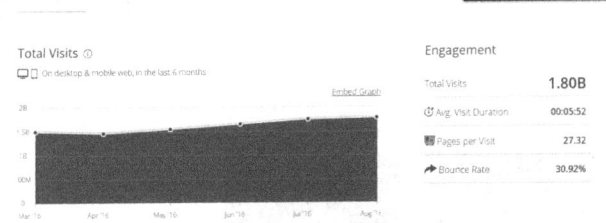

图 5-17　Instagram 的流量

Instagram 的访客人群依旧是美国居多，而排名第二和第三的则是速卖通上超级热卖的国家俄罗斯和巴西，这也说明俄罗斯和巴西这两个国家的移动设备使用率较高，如图 5-18 所示。

图 5-18　Instagram 流量的来源国家

接下来我们分析一下客户是通过什么方式进入 Instagram 网站的，如图 5-19 所示。

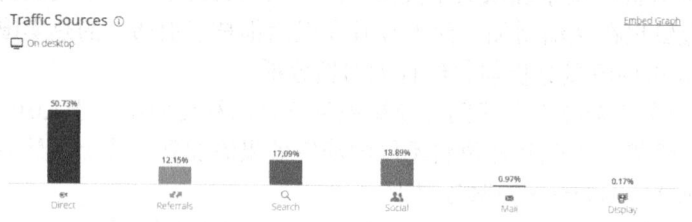

图 5-19　Instagram 流量的来源方式

在 Instagram 的访问人群中绝大多数人依旧是通过直接访问来的，而与 Facebook 和 Twitter 不同的是，占比第二的不是通过推荐而是通过其他社交网站而来的。

从图 5-20 的社交网站对 Instagram 的引流情况来看，占比较大的是 Twitter 和 Facebook 以及 Youtube。

（4）Pinterest 市场流量分析和粉丝行为分析

Pinterest 是一个图片分享类的社交网站，用户可以按照主体分类添加和管理自己的图片收藏，并与好友分享。其使用的网站布局为瀑布流布局。Pinterest 是由美国加州的一个名为 Cold Brew Labs 的团队创办的，2010 年正式上线。Pinterest 由 Pin 和 interest 两个词组成。

图 5-21～图 5-23 是 Pinterest 的流量数据及排名情况。

图 5-20　Social 类流量来源对比

图 5-21　Pinterest 的流量概况

图 5-22　Pinterest 的排名

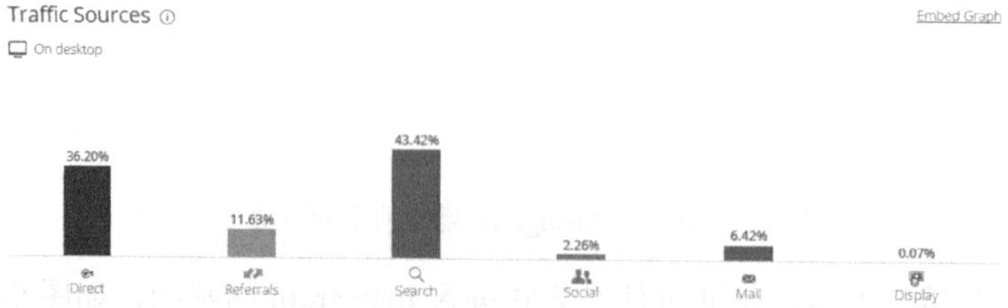

图 5-23　Pinterest 流量的来源方式

（5）VK 市场流量分析与粉丝行为分析

VKontakte 是俄罗斯知名的在线社交网络服务网站，为"接触"之意，拥有 70 多种语言，用户主要来自俄语系国家，其中在俄罗斯、乌克兰、阿塞拜疆、哈萨克斯坦、摩尔多瓦、白俄罗斯、以色列等国家较为活跃。

如图 5-24 所示，VK 在全球排名靠前，在俄罗斯排名第一位，其在俄罗斯的影响极大，在社交网站排名仅次于 Facebook。

图 5-24　VK 的排名情况

图 5-25 是 VK 近半年的流量情况，我们看到 8 月份的流量达到了 2700 万，平均访问时间高达 25 分钟，访问页深度高达 40.72，超过了其他很多大型社交类网站。由此可见 VK 在全球的影响力也是极大的。

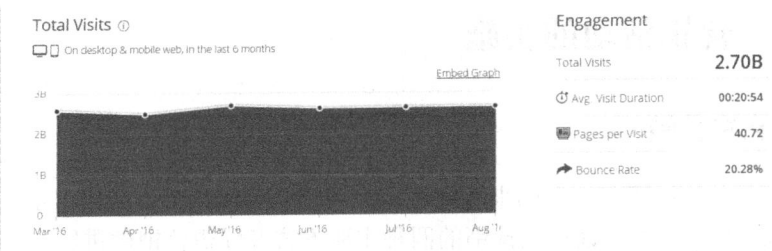

图 5-25　VK 的流量概况

图 5-26 和图 5-27 是 VK 的流量来源和分布国家。

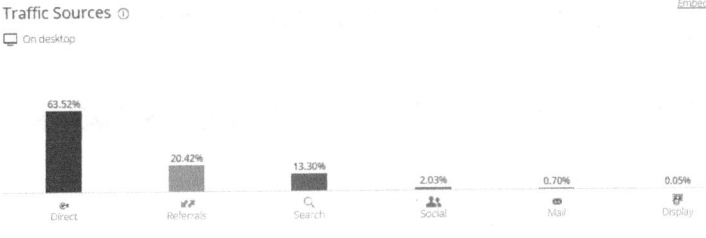

图 5-26　VK 流量的来源方式

图 5-27　VK 流量的来源国家

VK的访客来源途径与Facebook一样,直接访问人数最高,其次是推荐、搜索等。流量来源国本土俄罗斯占比最大,其次是乌克兰、白俄罗斯等俄语系国家。

二、营销方式的选择

营销活动下店铺自主营销、平台活动、联盟营销和邮件营销四种方式是速卖通平台自身提供给卖家的免费营销机会,适用于各个阶段和需求的合格商家。

首先,流量引入和使用下的直通车活动也是速卖通提供的付费引流活动,速卖通开直通车,可以在短时间内提升曝光度、流量和交易量。同时对推广新品还有新店崛起,直通车都可以做到。不过直通车需要较大的金额投入,一般小卖家需要做好心理准备。

其次,SEO优化(特指速卖通站内软文排名)对于站内推广是非常重要的,卖家只需根据SEO规则仔细做好优化,根据变化的热搜词去不断地调整,是搜索排名的首选。

最后,社交媒体营销,建主页帖,发布创意活动吸引粉丝并与其互动也是推荐中小卖家去涉足的营销方式,通过站外互动的方式推广活动,留住老客户并吸引新客户。

因此,基于我们是刚成立不久的小卖家,特选择营销活动包含的全部四种营销方式,流量引入下的直通车、SEO优化和社交媒体营销方式来推广。由于广告投放至平台下店铺二级链接的跳出率极高(并非像独立站,容易跳转至平台下的其他店铺),不选择付费搜索引擎排名和社交媒体的竞价广告。

☑ 任务二 营销活动的实施

一、店铺自主营销

店铺自主营销是店铺流量主要的来源之一,在店铺具体情况下,是引流量、提高客单价、促进转化的重要方法。现就店铺自主营销的四种主要方式及联盟营销做讲解,卖家可根据具体情况选择适用的方式进行店铺推广。

(一)限时限量折扣

1. 限时限量的折扣位置

打开速卖通后台,单击"营销活动"—"店铺活动"—"限时限量折扣"—"创建活动",如图5-28所示。

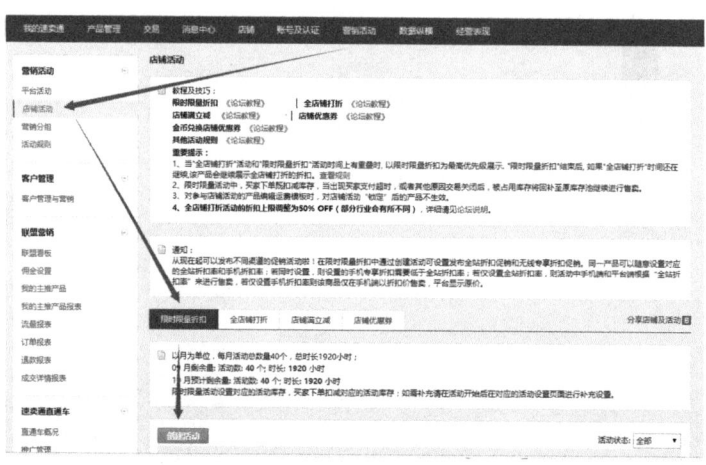

图5-28 活动设置位置

2. 限时限量的构成

限时限量折扣由三个板块构成：活动名称、开始时间和结束时间，这三个板块需要填写具体信息。活动名称需简单明了，比如营销活动是推新款的，活动名称可以直接写推新款；是打造活动款的，活动名称可以直接写打造活动款，以此类推。需要注意的是，时间为美国太平洋时间，开始和结束时间设置可以根据活动目的来设置，在正常情况下，设置一个星期左右为宜，能给客户紧迫感。另外，也可以方便接下来一个星期的编辑和营销。如果是清库存的产品，时长可以稍微设置长一些。具体设置如图5-29和图5-30所示。

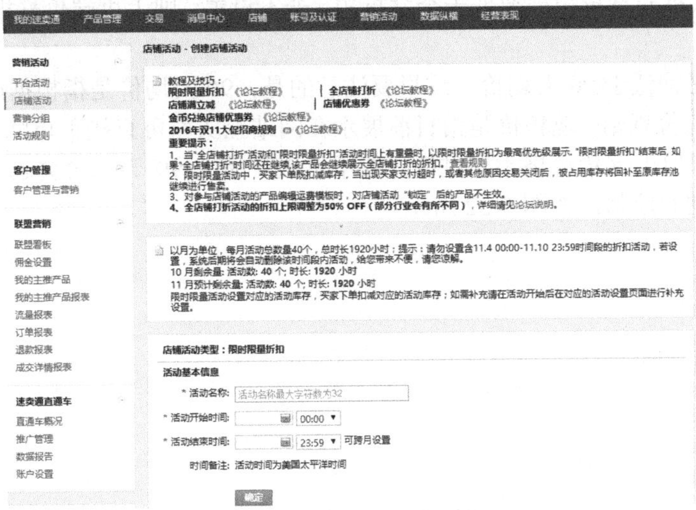

图 5-29 基本信息设置

3. 前期产品准备

在做限时限量折扣前，一定要做好准备。比如某个产品要打五折，在上传产品时就需要将价格定位做好，先把价格做适度提升。某个产品想打六折，一样需要在上传产品时把价格升高一定的幅度。需要注意的是，打完折后要的确给客户优惠，不能是虚假折扣。然后可以把所有做好的产品放进同一个组里面，以便后续营销活动便于寻找，如图5-31所示。

图 5-30 活动款时间设置 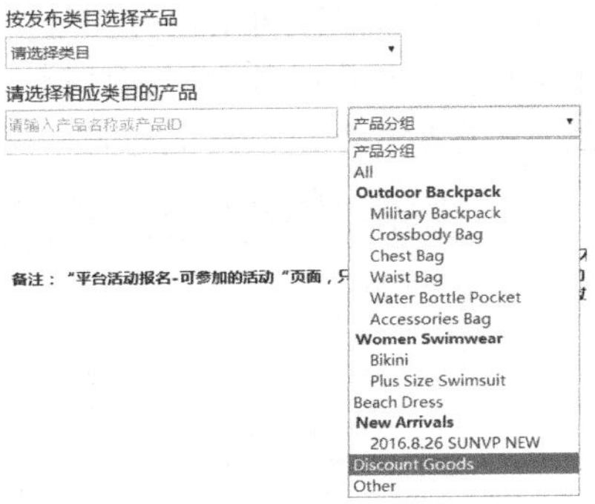　　　　　　　图 5-31 活动款分组设置

4. 设置折扣数量

我们需要根据前期产品的准备设置折扣，根据活动目的来设置数量。比如所选择的产品前期已经提高了50%的价格，那么折扣最高可以打五折。当然，在前期，新款和活动款可以让更多利润给买家。实践证明，折扣时间持续一个星期左右，促销数量为10个左右正合适。如果

过少,产品很快就被抢光了,达不到活动目的。如果过多,就给不了客户紧迫感。

在设置限时限量折扣时,有以下四点需要注意。

(1)如果产品存在多个 SKU,则此产品下所有 SKU 的产品普通库存量非 0 且产品为"正在销售"状态下的均会参加到活动中。

(2)目前全站活动和手机专享活动不支持独立库存,请卖家设置恰当的活动折扣率以避免预期外的损失。

(3)同一产品必须先设置全站折扣后才能设置手机专享折扣。此手机折扣率可不设置,若设置,则设置的手机专享折扣需要低于全站折扣。若不设置,则手机端价格根据"全站折扣率"来销售。

(4)促销价必须低于 90 天均价。这里要注意的是,90 天均价是指根据产品当天往前推的 90 天内,按照现售价规则(现售价是指目前展示在网站上买家可直接下单购买的价格)计算的平均值。所以,平时的促销价格不要过低,要不然该产品的 90 天均价会越来越低,不利于以后的促销活动和利润控制,如图 5-32 所示。

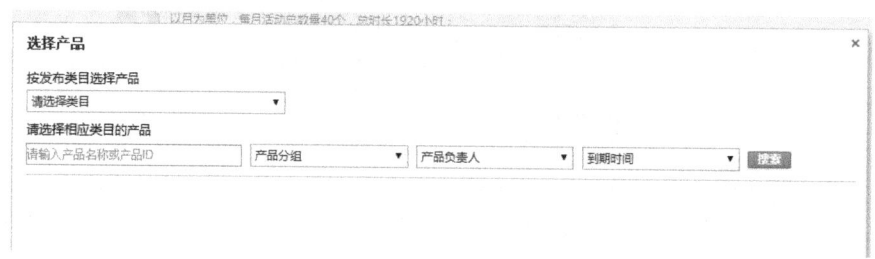

图 5-32　活动款选择页面

5. 联合营销

很多卖家做完限时限量折扣活动之后,就觉得已经结束了。而速卖通后台每一个营销工具不是单独的,而是紧密关联的,只有把所有的营销工具联合起来,才能把限时限量折扣的效果发挥得最好。

(1)联合全店铺打折

我们可以和全店铺打折进行联合营销,全店铺打折的功效是非常明显的,特别是对新店铺,效果立竿见影,所以做限时限量折扣时,记得要和全店铺打折联合在一起。当然,也不是每一次限时限量折扣活动都必须全店铺打折,尽可能将有竞争优势的限时限量折扣产品和全店铺结合。在限时限量折扣不是很有优势时,可以暂时忽略,如图 5-33 所示。

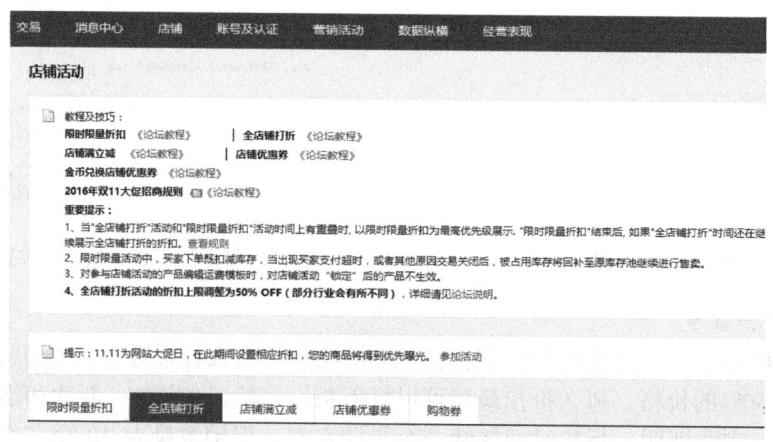

图 5-33　全店铺打折

（2）联合直通车推广

直通车给我们带来的曝光率是非常可观的，所以一定要运用好直通车这个工具。用直通车单独为限时限量折扣产品建一个计划。一个直通车只需有一个产品，如果一个计划里面涵盖多个产品，那么目标产品的曝光会被分割，从而减少，对目标产品的推广是非常不利的。如图5-34所示，通过限时限量折扣+直通车推广，让该产品的曝光发挥最大值。

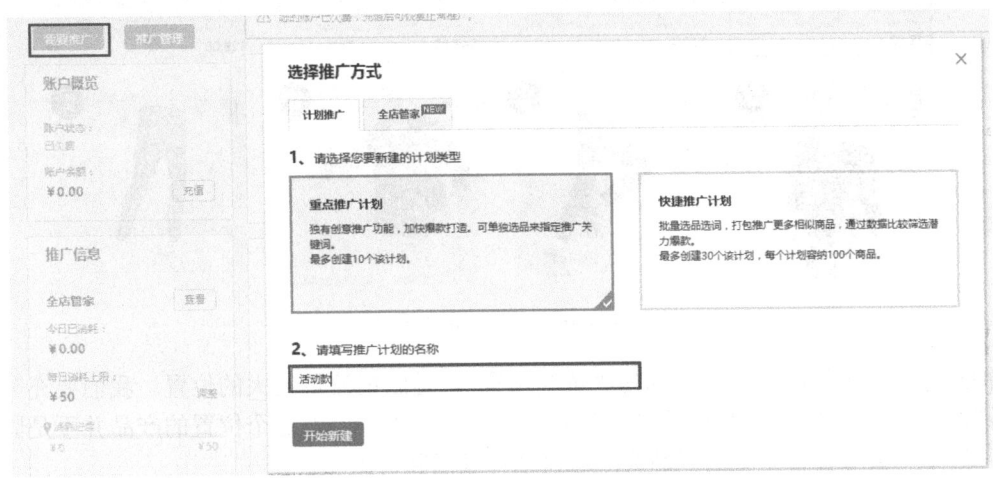

图 5-34　直通车

（3）联合店招和横幅

除了直通车，我们还应该充分利用好店铺装修的工具。店招和滚动横幅也是一个很好的广告位，当我们做某个产品限时限量折扣的推广时，可以充分利用好店招和横幅的宣传作用。实践证明，这两个广告位能让限时限量折扣效果事半功倍，如图5-35所示。

图 5-35　店招和横幅

通过店招和横幅，可以把我们的优势、目标产品的介绍、店铺通知等推送给客户。例如，可以通过店招的抢眼位置，阐述某产品的价格和折扣优势，通过店招的链接直接连接到该产品上。事实证明，该产品在一段时间内会快速地增加曝光和转化。

（4）联合首页推荐

店铺的首页推荐位也应该充分利用好，这也是一个很好的曝光资源位。如图5-36所示，显眼的折扣是非常吸引眼球的，能对限时限量折扣提供很大的帮助。

图 5-36　店铺首页推荐位

特别是左上角的产品位置，称为"黄金位置"，是店铺流量最大的位置。我们要充分利用好店铺的"黄金位置"，把想推的产品放到这个位置上去。当然这个位置的产品并不是固定不变的，这个"黄金位置"上的产品会随着营销计划而随时改变。

（5）联合联盟营销

结合限时限量折扣的另外一个营销利器就是联盟营销的主推产品，很多人可能会忽略这个营销工具。如图 5-37 所示是一个联盟营销的主推产品的设置，只要用好了这个工具，我们的店铺自主营销效果会发生质的飞越。如果想让某个产品成为联盟营销的主推产品，我们最好提前一个月进行预热设置。主推产品的佣金比平常的产品佣金要高一点，这样的效果将会更明显。在正常情况下，主推产品的佣金设为 5%以上，效果会比较明显。当然，也要根据自己的店铺产品的利润率来设置。

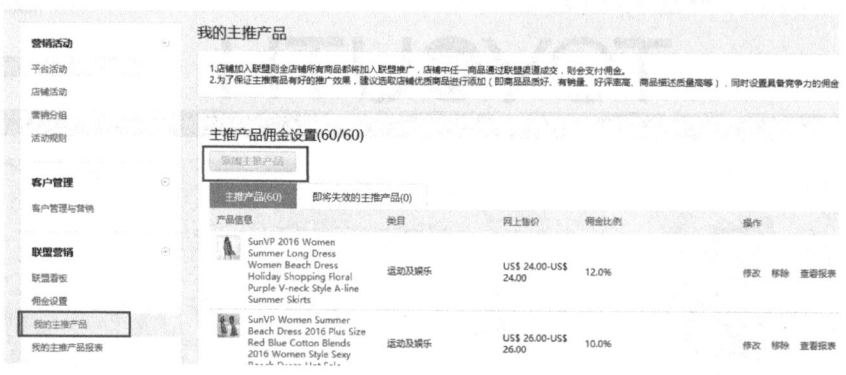

图 5-37　我的主推产品

（6）结合客户管理

如图 5-38 所示，客户是店铺所有营销的根本，我们做的所有活动和所有营销的根本目的就是能发展新客户。既然新客户已经有了，就要充分利用好这个客户营销工具。

首先，我们要把客户所有的资料做一个整理，然后将其归类。A 类客户下单金额一般比较大，而且成交干脆。B 类客户就是稍微挑剔和锱铢必较的客户，当店铺有优惠的时候，他们总会很快出现。当我们的产品折扣真的非常吸引人的时候，首先要推送的客户就是 B 类客户，如此，他们很容易成为店铺的忠实买家。但要注意的是，并不是每次都通知。通过客户分析，我们很容易知道每个客户购买周期的大概值，所以营销邮件首先推送给正好到购买周期的 B 类客户。

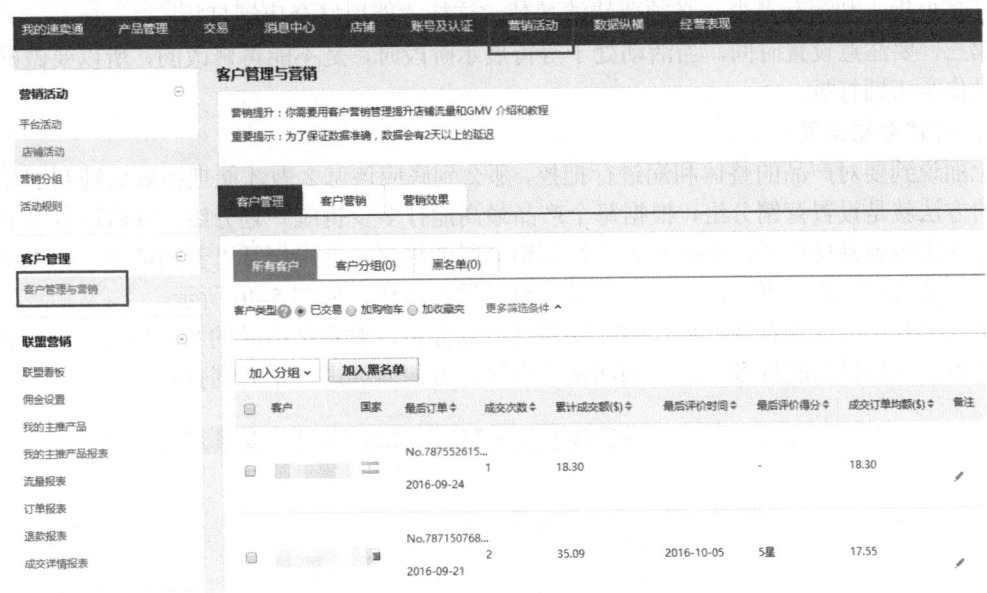

图 5-38　客户管理

（7）分享店铺活动

最后要注意的是，记得分享店铺活动。如图 5-39 所示，它展示在俄罗斯 VK 社交网站上，由于速卖通上很多客户都来自俄罗斯，所以这个站外营销是必不可少的。

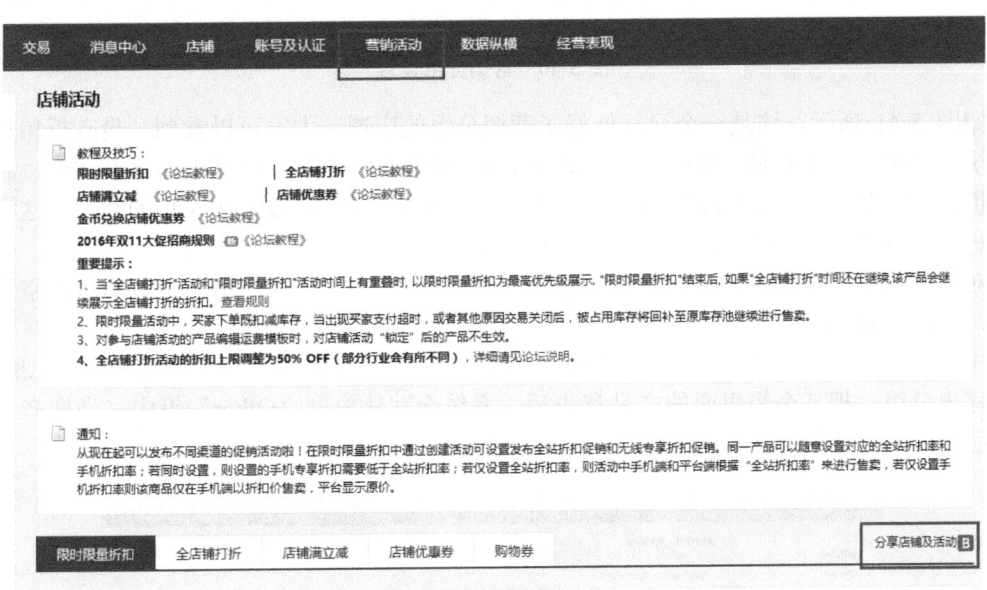

图 5-39　分享店铺活动

（二）全店铺打折

全店铺打折是店铺自主营销的"四大利器"之首，尤其对于新店铺来说，作用更为明显，能快速提高店铺的销量和信用，提高店铺的综合曝光率。但是在做全店铺打折前，有三点是需要注意的。

第一，全店铺打折的时间为美国太平洋时间，创建活动需 24 小时后开始。

第二，在做全店铺打折前，必须对所有的产品有一个整体的利润把控，也就是说，每个产品能打多少折，利润有多少，必须要清清楚楚，这样才能用好全店铺打折。

第三，要注意设置时间，当活动处于等待展示阶段时，是不能再修改的，所以要做好计划再去操作全店铺打折。

1. 营销分组设置

上面说到要对产品的整体利润进行把控，那么到底应该怎么做才能把控好店铺利润呢？最直接的方法就是设置营销分组，根据每个产品最高能打多少折统一划分组，以后设置每个产品的折扣就比较容易操作了。现在开始进行营销分组的设置，首先打开"营销活动"—"店铺活动"—"全店铺打折"页面，单击"营销分组设置"按钮，如图5-40所示。

进入"营销分组设置"之后，首先要进行产品分组，对每个产品的利润度进行整体核算，弄清楚每个产品最高能打多少折、利润是多少等，方便后续进行全店铺打折。

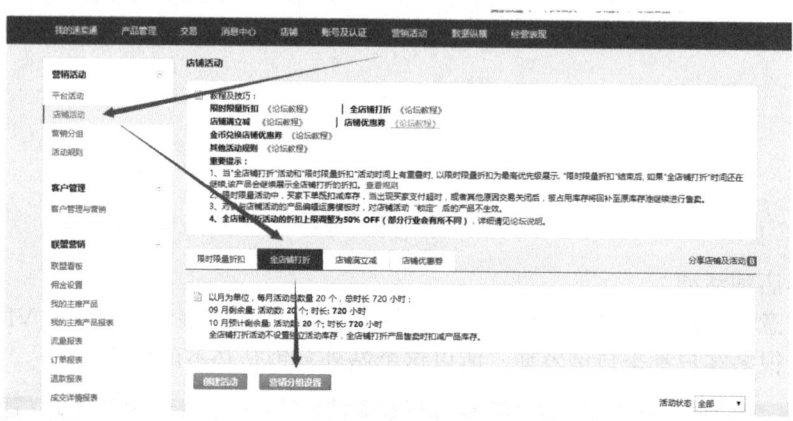

图 5-40　营销分组设置

如图 5-41 所示，这是一个已经做好了营销分组的店铺，大家可以看到，最高折扣相同的产品统一放在一个组里面。例如，"10%discount"组里面的产品，只有10%的利润度，做全店铺打折时，这个组里面的产品最高只能打 9 折。如果打 9.5 折，就有 0.5 折的利润。这样全店铺的利润就可以完全把控了，也不至于亏本打折。

对于"营销"分组内产品管理，大家需要熟悉"添加产品""移出分组"和"调整分组"功能，如图 5-42 所示。

添加产品：如果想将更多相同折扣的产品添加到同一个组中，就可以使用这个按钮。

移出分组：把某个组里面的产品移出后，系统会默认放到"Other"组中。当把产品移出分组后，做全店铺打折时，要特别注意"Other"组的折扣。

图 5-41　编辑分组

图 5-42　组内编辑

调整分组：若想把某个组里面的产品调整到其他组中，可以用到此按钮。

2. 店铺打折设置

做好营销分组后，操作店铺打折就轻而易举了。首先打开"营销活动"—"店铺活动"—"全店铺打折"页面，单击"创建活动按钮"，如图 5-43 所示。

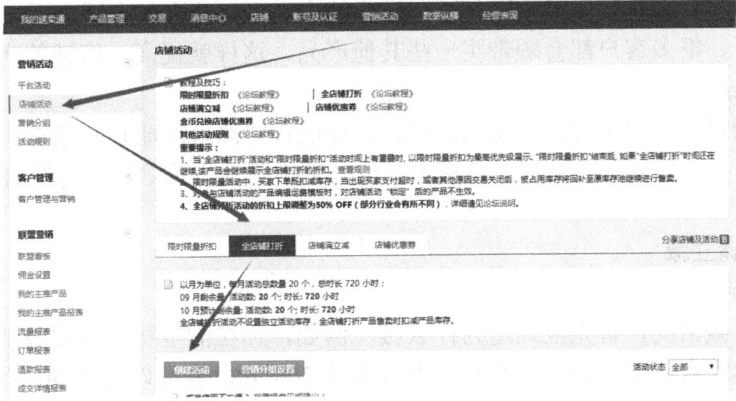

图 5-43　创建活动位置

创建活动之后，进入全店铺打折活动页面，如图 5-44 所示。

图 5-44　活动的基本信息

此活动页面主要由两个板块组成：活动基本信息和活动商品及促销规则。四大店铺营销的活动基本信息都一样，都由活动名称、活动开始时间和活动结束时间组成，要注意的是活动商品及促销规则的设置。

首先我们针对活动基本信息进行讲解。要起一个一目了然的活动名称，假如是月底大促销，则可以直接在活动名称中写"月底大促销"，这样方便后续观察。对于开始时间和结束时间，由于全店铺打折的力度比较大，全店铺打折时间不宜设置过长，最好持续时间为3天以内。否则，店铺每天都在打折，给客户的印象就是该店铺就是打折店铺，客户每天都在等你打折，没打折就不下单，不利于店铺的长期发展。

对于活动商品及促销规则的设置，我们初期做的营销分组作用就在此，每个组能打多少折，在这里可以很轻松地去操作全店铺打折了。在这里要提醒大家的是"Other"组，不在以上任何一个分组中的产品都会放进这个组里面，所以在"Other"组里设置打折时，一定要谨慎，仔细观察这个组里面的产品再打折。

3. 结合其他营销工具

前面说到做限时限置折扣时，要结合客户管理进行营销。其实全店铺打折最好也能结合客户管理进行营销。首先进行客户管理分析，有针对性地通知目标客户，给客户发营销邮件。如果营销邮件不够用，可以借用第三方工具，向目标客户发出通知，客户会非常感激你的细心。除了客户营销，在全店铺打折期间，大家最好能24小时不间断地进行直通车推广。通过直通车引进新客户，本来客户只想买你用直通车推广的产品，但是进入店铺之后，发现店铺中所有的产品都在打折，很多客户都会顺带买一些其他产品，这样就提高了店铺的客单价了。

4. 活动总结

店铺后台的每种营销手段都不是孤立的，只有把它们都紧密地联系起来，才能把店铺自主营销做得最好。在做店铺自主营销的过程中，也只有不断地去总结，才能做出最适合我们店铺的自主营销。

（三）店铺满立减

1. 设置目的

我们做满立减活动，首先应知道为什么做。例如，你在淘宝买一件衣服，它的售价是100元，但是它的卖家告诉你，如果买两件，也就是满200元，就可以优惠50元，你会不会多买一件？很多人的答案都是肯定的，那卖家也达到了他的目的——提高客单价。我们做活动的目的也是要提高客单价，这样才能充分利用好营销这个工具。在做满立减活动之前，首先要知道店铺的客单价是多少。如图5-45所示，打开"数据纵横"—"成交分析"—"成交概况"，我们可以看到固定时间段内店铺的平均客单价。

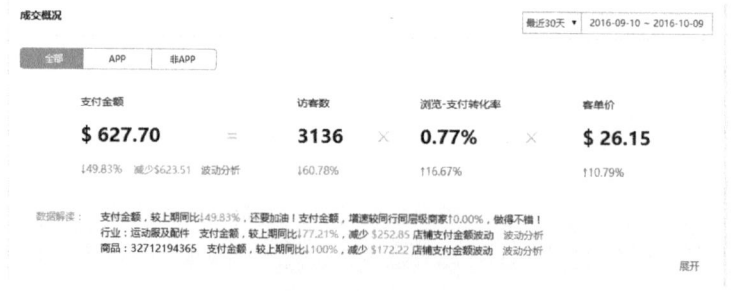

图 5-45　成交概况

店铺后台给予我们的客单价可以作为参考值的同时，还有一个最直接的判断客单价的方法是，找出近一个月时间内，经常出单的产品中销售额最大的产品价格进行判断。当然，这个方法只适用于店铺的整体客单价相差不大的情况。要注意的是，满立减活动都有数量和时间的限制，如图 5-46 所示，满立减活动每个月有 10 个，持续时长为 720 小时。

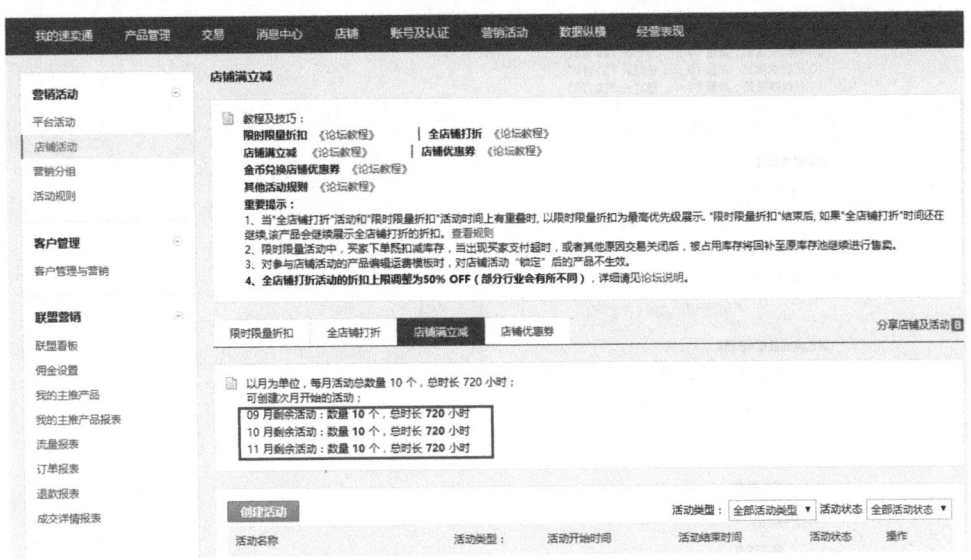

图 5-46　满立减的数量限制

2. 如何设置满立减

如图 5-47 所示，打开"营销活动"—"店铺活动"—"全店满立减"页面，单击"创建活动"按钮即可以进行全店铺满立减的设置了。

图 5-47　创建活动

满立减有两部分需要我们填写，即"活动基本信息"和"活动商品及促销规则"，如图 5-48 所示。

首先，活动名称和限时限量折扣一样，要起一个让人一目了然的名字，这个名称是不展示给客户看的。对于活动开始时间和结束时间的设置，有三点要注意。

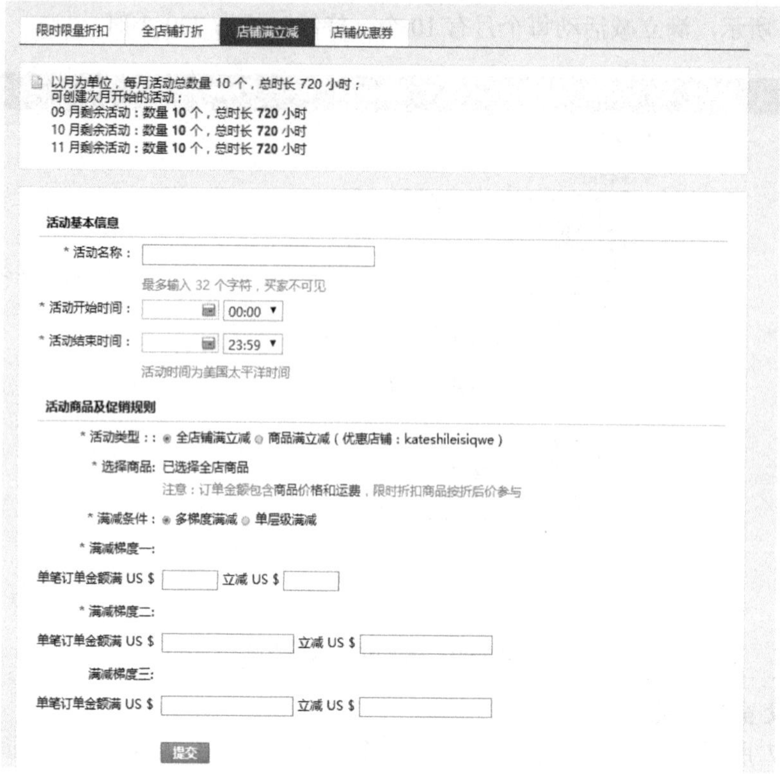

图 5-48　活动的基本信息

第一，满立减活动的开始时间和结束时间只能在同一个月内。

第二，由于系统同步原因，得至少提前 24 小时创建活动。

第三，满立减活动最好整个月都要存在，由于它只可以设置 10 个，总时长 720 小时，所以月初就要规划好整个月的满立减活动。

其次，是优惠条件和优惠内容的设置。我们已经提到过，设置满立减的目的是提高客单价，所以设置的优惠条件也要以提高客单价为目的。假设店铺的客单价为 15.41 美元，如果想让客户多买一件，就可以告诉客户，买满 30 美元，优惠 3 美元，这样对于客户来说，比较有吸引力。所以订单金额可以写 30 美元，优惠内容可以写 3 美元。

最后，我们要借助满立减这个工具，服务好客户。打个比方，客户下了一个 29 美元的订单，而你的满立减是满 30 美元减去 3 美元，这时若对客户来个温馨提醒，客户会感觉到更加人性化。

（四）店铺优惠券

1. 设置目的

设置优惠券和满立减一样，也是为了提高店铺的客单价。但是它又和满立减不一样，满立减 50 美元以上的，最少要优惠 50 美元，而优惠券不一样，它可以设置小金额的，比如 2 美元、3 美元、4 美元等，对于卖家朋友来说，是比较灵活的。第二个目的是，增加二次营销的机会。其实优惠券在国外是比较流行的，对国外的客户很受用，我们把优惠券发放给客户了，他们就会想办法使用这个优惠，这就达到了二次营销的目的。具体的总结和注意事项如图 5-49 所示。

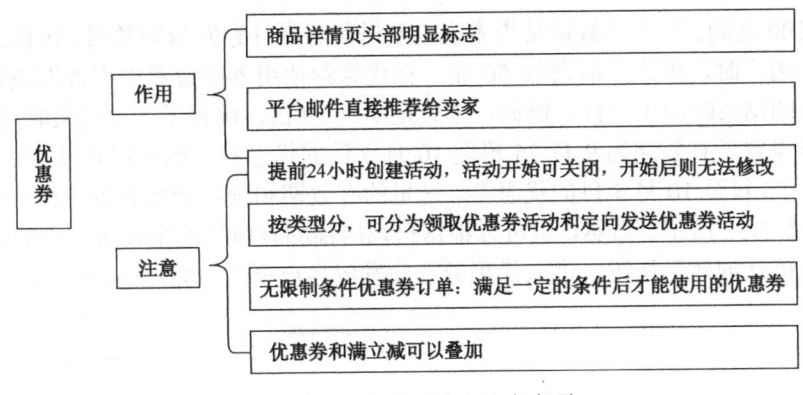

图 5-49 具体的总结和注意事项

2. 优惠券的具体设置

店铺优惠券可以分为两种：领取型优惠券和定向发放型优惠券。优惠券和满立减一样，也有个数限制，领取型优惠券每月只有 10 个活动，定向发放型优惠券每月只可创建 20 个活动，那就需要我们在月初的时候仔细规划，合理利用平台资源。

选择"营销活动"—"店铺活动"—"店铺优惠券"—"领取型优惠券活动"/定向发送型优惠券活动，单击"添加优惠券"按钮，进入创建优惠券的活动页面，如图 5-50 所示。

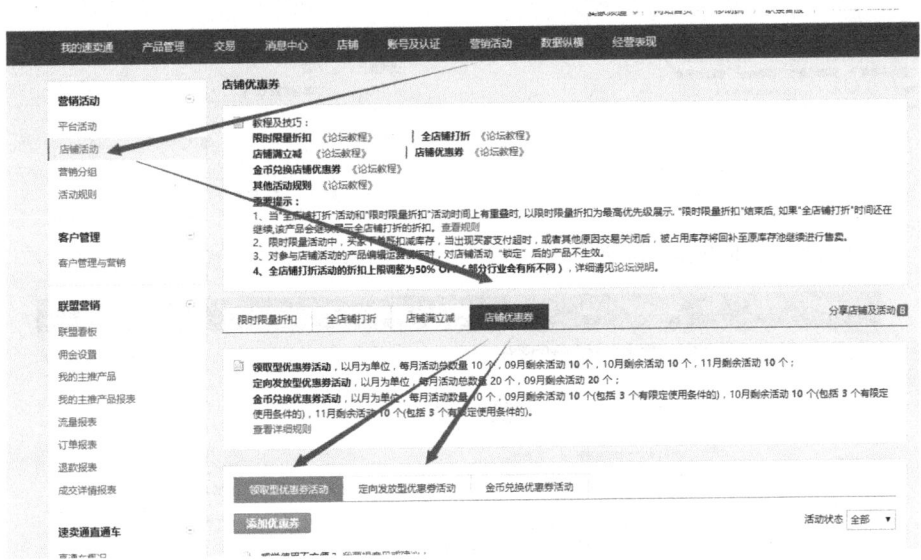

图 5-50 添加优惠券

领取优惠券活动和定向发送优惠券活动页面对比如上，同时由三个板块构成：活动基本信息、优惠券规则设置、优惠券使用规则说明。

在领取优惠券活动的基本信息中，活动名称要一目了然。假如这个店铺的客单价为 20 美元，为了提高客单价，可以设置满 30 美元就能使用 2 美元的优惠券。当然，如果店铺利润度可以承受的话，也可以设置一个 2 美元不限条件的优惠券，不限条件的优惠券对买家的吸引力非常大，建议多做一些不限条件的优惠券，促进二次营销。对于活动开始时间和结束时间的设置，如果时间充足，建议设置优惠券的周期为 7 到 10 天，如图 5-51 所示。

定向发放优惠券活动的开始时间和结束时间可以根据具体情况来设置，这里的开始时间和结束时间是指卖家向买家发放优惠券的时间范围。但是要注意的一点是，它是即时生效的。在优惠券发放规则设置中有两部分需要我们填写，其中面额是指定发放给客户的优惠券面值，只可以在$2~$200之间。发放总数量是指本次定发送优惠券计划发放的数量，可以是1~500张，但是每次添加用户时，单次只能发放50张。在优惠券使用规则设置中有效期是指优惠券的有效期，与活动的结束时间不一样。例如，今天是9月19日，设置了活动结束时间为9月25日的活动，同时设置了有效期为9月25日至10月5日的优惠券，则可以在9月25日前发放使用时间为9月25日至10月5日的优惠券。这里的有效期和领取型优惠券一样，建议有效期为7~10天。如图5-51所示。当然，也可以根据自己店铺的具体情况来设置合理的定向发放型优惠券。单击"确认创建"按钮，进入优惠券定向发放客户页面，如图5-53所示。

图5-51 领取优惠券活动 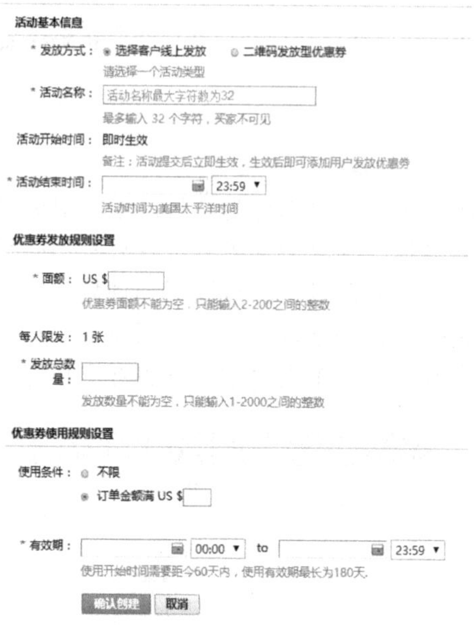　　　　　图5-52 定向发放型优惠券活动

图5-53 定向发放客户页面

定向发放型优惠券是速卖通在领取优惠券基础上增添的新功能。凡是与店铺有过交易、加过购物车或者Wish list的卖家都可以作为定向发放的对象。只需创建优惠券活动、选择发放对象、点击发放三步操作便可利用优惠券实现新老买家的主动激活维护。对于不同类型的客户，我们可

以设置不同类的定向发放优惠券,把累计交易金额从高到低进行排序,VIP 客户发放大面值的有条件的优惠券;小客户发放小面值的有条件优惠券;对于加入购物车和 Wish list 的客户,建议发放无条件的优惠券,促进购物车或者 Wish list 的订单转化,以便达到二次营销的目的。

（五）活动设置规则

1. 权限要求

（1）限时限量折扣、全店铺打折和全店铺满立减活动,只要有在线商品就可以参加。

（2）店铺优惠券活动,需要开通速卖通店铺才可以参加。

2. 设置和展示规则

（1）限时限量折扣活动必须提前 12 小时创建,全店铺打折、满立减和优惠券店铺活动都必须提前 24 小时创建。假如你要创建 2 月 1 日开始的活动,限时限量折扣需要在 1 月 31 日前创建,全店铺打折、满立减和优惠券需要在 1 月 30 日前创建。

（2）限时限量折扣、全店铺打折、店铺优惠券活动可以跨月创建,全店铺满立减开始和结束日期必须在同一个月内。例如,限时限量折扣的开始时间若在 1 月 1 日,结束时间在 2 月 28 日之前均有效。满立减店铺活动的开始时间若在 1 月 1 日,则结束时间需要在 1 月 31 日之前。

（3）限时限量折扣活动一旦创建,活动商品即被锁定,无法编辑。如果想编辑该商品,需在活动开始前 6 小时退出活动。全店铺打折的商品在创建活动时不会立刻锁定,在活动正式开始前 12 小时才会锁定,无法编辑。

（4）限时限量折扣活动在开始前 6 小时、全店铺满立减活动在开始前 24 小时,即处于"等待展示"阶段,在此阶段之前都可以修改活动内容。若活动一旦处于"等待展示"和"展示中"状态,则无法再修改,请卖家创建活动后务必认真检查。

（5）店铺优惠券活动在活动开始前均可编辑和关闭,活动一旦处于"展示中"状态,则无法修改或关闭。

3. 优惠生效规则

（1）限时限量折扣活动与平台常规活动的优先级相同,正在进行其中任一个活动的商品不能参加另一个活动。

（2）限时限量折扣活动和平台活动的优先级高于全店铺打折活动,如果有商品同时参加了限时限量折扣活动（或平台活动）和全店铺打折活动,则该商品在买家页面展示时以限时限量折扣活动（或平台活动）的设置为准,两者的折扣不会叠加。

（3）全店铺满立减和店铺优惠券活动可同时进行,且跟任一折扣活动都可以同时进行,折扣商品以折后价（包括运费）计入满立减、店铺优惠券的订单中,产生叠加优惠,更易刺激买家下单。

二、平台活动

平台活动（AliExpress Promotion）是阿里巴巴速卖通面向卖家推出的免费推广服务,是速卖通效果最明显的营销利器之一,它能快速实现店铺的高曝光量、高点击率、高转化率等一系列目标。主要包括大促活动、团购活动以及针对特定行业和主体的专题活动。

（一）平台活动综述

1. 平台活动简介

每一期的平台活动都会在 My AliExpress 的"营销中心"板块进行展示和招商。卖家朋友可以选取自己店铺内符合活动招商条件的产品自主申请报名参加,一旦入选,该申报产品就会出现在活动的推广页面,获得大量流量,如图 5-54 所示。

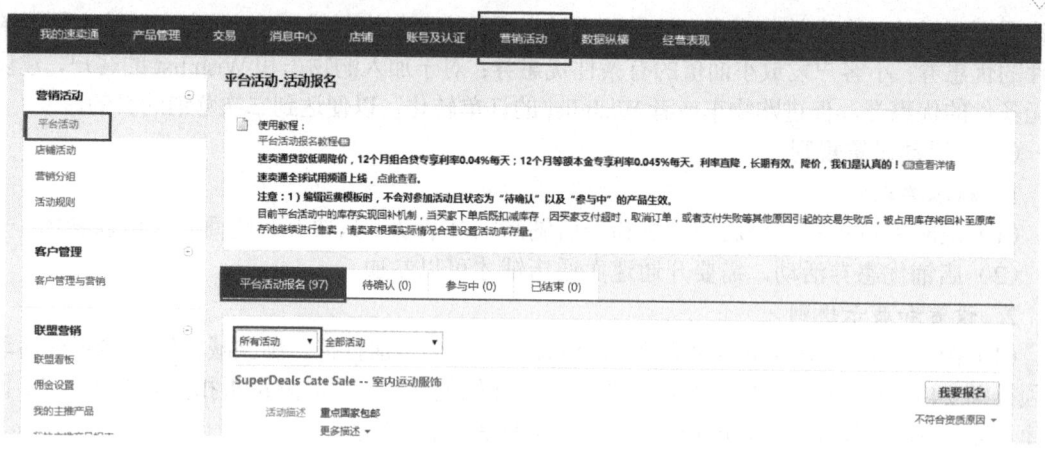

图 5-54 平台活动页

2. 平台活动分类

（1）平台常规性活动

Super Deals：全站唯一享有单品首页曝光，适用于推新品和打造爆款的活动，包括 Today's Deals、Weekend Deals 和 GaGa Deals 三种活动。

团购活动：针对特定国家的营销活动。目前速卖通后台已开通俄罗斯、巴西、印度尼西亚和西班牙四个国家的团购活动报名入口。

（2）行业、主题活动

行业活动：根据不同行业的特性，推出的专属于行业的主题营销活动。比如家具行业的行业活动 Transform your room。

主题活动：针对特定主题设定的专题营销活动。比如新年换新的主题活动、室内运动服饰大促、情人节大促活动等。如图 5-55 所示。

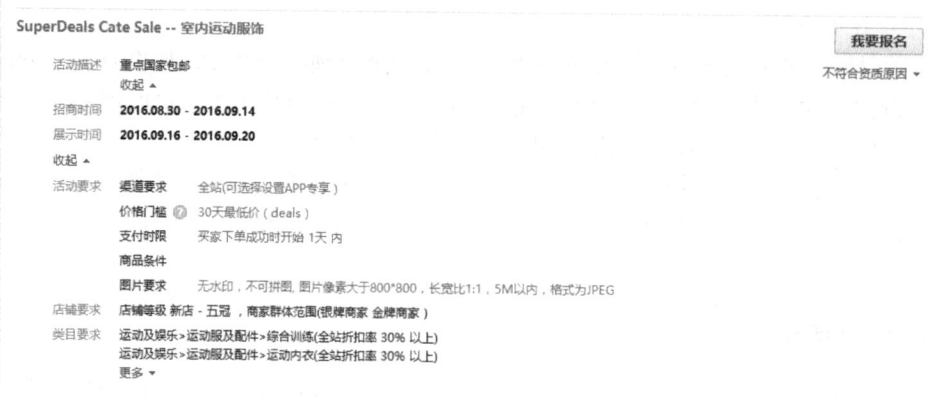

图 5-55 主题活动

（3）平台整体大型活动促销

一般来说，一年"平台大促"会有三次，根据不同的情况平台会进行适当的调整，平台大促的流量非常大，尤其是"速卖通双十一"大促活动的流量最大。

（二）Super Deals 与团购

1. Super Deals

Daily Deals 是 Super Deals 中最有代表性的活动，也是速卖通历史悠久、效果最显著的折扣频道。旨在打造速卖通平台独一无二的天天特价频道，是全球速卖通推出的推广品牌，它占据着全球速卖通平台的首页推广位。免费推广"高质量标准，超低出售价"的产品。目前活动主要针对有销量、高折扣的促销产品进行招商。这里将会是平台最有性价比产品的集合，也是推广自身品牌的最佳展台。

Daily Deals 要求价格折扣为 99%OFF～35%OFF，店铺等级要求三勋至五冠，90 天好评率≥92%且针对要求国家 30 天销售数量≥1，对活动要求国家免邮，发货期≤15 天。需要注意的是，每个买家每次只能报名一个产品，所以尽量报名折扣后价格有竞争优势且符合活动要求的产品。

GaGa Deals 活动是速卖通平台的限时秒杀活动。作为每次大促的引流噱头，GaGa Deals 页面几乎是所有外部新流量的着陆点，它的特点是限时、限量、秒杀。

Daily Deals（见图 5-56）的展示位置为首页和 Super Deals 活动页面，如图 5-57 所示。

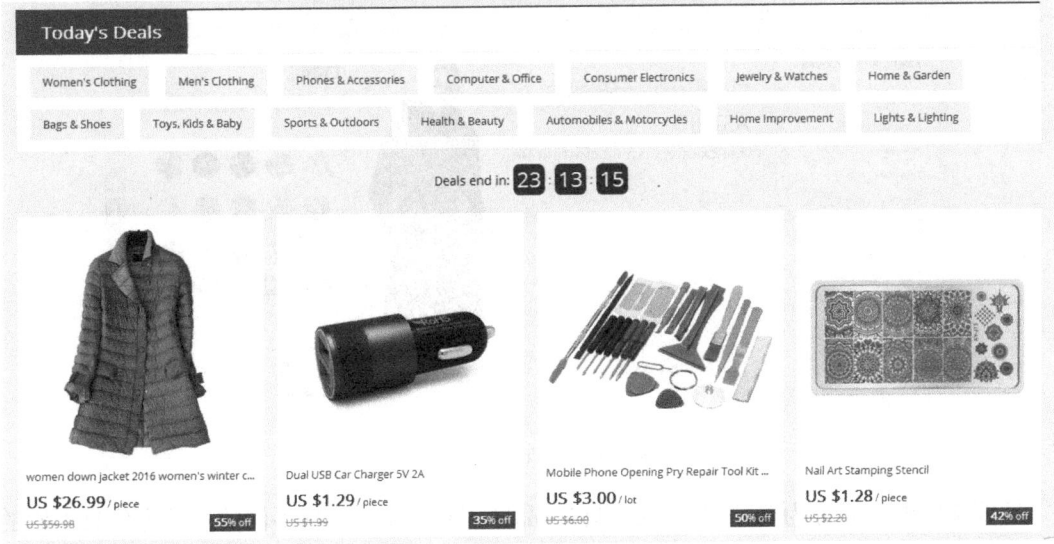

图 5-56　Today's Deals

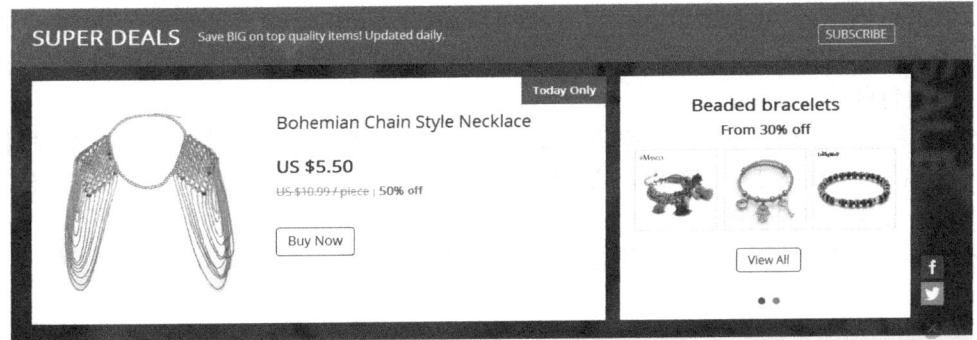

图 5-57　Super Deals

2. 团购活动

俄罗斯团购是速卖通国家团购项目中最有代表性的活动，也是目前整个速卖通平台流量最大的常规性活动，团购活动流量可以达到整个俄文站全部流量的 15%以上。活动定位为最大流量，最快出货和卖家体验最优的营销渠道。俄文站首页（见图 5-58）和俄罗斯团购页面（见图 5-59）展示如下。

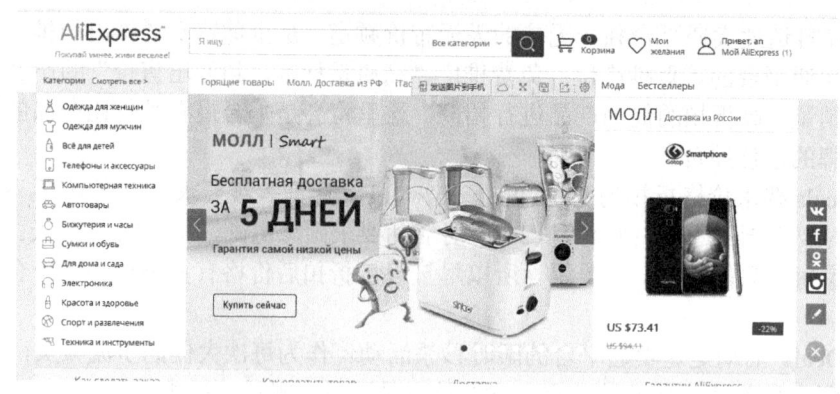

图 5-58　俄文站首页

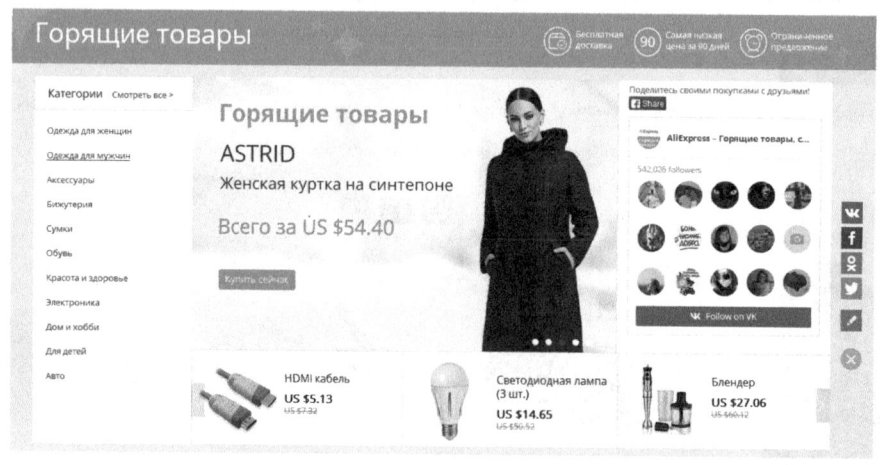

图 5-59　俄罗斯团购页面

俄罗斯团购可以分为爆品团、秒购团和精品团三种活动，根据不同的活动定位有不同的招商活动要求。

爆品团招商：店铺要求，好评率≥93%，DSR 如实描绘达到 4.6，其他达到 4.5。商品要求，俄语系国家近 30 天销量 20 个，以及商品得分 4.6 以上。折扣要求在 90 天最低价的基础上实现 10%OFF，手机平板类目 5%OFF；物流要求，7 天内发货，俄罗斯、白俄罗斯、乌克兰三国包邮。

秒购团招商：店铺要求，好评率≥93%，DSR 如实描述达到 4.6，其他达到 4.5。折扣要求 90%OFF 且销售价格在 2 美元以内。活动库存要求 100 以内；物流要求 3 天内发货，俄罗斯、白俄罗斯、乌克兰三国包邮。

爆款团（包括秒购团）面向全平台招商，如图 5-60 所示。

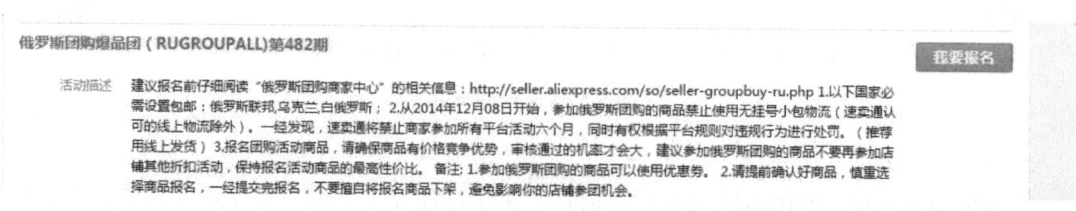

图 5-60　爆款团

巴西团购目前已经更改为 Today's Deals（巴西场），具体招商要求可参考 Today's Deals 活动要求。

印度尼西亚和西班牙团购是新兴起的国家团购项目。团购招商要求较低，适合新店铺和中小卖家报名参加。具体招商要求是：产品符合印度尼西亚、西班牙市场；包邮；价格有竞争优势；销量高或者新款；折扣要求3C类目≥20%OFF，Fashion类目≥40%OFF。

俄罗斯团购精品团招商如图5-61所示。

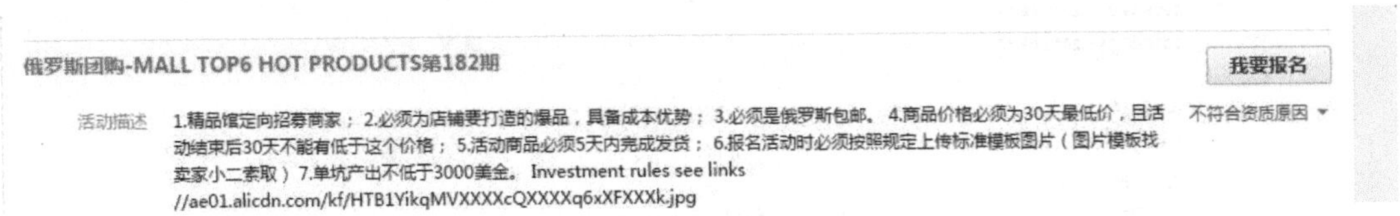

图 5-61　精品团

（三）平台大促与双十一

目前速卖通大促的类型主要有三种。第一种，年初的325购物节（Shopping Festival）。第二种，年中的819金秋盛宴（Supernova Sale）。第三种，年底的双十一大促（Double Eleven Carnival）。从大促的力度来讲，双十一是促销力度最大，也是流量最大的大促。

每次大促都是速卖通平台花费大量资源引进巨额流量，所以活动效果超出其他所有的营销手段，大促的海量流量能带来大促后店铺及单品排名的快速攀升。与淘宝、天猫不同，速卖通大促中产生的所有销量，都会计入物品销量，并参与物品搜索排名计分，实现大促后全店铺物品自然搜索排名和类目排名的飞跃式前进，所以历年的平台大促都是兵家必争之地。

平台大促主要包含这样几种类型活动：秒杀活动、主会场五折活动、分会场活动、主题馆、优质店铺推广活动、全店铺折扣活动和"海景房"。

"海景房"是双十一大促推出的新型大促活动类型，位于主会场的顶端，占据双十一流量的大部分。但是海景房的审核标准非常高，每个展位每个小时自动计算更新一次，根据物品的销量来确定"海景房"位置的哪个物品该在这个时段被展示。所以对于"海景房"的位置来讲，把物品的转化做到最优是最大的权重指标。适合大卖家去竞争，中小卖家难以符合条件。

其他类型的活动报名要求相对简单，其中以主会场五折活动流量最大，也是中小卖家重点竞争的展示位置。活动选取标准主要注重于物品的综合排名，通过活动前的优化，可以达到平台五折活动物品的选择标准。就算报名参加平台五折活动失败，我们自己设置的店铺五折活动也有机会出现在这个黄金位置。

（四）平台活动的报名技巧、跟进和维护

1. 平台活动报名前的准备

平台活动一旦报名参加成功，就没有办法退出活动了，直至活动结束。所以在报名参加活动时应该谨慎选择。

平台活动商品审核流程主要分两个阶段。第一个阶段，机器审核，主要筛选硬性指标，比如好评率、商品评分等（在前面各类平台活动详细介绍板块中提到过）。第二个阶段，人工审核，主要审核产品主图、产品报名重复情况以及产品真实折扣情况等。机器审核后，卖家可以在后台看到相关的报名数据。机器审核成功后，则交由运营小二审核。所以平台活动报名前期的准备工作非常重要。

（1）前期准备工作的第一步是选品。选品必须符合所要报名平台活动的要求，卖家需要仔细阅读详细的平台活动招商细则。

【案例分析】

平台活动招商活动细则如图5-62所示。

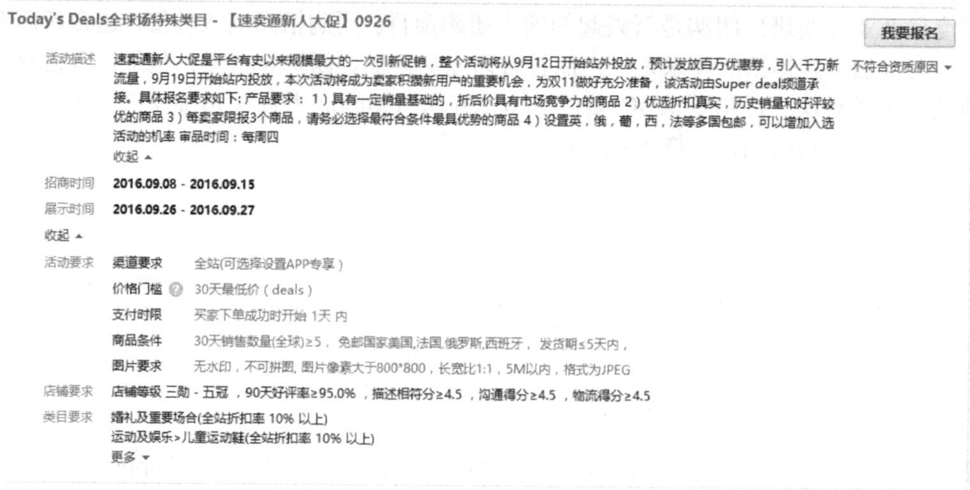

```
Today's Deals全球场特殊类目 - 【速卖通新人大促】0926                                    我要报名

活动描述   速卖通新人大促是平台有史以来规模最大的一次引新促销，整个活动将从9月12日开始站外投放，预计发放百万优惠券，引入千万新   不符合资质原因
          流量，9月19日开始站内投放，本次活动将成为卖家积累新用户的重要机会，为双11做好充分准备，该活动由Super deal频道承
          接。具体报名要求如下：产品要求：1）具有一定销量基础的，折后仍具有市场竞争力的商品 2）优选折扣真实，历史销量和好评较
          优的商品 3）每卖家限报3个商品，请务必选择最符合条件最具优势的商品 4）设置英、俄、葡、西、法等多国包邮，可以增加入选
          活动的机率 审单时间：每周四
          收起 ▲
招商时间   2016.09.08 - 2016.09.15
展示时间   2016.09.26 - 2016.09.27
          收起 ▲
活动要求   渠道要求   全站（可选择设置APP专享）
          价格门槛   30天最低价（deals）
          支付时限   买家下单成功时开始 1天 内
          商品条件   30天销售数量(全球)≥5，免邮国家美国,法国,俄罗斯,西班牙，发货期≤5天内，
          图片要求   无水印，不可拼图，图片像素大于800*800，长宽比1:1，5M以内，格式为JPEG
店铺要求   店铺等级 三勋 - 五冠，90天好评率≥95.0%，描述相符分≥4.5，沟通得分≥4.5，物流得分≥4.5
类目要求   婚礼及重要场合(全站折扣率 10% 以上)
          运动及娱乐>儿童运动鞋(全站折扣率 10% 以上)
          更多 ▼
```

图 5-62　招商细则

综合来说，我们可以总结出选品时需要注意以下几点。

第一，一口价招商，即报名商品必须为单一价格。很多商品存在多个 SKU 属性，在选品时应注意，卖家需要选择多种 SKU 价格统一的商品进行报名，避免出现同一商品不同 SKU 不同报价的情况。

第二，禁止提价打折且价格折扣为 99%OFF～25%OFF。也就是说，在选品时，卖家需要选择的产品能够接受 25%OFF 以上的折扣减免，并且不存在提价之后再打折的情况。这一点尤其重要，是平台活动报名审核时最重要的考核要素之一。

第三，图片清晰，最好做到主图像素不低于 500×500，白底无边框，主要产品居中且占据图片 85%以上。产品细节图信息完善，介绍充分。

第四，也是最基础的一点，即店铺等级要求二勋至五冠，90 天好评率≥95%，30 天销售数量（全球）≥2。

完全符合以上要求的产品就是本次活动合适的产品选择，但是仅仅选择合适的产品还是远远不够的，每期平台活动报名的产品多如牛毛，如何在众多产品中脱颖而出，我们还需要更多的前期准备工作。

（2）产品选择好之后，要不断地提升产品的信息质量。比如针对所选择的产品进行全面的产品属性优化和产品详情页再优化，进行中、差评营销进一步提高产品评分，以提升产品入选概率。

（3）确认所选择产品的货源稳定，供应链完善，不会出现断货风险，同时确保所选产品的质量是优质的。因为平台活动一旦报名成功，订单量巨大，如果产品质量存在问题，平台活动结束后卖家就很有可能面对的是庞大的纠纷订单数量和差评数。如果供应链出现问题，卖家将面对的是大量的成交不卖订单。所以确保供应链没有问题和产品质量是非常重要的一环。

2. 平台活动进行时的跟进

报名平台活动时我们需要注意以下几点。

（1）报名平台活动时首先要注意的是活动价格的申报。报名活动时的价格根据不同的活动类型有不同的要求，可以具体参考活动细则。

（2）报名平台活动时还需要注意活动的库存设置。活动库存区别于产品发布时设置的产品库存，活动报名成功后，活动展示的 SKU 是全量展示，无论产品的普通库存是否为 0，活动都会继续进行展示，所以请谨慎设置活动的库存。活动库存目前只支持（除团购和秒杀意外）平台活动以及限时限量的活动库存补充功能。具体情况可以参加不同活动所要求的库存量进行设置。

（3）报名产品后，需要再仔细检查一下运费模板是否符合活动要求。比如，根据俄罗斯团购要求对俄语系国家包邮，巴西团购要求对葡萄牙语系国家包邮等不同情况，尽快调整运费模板以符合活动报名要求，产品一旦锁定，运费模板就不能再进行更改了。

（4）尽量第一时间报名平台活动。因为平台每期活动的运营资源有限，为了避免扎堆报名，应尽量提前报名，以提升入选概率。

3. 平台活动的维护

（1）产品报名成功后需要做好店铺装修、店招、海报、切片营销和关联营销，以实现平台活动最大化带动全店销售的效果。

（2）做好定向优惠券营销、收藏夹和购物车营销等，以配合平台活动的开展，提升店铺转化率。

（3）注意客服的及时性，提升客服的询盘回复速度，增加客服在线时长，以满足不同国家和地区的时差。

（4）活动结束后应及时发货，做好售后服务，提升好评率，提升客户购买体验和服务体验，留住老客户。

一次优秀的平台活动营销可以为店铺带来极大的流量和订单，也是速卖通平台最快捷有效的营销方式。

三、联盟营销

（一）联盟营销的定义

联盟营销是一种按效果付费的网络营销模式，卖家通过联盟营销渠道收到了订单，按照事先预定的交易比例支付佣金。佣金由卖家决定，每个顶级类目都有平台限额，3%~50%不等。若有退款或订单折扣则按比例削减佣金，运费无须支付佣金。联盟营销和直通车的点击收费方式不同，联盟营销是按成交额收费，没有成交不收费的一种营销方式。

进入"我的速卖通"—"营销活动"—"联盟看板"页面，勾选"我已阅读并同意此协议"。单击"下一步"按钮，进入设置联盟佣金比例页面。设置好佣金比例后。单击"加入联盟计划"按钮，就可以正式加入联盟营销了。如图5-63所示，是已经加入联盟计划的详情页。

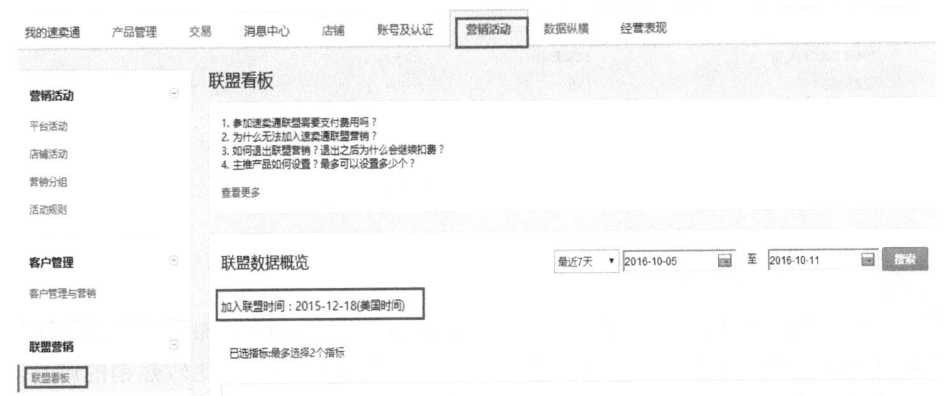

图 5-63　加入联盟计划

佣金比例要根据店铺利润度来合理设置，产品在定价时要把联盟佣金的成本考虑进去，买家点击过的推广链接对该用户在 30 天内持续有效。如果想退出联盟营销，可以申请访问 http://cn.ae.aliexpress.com/affiliate/exit.htm 申请退出联盟营销，退出后 15 天内不能再加入联盟营销。

联盟营销的站长来自全球 100 多个国家,客户群体非常庞大,对店铺的营销和订单的增长有非常大的帮助。

（二）联盟营销的组成

联盟营销由 8 个部分组成:联盟看板、佣金设置、我的主推产品、我的主推产品报表、流量报表、订单报表、退款给报表、成交详情表。下面对主要板块进行讲解。

1. 联盟看板

首先打开"我的速卖通"—"营销活动"—"联盟看板"页面,如图 5-64 所示。

图 5-64　联盟看板

通过联盟看板我们能清楚地知道联盟制定时间内的营销情况。以图 5-64 为例,大家可以看到,近七天内,联盟营销带来的订单金额为 1242.57 美元,而我们支付给平台的只是 120.44 美元,投入产出比为 10.32。联盟投入产出比=联盟下单销售金额/预计佣金。通过这个数据可以看到,加入联盟营销,不论是点击量还是店铺销售额都有很大提升。所以要充分利用好联盟营销,让联盟营销发挥应有的作用。

2. 佣金设置

每个类目要求的最低佣金比例是不一样的,卖家可以根据类目的推广力度和利润比适当调整佣金,从而能得到更大力度的推广效果,如图 5-65 所示。

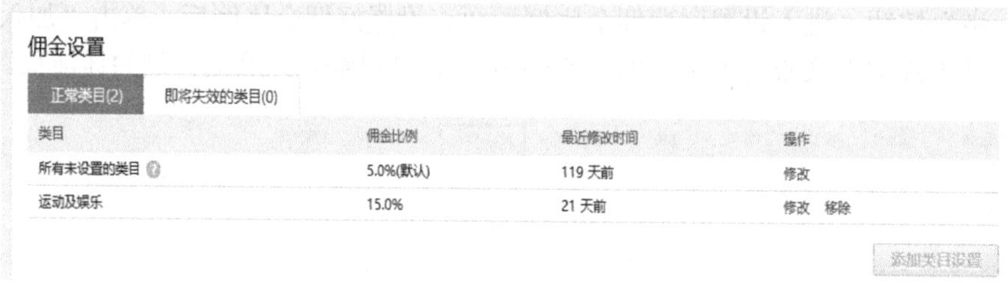

图 5-65　佣金比例

3. 我的主推产品

联盟营销主推产品的上限为 60 个,如图 5-66 所示。

主推产品和全店铺的其他产品是不一样的,只有主推产品才能参加联盟营销专属的推广活动,没有设置为主推的产品是没有这个权限的,因此最好能选出店铺比较热销的产品,设置佣金时比其他产品稍微高一些。加入全店铺联盟营销的佣金为 5%,就可以选出一些爆款进行主推,佣金比例可以设置为 7%、8%、10%等。

设置好主推产品之后,正常情况下,可以以两个月为周期,进行主推产品检测。能为我们带来订单的主推产品就保留,不能带来订单的主推产品就删除。这样循环最终留下来的都是能带来订单的主推产品。我们再把能带来订单的主推产品从高到低进行排序,替换订单量较小的,最终的目的是我们的主推产品都能为我们带来大量订单。需要注意的是,在每月的 1 日、10

日、20 日才会生效。在生效日之前,所有的设置都维持原样(时间均为太平洋时间 UTC-08:00)。

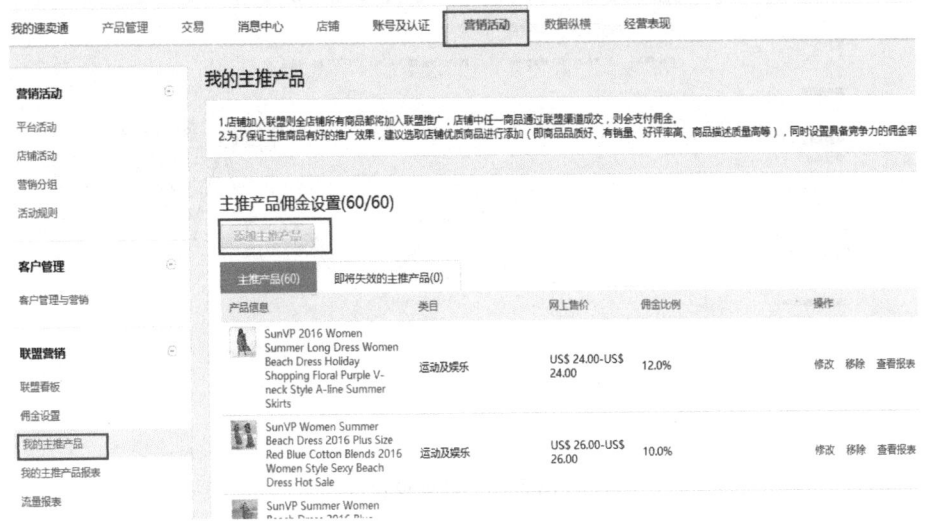

图 5-66　主推产品

4．流量报表

通过流量报表,我们可以知道联盟近 6 个月内每天的流量状况,包含联盟 PV、联盟访客数、总访客数、联盟访客占比、联盟买家数和总买家数,如图 5-67 所示。

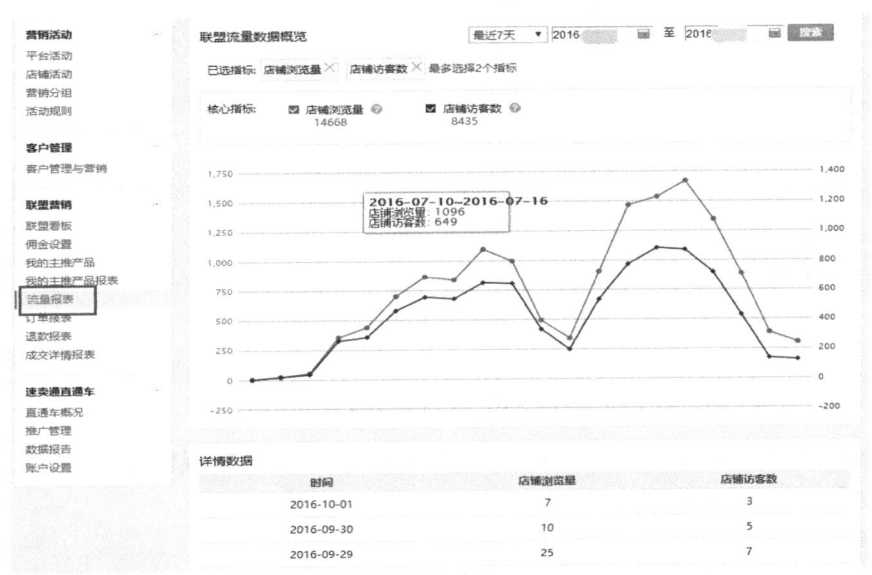

图 5-67　流量报表

5．订单报表

如图 5-68 所示,通过订单报表可以知道近 6 个月内联盟每天带来的订单情况。订单报表主要包含联盟营销每天带来的支付订单数、支付金额、预付佣金、结算订单数、结算金额、实际佣金。在这里要注意的是,联盟营销带来的订单数不等于结算订单数,同样的,联盟营销带来的订单销售额的佣金也不等于实际佣金,因为发生退款的订单数和订单金额会被排除在外。

6．成交详情报表

通过成交详情报表,我们能清楚地知道联盟营销的效果,如图 5-69 所示。

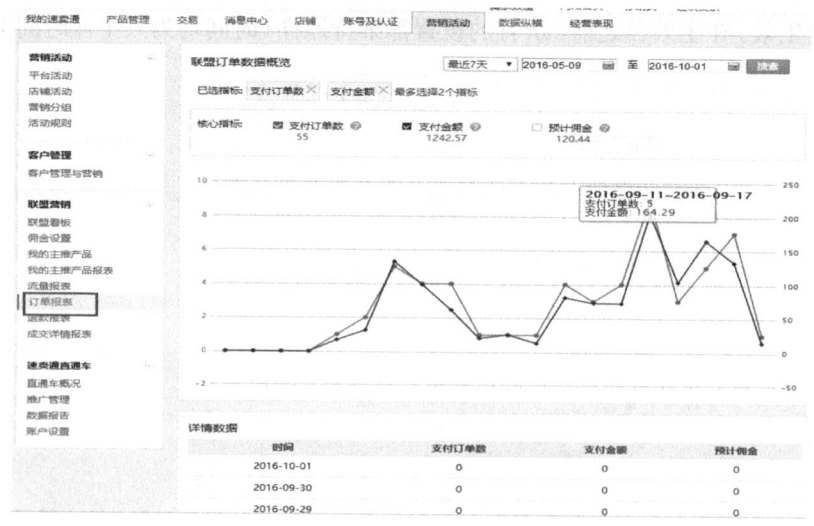

图 5-68　订单报表

图 5-69　成交详情报表

在某个时间段内，联盟营销带来的每一笔订单和收取的佣金等联盟营销的效果如何，都可以通过观察成交详情报表得到。

7. 总结

做联盟营销需要一个过程，切不可急于求成。在做主推产品时，需要卖家不断地去总结，不断地去淘汰不良的产品，不断地更换新的产品，最终才能留下能带来订单的产品。

四、邮件营销

为了帮助速卖通卖家更好地管理自己的客户，识别其中诚信并有购买力的优质买家进行针对性营销，增加销量，速卖通平台推出了买家管理营销工具。本工具包含客户管理和邮件营销两个核心功能，具体介绍如下。

（一）客户管理功能

登录"我的速卖通"—"营销活动"—"历史统计客户与营销"，进入客户管理营销页面，选择历史客户信息统计页面，如图 5-70 所示。在该页面可以管理所有有过交易的买家信息，例如买家的购买次数、金额、最近一次购买时间、国家信息等。同时，建议卖家可以根据对买家情况的了解，填写备注，记录客户的购买需求、购买习惯、购买频率、购买类型等，方便客户再次来购买时可以更好地为客户服务，促成交易订单，留下好的店铺服务印象，这样对后续的邮件营销很有帮助。

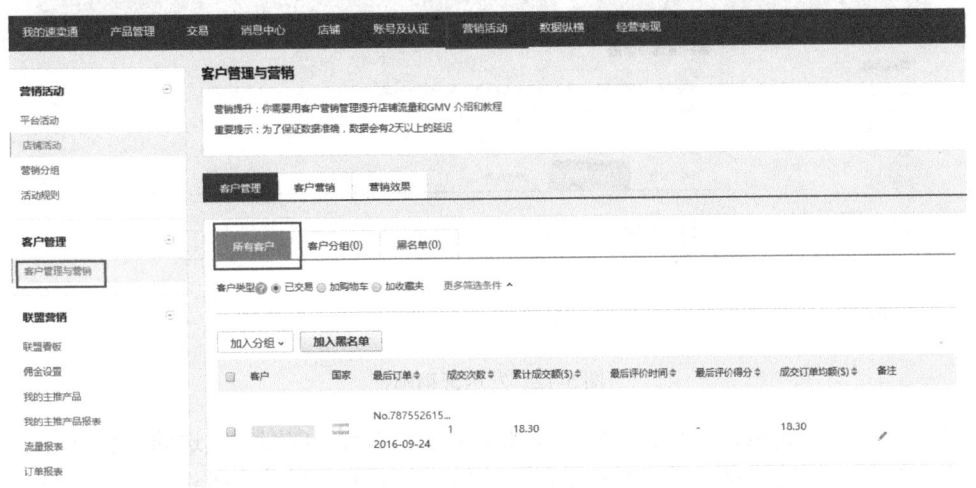

图 5-70　客户管理页面

除了基本的买家信息展示功能外，还可以通过客户管理营销工具查询最后一次订单成交时间和金额，便于卖家从多种维度识别和维护重点卖家。例如，一个顾客在我们店铺有过多次交易，并且交易额比较稳定，然而这段时间已经很久没有再在我们店铺购买了，那我们该多方去分析和了解流失的原因，从而有针对性地改善自己的产品或服务。

当然，对于一些国外的恶意客户，可以直接把他们加入黑名单，不再和他们交易，如图 5-71 所示。但一定要谨慎选择，一旦被加入黑名单的客户则无法在前台对店铺产品进行下单。

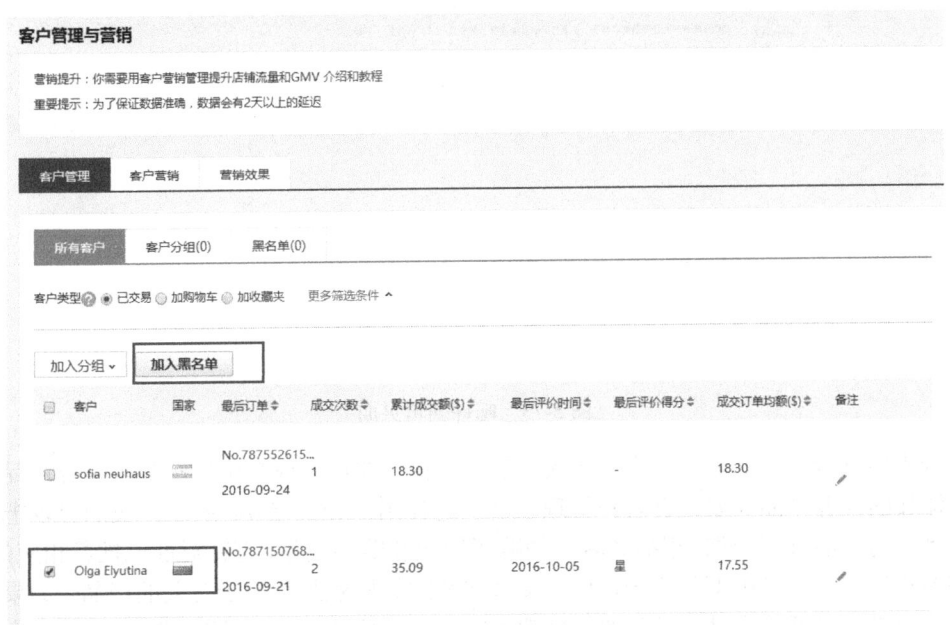

图 5-71　加入黑名单

（二）邮件营销

1. 邮件营销的步骤

买家可以在客户管理页面勾选需要进行联系或者营销的客户，单机"发送邮件"按钮，即进入营销邮件的编辑页面，如图 5-72 所示。

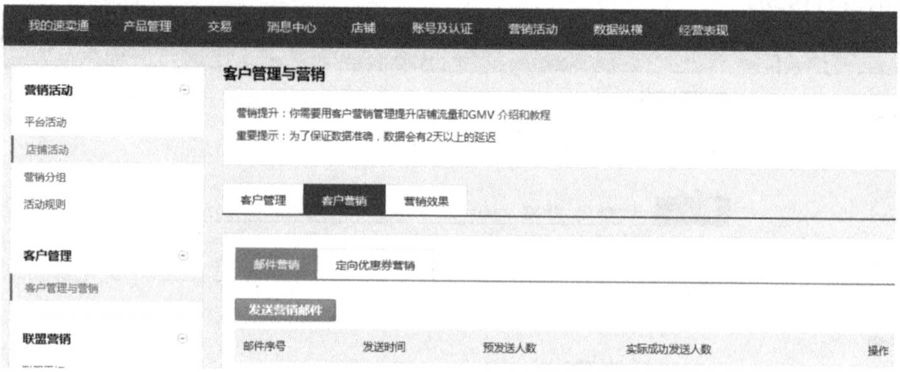

图 5-72 发送营销邮件

进入邮件营销编辑页面之后，需要填写邮件标题和内容。向客户发送的内容可以是新产品上架情况、打折、促销信息，或者对售后满意度等进行调查，以此来吸引老买家回头下单。但不能在短时间内对同一客户发送多次邮件营销，以免造成过度骚扰引起买家的反感，影响交易的完成。建议每月对同一客户的邮件控制在两封以内，内容输入不得出现中文，邮件内容最多不得超过 5 000 个字符。

与此同时，可以单击"添加推荐产品"按钮，进入产品添加页面，如图 5-73 所示。

图 5-73 邮件编辑页面

勾选需要推荐的产品后，单击"插入产品"按钮，即可完成在邮件中插入推荐产品。但是对于所添加的推荐产品，要结合客户管理功能一起使用。如图 5-74 所示，我们可以把客户的名字放到交易页面进行查询，根据该客户的购买历史和购买类型，有针对性地推荐相应的产品。假设该客户的购买记录中都是裙子，那么卖家推荐的最好就是和裙子有关的产品。如果客户的历史购买记录都是低价产品，推荐的价格就不能过高。总结来说，推荐关联产品结合客户管理结果来进行，这样才能促进二次营销，增加店铺的交易额。

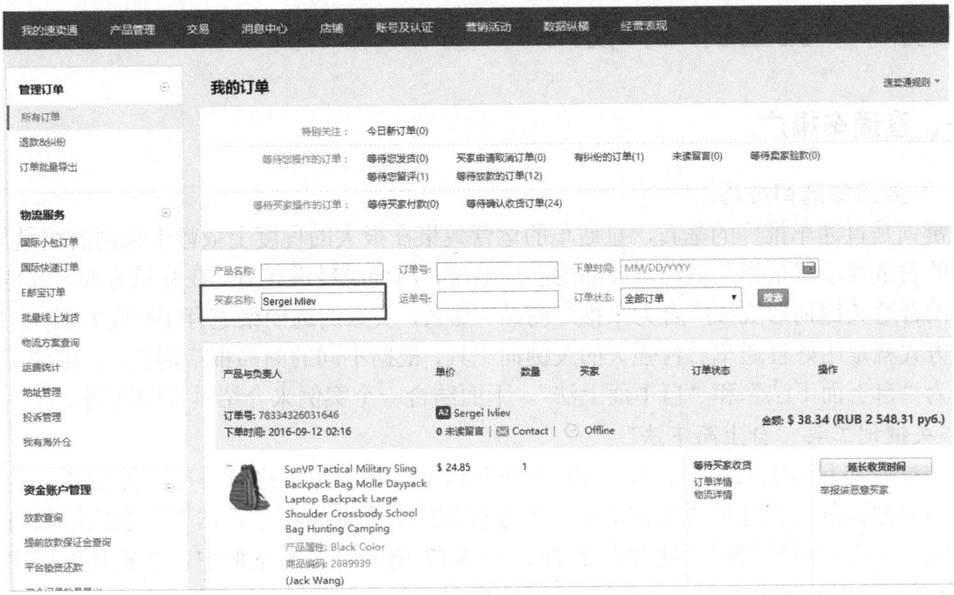

图 5-74　客户交易记录查询

需要注意的是，关联营销推荐产品最多可以添加 8 个，因此大家在推荐产品的时候，要有计划地去添加，尽量每次添加的产品都不一样，通过数据观察来验证哪些产品比较适合客户需求，哪些产品可以带来订单。对于表现较好的产品，可以将它放到推荐产品关联中。

同时，平台发送的营销邮件比我们平时通过个人邮箱发出的邮件更有效，更吸引人。因此建议大家尽量用平台营销邮件联系客户进行客户管理营销，只有在平台营销邮件用完的情况下，才考虑第三方的邮箱进行营销。

2. 邮件营销的发送规则

为了控制买家接收邮件的频率，提高买家的感受，营销邮件对于发邮件的量级有一定的控制。平台会根据“卖家星级”，每个月给予一定的营销邮件发送量，卖家等级越高，拥有的邮件数就越多。

如图 5-75 所示，及格店铺是 500 封营销邮件，而优秀店铺可以达到 2 000 封，对于卖家做客户管理营销或者平时通知客户是非常有利的。因此建议大家一定要做好店铺，减少不良体验订单，从而提高店铺等级，为店铺增加营销邮件的上限数量。

卖家服务等级详解

	不及格	及格	良好	优秀
定义描述	上月每日服务分均值小于60分	上月每日服务分均值大于等于60分且小于80分	上月每日服务分均值大于等于80分且小于90分	上月每日服务分均值大于等于90分
橱窗推荐数	无	无	1个	3个
特殊标识	无	无	无	有
平台活动权利	不允许参加	正常参加	正常参加	优先参加
营销邮件数量	0	500	1000	2000
直通车权利	无特权	无特权	开户金额返利15%，充值金额返利5%（需至直通车后台报名）	开户金额返利20%，充值金额返利10%（需至直通车后台报名）

不考核卖家享有的营销邮件数量为1000，其他权益与及格卖家享受同等的平台资源。
每日服务分数越高，对搜索排序越有利（排序受多个维度影响，服务分为其中一个影响因素）。同时关于影响搜索排序的其他因素点此查看

图 5-75　卖家等级与营销邮件数量

☑ 任务三　流量引入和使用

一、直通车推广

（一）直通车选词技巧

关键词是直通车推广的基石，直通车的运营效果在很大的程度上依赖于选词的数量与质量。关键词的质量要求就是指关键词与商品的匹配情况，用词越精准越好。在数量方面，就是要求有尽量多的合适关键词形成推广合力来推广商品。那么，卖家的选词渠道有哪些呢？最实用、高效的选词方式就是用好直通车后台强大的关键词工具，根据不同的商品推广需要，关键词工具的使用可分为“自上而下法”和“自下而上法”。下面结合一个案例来介绍具体的选词步骤。

1. 关键词工具“自上而下法”

选定行业和具体类目之后，按“30 天搜索热度”从上至下进行排序，然后逐一选择与商品匹配的关键词放入左边的“加词清单”中进行推广。在此过程中，需要注意应排除与商品根本不匹配或匹配度较低的词。比如图 5-76、图 5-77 所示，在本案例中，搜索热度排序最前面的 10 个都是关于 backpack 类，属于匹配度较高的。

* 产品名称：SunVP 25L Military MOLLE Backpack Rucksack Gear Tactical Assault Pack School Bag Hunting Camping Trekking Travel Backpack

* 产品图片：

最小计量单位：piece

销售方式：sold by piece

发货期：7 day

价格和数量：

Color	Image	retail price(USD)	wholesale price(USD)	Min Order	Stock	Product Code
Red Color		32.00			999	2889922
Black Color		32.00			999	2889923
Blue Color		32.00			999	2889924
White Color		32.00			999	3114204
Gray Color		32.00			999	3729676

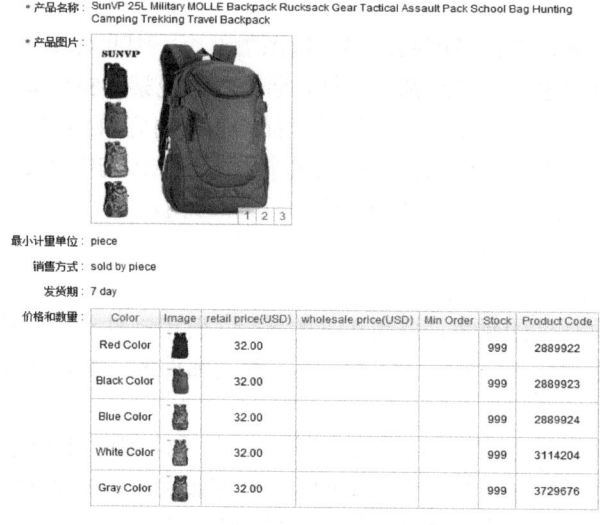

图 5-76　推广产品

关键词	曝光量	点击量	点击率	花费	平均点击花费
military backpack	1755	52	2.96%	¥45.81	¥0.88
travel bag	3663	49	1.34%	¥69.5	¥1.42
backpack	4408	46	1.04%	¥45.07	¥0.98
hiking backpacks	1357	38	2.8%	¥40.05	¥1.05
beach dress	1398	35	2.5%	¥45.88	¥1.31
tactical bag	2247	35	1.56%	¥36.45	¥1.04
travel backpack	799	33	4.13%	¥46.48	¥1.41
summer dress	3588	24	0.67%	¥34.69	¥1.45
military bag	1122	24	2.14%	¥17.99	¥0.75
school bags	2582	23	0.89%	¥22.81	¥0.99

1 2 3 4 5 6 7 ... 47　Go to Page　Go

图 5-77　热搜词一

针对这个案例商品而言，按 30 天搜索热度排序的第一页一直往下查找，在第四页我们发现了与之匹配度较低或者不匹配的词，如图 5-78 所示。

在后续优化过程中，需要删除一些曝光量或者点击量不明显的词，并不断地补充新词。有了当前这个记录，下次补充新词的时候就直接可以从第四页第五个词开始后续补词了。

运用关键词"自上而下"法，有以下几个优点。

所选用的关键词都是行业内搜索度排前列的热词，在出价或推广评分有优势的情况下，能获得非常可观的曝光量及点击量。

关键词	曝光量	点击量	点击率	花费	平均点击花费
military tactical backpack	663	22	3.32%	￥15.93	￥0.72
sport bag	10180	20	0.2%	￥19.25	￥0.96
backpack military	979	19	1.94%	￥19.14	￥1.01
dress	6007	19	0.32%	￥18.89	￥0.99
pareo	733	18	2.46%	￥7.98	￥0.44
men backpack	951	18	1.89%	￥24.79	￥1.38
hunting backpack	667	18	2.7%	￥12.76	￥0.71
for backpack	298	18	6.04%	￥11.94	￥0.66
waterproof bag	1136	13	1.14%	￥18.51	￥1.42
bikini set	1965	13	0.66%	￥19.38	￥1.49

图 5-78 热搜词二

在选词过程中，注重精选高匹配词，严格排除低匹配词，最大限度地减少了"非意向买家"的无效点击。这将大大提升直通车推广的点击率与转化率，一方面，能有助于提高直通车推广计划的盈利能力；另一方面，较高的转化率与销量能增加商品的排序权重，有助于打造爆款。

然而，这种关键词工具"自上而下法"也存在一定的局限性，主要表现在以下两个方面。

第一，根据直通车后台的推广规则，一个关键词一般只能用于一个推广计划的一个商品。所以，如果多个推广计划都用同一个关键词的话，卖家会发现只有其中一个推广计划的这个词的曝光量是正常的。因此，如果一个店铺有多款类目属性相同或相似的商品需要同时推广的话，这种"自上而下"的推广方法只适合其中一款商品的推广。而通过关键词工具"自上而下"的找词法，这一款商品已经用尽了搜索度最热的那些词。

第二，搜索度越高的词一般竞争度越大，平均出价偏高，特别是对于一些竞争严重白热化的词而言，没有比较高的出价就根本拿不到足够的曝光量，而关键词出价过高又很难守住盈利底线。

有鉴于此，就店铺整体推广而言，可采取关键词工具"自上而下法"和"自下而上法"相结合的推广方法。

2. 关键词工具"自下而上法"

卖家建立直通车推广计划时，一般都会选择搜索度较高的热词。搜索度较高的词一般竞争度也较大，但不排除有部分词处于"搜索热度适中、竞争度极低"的状态，因为竞争度极低，所需要的出价也非常低。因此，如果能够善用这些"搜索热度适中、竞争度极低"的词，就有助于直通车推广避开激烈的竞价竞争，从而大大地降低直通车推广成本。具体操作如下。

在关键词工具中选定行业之后，点击"竞争度"进行从低至高的排序，如图 5-79 所示。

市场平均价是关键词的底价水平，我们发现有部分词的竞争度不是很高，但热搜度和转化率是不错的。如图 5-80 所示，这些词就可以帮我们避开激烈的竞价竞争，从而降低直通车成本。

关键词	行业相关度	推荐理由	30天搜索热度	竞争度	市场平均价
< entertainment		高转化	71541	243	¥0.20
< sport bag		高流量	47755	2292	¥0.57
< climbing bag		高流量 高订单	20830	461	¥0.40
< nike bag		高流量 高订单	5027	613	¥0.18
< adidas bag		高流量	4679	755	¥0.32
< tactical bag		高流量 高订单	4650	1363	¥0.54
< nike backpack		高流量	4039	262	¥0.26
< eastpack		高流量	3654	99	¥0.50
< climbing		高流量	3577	639	¥0.54
< rucksack		高流量 高订单	3525	794	¥0.87
< molle		高流量 高订单	3111	443	¥0.10

图 5-79 竞争度

关键词	行业相关度	推荐理由	30天搜索热度	竞争度	市场平均价
< cycling hydration pack		高转化	24	14	¥0.11
< 3p backpack		高转化	10	86	¥0.10
< camping bag army military		高订单	7	2	¥0.10
< nh backpack			14	4	¥0.10
< tactical medical backpacks		高转化	22	25	¥0.10
< hiking bag 55l		高转化	2	7	¥0.10
< military backpack 40l			36	19	¥0.10
< foldable 15l hiking backpacks		高订单 高转化	4	5	¥0.10
< outdoor backpack 80l		高转化	11	44	¥0.10
< guanhua		高转化	20	9	¥0.10

图 5-80 低价词

3. 关键词联想法

关键词联想法是一种发散思维，具体的操作就是将某个或某组关键词作为"原词"，然后从这个"原词"经过发散思维联想到其他词，再对所联想到的其他词热搜度进行检验，借此方法能够找出一些别人很少会想到的"好词"。在这种方法的使用过程中，如果能与关键词结合起来使用，将起到事半功倍的效果。

最常用的关键词联想方式就是相近词的替代。例如，通过关键词工具查询到 long dress 这个词"30 天搜索热度、竞争度、市场平均价"三个指标分别是（57874，6354，0.48）（为了方便说明，下面提到关键词"30 天热搜度""竞争度""市场平均价"这三个指标时也采取这种表达方式）。首先，把两个词的顺序调转过来，得到 dress long，放在关键词工具中检验，得到（12261，4826，0.39），表明也是一个非常好用的词。然后，从 long 这个属性中我们可以分解出 ankle length 和 floor length 这两个具体属性的词，并检验这两个词各自的两个指标，得到 ankle length dress 是（174，152，0.14），而 floor length dress 是（7679，1082，0.27），可见 floor length dress 是一个符合"高搜索、低竞争"的非常有价值的词。但找词收获之旅还没有结束，当我们把 floor length dress 放置在关键词工具中去搜索时，在搜索页面的第 1 页发现了 floor-length dress（275，564，0.11），第 5 页发现了 floor length evening dresses（455,584,0.29），第七页发现了 dress length（5726,2500,0.24）。如果继续发散思维，还可以联想出更多的词。

（二）直通车出价技巧

直通车推广所用的每一个词都是一把"双刃剑"，即能为商品带来流量，促进成交，但每次点击都有相应的成本。所以，关键词的出价就是把握盈利与亏损之间的"度"，如何把握好这个"度"，在整个直通车推广策略中是非常重要的环节。在探讨出价策略之前，我们先来掌握决定直通车排名的综合得分是如何计算的。

$$直通车推广排名综合得分 = 关键词出价 \times 推广评分$$

如以上公式，某个关键词推广的直通车排序是由其推广综合得分决定的，而综合得分取决于关键词出价和推广评分这两个因素。这里的推广评分就相当于淘宝直通车的质量得分，在直通车后台只能看到推广评分有三个等级，分别是优、良、差。如果推广评分为差的话，系统就会显示出"—"，在差的情况下根本没有任何曝光的能力。推广评分可以理解为系统判断这个词是否适合推广这个商品，推广评分的主要影响因素包括商品信息质量、关键词与商品之间的匹配程度、买家喜好度等，在推广计划刚刚建立的时候，系统会针对所有的推广词都评定出初始的推广评分，但这种推广评分是动态变化的，会根据推广情况反馈发生改变。一般来说，直通车的点击率、点击转化率都会影响到推广评分的变化。

直通车的出价管理是一个系统性工程，应该根据各个关键词的词性、商品不同的推广阶段、点击效果设置不同的出价，并进行动态管理，具体的出价管理方法如下。

1. 根据关键词的精准度与匹配度设置不同的出价

买家的搜索用词能表达出其购买需求，可以从买家的搜索用词与所推广商品的匹配度来判断买家点击转化的可能性，即转化率的研判，对于研判为高转化率的词可以提高出价，而低转化率的词就应该降低出价。如果对高转化率的词提高出价的话，必然会增加这些词的曝光度，进而增加这些高精准词的点击量占商品全部点击量的比例。这样一来，商品的整体点击转化率也提高了，这在另一方面有助于增加商品的搜索排序权重。

2. 根据不同的推广阶段确定整个出价水平

一般来说，新品刚用直通车进行推广时，因销量较少，没有客户好评记录，人气低迷，转化率理论上会比较低，所以在前期阶段，为了加强对直通车的亏损控制，建议适度调低整体出价。但随着销量的增长与好评的反馈，商品人气逐步旺盛起来，销量记录与好评的积累会促进客户成交，在转化率逐步上升的情况下，以最大化地获得优质流量。

3. 初期亏损比例控制法

根据转化率随着商品销量人气逐步积累而提高的一般性规律，在直通车推广的前期可以用亏损比例控制的方式来测试目前的直通车出价是否合理。比如可以把开始推广的第一周设为第一阶段，在第一阶段设置一个目标亏损比例，例如20%。具体的公式如下：

$$直通车运营亏损比例 =（平均单件直通车推广成本 - 单品毛利润）/单价$$

$$单品毛利润 = 单品销售收入 - 单品销售成本（含运费）$$

举例，某个商品在第一周通过直通车销售了 10 件，直通车共花费 500 元，那么平均单件直通车推广成本是 50 元，这个商品的销售价格转换为人民币是 120 元，进货成本是 50 元，邮费是 30 元，单品毛利润是 40 元，则在前期通过直通车推广，每卖出一件商品亏损 50 元-40元=10 元，这 10 元占了商品总价值 120 元的 8.33%。所以在第一周时间里，直通车运营亏损比例是 8.33%，低于 20%的控制目标，因此可以适当地增加关键词出价水平；如果第一周的亏损比例大于 20%，这就说明整个出价水平过高，不利于长期利润线的控制，所以应该调低出价。这里需要特别注意的是，直通车推广初期的短暂性亏损是正常的，但关键是要把这个亏损比例设在可控范围之内。随着销量的提升与商品人气的积累,转化率会逐渐上升,盈利能力也会大大增加。

(三)基础推广方案的制订

掌握了找词技巧和出价管理策略后,接下来就制订直通车的整体推广计划。

1. 建立直通车重点推广计划

打造重点计划的目的是引入精准流量,提高产品的转化率,最大限度地提升投入产出比,如图 5-81 所示。

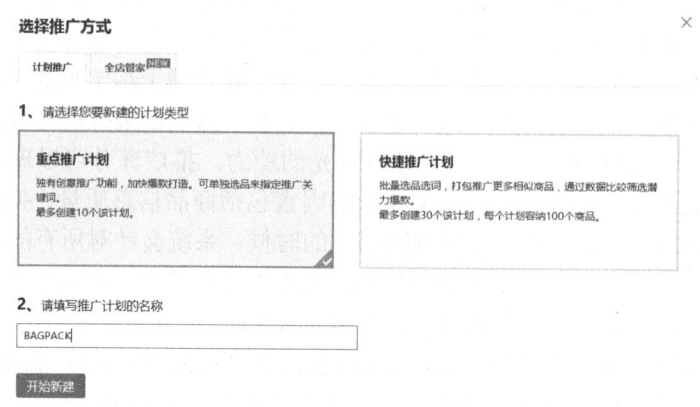

图 5-81 推广计划

2. 增加推荐词

在新建直通车推广计划的"新增关键词"操作界面上,按"7 天搜索热度"进行从上往下的排序,选择 7 天热搜度较大的词加入推广计划,如图 5-82 所示。

关键词	推荐理由	30天搜索热度	竞争度	市场平均价
< backpack	高流量 高订单 小二推荐	779210	5266	¥0.81
< men backpack	高流量 高订单 小二推荐	6464	1908	¥1.30
< backpack school	高流量 高订单 小二推荐	5236	2064	¥1.22
< travel backpack	高流量 高订单 小二推荐	3627	2159	¥1.37
< minecraft backpack	高流量 高订单 小二推荐	1947	301	¥0.52
< laptop backpack	高流量 高订单 小二推荐	8742	1225	¥1.13
< plush backpack	高流量 高订单 小二推荐	4049	461	¥0.35

图 5-82 推荐词

这批系统统一推荐的词一般是系统根据商品的标题及相关属性推荐的,相关性很强,精准度就高。在采用了部分系统推荐词后,如果依旧出现关键词偏少的情况,则需要通过关键词工具增加其他的关键词。

3. 植入更多的词

按照前面所分析的方法,植入更多的词充分利用后台的"关键词工具",从"自上而下"或者"自下而上"的角度逐一将合适的词放置到右边的加词清单中启动推广。如果是采用自己采集关键词的方式,就把采集到的词放置到左边的加词清单里。

4. 调整出价

根据制定的出价策略为每个词调整出价。一般针对以下两类词需要适度提高出价：一是高精准词；二是当前基本出价距离"当前进入第一页右侧最低出价"的词。后者因为差距太小，所以不如适当调整出价，使该词的推广能出现在首页右侧。比如某个词的原出价是 0.45 元，点击其出价框显示"当前进入第一页右侧最低出价"是 0.48 元，因为差距只有 0.03 元，为了获取首页更可观的曝光量，将其出价调整为 0.48 元。如图 5-83 所示为产品示例。

School Backpack: 0.45+1
精准指数：★★★
Camping Backpack: 0.45+0.2
精准指数：★★★★
Travel Backpack: 0.45+0.3
精准指数：★★★★

图 5-83　产品示例

经过上述两项出价调整，有部分词已经能占据首页右侧的位置。然而，直通车的推广计划并没有结束，直通车后台管理可以添加两组"创意图片+创意标题"功能，借此功能可以明显地提高部分关键词的推广评分，一般只需要把选中的关键词放到创意标题中就可以实现。添加这两组创意推广的时机有两种选择，其中第一种是新建推广计划注入关键词，重点挑选一些热搜的词组合起来分别植入两组创意标题中，这样使推广一开始这些热搜词就能提升推广评分了。第二种是暂时不添加任何创意标题，而是经过为期 1～2 天的"推广试行期"后，通过观察点击量与曝光量，再决定将那些"值得进一步提升推广评分"的词组合起来放在创意标题里，以进一步提高推广评分，获得更客观的点击量。具体操作如下。

第一步，点击推广计划进行查看，按"点击量"从高到低进行排序，如图 5-84 所示。

关键词	曝光量	点击量	点击率	花费	平均点击花费
military backpack	1613	49	3.04%	￥42.69	￥0.87
travel bag	3370	46	1.36%	￥65.36	￥1.42
backpack	4263	46	1.08%	￥45.07	￥0.98
hiking backpacks	1263	34	2.69%	￥36.15	￥1.06
travel backpack	737	32	4.34%	￥45.31	￥1.42
tactical bag	2093	30	1.43%	￥31.21	￥1.04
beach dress	1181	29	2.46%	￥37.29	￥1.29
school bags	2266	23	1.02%	￥22.81	￥0.99
military bag	1030	22	2.14%	￥16.2	￥0.74
summer dress	3026	21	0.69%	￥30.47	￥1.45

图 5-84　点击量

从图中我们可以看出，能给商品推广带来点击量和曝光量的并不一定全部是高热搜度的词，因为高热搜度的词一般都面临着激烈的竞争，而且高热搜度的词即使有一定的曝光量，其点击率和点击量也比不上一些本来并不起眼的"小词"。所以第二种选择的优势就在于"让市场检验每个词在既定出价的前提下表现出不同的曝光量，这就很自然地反映出这些词不同的供需状况，也让那些很适合这件商品的词能"脱颖而出"。毫无疑问，这些点击量和曝光量较高的词，就是值得进一步通过设置创意标题来提升推广评分的词（除非该词目已经出现在第一页右侧）。

第二步，点击"创意"—"创意标题"，把点击量和曝光量较高的词拼凑成创意标题，注意尽量不要出现关键词堆砌现象。

在直通车后台并没有直接显示每一个关键词的推广评分是多少，但可以通过测试来检测推广评分是否提高了。比如在加入创意标题后，某个词的推广评分等级从"良"升级为"优"，这说明其推广评分明显提高了。此外，如果原来的推广评分是"优"，那么可以点击其出价框查看目前能让该词进入"当前第一页右侧最低出价"是多少，比如是 0.8 元，把词放进创意标题中后，第一时间立即查看该词的"当前第一页右侧最低出价"，如果这时最低出价有所降低，比如从 0.80 降到了 0.70 元，则根据"直通车推广排名综合得分=关键词出价×推广评分"，在短时间内综合得分不变的情况下，对关键词出价的要求降低，说明此时推广评分提高了。

需要注意的是，直通车后台的一个创意标题不能超过 256 个字符，所以在设立创意标题时，可以考虑把更多需要提升推广评分的词放进创意标题里，最多可以创建两个创意标题，一定要充分利用这两个标题。

二、搜索引擎优化（SEO）

（一）概念

SEO 是通过控制各种 SEO 要素，使卖家店铺更加符合搜索引擎的排名规则，从而获得更好的自然搜索结果排名的方法。获得更好的排名意味着能获得更多的访问者，也就能获得更好的销售和利润。

一个关键词的排名和访问者流量之间存在着如图 5-85 所示的正比关系。

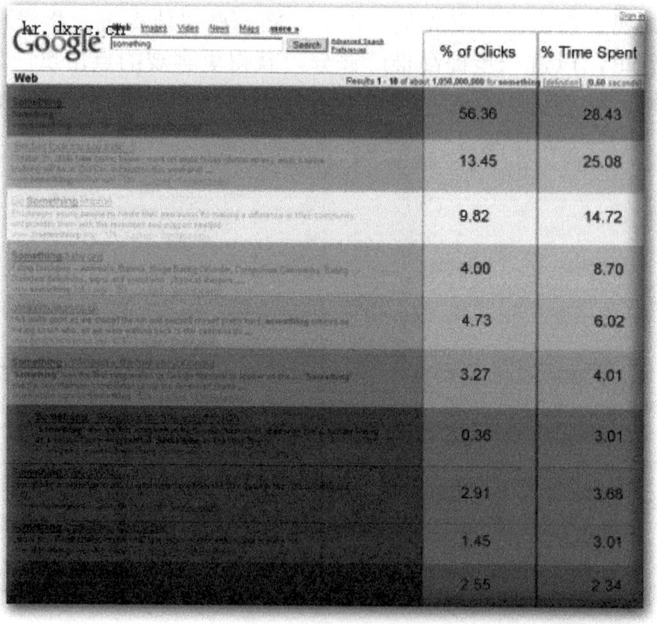

图 5-85　Google

从图 5-85 中我们能看到第一位的排名能获得一个关键词 50%的排名，我们假设某店铺的关键词有每天 1000 的搜索量，那么排在第一位的搜索结果能获得每天 500 的浏览量。因此，不断地提高搜索结果在搜索引擎上的排名是 SEO 最主要的工作。

如果在 Google 中搜索某跨境电商网店的商品，搜索引擎会返回相关的搜索结果，并且这个搜索结果是按照一定的顺序来排列的。这个搜索结果及其排序就叫作搜索结果排名，其中包括自然搜索结果排名和付费搜索结果排名两种。

自然搜索结果排名指的是能通过 SEO 得以控制的免费搜索结果排名，与此相对的是付费搜索结果排名。当你搜索一个词的时候付费排名出现在搜索结果的最上方、最下方以及右面。自然搜索结果出现在左侧中部。付费搜索结果并不一定存在，这取决于是否有广告主愿意购买这个关键词，并为这个关键词制定广告。

大致上来说，自然搜索结果的排名是可以通过 SEO 技术来控制的。也就是说 SEO 技术设计的范围只在自然搜索结果范围内。而付费搜索结果排名最重要的影响因素则是卖家为广告投入的多少，决定了付费搜索结果的排名。

从 SEO 整体的实施过程来说，SEO 可以按照先后顺序分为关键词研究、关键词策略制定及部署、站内优化、站外优化、效果追踪与分析这五个环节。

（二）SEO 优化事项

1. 类目选择

为了给平台新老买家提供良好的购物环境和搜索体验，速卖通平台一直会对类目错放进行统一规范和处理，以确保产品放置在正确的类目下，促进产品转化。

在排查过程中发现，类目错放大致分为两类情况。

一是有意类目错放，这种有意将发布商品时选择的类目与商品实际类目不符以骗取曝光的行为叫作类目错放搜索作弊行为。为了保障卖家之间公平竞争的原则，速卖通平台将对这种恶意行为进行打击和处罚。

二是无意识类目错放，导致这种情况的原因大体是因为用户对速卖通平台和类目结构了解不够深入。简单举个例子便于了解类目错放的危害，假使用户实际商品是婚纱，却误发布在晚礼服类目下，那么买家在搜索婚纱的时候，产品是不会出现在搜索结果中的，影响转化。

错放类目种类及示例如下。

（1）发布类目完全不符合商品种类，甚至出现跨行业错放

手机壳错放到化妆包"CosmeticBags&Cases"，正确的类目应该为"Luggage&Bags>DigitalGearBags>MobilePhoneBags&Cases"，如图 5-86 所示。

图 5-86　类目不符一

（2）配件错放在主机类目下

平台很多行业，主机和配件设有各自独立的类目，例如，MobilePhone Accessories 和 MobilePhones，TelephoneAccessories 和 Telephones。

手机壳错放到"mobile phones"，正确类目应为"Luggage & Bags>Digital Gear Bags>Mobile Phone Bags & Cases"，如图 5-87 所示。

图 5-87　类目不符二

（3）Other 类目错放

目前平台每个行业都会设置一个 Other 类目，当用户商品在这个行业没有适合的发布类目时，可以将产品发布在 Other 类目下，但如果商品实际上有更适合的类目发布，仍将商品发布在 Other 类目，则属于类目错放。

例如，靴子错放在 Other Shoes 类目，正确的类目应为 Shoes>Women's Shoes>Boots，如图 5-88 所示。

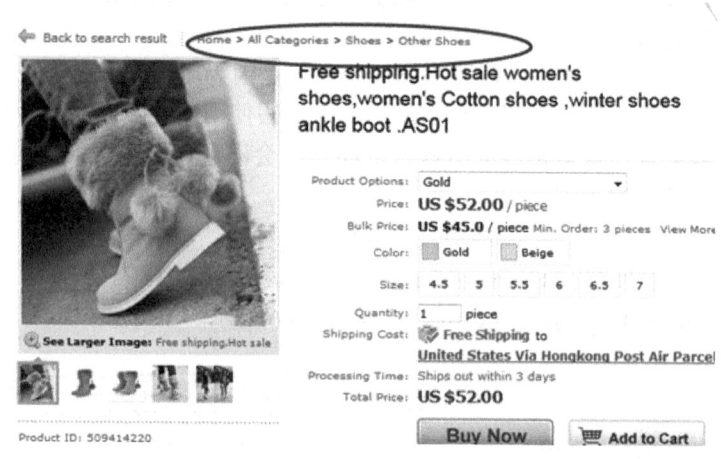

图 5-88　类目不符三

（4）部分特殊类商品，如订单链接、运费补差价链接、赠品、定金、新品预告商品

特殊类商品必须发布在指定的类目下，如图 5-89 所示。

避免类目错放的方法：

首先，要对平台的各个行业、各层类目有所了解，知道自己所售商品，从物理属性上来讲应该放到哪个大类目下，如准备销售手机壳，应知道是属于手机大类下的。

其次，可在线上通过商品关键词查看此类商品的展示类目，作为参考。

最后，根据自己所要发布的商品逐层查看推荐类目层级，也可以参考使用商品关键词搜索推荐类目，从而在类目推荐列表中选择最准确的类目，发布同时要注意正确填写商品的重要属性（发布表单中标星号或绿色感叹号）（见图 5-90）。

如果商品被判为类目错放了，可以通过两种渠道查看商品应放置的正确类目。

第一，可以点击类目错放诊断界面上的"类目修改"，直接选择系统推荐的"正确类目"。

第二，可以回到发布商品界面，用比较宽泛的商品词进行搜索，查看发布系统自动推荐类目列表，并从列表中选择正确的商品发布类目。

图 5-89　类目展示　　　　　　图 5-90　制定类目展示

注意，速卖通店铺为卖家个人所有，只有卖家方能对产品信息进行修改，平台不能直接修改类目错放产品信息。另外，系统后台提示"类目错放"，只要将产品修改为正确类目了，原受影响的产品将恢复曝光。

有时系统推荐的类目不完全准确，其实速卖通平台系统推荐类目准确性超过 95%，但可能会出现极小部分商品推荐类目不完全准确的情况，可能由以下因素造成。

第一，"准确类目推荐"是基于线上相同/相似商品标题，如果线上绝大部分相同/相似商品本身标题填写有问题，可能会推荐不够准确。

第二，本身网站的类目架构不够完善，还在持续完善中，如果您在我们的类目中找不到合适的类目，请通过本帖及时向工作人员反馈。

第三，用户的标题描述本身与实物图和发布类目不符。如以下 case:标题描述为裙子，但实物图和发布类目是袜子。所以准确填写标题信息是非常重要的。

如果有些商品没有合适的类目，可以先将商品发布到类似的类目中，并及时向工作人员反馈。

2. 标题撰写

逻辑清晰，无语法错误，不要乱加不相干的词汇。标题对于商品而言，是最重要的属性。详解如下。

标题是最直观、最重要的商品展示内容。有人可能会说，对于买家而言，图片远比标题更直观。但是必须基于一个前提，那就是用户已经看到卖家商品，那么用户是怎样看到商品的呢？一个很重要的途径就是搜索。那么标题就显得尤为重要，如图 5-91 所示。

图 5-91　标题

标题是买家搜索的对象的首选数据源。所有的网站,不管是如速卖通这样的电子商务还是如腾讯新闻一样的内容系统,搜索词的数据中有一个非常重要的数据源就是标题,做过网络推广的人都知道,在 SEO 中标题占的权重要远比关键词更重要。

标题是直通车关键词的最重要数据源,高质量的标题可以生成大量廉价、黄金位置的直通车关键词。众所周知,一个推广活动中关键词的数量和质量直接决定了直通车推广的效果和成本,也就是说如果卖家想使用直通车,终极目标就是用最少的成本带来最多的点击量。要想做到这一点,除了有效的设置推广计划,合理分配推广资金以外,关键词是最重要的因素。那么关键词从哪里来?尤其是既便宜位置又好的关键词从哪里来?

速卖通直通车的关键词系统中有一个概念叫作"关联度",如果卖家的商品是一件红色连衣裙,那么这个商品是不能加上"头层牛皮"这个毫无关联的关键词的。

怎么解决这个问题呢?突破口就在标题上,如果卖家能充分利用标题的这 250 个字符,让标题中不出现一个垃圾词,全部都是"商品属性词""系统热搜词""本周飙升词",尤其是飙升词,卖家就为自己设置海量便宜高质量的关键词提供了数据来源,同时也为高"商品匹配度"埋下了伏笔。

大部分卖家都知道标题的重要性,也都知道标题中应该包含属性词、热搜词、飙升词。但是绝大多数的商品标题质量差强人意的原因就是高质量的标题会浪费很多时间。

手动设置一个高质量的商品标题极其耗时,按照一般商品的上货时间来计,标题的设置至少占用了整个上货时间的 30%甚至更多。

根据商品标题中文名自动翻译英文标题虽然速度很快,但是效果很差,国外买家根本无法理解。例如:

Europe and the United States women's new high-end boutique 2014 autumn new major suit dress skirt and a generation of fat.

这个标题是从 1688 或者淘宝中的常见标题"欧美女装新款 高端精品 2014 秋装新品 大牌连衣裙 外贸原单 一件代发"使用翻译软件直译的。

这个标题中除了 dress skirt 两个词有用以外,其他的词语没有任何搜索和展示价值,即便是英文考试每次拿 A 的老外也看不懂 a generation of fat 是什么意思。dress 和 skirt 这两个词又是两个竞争白热化的关键词,也就是这个标题没有任何价值。

如何快速设计一个高质量的标题,可以按照下面的步骤来。

步骤一:尽量全面地选择商品的属性,如图 5-92 所示。

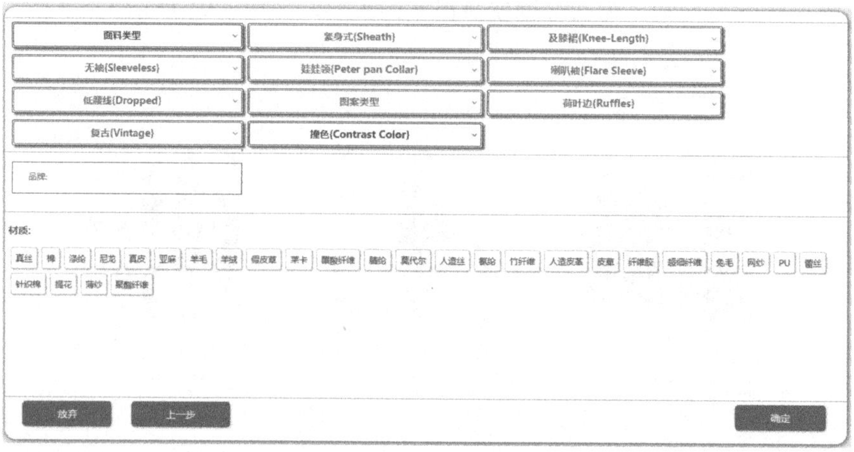

图 5-92 商品属性一

步骤二：将所有的商品属性用最专业的词汇植入标题中，如图 5-93 和图 5-94 所示。

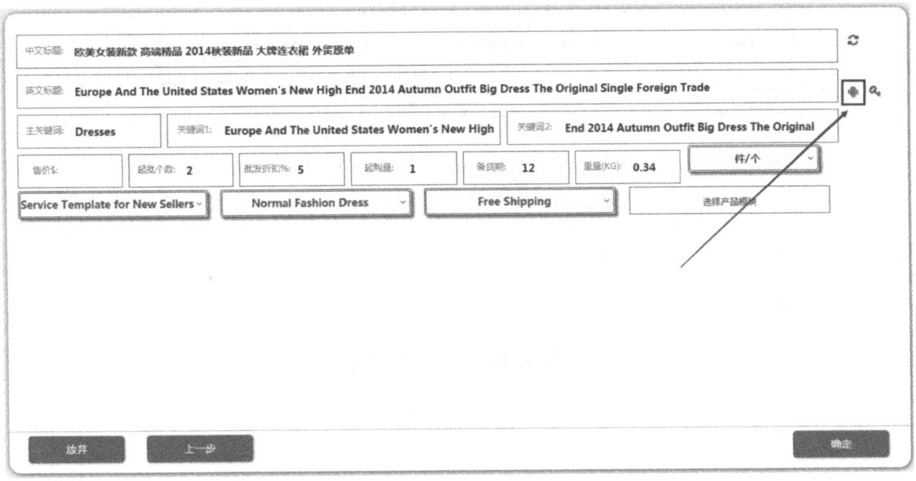

图 5-93　商品属性二

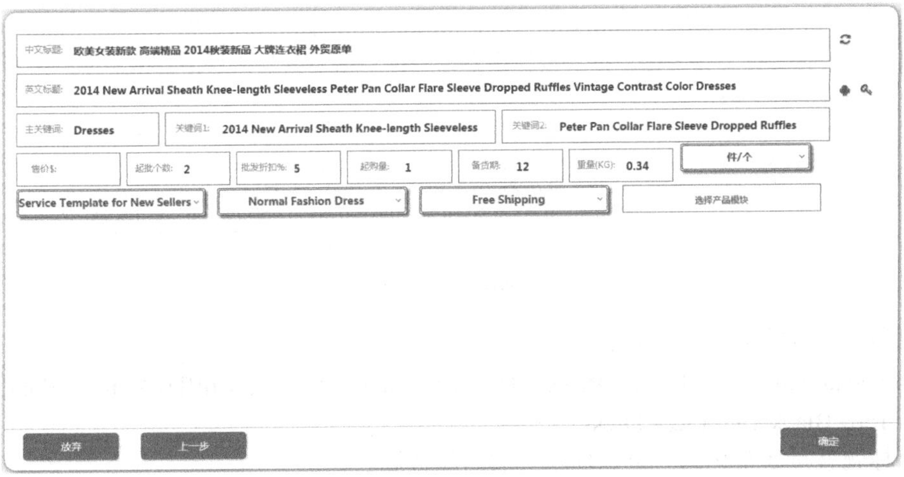

图 5-94　商品属性三

现在这个商品的标题变成了

2014 New Arrival Sheath Knee-length Sleeveless Peter Pan Collar Flare Sleeve Dropped Ruffles Vintage Contrast Color Dresses.

再看看反面教材，也就是谷歌直译的：

Europe and the United States women's new high-end boutique 2014 autumn new major suit dress skirt and a generation of fat.

生成的标题中包含如下信息：紧身的、及膝裙、无袖、娃娃领、喇叭袖、低腰线、荷叶边、复古的、撞色的。

这个标题的质量已经非常高了，但是仍然不能满足要求，系统热搜词和飙升词非常重要，有经验的卖家都会把这些词汇植入自己的标题。

步骤三：打开植入关键词界面，如图 5-95 所示。

同时，把本周的热搜词和飙升词植入标题，如图 5-96 所示。

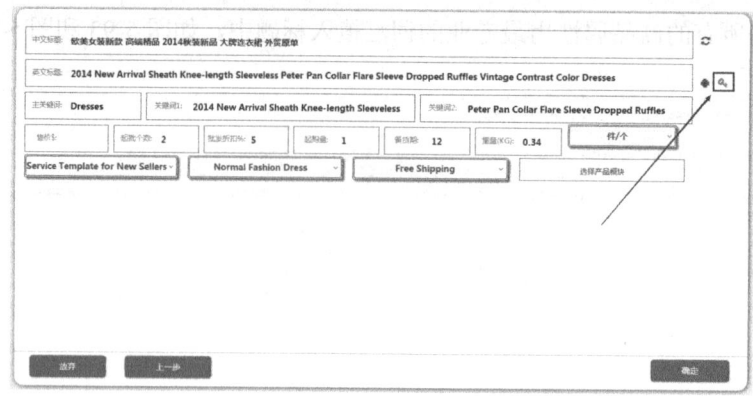

图 5-95　商品属性四

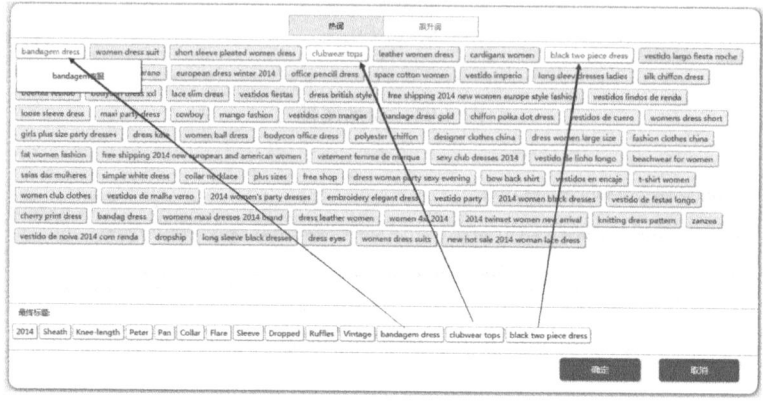

图 5-96　商品属性五

步骤四：最终的标题就变成了

2014 Sheath Knee-length Peter Pan Collar Flare Sleeve Dropped Ruffles Vintage Bandage Dress Clubwear Tops Black Two Piece Dress.

这个标题就是通常称为"黄金标题"的商品标题。

3. 关键词

主要关键词、更多关键词要填好，填大词。稀缺词可以多看看国外杂志 Google 新品介绍，例如《时代杂志》，发现介绍新品的关键词可以记下来，用到自己的产品上。

（1）速卖通搜索框

例如搜索 bracelet 后面会自动跳出 men、leather、shamballa 等词，这些是速卖通这个引擎自动推荐的，速卖通不是无缘无故让它出现在这里的，因为这些词是在速卖通里搜索 bracelet 后面搜的最多的词，如果卖家产品和这上面的词相关，这个词你必须带上，这个词又叫热搜词，如图 5-97 所示。

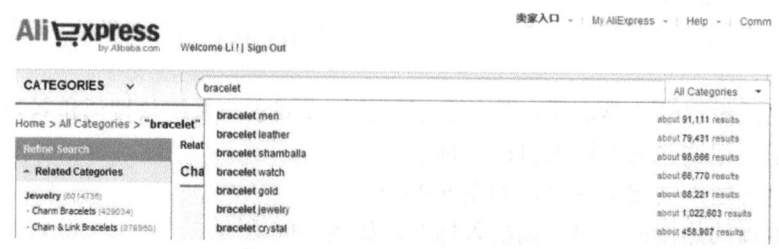

图 5-97　热搜词

如果卖家产品没销量和好评，相对同行卖家又没有价格优势，这样就得挑长尾词，也是在搜索框中找，还是搜 bracelet，空格下它会一直往下跳，直到跳到最后没办法跳了这个词就够长尾了，这样的词搜的人不多，但是对于刚起步的卖家，这种词的成交转化率较高，如图 5-98 所示。

图 5-98　热搜词选择

（2）类目找关键词

打开速卖通首页，找到卖家产品的所属类目，这些类目的词汇也属于热搜词，如图 5-99 和图 5-100 所示。

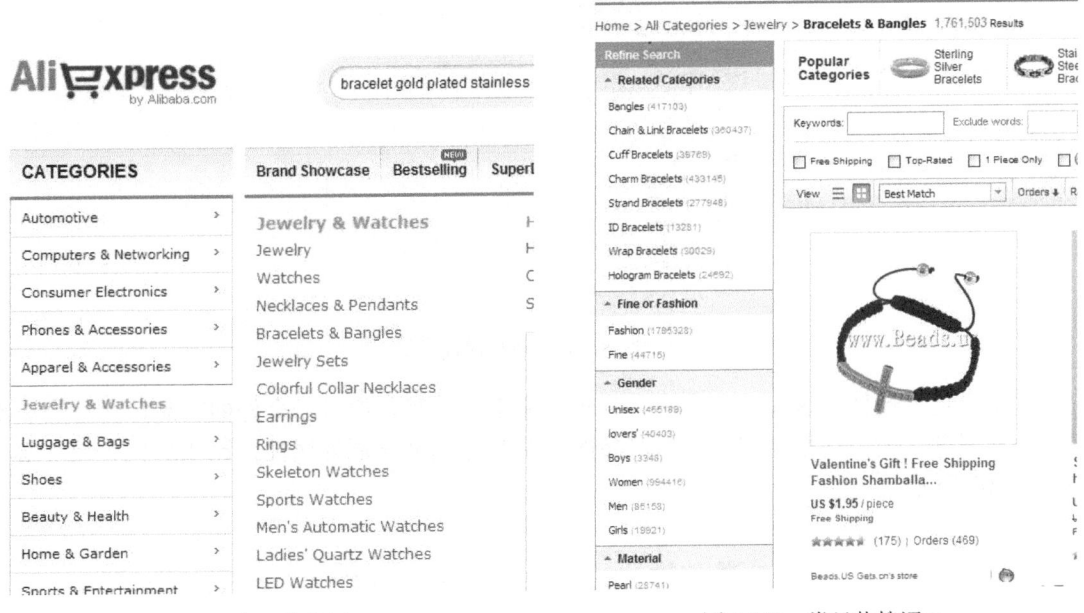

图 5-99　类目热搜词一　　　　　　　　　　图 5-100　类目热搜词二

（3）通过对手店铺找关键词

假如卖家的词是 bow bracelet，通过速卖通平台的搜索关键词功能查看其他竞争对手店铺的关键词设置，通过借鉴，也可以对本店的关键词进行设置，如图 5-101 所示。

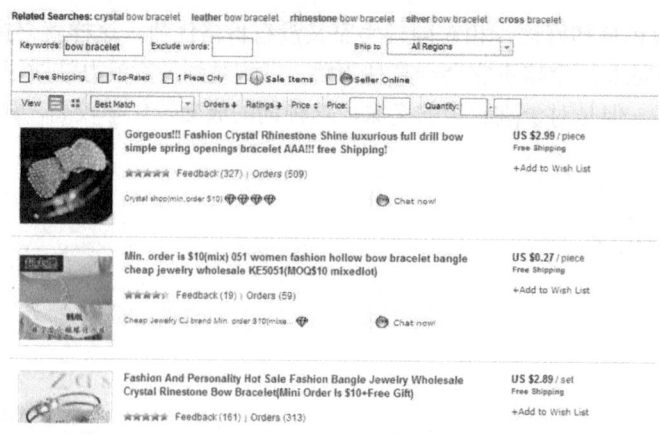

图 5-101 关键词设置

4. 属性填写

属性填写准确，自定义 10 个属性需要填满，且属性与标题、宝贝描述有关联而没有冲突。

速卖通编辑产品页面有很多必要的属性供大家选择，很多人因为不了解产品而放弃一些产品属性的填写，属性填写率最好 100%，这样其实不利于产品的优化，所以第一点需要我们做到的是：必须将产品属性全部填充，否则会影响产品的曝光量，如图 5-102 所示。

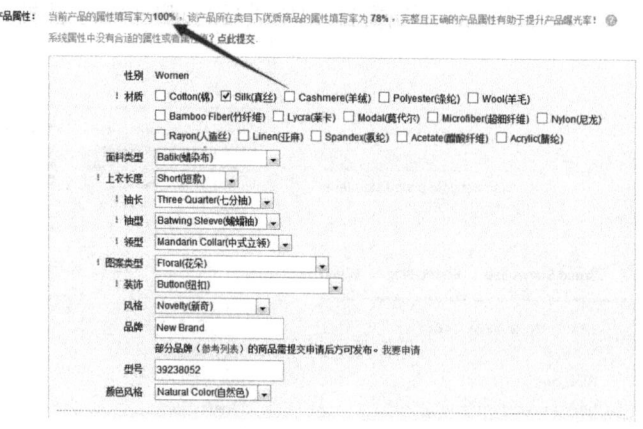

图 5-102 产品属性

关于自定义属性，这里虽然并没有强制卖家必须填写，但是一个好的产品，往往会有更多的补充属性，所以这里也需要根据产品的情况来适当补充额外属性，比如颜色、尺寸等，如图 5-103 所示。

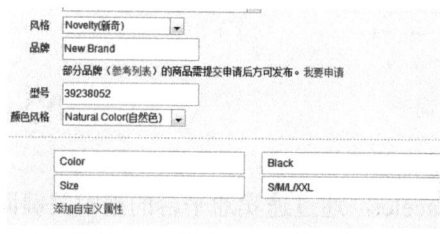

图 5-103 额外属性添加

5. 产品主图

产品主图一定要尽量上传满 6 张，且用 500×500 的尺寸，创意标题与图片要提前做好，放在最后一张主图上，建议做 2 张，创意标题与图片不止是推优的重要方法之一，更是提高点击率的有效方式。如图 5-104 所示。

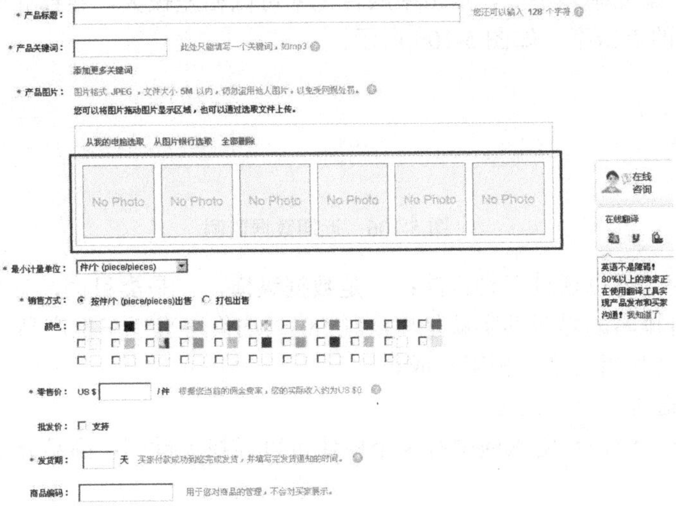

图 5-104 图片优化

6. 丰富描述

在很多大店宝贝描述就一两张图片，都是出了好几千单的，就有样学样，结果却大相径庭。因此最好把产品细节都放上，文字描述也要齐全，英文、俄语、葡萄牙语更好。

原则：在商品优化好的前提下。

前期：长尾词，小词尽量争第一页第一个，大词可不必争第一页，第二页也可以。

后期：不仅小词，大词也要争第一。

在打折开始当天就要开直通车引流，前期折扣力度不大时就先小量引流，保持有一两个销量即可，到最后超低价的那几天就得超大量引流，快速积累销量，提升产品排名。因为那个时候的价格比较低，接近成本价了，出单比较容易。前期的少量引流相当于在养词。养词的核心是点击率，然后就是转化率。

首先要保证商品的点击率高，点击率高了，花费就能减少了。利用创意图片与标题可以有效地提高点击率。点击率多少适合呢？不同的类目都不太相同，一般都大于 1%，才算比较过得去的。如图 5-105 所示。

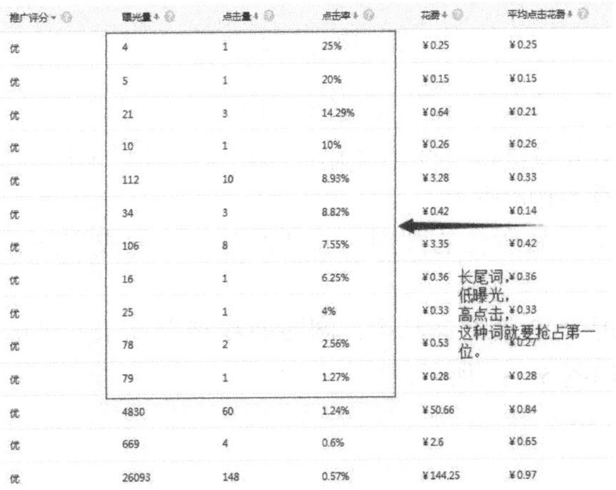

推广评分	曝光量	点击量	点击率	花费	平均点击花费
优	4	1	25%	¥0.25	¥0.25
优	5	1	20%	¥0.15	¥0.15
优	21	3	14.29%	¥0.64	¥0.21
优	10	1	10%	¥0.26	¥0.26
优	112	10	8.93%	¥3.28	¥0.33
优	34	3	8.82%	¥0.42	¥0.14
优	106	8	7.55%	¥3.35	¥0.42
优	16	1	6.25%	¥0.36	¥0.36
优	25	1	4%	¥0.33	¥0.33
优	78	2	2.56%	¥0.53	¥0.27
优	79	1	1.27%	¥0.28	¥0.28
优	4830	60	1.24%	¥50.66	¥0.84
优	669	4	0.6%	¥2.6	¥0.65
优	26093	148	0.57%	¥144.25	¥0.97

图 5-105 关键词竞价

其次是转化率，推广品起码要 3%以上。转化率就跟所选自身词汇、售价，还有产品描述有关。

在速卖通上，曝光率差不多，点击率跟转化率可以相差极大，导致订单相差也极大。因此起码保证 1%以上的点击率。如图 5-106 所示。

图 5-106　近期数据监测

至于如何选词，可以通过三种方法：一是数据纵横，二是类目词，三是买家热搜词。

做速卖通竞价排名的思路其实就是"摆脱 90 天均价—直通车推产品—平台活动来反推活动品"，三者其实是互相关联、相辅相成。

7. 优化速卖通卖家后台设置

首先，在卖家后台，数据纵横中有 3 个模块可以寻找关键词：商品分析、选品专家、搜索词分析。

商品分析里可以找到关键词分析，卖家可以参见曝光关键词分析、浏览关键词分析，如图 5-107 所示。

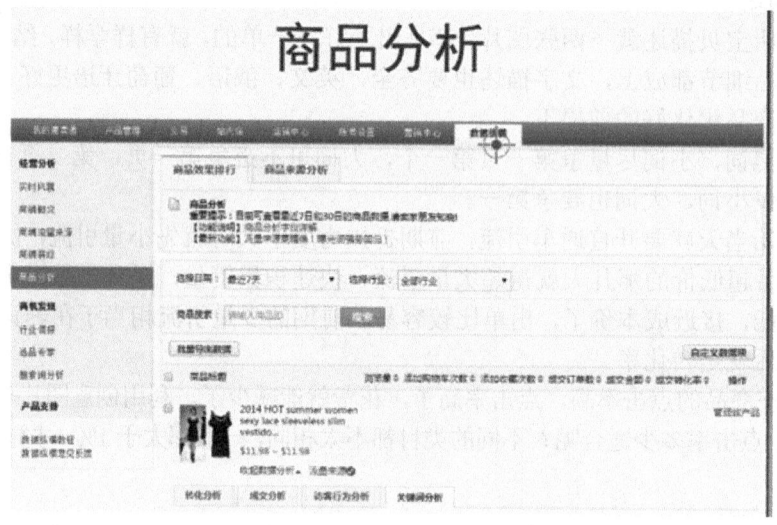

图 5-107　商品分析

同样，卖家后台里的"选品专家"，卖家在平时平台活动时也可以参考这里的数据。选品专家项目中的搜索，首先要选自己对应的行业，国家就选择产品所对应的目标市场，如果不选择市场将默认全球，如图 5-108 所示。

当选择完毕之后点击产品所在的圆圈，可以查看产品的成交指数、竞争指数，如图 5-109和图 5-110 所示。

在选品专家销售分析 TOP 关联产品中，圆圈面积越大表示产品的销售量越大；连线越粗，买家同时关注度越高，如图 5-111 所示。

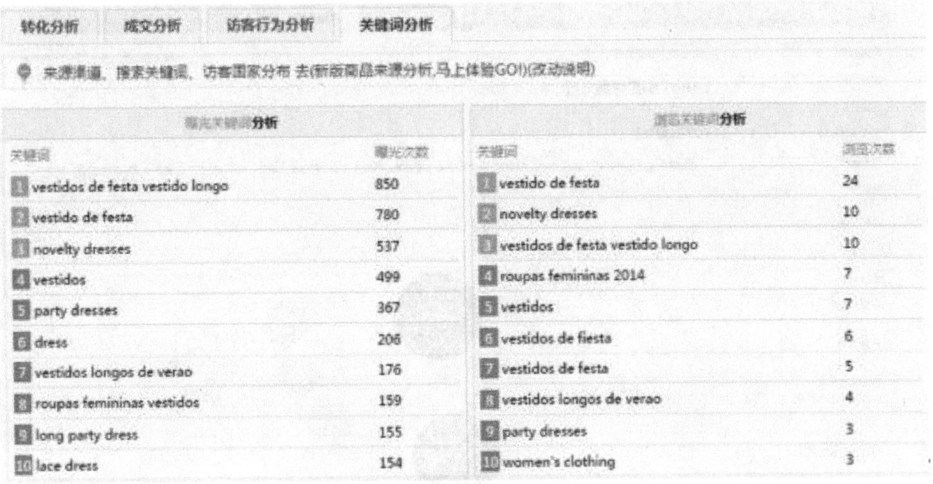

转化分析
成交分析
访客行为分析
关键词分析
来源渠道、搜索关键词、访客国家分布 去(新版商品来源分析,马上体验GO!)(改动说明)
曝光关键词分析
关键词 曝光次数
1 vestidos de festa vestido longo 850
2 vestido de festa 780
3 novelty dresses 537
4 vestidos 499
5 party dresses 367
6 dress 206
7 vestidos longos de verao 176
8 roupas femininas vestidos 159
9 long party dress 155
10 lace dress 154
浏览关键词分析
关键词 浏览次数
1 vestido de festa 24
2 novelty dresses 10
3 vestidos de festa vestido longo 10
4 roupas femininas 2014 7
5 vestidos 7
6 vestidos de fiesta 6
7 vestidos de festa 5
8 vestidos longos de verao 4
9 party dresses 3
10 women's clothing 3

图 5-108 关键词分析

选品专家
热销
热搜
TOP热销产品词
t-shirt
shirt
jacket

图 5-109 目标市场

选品专家
热销
热搜
TOP热销产品词
t-shirt
shirt
jacket

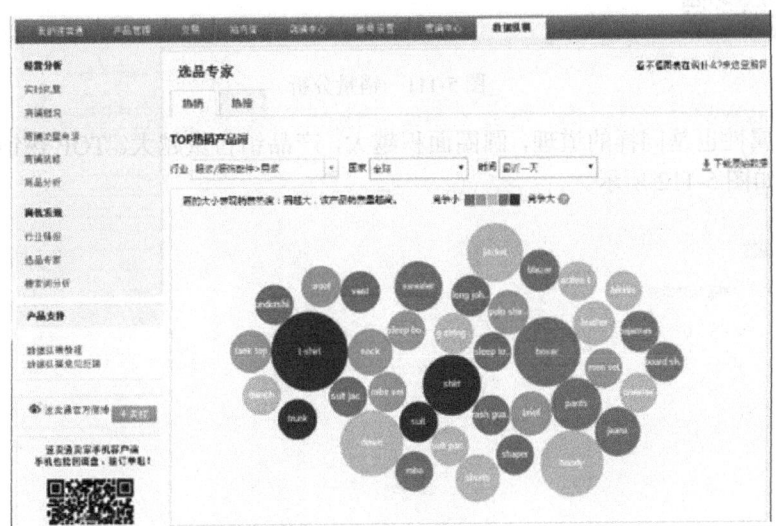

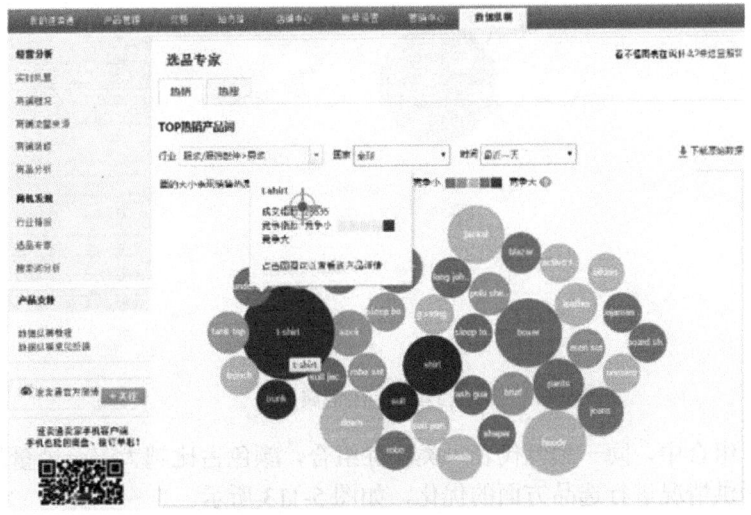

图 5-110 产品相关指数

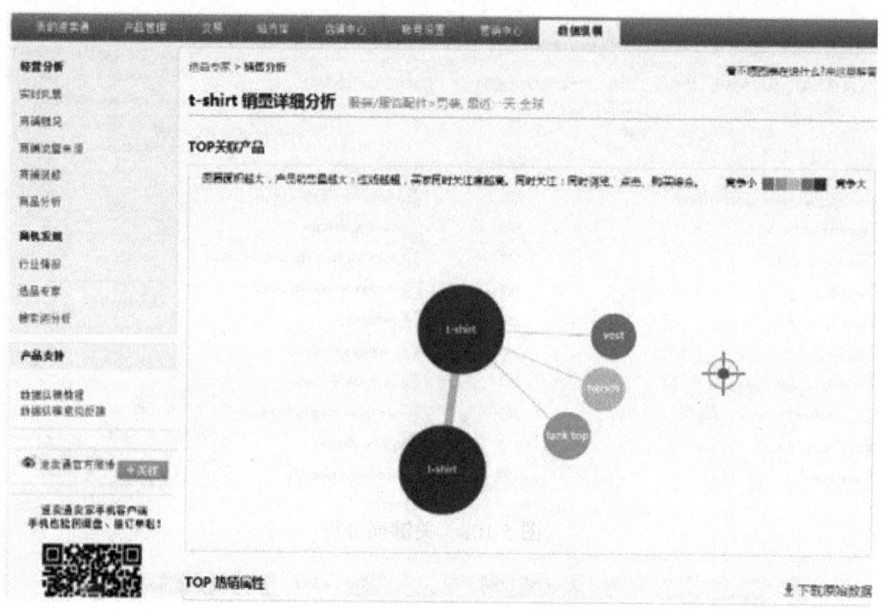

图 5-111　销量分析

TOP 热销属性也是同样的道理，圆圈面积越大，产品销售量越大。TOP 热销属性可以由卖家自己选择，如图 5-112 所示。

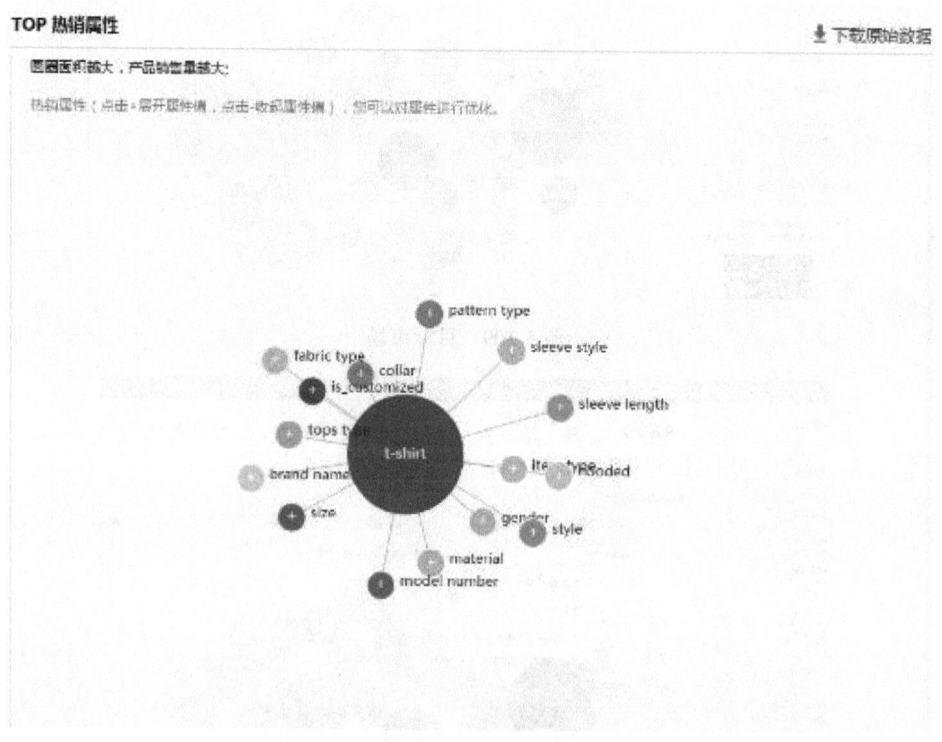

图 5-112　热销属性

在热销属性组合中，同一颜色代表一类属性组合，颜色占比越大表示销量越多，卖家可以根据属性组合提供情况进行选品方面的优化，如图 5-113 所示。

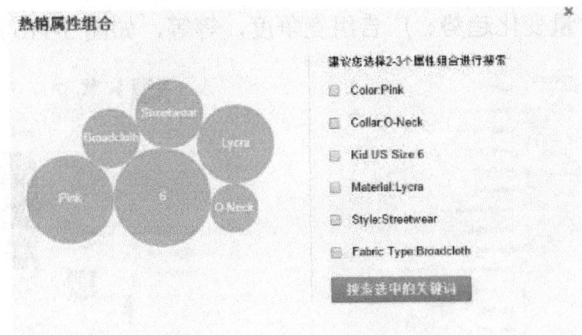

图 5-113　热销属性组合

接下来要说的是“搜索词分析”。在卖家后台，数据纵横里可以找到。搜索词分析分为三块，分别是热搜词、飙升词、零少词。这里要注意产品是否是品牌原词，如果销售“禁限售”商品将会被处罚，如果是衍生词，例如 ZARA 2016 也会有被判侵权 ZARA 的风险，如图 5-114 所示。

NO.	搜索词	是否品牌原词	搜索人气	搜索指数	点击率	成交转化率	竞争指数	TOP3热搜国家
1	watch	N	509,176	3,236,444	22.97%	0.27%	24	RU,BY,UA
2	sterling silver jewelry	N	109,961	991,613	22.42%	0.27%	48	RU,BY,UA
3	925 sterling silver	N	91,561	899,362	21.32%	0.29%	58	RU,BY,UA
4	quartz watch	N	97,999	620,883	23.20%	0.24%	28	RU,BY,UA
5	часы	N	139,906	611,274	22.24%	0.44%	13	RU,BY,UA
6	pandora bracelet	Y	99,161	441,911	27.57%	0.38%	17	RU,UA,US
7	necklace	N	58,729	390,589	29.53%	1.21%	72	RU,BR,US
8	watches men	N	79,317	383,185	29.69%	0.79%	41	RU,US,BR
9	earrings	N	40,292	320,515	28.55%	1.49%	86	RU,US,BR
10	серьги	N	42,034	299,720	29.02%	0.97%	25	RU,BY,KZ
11	digital watch	N	59,488	269,423	24.66%	0.21%	22	RU,BY,UA
12	watch women	N	40,769	244,725	27.82%	1.16%	65	RU,US,CZ
13	diamond jewelry	N	76,967	233,422	14.82%	0.03%	13	RU,BY,KZ
14	relogio masculino	N	55,286	208,465	27.79%	0.95%	7	BR,US,ES
15	men's watch	N	31,530	197,692	30.06%	0.20%	31	RU,BY,UA
16	jewelry	N	31,422	197,597	25.46%	1.23%	78	US,RU,CA
17	bracelet	N	34,220	185,149	27.02%	1.56%	66	RU,US,BR
18	ring	N	30,815	174,266	29.82%	1.18%	68	RU,BR,US
19	pearl jewelry	N	27,023	163,571	21.45%	0.11%	38	RU,BY,UA
20	smart watch	Y	48,179	151,115	23.50%	0.15%	16	RU,ES,US
21	fine jewelry	N	40,614	147,568	15.40%	0.07%	26	RU,BY,KZ
22	часы женские	N	19,352	147,203	27.78%	0.47%	33	RU,BY,KZ
23	кольца	N	24,884	146,397	30.07%	0.67%	21	RU,BY,KZ
24	relogio	N	50,425	135,510	23.09%	0.55%	5	BR,US,RU

图 5-114　搜索词分析

要在速卖通平台上销售品牌商品，要有品牌商的授权或者拥有完整的正品进货渠道。以上条件均满足后，参加速卖通平台的品牌认证申请，审核通过，缴纳保证金，再开通品牌发布权限就能销售了。

8. 速卖通卖家主页优化

除了卖家后台设置的优化，在速卖通买家主页也可以捕捉到优秀的关键词。

搜索框输入产品将会出现 smartbox 猜词，这些词也可以作为卖家优化关键词的参考。

搜索框下的关联搜索也是非常直观的买家热搜表现，如图 5-115 所示。

9. 站外工具使用

讲完了站内的优化方法，接下来就简单地介绍一些站外工具的使用。

第一个是 Google 的 AdWords。卖家可以注册登入，制作自己的广告。这里要说的是其中的“关键字规划师”。

关键字规划师对操作有非常详细的说明，当卖家把其中的信息填写完成后，将会出现具体的参数提示，包括搜索量变化趋势、广告组竞争度，等等，如图 5-116 所示。

图 5-115　关联搜索

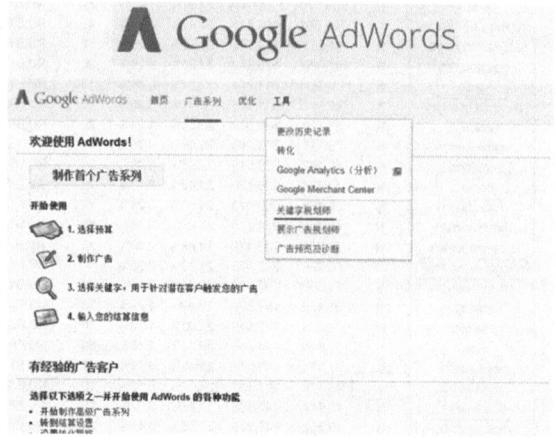

图 5-116　关键字规划一

第二个是 ebay 的 WatchCount.com，这个工具同样可以用作站外关键词搜索，从而帮助进行搜索引擎优化。如图 5-117～图 5-120 所示。

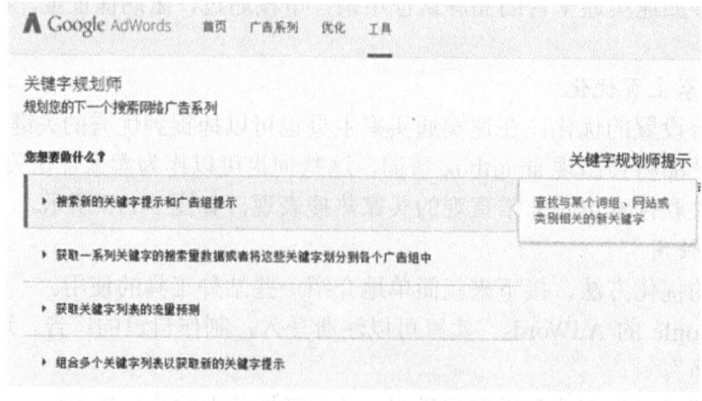

图 5-117　关键字规划二

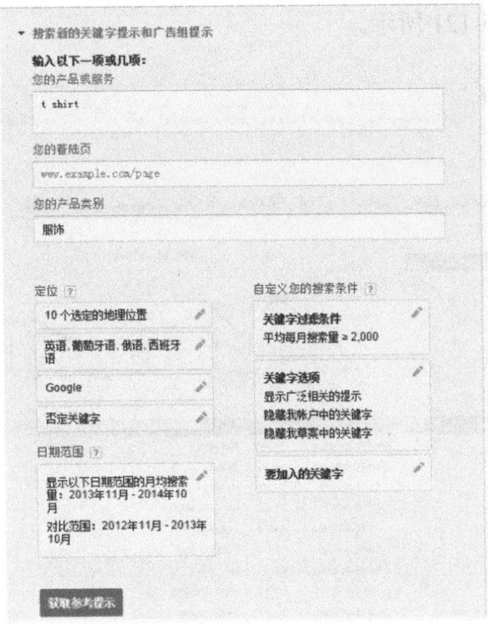

图 5-118 关键字规划三

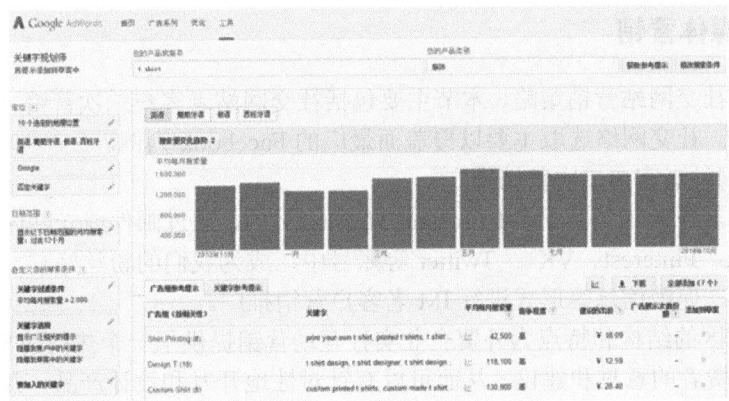

图 5-119 关键字规划四

图 5-120 站外关键词搜索

最后是 KeywordSpy，同样是站外搜索关键词的有效工具。你可以在其中看到关键词的各种数据及付费参考，如图 5-121 所示。

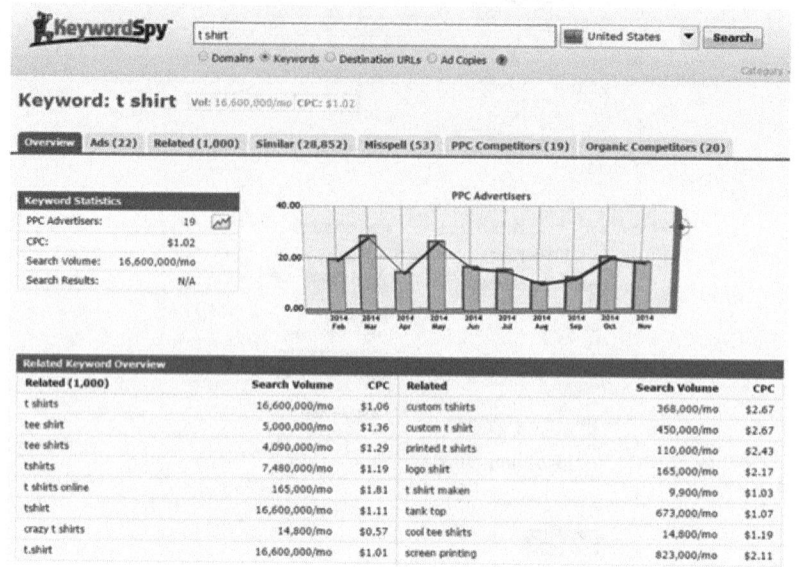

图 5-121 KeywordSpy

三、社交媒体营销

关于速卖通社交网站营销策略，本节主要包括社交网站老客户二次营销、社交网站新客户开发及内容策划。社交网络选取主要以覆盖面最广的 Facebook 为例。

（一）社交网站老客户二次营销推广

SNS 中的老客户营销是基于 IM（Instant Message）的，通过邮件或者站内信让客户添加到我们的 Facebook、Pinterest、VK、Twitter 等账号中，成为我们的粉丝好友。然后，我们可以通过文字、图片、促销信息等形式进行 IM 老客户营销推广。

SNS 网络社区的结构和特点为外贸企业实行互动营销提供了一个热门的平台。企业利用互动营销，吸纳消费者的意见和建议，从而可以有针对性地开发和设计产品，并进行指向性营销活动。而很多独立网站和速卖通大卖家们通过与消费者的良性互动，对当地市场以及文化做了进一步的了解，并在互动中实现企业品牌和产品信息的良好传播。SNS 的用户信息的真实性以及用户之间的互动性，不仅可以使企业更有效地推广品牌和提高产品销量，还可以为企业建立客户数据库，也就是本节涉及的老客户一次营销推广（CRM Promotion）。

1. 速卖通 SNS 老客户营销要点

（1）社区用户身份信息真实，用户集中度高，为企业的互动营销活动提供了精准客户数据。

速卖通卖家可以根据产品的主要目标客户选择合适的 SNS 网络推广社区，制定恰当的互动营销活动，从而有效地推广产品品牌，提升产品销售和排名。

以 Pinterest 和 VK 为例，Pinterest 是美国团队创建的图片收集网站，用户可以将自己喜欢的图片从任何网站（包括 Pinterest）pin 到自己建立的 boards 上。有鲜明主题的 boards 能够吸引具有相同爱好和审美的群众，这样会具有更精准的营销性质。特点：Pinterest 的主要用户为 25~44 岁女性（美国最多，欧洲其次），家庭妇女居多，女人通过图片形式而产生的购物冲动是最明显的。这一点在 Pinterest 上体现得淋漓尽致，在 Pinterest 上用户带来的流量、转换率都比其他的社交网站高，也比科技男专用的 Google+高。因此，在 Pinterest 上分享的产品，没有地域限制，但是目标人群主要针对女性市场，并且需要选择优质的产品图片。针对 VK 市场，是俄罗斯和乌克兰的综合性社交分享网站，可以分享的种类更加多元化，但是目标客户会有一定的地域性。

（2）SNS 推广应用功能的有效使用，以及 SNS 附件中的相册、游戏、应用和投票等，赋予互动营销内容的娱乐性。

速卖通老客户营销借用以上功能，能加强老客户黏度，使互动营销内容更加丰富、有趣，提高了用户参与的积极性。图 5-122 显示的是应用日历创建活动。

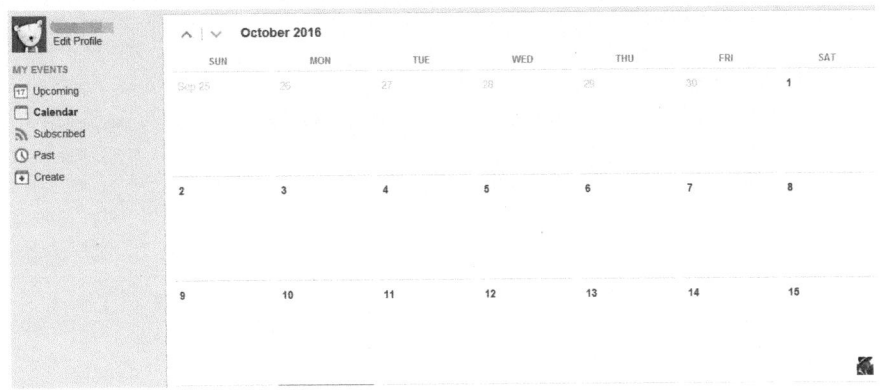

图 5-122　应用日历创建活动

SNS 中的分享机制、订阅提醒和及时聊天，丰富了互动营销的互动方式和互动渠道，提高了信息传播速度和传播效率，如图 5-123 所示。

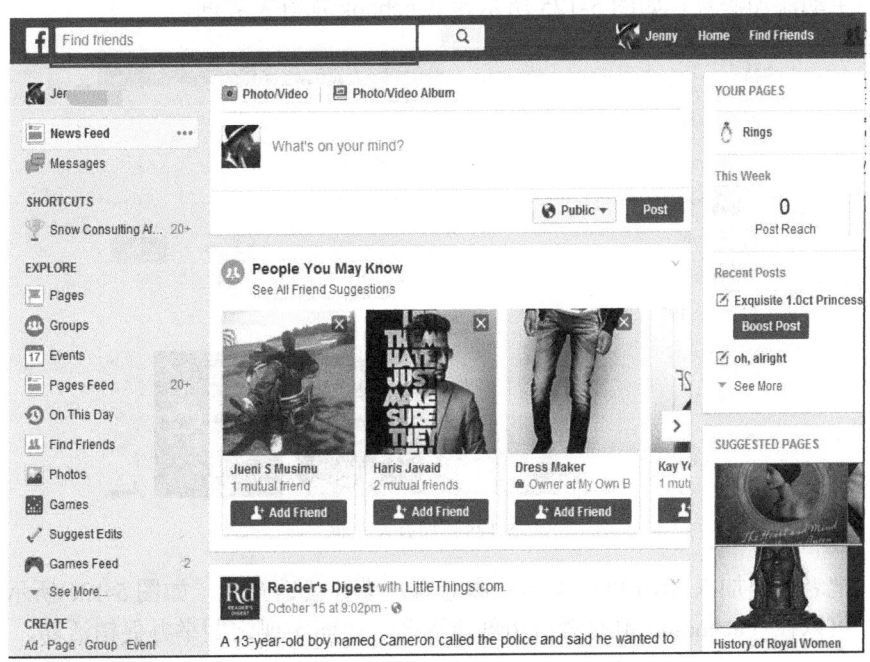

图 5-123　Facebook 主页

2. 以下为 SNS 老客户营销的具体步骤

第一，我们需要在速卖通后台对老客户进行总结。按照客户的成交次数或者按照客户的成交金额进行筛选，从而确定优质客户加入我们的 Facebook、VK、Twitter 或者 Pinterest 账号，成为粉丝好友。

以 Facebook 为例，如图 5-124 所示为分析客户成交金额与成交次数的界面，从而得出优质客户信息，进而找到客户的名字，复制到 Facebook 搜索条中添加好友。每天添加好友数量控制在 15~20 以内，所以建议给客户发邮件，鼓励客户主动添加好友。

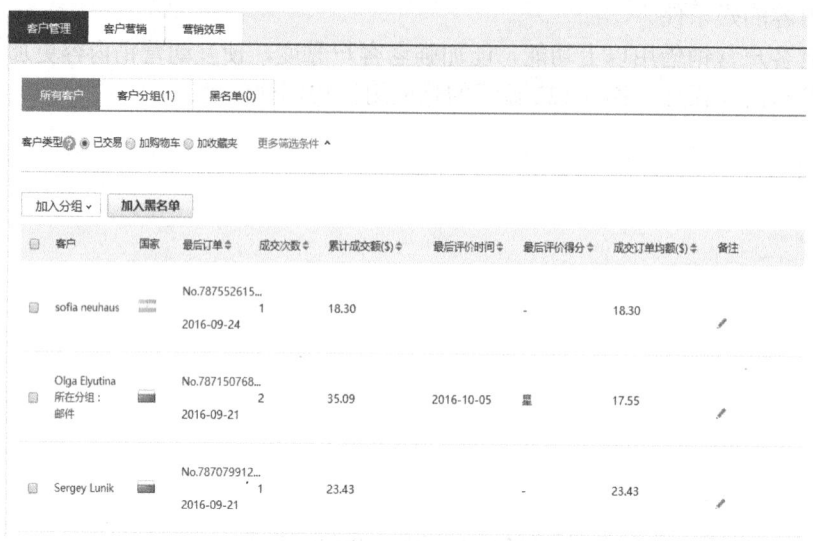

图 5-124　客户管理分析页面

第二，把搜索出来的客户名字加入 Facebook 或者 Twitter 等 SNS 账号中，或者给客户发邮件，让客户主动添加账号。如图 5-125 所示为 Facebook 加好友界面。

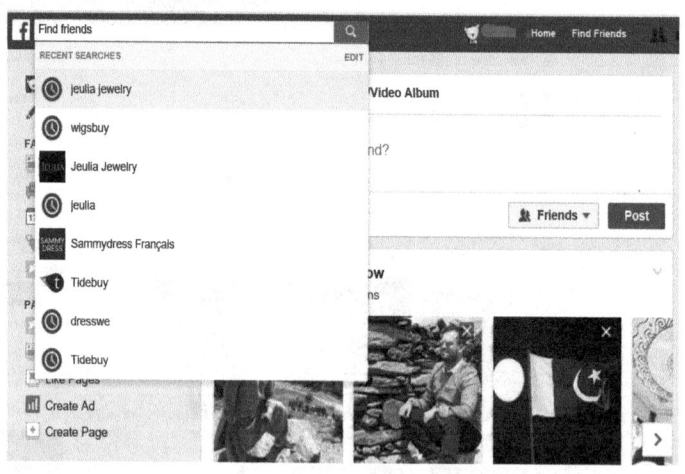

图 5-125　加好友页面

第三，把老客户加入 SNS 推广渠道，和老客户进行营销互动，如图 5-126 所示。

第四，可以在 Facebook 中参考日历创建活动，从而实现定期举办促销活动，如图 5-127 所示。

（二）社交网站新客户开发策略

1. 增加粉丝

针对新客户开发最重要的操作就是增加粉丝量。下面介绍一下添加好友的方法，主要是通过添加已有过合作的客户为好友。

以 Facebook 为例，通过搜索添加好友，如图 5-128 所示。

图 5-126　互动会话

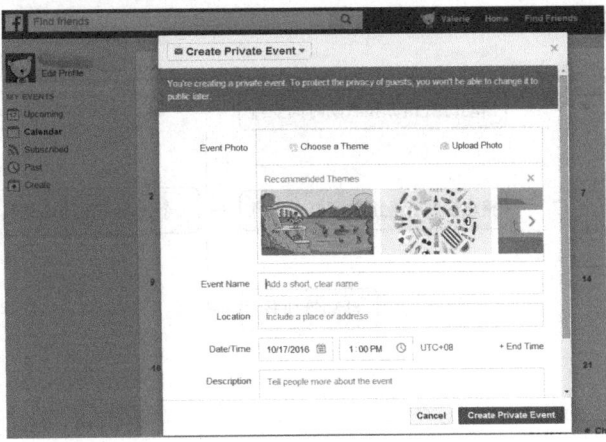
图 5-127　创建活动

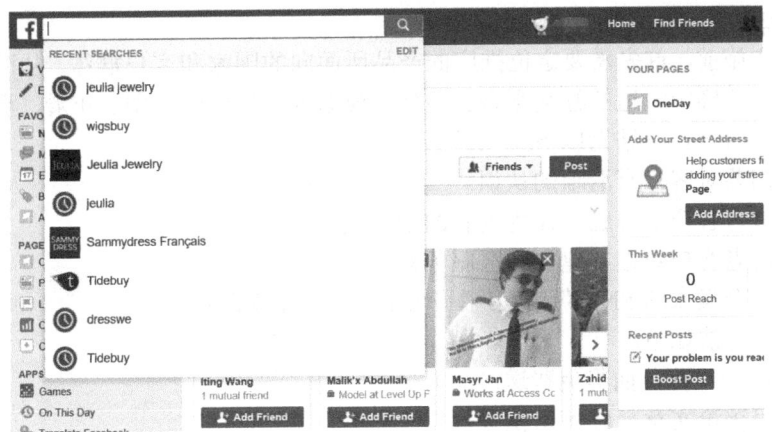
图 5-128　添加好友

2. 推广技巧

新客户 SNS 营销推广策略，主要体现在企业推广技巧上面。下面就以 Facebook 为例，讲解 SNS 营销推广技巧。Facebook 企业推广技巧（Facebook 是真实性个人社交网站）需要准备的材料如图 5-129 所示。

Facebook 进行企业推广，首先需要准备公司和个人简介信息，用于注册账号。Facebook 注册时需要的信息如图 5-130 所示。

图 5-129　企业推广技巧

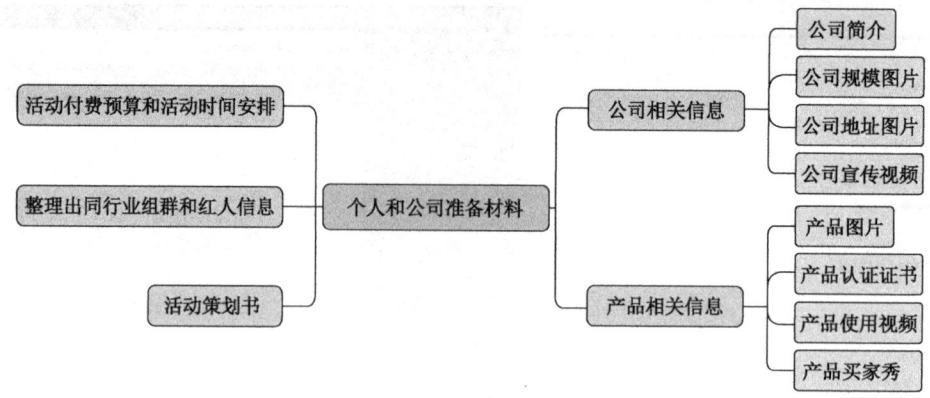

图 5-130 材料准备

(三) 内容和互动策划

1. 互动策划

进行营销实施前，首先需要定位推广的产品所面向的国家和客户群体，从而根据他们的社交软件使用偏好去确定合适的社交平台。另外，根据客户群体的性别、年龄、群体喜好、国家文化去策划推广内容。总结为以下三点。

第一，我们要对客户有清晰的认识。

第二，多参考客户的问题，作为内容的话题点。

第三，分析老客户数据，建立社区服务的账号。

下面分享一个卖家的 SNS 营销案例，产品是可爱风格的裙子。

采用的活动方法如下。

（1）give away（转发抽奖免费送产品）。

（2）红人写评论文章，做评论视频。

（3）举办比赛。

（4）鼓励客户写分享文章和视频。

（5）让红人办 give away。

与时间成本较高的中高年龄层客户相比，时间成本较低的年轻客户更乐于分享，该卖家面向的用户群体恰好是乐于分享的年轻客户，因此可以鼓励用户多参与分享活动。

活动前的准备：

在开展活动前，需要选择参与活动的产品。通常会将想要推广的产品选为社交网站活动产品，而案例中卖家选择的是店铺中被收藏最多的那款产品。被收藏最多意味着喜欢这款裙子的用户很多，在做 SNS 营销活动时被传播的概率更大。

有一点建议：为了调动老客户的积极性，可以为老客户设置一个 special 的 winner 的奖项。

活动中的注意点：

（1）社交重在互动，不要一味地发产品资料。

（2）要把客户的真实 review 晒出来。

（3）如果社交平台有留言，一定要跟踪回复，不然客户会觉得自己不受重视。

（4）鼓励员工注册社交账号，尤其是市场部的员工，并积极参与互动。

2. 辅助社交工具介绍

Hootsuite：这是一款可以统一管理多个社交网站账号的工具，能够实现定时发布。

Google Shorter 工具：https://goo.gl，它可以将长链接缩短，还可以跟踪链接被点击的次数，可以通过这个工具了解站外推广的效果。举例：我想要推广自己的官网并了解推广效果，可以复制这个链接到 Google Shorter 生成短链接，再将这个链接加上文字发布到社交网站中。另外，如果发送邮件时不想让客户看到短链接，则可以使用图片插入外链。在短链接后添加一个+号，就可以看到这个链接被点击的次数、浏览器、移动端或者手机端、IP 地址、操作系统。

Bit.ly 工具：https://bitly.com，这个工具能实时跟踪我们分享的短链接的点击情况，例如点击的用户来自哪里；用户在哪里点击了链接；用户点击了多少次等信息。

短链接的弊端在于，缩短之后的链接会变得很奇怪，降低了客户的信任感，但是如果不想让客户或者竞争对手跟踪到我们的数据，最好就是用短链接的形式做推广。

（四）经典案例

1. Kohl（科尔）

科尔百货公司根据粉丝在 Facebook 上的投票数量将会给不同的学校捐赠出总数达 1000 万美元的善款。这是一个非常棒的推广活动，因为获得最多投票的 20 所学校会各接受 50 万美元的捐赠。科尔百货公司主页的粉丝数量因此猛增至 100 万，而每一个获得捐赠的学校也得到了多达 10 万票的投票。科尔公司的这个以社交网络为中心的营销活动获得了巨大的成功。同时，他们在利用社会化媒体策略增进企业的社会责任感的方面也做出了出色工作和努力。如图 5-131 所示。

图 5-131　科尔

2. Jack in the Box

著名的快餐连锁店 Jack in the Box 举办的十月富裕粉丝大抽奖中，每当 Facebook 主页增加一个新的粉丝，他们令人有点儿毛骨悚然的吉祥物"Jack"就会在一个虚拟的存钱罐里存入 5 美分。他们以 2 000 美元为起存点。当一个月后奖金发放给中奖的粉丝的时候，存钱罐里的金额达到了 11 500 美元。不用说，在社交网络上免费派钱是最有效也是最容易获得新粉丝的方法。这个营销活动不仅十分有创意，也成功地让快餐连锁店的支持人数爆增。如图 5-132 所示。

3. Mercedes-Benz

梅赛德斯-奔驰自行开发了一款名为 Untamed 的社会化媒体工具，其理念与梅赛德斯-奔驰一款 CLA 级新车的设计理念相映成趣。公司将该应用的处女秀设在巴黎，并在 Instagram 上通过晒照片进行了大肆宣传，由此获得巨大成功。打破常规又野性十足的奔驰 CLA 引领粉丝们写下了他们对 Untamed 的独特理解。它的目标绝对不是运用仿真图片随意创造一个平庸的活动，而是通过整合真实的照片来构建一个独立的数字式图像，让一群来自世界各地的艺术狂热爱好者们能够欣赏这些位于市区中心精心打造的展示，在这里，充满生机、绚烂缤纷的 Instagram 图片组成了独具匠心的生活空间，供人们欣赏、享受。

这项数字活动成为了一个讲述打破常规、融合营销、社会化媒体以及艺术方向是如何帮助品牌提升产品形象的典型案例。如图 5-133 所示。

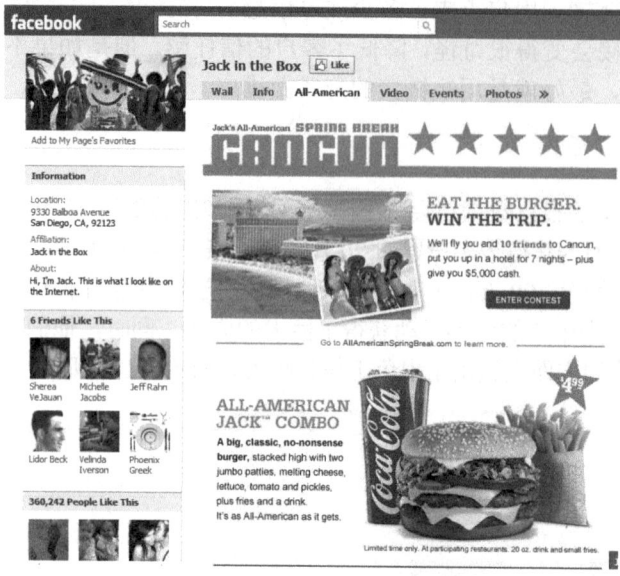

图 5-132　Jack in the Box　　　　　　　图 5-133　Mercedes-Benz

4. Nike

最近，Nike 又为大家带来了惊喜：用户们可以在 Instagram 上创造自己的新鞋，既通过个性化定制的方式招揽顾客，同时也让大家尝试了一把当设计师的滋味儿，一举两得。在这次 NikeiD 的新活动中，他们主打社交牌，粉丝们有机会互相鼓励和启发，与整个社交群体分享他们的设计和点子。如图 5-134 所示。

图 5-134　Nike

只需轻轻一点，用户就能选择他们最喜爱的照片作为 Nike Air 的背景，然后就可以根据照片的颜色进行个性化定制了。这款 Nike PHOTOiD 网站不仅能让用户自己设计球鞋，更能浏览他人的设计理念，购买自己的定制产品并在 Instagram、Facebook、Twitter 上进行分享。

5. 万圣节推出的"魔图变脸秀"活动

"魔图变脸秀"活动主要针对北美年轻群体在 Facebook 和 Twitter 进行推广，鼓励社交平台用户使用魔图进行自拍，并通过万圣节专属表情功能实现魔幻变脸，将自己的样子变成了妖怪脸、外星脸、动物脸、僵尸脸等搞怪模样。在活动推广中，百度采用了目前北美最流行的营销利器 Cinemagraph（动态照片）制作视觉广告，通过精准的线上投放技术触达潜在用户群体，引导用户自发传播照片并下载魔图产品。富有创意的营销工具加上贴合社交属性的文案内容,"魔图变脸秀"一经推出就受到了北美年轻群体的追捧。据了解,活动上线仅14天就实现了累计触达用户700万,近6万人参与活动并主动下载的骄人战绩。如图5-135所示。

图 5-135　魔图

☑ 任务四　营销效果监测

一、营销活动

(一)店铺自主营销活动

限时限量折扣利用不同的折扣力度推新品、造爆品、清库存,是卖家最爱的一款工具。

温馨提示:利用"数据纵横"的"热门商品"选择活动商品,提前优化好商品信息后再创建活动。

全店铺满立减是由卖家在自身客单价基础上设置订单满$X系统自动减$Y的促销规则,可刺激买家多买,提升客单价的店铺营销工具。

温馨提示:搭配"产品互链工具"推荐关联商品可大幅提升满立减效果。

店铺优惠券可以刺激新买家下单和老买家回头购买,提升购买率及客单价。

温馨提示:同一时间段可设置多个店铺优惠券活动,满足不同购买力买家的需求,从而获得更多的订单。

全店铺打折可帮助卖家短时间内快速提升流量和销量。

温馨提示:根据不同分组的利润率设置不同的折扣力度,10%off以上的商品更易出单。

(二)平台活动

平台活动参与是平台促销活动引流下,卖家在活动中促成交易的。卖家通过如图5-136所示跟踪活动,在实时风暴查看营销数据。

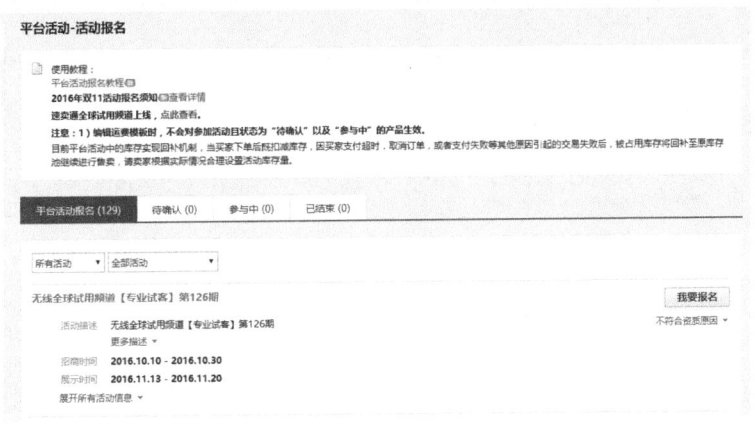

图 5-136　平台活动

(三)联盟看板

如图5-137所示,是联盟看板里的活动数据追踪表,由于联盟营销费用支出是按成交金额记,所以我们可以更多地推利润率高的产品。

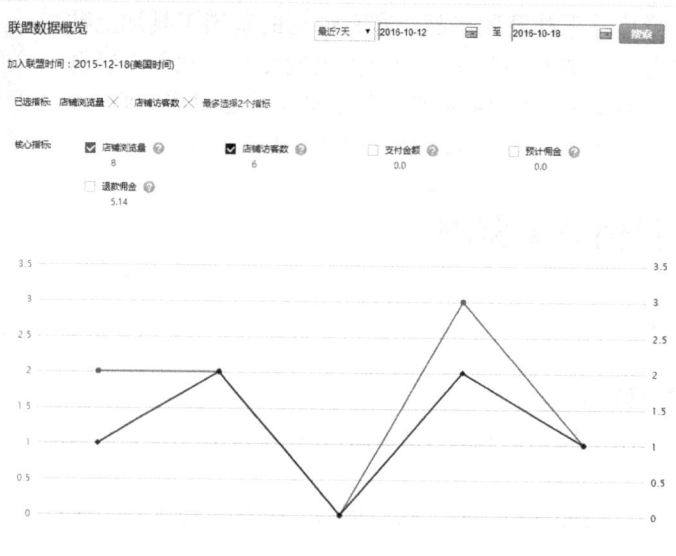

图 5-137　联盟看板

二、流量引入

（一）直通车推广

直通车给予店铺一个快捷展示产品的途径。只要通过平台审核的产品马上就可以通过直通车展现在买家面前，然后就可以获得买家浏览、点击，甚至是订单。合理地运用直通车推广是店铺成长为大卖家的利器。如图 5-138 所示，是近七天获得的浏览数据。

（二）搜索引擎优化

速卖通 SEO 主要是指速卖通站内流量，站外流量不在我们的讨论范围。通过热词分析优化，客户在站内搜索时，我们的产品能够出现在自然页的较靠前列，引起客户注意，进而发生流量和转化。

SEO 优化是长期的细节工作，需要卖家有足够的耐心根据变化的热词不断地优化处理。

商品	曝光量	点击量	点击率	花费	平均点击花费
SunVP 30L Military Tactical Backpack Bape Multifunctional Amy Assault Bag Backpack Outdoor Hiking Camo Molle	20427	207	1.01%	￥242.77	￥1.17
SUNVP 2016 Women Cotton Summer Dress New Beach Sarongs Pareo Maxi Dress Robes Lady Resort Beachwear	24087	206	0.86%	￥226.51	￥1.1
SunVP Multi-functional Tactical Military Messenger Shoulder SLR Camera Bag Pack Backpack for hiking	10028	181	1.8%	￥162.71	￥0.9
SunVP 50L Military Tactical Backpack For Men Waterproof Rucksack Bag Outdoor Naturehike Camping Travel	6927	142	2.05%	￥166.01	￥1.17
SunVP 40L Tactical Military Backpack 600D Nylon Sport Outdoor Assault Pack Rucksack Molle Bag Hunting	8809	111	1.26%	￥104.2	￥0.94

图 5-138　直通车数据

（三）社交媒体营销

如图 5-139 所示，Facebook 平台的一个品牌 LOGO 是"Tidebuy"的社交账号，通过发帖形式来与客户进行互动，在侧边栏我们可以看到该社交账号下有近 150 万的互动粉丝，数量甚是庞大，该社交账号营销的影响力和潜在订单量也就不得而知了。因此，社交媒体营销对于卖家来说是做好新老客户营销的一个重要途径。

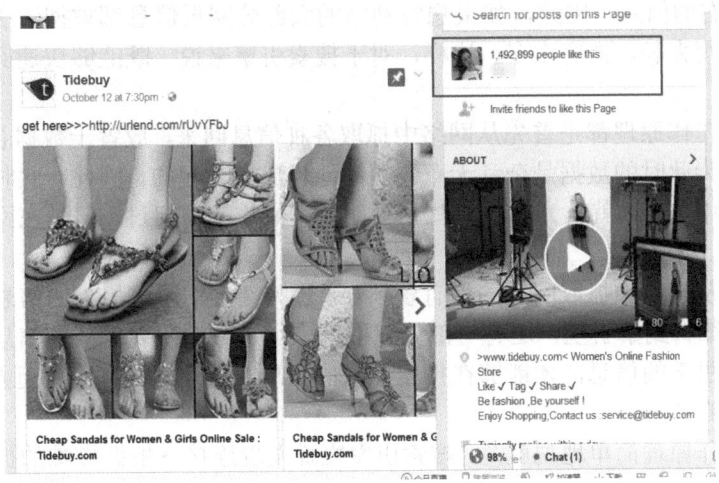

图 5-139　Facebook 社交营销

模块二　相关知识

一、Google 搜索引擎

搜索引擎营销是近年来互联网内发展最为迅速的领域之一。互联网就好像一个巨型的图书馆，搜索引擎就在这个图书馆里存在着，并且时时刻刻都在产生大量的信息。

（一）搜索引擎工作原理及现状

之所以我们能够在百度、谷歌中很快地找到我们需要的信息，是因为在百度和谷歌这样的搜索引擎中，已经预先为我们收录了大量的信息。包括各个时间段，各种内容，都能够在搜索引擎中找到。

那么，既然搜索引擎需要预先收录这些大量的信息，那么它就必须到这个浩瀚的互联网世界抓取这些信息。据报道，全球网民已经达到十几亿的规模了，那么这十几亿网民中，每天能够产生多少信息？搜索引擎是如何把这么多的信息收录在自己的信息库中的？它又是如何做到以最快的速度取得这些信息的呢？

首先，了解什么是爬行器（crawler），或叫爬行蜘蛛（spider）。它的称谓很多，但指的都是同一种东西，都是描述搜索引擎派出的蜘蛛机器人在互联网上探测新信息。而各个搜索引擎对自己的爬行器都有不同的称谓：百度的叫 Baiduspider；Google 的叫 Googlebot；MSN 的叫 MSNbot；Yahoo 则称为 Slurp。这些爬行器其实是用计算机语言编制的程序，用以在互联网中不分昼夜地访问各个网站，将访问的每个网页信息以最快的速度带回自己的大本营。

要想这些爬行蜘蛛每次能够最大最多地带回信息，仅仅依靠一个爬行蜘蛛在互联网上不停地抓取网页肯定是不够的。所以，搜索引擎都会派出很多个爬行蜘蛛，让它们通过浏览器上安装的搜索工具栏，或网站主从搜索引擎提交页面提交而来的网站为入口开始爬行，到达各个网页，然后通过每个网页的超级链接进入下一个页面，这样不断地继续下去……

搜索引擎并不会将整个网页的信息全部都取回来，有些网页信息量很大，搜索引擎只会取得每个网页最有价值的信息，一般如标题、描述、关键词等。所以，只会取得一个页面的头部信息,而且也只会跟着少量的链接走。百度大概一次最多能抓走 120KB 的信息,谷歌大约能带走 100KB 左右的信息。因此,如果想将网站的大部分网页信息都被搜索引擎带走的话,就不要把网页设计得太长,内容太多。这样,对于搜索引擎来说,既能够快速阅读,又能够带走所有的信息。

所有蜘蛛的工作原理都是首先从网络中抓取各种信息回来,放置于数据仓库里。为什么称为数据仓库?因为此时的数据是杂乱无章,胡乱地堆放在一起的。因此,此时的信息也是不会出现在搜索结果中的,这就是为什么有些网页明明有蜘蛛来访问过,但是在网页中还不能找到搜索结果的原因。

搜索引擎将从网络中抓取回来的所有资料,通过关键字描述等相关的信息进行分门别类整理、压缩后,再编辑到索引里,还有一部分抓取回来经过分析发现无效的信息则会被丢弃。只有经过编辑在索引下的信息,才能够在搜索结果中出现。再通过关联度由近及远地排列下来,呈现在最终用户眼前。

搜索引擎工作原理简单地说就是:搜索引擎蜘蛛发现连接→根据蜘蛛的抓取策略抓取网页→然后交到分析系统的手中→分析网页→建立索引库。

1. 发现链接

什么是搜索引擎蜘蛛?什么是爬虫程序?

搜索引擎蜘蛛程序其实就是搜索引擎的一个自动应用程序,它的作用就是在互联网中浏览信息,然后把这些信息都抓取到搜索引擎的服务器上,建立索引库等。我们可以把搜索引擎蜘蛛当作一个用户,这个用户来访问我们的网站,然后再把我们网站的内容保存到自己的电脑上。首先搜索引擎的蜘蛛需要去发现链接,在发现了这个链接后会下载这个网页并且存入临时的库中,当然同时会提取这个页面所有的链接,之后循环、反复进行搜索。

2. 抓取网页

互联网上的网页每天都在增加,蜘蛛怎么可能抓取得过来呢?所以说,蜘蛛抓取网页也有一定的规律。

蜘蛛抓取网页策略一:深度优先

什么是深度优先?简单地说,就是搜索引擎蜘蛛在一个页面发现一个链接然后顺着这个链接爬下去,抓取该链接深度的所有信息。然后在下一个页面又发现一个链接,然后就又爬下去并且全部抓取,这就是深度优先抓取策略,如图 5-140 所示。

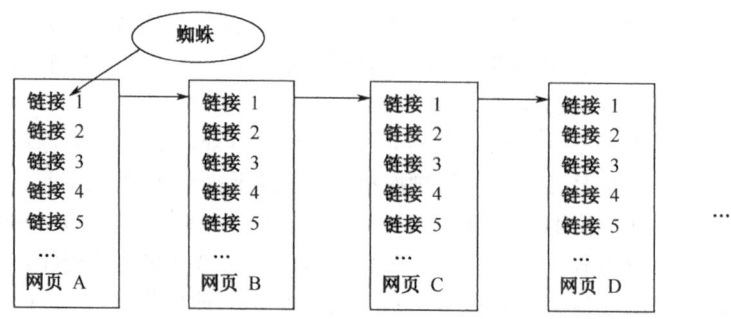

图 5-140 深度抓取

图 5-140 就是深度优先抓取策略的示意图,假如网页 A 在搜索引擎中的权威度是最高的,假如 D 网页的权威是最低的,如果说搜索引擎蜘蛛按照深度优先的策略来抓取网页,就会反过来了,就是 D 网页的权威度变为最高,这就是深度优先。

蜘蛛抓取网页策略二:宽度优先

宽度优先比较好理解,就是搜索引擎蜘蛛先把整个页面的链接全部抓取一次,然后再抓取下一个页面的全部链接，如图 5-141 所示。

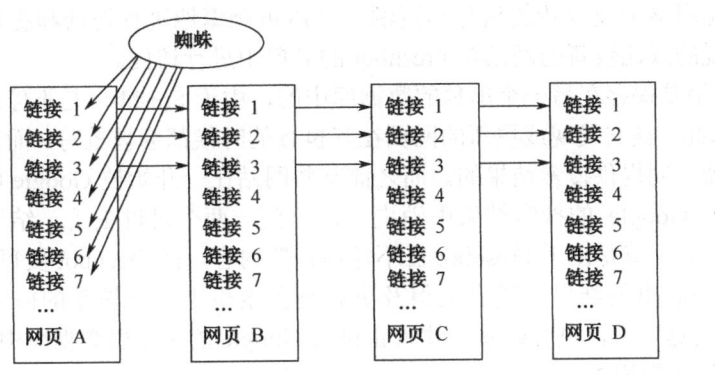

图 5-141　宽度抓取

蜘蛛抓取网页策略三：权重优先

搜索引擎蜘蛛一般都是上述两种抓取策略一起用，也就是深度优先+宽度优先，并且在使用这两种策略抓取的时候，要参照这条链接的权重。如果说这条链接的权重还不错，就采用深度优先，如果说这条链接的权重较低，就采用宽度优先。

搜索引擎蜘蛛辨别链接的权重有两个因素。第一，层次的多与少。第二，这个链接的外链多少与质量。层级太多的链接是不是不会被抓取呢？这也不是绝对的，需要参考的因素还有很多。

蜘蛛抓取网页策略四：重访抓取

假设昨天搜索引擎的蜘蛛来抓取了我们的网页，而今天我们在这个网页又加了新的内容，那么搜索引擎蜘蛛会再次来抓取新的内容，这就是重访抓取。重访抓取分为全部重访和单个重访。所谓全部重访指的是上次蜘蛛抓取的链接，然后在某个月的某一天，全部重新去访问再次抓取。单个重访一般是针对某个更新频率比较快比较稳定的页面，如果说我们有一个页面，一个月也不更新一次。那么搜索引擎蜘蛛第一天来做抓取，第二天，蜘蛛访问内容没有任何变化，那么第三天搜索引擎蜘蛛就会停止重访，之后会隔一段时间再来，比如隔一个月，或者等全部重访的时候再更新一次。

以上就是搜索引擎蜘蛛抓取网页的一些策略。搜索引擎蜘蛛把网页抓取回来后就可以开始进行数据分析。

3．数据分析

数据分析系统是用来处理搜索引擎蜘蛛抓取回来的网页，包括以下几个步骤。

（1）网页结构化。简单地说，就是把那些 html 代码全部删掉，提取出内容。

（2）消噪。在网页结构化中，已经删掉了 html 代码，剩下的都是文字信息。消噪指的就是留下网页的主题内容，删掉没用的文字内容。

（3）查重。查重比较好理解，就是搜索引擎查找重复的网页与内容，并且删除。

（4）分词。搜索引擎蜘蛛在进行了前面的步骤后，提取出正文的内容，把内容分成 N 个词语排列出来，存入索引库。同时，计算该词在这个页面出现了多少次。

（5）链接分析。搜索引擎会查询这个页面的反向链接有多少、导出链接有多少，以及内链，然后赋予该页面相应的权重。

4．建立索引库

进行了上面的步骤之后，搜索引擎就会把这些处理好的信息放到搜索引擎的索引库中。

下面重点介绍 Google 搜索引擎。

Google 搜索引擎使用两个爬行器来抓取网页内容，分别是 Freshbot 和 Deepbot，深度爬行器（Deepbot）每月执行一次，其受访的内容在 Google 的主要索引中，而刷新爬行器（Freshbot）则是昼夜不停地在网络上发现新的信息和资源，之后再频繁地进行访问和更新。因为，一般 Google 第一次发现的或比较新的网站在 Freshbot 的名单中进行访问。

Freshbot 的结果是保存在另一个单独的数据库中的，由于 Freshbot 是不停地工作，不停地刷新访问内容，因此，被它发现或更新的网页在其执行的时候都会被重写。而且这些内容是和 Google 主要索引器一同提供搜索结果的。而之前某些网站在一开始被 Google 收录，但是没过几天这些信息就在 Google 的搜索结果中消失了，直到一两个月过去了，结果又重新出现在 Google 的主索引中。这就是由于 Freshbot 在不停地刷新内容，而 Deepbot 要每月才出击一次，所以这些在 Freshbot 里的结果还没有来得及更新到主索引中，又被新的内容代替了。直到 Deepbot 重新来访问这一页，进行收录，才真正进入 Google 的主索引数据库中。

（二）搜索引擎营销模式

搜索引擎营销即 SEM，是 Search Engine Marketing 的英文缩写。SEM 是一种新的网络营销形式。SEM 所做的就是全面而有效地利用搜索引擎来进行网络营销和推广。SEM 追求最高的性价比，以最小的投入，获得最大的访问量，并产生商业价值。

1. 竞价排名

顾名思义就是网站付费后才能被搜索引擎收录，付费越高者排名越靠前。竞价排名服务，是由客户为自己的网页购买关键字排名，按点击计费的一种服务。客户可以通过调整每次点击付费价格，控制自己在特定关键字搜索结果中的排名，并可以通过设定不同的关键词捕捉到不同类型的目标访问者。

国内最流行的点击付费搜索引擎有百度、雅虎和 Google。值得一提的是即使做了 PPC（Pay Per Click，按照点击收费）付费广告和竞价排名，最好也应该对网站进行搜索引擎优化设计，并将网站登录到各大免费的搜索引擎中。

2. 购买关键词广告

即在搜索结果页面显示广告内容，实现高级定位投放，用户可以根据需要更换关键词，相当于在不同的页面轮换投放广告。

3. 搜索引擎优化（SEO）

就是通过对网站优化设计，使网站在搜索结果中靠前。搜索引擎优化（SEO）又包括网站内容优化、关键词优化、外部链接优化、内部链接优化、代码优化、图片优化、搜索引擎登录等。

（三）搜索引擎营销的目标层次原理

从搜索引擎营销的信息传递过程和实现搜索引擎营销的基本任务，可以进一步推论，在不同的发展阶段，搜索引擎营销具有不同的目标，最终的目标在于将浏览者转化为真正的顾客，从而实现销售收入的增加。图 5-142 描述了搜索引擎营销的目标层次结构，从下到上目标依次提高。

从图中可以看出，搜索引擎营销可分为四个层次，可分别简单描述为存在层、表现层、关注层和转化层。

第一层是搜索引擎营销的存在层，其目标是在主要的搜索引擎/分类目录中获得被收录的机会，这是搜索引擎营销的基础，离开这个层次，搜索引擎营销的其他目标也就不可能实现。搜索引擎登录包括免费登录、付费登录、搜索引擎关键词广告等形式。存在层的含义就是让网站中尽可能多的网页获得被搜索引擎收录（而不仅仅是网站首

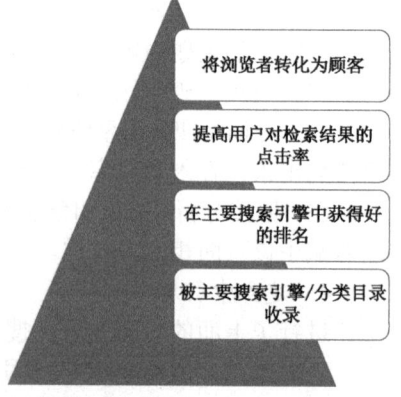

图 5-142　搜索引擎的目标层次

页），也就是为了增加网页的搜索引擎可见性。

第二层的目标则是在被搜索引擎收录的基础上尽可能获得好的排名，即在搜索结果中有良好的表现，因此可称为表现层。因为用户关心的只是搜索结果中靠前的少量内容，如果利用主要的关键词检索时网站在搜索结果中的排名靠后，那么还有必要利用关键词广告、竞价广告等形式作为补充手段来实现这个目标。同样，如果在分类目录中的位置不理想，则需要同时考虑在分类目录中利用付费等方式获得排名靠前。

搜索引擎营销的第三个目标则直接表现为网站访问量指标方面，也就是通过搜索结果点击率的增加来达到提高网站访问量的目的。由于只有受到用户关注，经过用户选择后的信息才可能被点击，因此可称为关注层。从搜索引擎的实际情况来看，仅仅做到被搜索引擎收录并且在搜索结果中排名靠前是不够的，这样并不一定能增加用户的点击率，更不能保证将访问者转化为顾客。要通过搜索引擎营销实现访问量增加的目标，则需要从整体上进行网站优化设计，并充分利用关键词广告等有价值的搜索引擎营销专业服务。

搜索引擎营销的第四个目标，即通过访问量的增加转化为企业最终实现收益的提高，可称为转化层。转化层是前面三个目标层次的进一步提升，是各种搜索引擎方法所实现效果的集中体现，但并不是搜索引擎营销的直接效果。从各种搜索引擎策略到产生收益，其间的效果表现为网站访问量的增加，网站的收益是由访问量转化所形成的，从访问量转化为收益则是由网站的功能、服务、产品等多种因素共同作用而决定的。因此，第四个目标在搜索引擎营销中属于战略层次的目标。其他三个层次的目标则属于策略范畴，具有可操作性和可控制性的特征，实现这些基本目标是搜索引擎营销的主要任务。

相关研究表明，目前 Google、yahoo、Ask Jeeves、MSN 等主流搜索引擎可检索全球互联网 85%的"可见网页"（大约 91 亿个网页），但仍然有大约 5 000 亿个网页，由于被隐藏于数据库或受密码阻止等原因不被搜索引擎索引，成为海量的"不可见网页"。搜索引擎营销的核心思想告诉我们：搜索引擎营销是基于网页文字内容的营销方式，其前提是网页内容可以被搜索引擎检索，成为搜索引擎的可见网页，这是搜索营销策略中至关重要的一点。

（四）经典案例

（1）美联航空——优化关键词选取，实现机票销量翻番增长。

美国联合航空公司（United Airlines）在 2007 年第一季度期间，充分利用搜索营销手段，在消费者形成机票购买决策前就与之充分互动，将消费者最想预先知晓的机票信息做最有效的传达，在广告预算没有增长的情况下，搜索营销产生的销售业绩增长超过两倍。

美联航空通过调研获知，有 65%的消费者在作出旅行决定前，会进行至少 3 次搜索，有 29%的消费者会进行 5 次以上的搜索。而用户关注的信息主要体现在三个层面：价格、服务和关于航空公司的详细信息。因此，针对这三个层面的信息，分别对关键词的选择以及结果的呈现方式做了优化，使消费者在决策前知晓相关的信息，从而带动了机票销量的增长。

美联航空的案例告诉我们，搜索营销能够告知客户在购买周期内关注的细节是什么，而如何把握这些细节，如能在营销活动中提升与客户的信息传达能力，并且时刻优化这些信息的呈现，让市场营销人员和用户保持互动循环，就能对销售产生实际的促进意义。

（2）乐淘是中国最大的网上正品鞋城，目前鞋类有超过 155 个著名品牌，14 848 款运动鞋、皮鞋。天天有特价，全场免运费，退换货免运费，24 小时在线客服，让您放心买到便宜鞋。

SEO‖SEM，PR：5

Aleax 排名，Alexa Traffic Rank:1,939 Traffic Rank inCN: 243

已加入百度推广服务

网站日访问量：402 000

(3)据报道,浙江某生产锚链(anchor chain)的厂家,在建立企业网站之后,为了扩大宣传效果,将网站提交到了搜索引擎注册。由于了解搜索引擎的特点,事先将网站进行了专门的优化,因此其网站在各大搜索引擎中都占据了较好的位置,结果是随着网站的访问量节节上升,产品出口也大大增加。目前该厂年销售额已达 600 万美元,其中 60%的订单都是来自网上。

那么该企业成功的秘诀到底在哪儿?要了解这一点,就需要对搜索引擎的工作原理有一个初步的认识。用过搜索引擎的人都知道,我们可以通过在搜索引擎中输入一些相关的文字来查找信息。而搜索引擎在以用户的查询条件检索信息时,它会根据一定的原则判断数据库中哪些信息与用户所需相关。

以上述企业为例,当以"锚链"一词进行搜索时,搜索引擎会在其数据库中检索包含该词的网页,并根据特定的评判标准确定某个网页与用户查询条件的关联程度,并按关联度的高低顺序将结果返回给用户。

由于锚链生产厂家在登录搜索引擎之前做了充分准备,因此当客户以"anchor chain"一词搜索时,其网页在搜索引擎上排名有时竟然是第一位!所以该企业的网络营销能取得成功也就是很自然的事儿了。

二、社交网站核心营销策略

社交网站营销的核心是关系营销。社交的要点在于建立新客户关系,巩固老客户关系。任何创业者都需要建立新的强大关系网络,以支持其业务的发展,速卖通亦是。SNS 的推广特点是:第一,直接面对消费人群,目标人群集中,宣传比较直接,可信度高,有利于口碑宣传;第二,氛围制造销售,投入少,见效快,利于资金迅速回笼;第三,可以作为普遍宣传手段使用,也可以针对特定目标,组织特殊人群进行重点宣传;第四,直接掌握消费者反馈信息,针对消费者需求即时对宣传战术和宣传方向进行调查调整。因为社交网络是真实性社交圈子,如果过于商业化,反而容易被客户屏蔽。因此,针对社交网站进行营销,需要掌握相应的营销策略。

社交网站三大核心营销策略总结为营销 4H 法则、三大营销技巧、社交五大误区。

(一)营销 4H 法则

人们把社交网络营销型网站称为社交站,它是新世纪的交流平台,你必须把社交站当作自己的优势,因为它们有大量的免费流量。最有名的如 Twitter、Facebook 等,它们的作用不仅是提供要闻故事,而且人们关注它们开始成为把流量带到网络商在线网页的主要因素。尽管如此,但是社交站并不喜欢网络广告商,采纳简单的 4H 法则是关键。

Humor(幽默):只要你在自己的社交站个人资料里写点儿幽默的文字和添加一些幽默的图片,或者仅仅是一段自己的简介,就可以吸引很多朋友和拓宽你的网络。

Honesty(诚实):自始至终你必须坚持诚实原则,上传吹牛老爹(P Diddy)帕米拉·安得森(Pamela Anderson)的照片,假扮成他们是没有意义的,人们想了解诚实的你。

Have fun(有趣):社交站重要的一点就是你能做许多有趣的事情,认识新朋友,学习新知识,与此同时可以从中得到流量赚钱。例如,在 Facebook 神奇 Viralnova 的运营中分享世界各地有趣的故事帮助积累了很多粉丝。比如《15 个只能在中国沃尔玛才能够买到的东西,第 14 个最怪异》这篇文章,配上在中国沃尔玛超市司空见惯的猪头,在美国人看来就是奇闻(因为美国超市卖的肉,是永远看不到头的,即使是鱼头,更不要说猪头了)。这些奇闻让很多人在他们的 Facebook 分享了该则信息。

Help people(助人):助人如助己,可以在你的个人资料里加一些有用的链接和建议,给别人指出正确的方向,给留言或者和你联络的人解答任何问题。例如,Wine Reviews 是 Facebook 上的红酒分享网站,坚持普及与红酒相关的知识、产地文化、趣闻、促销互动,帮助客户了解到更多关于红酒的知识和口味。

(二) 三大营销技巧

社交网站三大营销技巧主要包括事件营销、红人营销、信息流与瀑布流营销。

事件营销：在速卖通中用 Facebook，主要指店铺自主营销后，通过分享和活动营销发送到 Facebook 页面，如图 5-143 和图 5-144 所示。

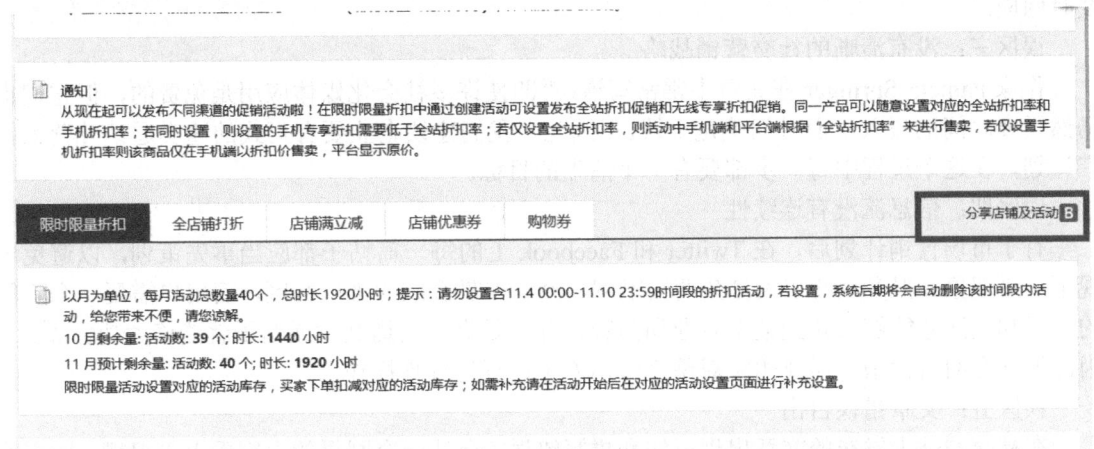

图 5-143　店铺活动分享

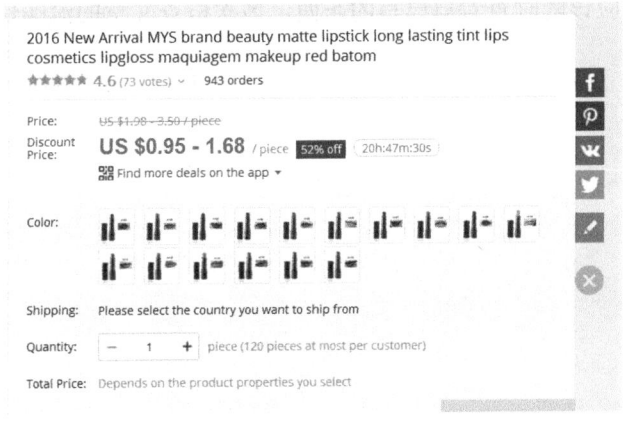

图 5-144　单品分享

红人营销：主要通过模特的使用和试穿效果来体现，比如在 Youtube 上利用红人模特展示假发效果等。

信息流与瀑布流营销：主要是指可以把速卖通上面的产品直接发布到 Pinterest 上面进行分享。

(三) 社交五大误区

社交五大误区分别指错失品牌推广机会、回复不及时、没有清晰的社交营销战略、信息流没有连续性、文章错误百出。

误区一：错失品牌推广机会

在大多数社交媒体网站（例如 Facebook、VK、Pinterest 等）中有很多地方可以供速卖通卖家个性化设计自己的页面，但许多人白白地把这些地方留成空白，特别是简介页面，要求写明公司简介和发展历程，或者是以企业身份参与活动的。类似这样免费的品牌推广机会，一定要把握好。

误区二：回复不及时

在出现公关危机时，让人等待很长时间会使事情变得更糟。在速卖通中往往指的是卖家负面评价（Negative Feedback）。因此，应定期维护社区账号，查看消息和文章列表，特别是对一些网友的回帖和评论要积极响应、互动。用户是上帝，必须伺候好，服务好用户才能够不断地积累人气。特别是老客户买了产品后，如果在你的粉丝页对产品进行攻击，你需要对攻击进行及时回应。

误区三：没有清晰的社交营销战略

作家Pamela Springer在文章中常常写道："即使许多社会化媒体应用是免费的，但它们也仍然需要时间的投入，而时间就是金钱。"因此，我们建议企业要有正式的速卖通站外营销推广计划，在这个过程中每一步都要有一个清晰的目标。

误区四：信息流没有连续性

有了市场营销计划后，在Twitter和Facebook上的每一篇帖子都应当事先策划，以避免出现不连贯现象。很多企业三天打鱼两天晒网，没有连贯系统的推广社区，而用户需要一个阶段的积累和关注才能够认知到某个企业和品牌，并不是靠一两篇文章或帖子就能够大功告成的。因此做社交网络营销，需要团队对整个营销方案进行连续性操作。

误区五：文章错误百出

在社交网站上发布的文章出现语法和拼写错误，会让一个网页的内容看上去很糟。所有的博客、微博上发的帖子都应该做到看上去专业，即使社交媒体网站本质上是非正式也应如此。因此在写作的时候，应该随时查看自己写的东西，多次检查文章的流畅性和可读性。

跨境电商物流

跨境物流是为跨国经营和对外贸易服务，使各国物流系统相互"接轨"，因此与国内物流系统相比，具有国际性、复杂性和风险性等特点。随着跨境电商全球化进程的飞速发展，国际物流作为跨境电商中重要的组成部分。国际物流运输渠道的不断成熟和多元化，也对跨境电商的物流应用和发展起到了推动作用。

对于平台店铺来说，国际物流是一个至关重要的角色。它不仅关系到新老客户的购物体验是否良好，也关系到卖家在客户和平台中的信誉度。卖家在接到海外客户订单后，所选择的物流方式，需要保证货物在承诺运达时间范围内，还需要减少或避免因物流引起的差评纠纷。从而可见，跨境电商物流对于买家卖家的重要性。

本项目，我们将以跨境电商企业物流环节为背景，详细讲解"自定义运费模板"和"海外仓运费模板"。通过对本项目的学习，学生应该了解跨境电商物流和海外仓概况，并掌握店铺平台的物流模板设置步骤。

学习目标

知识目标

1. 认识跨境物流的分类。
2. 熟悉国际物流的优劣势对比。
3. 了解海外仓。
4. 认识国际物流网规。

技能目标

1. 掌握新手物流模板设置。
2. 掌握自定义模板设置。
3. 掌握海外仓模板设置。

项目情景

Flower Girl Dresses 服装店在阿里巴巴速卖通平台上开了一家以梦幻时尚为主题的品牌童装店，如图6-1所示。为了更大地满足客户的购物体验，店铺现在需要对产品添加不同的物流服务商。

FOREST STYLE DRESSES

图 6-1 Flower Girl Dresses 童装店首页产品展示

模块一 任务分解

Flower Girl Dresses 童装店在物流方式选择过程中，首先需要了解不同物流服务商的特点，其次需要根据不同国家选择合适的物流服务商，最后添加多个合作物流服务商。可是，国际物流具体有哪些服务商？具体该怎么选择国际物流服务商？产品运费模板又该如何设置？带着这些问题，我们开始本章的学习。

☑ 任务一 国际物流认知

一、国际物流概述

跨境电子商务国际物流是指网上平台销售的物品从供应地到不同国家地域范围接受地的实体流动过程，包括了国际运输、包装配送、信息处理等环节。跨境电商进入 3.0 时代，跨境电商与国际物流有着互相促进、互相依存的关系。区别于传统物流，跨境电商物流具有物流速度反应快速化、物流功能的集成化、物流作业的规范化、物流信息电子化的特征。

（一）跨境物流分类

随着跨境电商的高速发展，适应跨境电商需求的各种类型的国际物流服务衍生出来。跨境电商网上订单交易完成以后,如何使用最优的物流方式把货物快速地送到客户手中,完成客户良好的产品体验,物流方式的选择很重要。根据物流功能的不同,我们可以把国际物流划分为很多种类,其中商业快递、邮政快递、国际物流专线、海外仓物流等是跨境电商企业选择最多的国际物流类型。

1. 邮政包裹模式

邮政包裹模式得益于万国邮政联盟,成员国之间的低成本结算使邮政包裹,特别是邮政国际航空小包裹的物流成本非常低廉,具有很强的价格竞争优势,一般按 g 收费,2kg 以内的包裹基本以函件的价格结算,在很大的程度上提高了跨境电商产品综合售价的优势。万国邮政联盟会员国之间的海关清关便利,也使邮政包裹的清关能力比其他商业快递较强,产生关税或者退回的比例较小。邮政成员国之间强大的网络覆盖,也使邮政包裹送无不达,经济发达的欧美国家物流时效很有保证。中国卖家使用的其他邮政包括中国香港邮政、新加坡邮政等。

2. 国际商业快递模式

国际商业快递四大巨头,即 DHL、TNT、FedEx 和 UPS。这些国际快递服务商通过自建的全球网络,利用强大的 IT 系统和遍布世界各地的本地化服务,为跨境电商平台网购中国产品的海外用户带来极好的物流体验。商业快递的时效基本在 3 至 5 个工作日,最快可在 48 小时内把货物送到买家手中。然而,优质的服务伴随着昂贵的价格。区别于邮小包裹模式的按 g 收费的标准,商业快递收费标准则是 500g 为一个收费单位,所以跨境电子商务的商家一般把商业快递作为批发大批量货物时的最佳选择,以及客单价较高或者是邮寄样品等对时效要求较高的物流选择。

3. 专线物流模式

跨境专线物流一般是国际物流服务商通过航空包舱方式把货物运输到固定的国家或者区域(例如欧洲),再通过自身在目的国的派送网络或者第三方物流服务商来完成派送的物流模式。专线物流的优势在于其能够集中大批量到某个特定国家或地区的货物,通过规模效应降低成本。因此,其价格一般比商业快递低。在时效上,专线物流稍慢于商业快递,但比邮政包裹快很多。市面上最普遍的专线物流产品是美国专线、欧洲专线、澳大利亚专线、俄罗斯专线、中东专线、南美专线、南非专线等。

4. 海外仓储模式

海外仓储服务指物流服务商为卖家在销售目的国进行货物仓储、分拣、包装和派送的一站式管理服务。海外仓储的成本包括头程运输、仓储管理和本地配送三个部分。头程运输是指中国商家通过海运、空运、陆运或者联运将商品运送至海外仓库。仓储管理是指中国商家通过物流信息系统,远程操作海外仓储货物,实时管理库存。本地配送是指海外仓储中心根据订单信息,通过当地邮政或快递将商品配送给客户。

(二)国际物流服务商

1. EMS

EMS 即 Express Mail Service,特快专递邮件业务。EMS 国际快递是各国邮政开办的一项特殊邮政业务。该业务在各国邮政、海关、航空等部门均享有优先处理权。以高速度、高质量为用户传递国际紧急信函、文件资料、金融票据、商品货样等各类文件资料和物品,同时提供多种形式的邮件跟踪查询服务。EMS 还提供代客包装、代客报关、代办保险等一系列综合延伸服务,如表 6-1 所示。

表 6-1 EMS 的优缺点和禁限寄物品

优点	① 邮政的投递网络强大，覆盖面广，价格比较合理。 ② 不用提供商业发票都可以清关，而且具有优先通关的权利，即使通不过的货物也可以免费运回国内，其他快递一般都要收费。 ③ EMS 适合于发小件，而且对时效要求不高的货物，可走敏感物流，不容易产生关税问题。 ④ EMS 寄往南美国家及俄罗斯等国家有绝对优势
缺点	① EMS 相比于商业快递来说，速递会偏慢一些。 ② 查询网站信息滞后，一旦出现了问题只能做书面查询，查询时间较长。 ③ EMS 不可以一票多件，大货价格偏高
禁限寄物品	① 国家法律法规禁止流通或者寄递的文件、物品。 ② 爆炸性、易燃性、腐蚀性、放射性和毒性等危险物品。 ③ 反动报刊、书籍、宣传品或者淫秽物品。 ④ 各种货币。 ⑤ 妨害公共卫生的物品。 ⑥ 容易腐烂的物品。 ⑦ 活的动物（包装能确保寄递和工作人员安全的蜜蜂、蚕、水蛭除外）。 ⑧ 包装不妥，可能危害人身安全、污染或损毁其他邮件设备的物品。 ⑨ 目的地国家与地区禁止进口的文件、物品。 ⑩ 对违反知识产权保护法，未出具相关证明的，禁止邮寄；以及其他不适合邮递条件的物品

2. ePacket

ePacket 俗称 e 邮宝，又称为 EUB，是中国邮政速递物流旗下的国际电子商务业务。ePacket 目前可发往美国、澳大利亚、英国、加拿大、法国、俄罗斯，如表 6-2 所示。

表 6-2 ePacket 的优缺点和体积重量限制

优点	① 美国、澳大利亚和加拿大 ePacket 业务提供全程时限跟踪查询。 ② 英国 ePacket 业务提供收寄、出口封发和进口接收信息
缺点	① 不受理查单业务，不提供邮件丢失、延误赔偿。 ② 不适合寄递一些价值比较高的产品
体积和重量限制	① 单件邮件最高限重 2kg。 ② 最大尺寸：单件邮件长、宽、高合计不超过 90cm，最长一边不超过 60cm。圆卷邮件直径的两倍和长度合计不超过 104cm，长度不得超过 90cm。 ③ 最小尺寸：单件邮件长度不小于 14cm，宽度不小于 11cm。圆卷邮件直径的两倍和长度合计不小于 17 厘米，长度不少于 11cm

3. 中国邮政大、小包

（1）中国邮政大包（China Post Air Parcel）

China Post Air Parcel 即中国邮政航空大包。中国邮政大包除了航空大包外，还包括水路运输、空运水路运输的大包。中邮大包可寄达全球 200 多个国家，价格低廉，清关能力强，对时效性要求不高而重量稍重的货物，可选择使用此方式发货，如表 6-3 所示。

（2）中国邮政小包（China Post Air Mail）

China Post Air Mail 即中国邮政国际小包。是指包裹重量在 2kg 以内（阿富汗为 1kg 以内），外包装长、宽、高之和小于 90cm，且最长边小于 60cm，通过邮政空邮服务寄往国外的小邮包。国际小包可以分为中国邮政平常小包(China Post Ordinary Small Packet Plus)和挂号小包(China

Post Registered Air Mail）两种。主要区别在于挂号小包提供的物流跟踪条码能实时跟踪邮包在大部分目的国家的实时状态。平邮小包不受理查询，但能通过快递单条码以电话查询形式查询到邮包在国内的状态，如表6-4所示。

表6-3　中国邮政大包的优缺点

优点	① 成本低。价格比 EMS 稍低，且和 EMS 一样不计算体积重量，没有偏远附加费，相对于其他运输方式（例如 EMS、DHL、UPS、FedEx、TNT 等）来说，中国邮政航空大包服务有较好的价格优势。采用此种发货方式可最大限度地降低成本，提升价格竞争力。 ② 交寄相对方便，可以到达全球各地，只要有邮局的地方都可以到达，且清关能力非常强。 ③ 方便、快捷、单一的运单，并由公司统一打印，减少了客户的麻烦
缺点	① 部分国家限重 10kg，最多也只能寄 30kg。 ② 妥投速递慢。 ③ 查询信息更新慢

表6-4　中国邮政小包的优缺点和注意事项

优点	① 运费便宜。 ② 全球化。 ③ 邮寄的物品品种多
缺点	① 限重 2kg，如果卖家的包裹超出 2kg 就要分成多个包裹邮寄，或者只能选择其他物流方式。 ② 一般以私人包裹方式出境，不便于海关统计，也无法享受正常的出口退税。同时，速度较慢，丢包率高。 ③ 运送的时间总体比较长。 ④ 许多国家是不支持全程跟踪的，查询很不方便
注意事项	① 由于中邮小包只是一种民用包裹，并不属于商业快递，海关对个人邮递物品的验放原则是"自用合理数量"，自用合理数量原则即以亲友之间相互馈赠自用的正常需要量为限，因此，为了顺利通关，并不适于寄递太多数量的产品。 ② 限值规定。海关规定，对寄自或寄往中国港澳地区和国外的个人物品，每次允许进出境的限值分别为人民币 800 元和 1 000 元。对超出限值部分，属于单一不可分割且确属个人正常需要的，可从宽验放

（3）其他国家或地区的邮政小包

邮政小包是使用较多的一种国际物流方式，依托万国邮政联盟网店覆盖全球，其对于重量、体积、禁限寄物品要求等方面的特点均存在很多共同点，然而不同国家和地区的邮政所提供的邮政小包服务却或多或少存在一些区别，主要体现在不同的优势区域会有不同的价格和时效，以及对于承运物品的限制不同，如表6-5所示。

表6-5　其他邮政小包介绍

物流小包	介绍	优点
中国香港小包	时效中等，价格适中	处理速度快，上网速度快
新加坡小包	价格适中，服务质量高于邮政小包	手机、平板电脑等含锂电池商品的运输渠道
瑞士小包	欧洲线路的时效较快，但价格较高	欧洲通关能力强，欧洲申根国家免报关
瑞典小包	欧洲线路的时效较快，俄罗斯通关及投递速度较快，且价格较低	俄罗斯首选的物流方式，安检对带电池的产品管制不是特别严格，可用于寄递带电产品

4. 商业快递介绍

速卖通平台常用的商业快递方式包括 UPS、DHL、FedEx、TNT、SF Express、Toll 等。不同的国际快递公司具有不同的渠道，在价格、服务、时效上都有所不同。

（1）TNT 介绍

TNT 集团是全球领先的快递邮政服务供应商，为企业和个人客户提供全方位的快递和邮政服务。总部位于荷兰的 TNT 集团，在欧洲和亚洲提供高效的递送网络，并且正通过在全球范围内扩大运营分布来最大幅度地优化网络效能。TNT 快递有超过 26610 辆货车与 40 架飞机，以及欧洲最大空陆联运快递网络，实现门到门的递送服务，如表 6-6 所示。

表 6-6　TNT 商业快递介绍

优点	① 速度快，通关能力强，提供报关代理服务。 ② 可免费、及时、准确追踪、查询货物。 ③ 在欧洲和西亚、中亚及政治、军事不稳定的国家有绝对优势。 ④ 时效为 2~4 个工作日通至全球，特别是到西欧大概 3 个工作日，可送达的国家比较多。 ⑤ 网络覆盖比较全，查询网站信息更新快，遇到问题响应及时。 ⑥ 纺织品类大货到西欧、澳大利亚、新西兰有优势。 ⑦ 可以通达沙特阿拉伯，但需提供正规发票
缺点	① 要算泡重，对所运货物限制也比较多。 ② 价格较高
参考时效	① 一般货物在发货次日即可实现网上追踪，全程时效为 3~5 天。 ② TNT 经济型时效为 5~7 天
体积重量限制	① TNT 快递对包裹的重量和体积限制，单件包裹不可以超过 70kg。 ② 材积重量计算方式，长×宽×高/5000（cm）。 ③ 单件尺寸不能超过 240×120×150（cm）。 ④ 货物的计费重量为实重与材积重取大者为准
注意事项	① TNT 快递运费不包含货物到达目的地海关可能产生的关税、海关罚款、仓储费等费用，因货物原因无法完成目的地海关清关手续或收件人不配合清关，导致货物被退回发件地（此时无法销毁），所产生的一切费用如收件人拒付，则需由卖家承担。 ② 若因货物原因导致包裹被滞留，不能继续转运，其退回费用或相关责任由发件人自负。 ③ 卖家若授权货代公司代为申报，如申报原因发生扣关或延误，货代公司大多不承担责任。 ④ 如果 TNT 包裹需申请索赔，则需在包裹上网后 21 天内提出申请，逾期 TNT 不受理。 ⑤ 一票多件计算方式：计算包裹的实重之和和体积重量之和，取较大者。 ⑥ TNT 不接收仿牌货物，扣关不负责

（2）UPS 介绍

UPS 快递（United Parcel Service）在 1907 年作为一家信使公司成立于美国华盛顿州西雅图，是一家全球性的公司，其商标是世界上最知名、最值得景仰的商标之一。作为世界上最大的快递承运商与包裹递送公司，同时也是运输、物流、资本与电子商务服务的领导性的提供者。

UPS 每天都在世界上 200 多个国家和地域管理着物流、资金流与信息流。通过结合货物流、信息流和资金流，UPS 不断开发供应链管理、物流和电子商务的新领域，如今 UPS 已发展到拥有 300 亿美元资产的大公司，如表 6-7 所示。

表 6-7　UPS 商业快递介绍

快递方式	① UPS Worldwide Express Plus——全球特快加急，资费最高。 ② UPS Worldwide Express——全球特快。 ③ UPS Worldwide Saver——全球速快，也就是红单。 ④ UPS Worldwide Expedited——全球快捷，也就是蓝单，最慢、资费最低

续表

参考时效	① 参考派送时间：2~5 个工作日。 ② 派送时效以上网到收件人收到此快件为准。 ③ 如遇海关查车等不可抗拒的因素，派送时效就要以海关放行为准
体积重量限制	① 当货件满足以下条件之一时，每个包裹将收取 RMB40 的附加费（注意，每个包裹最多收取一次附加手续费）： ● 非纸箱包装的物品； ● 任何无法完全装入一般纸箱的圆柱形物品； ● 任何最长边缘的长度超过 152cm 或次长边缘超过 77cm 的包裹； ● 实际重量大于 32kg 的包裹； ● 一票货件内单个平均重量大于 32kg 的包裹，以及重量未在所使用的原始文件或 UPS 自动运输系统中指明的包裹。 ② 超重超长费。 UPS 国际快递小型包裹服务不递送超过以下重量和尺寸的包裹。若 UPS 国际快递接收该类货件，将对每个包裹收取超重超长 RMB378。每个包裹最多收取一次超重超长费。 ● 每个包裹最大重量为 70kg； ● 每个包裹最大长度为 270cm； ● 每个包裹最大尺寸：长+周长：[（2×宽）+（2×高）]=330cm
优点	① 速度快，服务好。 ② 强项在美洲路线和日本路线，特别是美国、加拿大、南美、英国，适宜发快件。 ③ 全球派送 2~5 个工作日妥投。 ④ 服务覆盖 220 个国家及地区；可以在线发货，全国 109 个城市上门取货服务。 ⑤ 在线查询全程详细包裹派送信息，遇到问题解决及时
缺点	① 运费较贵，要计算产品包装后的体积重量，适合发 6~21kg，或者 100kg 以上的货物。 ② 对托运物品的限制比较严格。 ③ 中国香港 UPS 代理停发澳大利亚件；中国大陆 UPS 可以发。 ④ 中国香港 UPS 大货尽量不要使用香港地址发货物（包含发票也不要使用香港地址和公司）；在目的地清关一定要使用香港地址的情况下就找正规的货代公司发货

（3）FedEx 介绍

FedEx 全称是 Federal Express，即联邦国际快递，是一家国际性速递集团。FedEx 成立于 1973 年 4 月，亚太总部设在中国香港，同时在上海、东京、新加坡均设有区域性总部。FedEx 提供隔夜快递、地面快递、重型货物运送、文件复印及物流服务，总部设于美国田纳西州，如表 6-8 所示。

表 6-8 FedEx 商业快递介绍

资费标准	① FedEx 快递的"体积重量"计算公式为[长（cm）×宽（cm）×高（cm）]/5000。 ② 如果货物"体积重量"大于"实际重量"，则按"体积重量"计费
参考时效	① FedEx IP 服务派送正常时效为 2~5 个工作日（次时效为从快件上网至收件人收到此快件为止），需要根据目的地海关通关速度决定。 ② FedEx IE 服务派送正常时效为 4~6 个工作日（次时效为从快件上网至收件人收到此快件为止），需要根据目的地海关通关速度决定
体积重量限制	① 联邦快递单件最长边不能超过 274cm，最长边+其他两边的长度的两倍不能超过 330cm； ② 一票多件（其中每件都不超过 68kg），单票的总重量不能超过 300kg，超过 300kg 请提前预约。 ③ 单件或者一票多件中单件包裹有超过 68kg，需要提前预约。联邦快递申报价值超过 5 000RMB 要单独报关

续表

优点	① 适宜走 21kg 以上的大件，到南美洲的价格较有竞争力。 ② 一般 2~4 个工作日可送达。 ③ 网站信息更新快，网络覆盖全，查询响应快
缺点	① 价格较贵，需要考虑产品体积重量。 ② 对托运物品限制也比较严格

联邦快递分为中国联邦快递优先型服务（International Economy，IE）和中国联邦快递经济型服务（International Priority Freight，IP）。FedEx IP 和 FedEx IE 主要区别如下，如表 6-9 所示。

表 6-9　FedEx IP 和 FedEx IE 主要区别介绍

FedEx IP	FedEx IE
① 时效快。快递的时效为 2~5 个工作日。 ② 清关能力强。 ③ 为全球 200 多个国家及地区提供快捷、可靠的快递服务	① 价格更优惠，相对于 FedEx IP 服务的价格更有优势。 ② 时效比较快，一般为 4~6 个工作日。 ③ 清关能力强。 ④ 为全球超过 90 个国家及地区提供快捷、可靠的快递服务

（4）DHL 介绍

DHL 国际快递是全球快递行业的市场领导者。可寄达 220 个国家及地区，涵盖超过 120 000 个目的地（主要邮政区码地区）的网络，向企业及私人顾客提供专递及速递服务，如表 6-10 所示。

表 6-10　DHL 商业快递介绍

资费标准	DHL 的体积重量计算公式为长×宽×高/5000（cm），货物的实际重量和体积重量相比，二者中取大者计费
参考时效	① 上网时效：参考时效从客户交货之后第二天开始计算，1~2 个工作日会有上网信息。 ② 妥投时效：参考妥投时效为 3~7 个工作日（不包括清关时间，特殊情况除外）
体积重量限制	DHL 对寄往大部分国家的包裹要求为：单件包裹的重量不超过 70kg，单件包裹的最长边不超过 1.2m。但是部分国家的要求不同，具体以 DHL 官网公布的为准
注意事项	① 物品描述。报品名时需要填写实际品名和数量。不接受礼物或样品申报。 ② 申报价值。DHL 对申报价值是没有要求的，客户可以自己决定填写的金额，建议按货物的实际价值申报，以免产生高额关税及罚金。 ③ 收件人地址。DHL 有部分国家不接收 PO Box 邮箱地址，必须提供收件人电话。填写以上资料应该用英文填写，其他的语种不行
优点	① 去西欧、北美有优势，适宜走小件；可送达国家网点比较多。 ② 一般 2~4 个工作日可送达；去欧洲一般 3 个工作日，到东南亚一般两个工作日。 ③ 查询网站的货物状态更新也比较及时，遇到问题解决速度快
缺点	① 走小货价格较贵不划算，DHL 适合发 5.5kg 以上，或者介于 21kg 和 100kg 之间的货物。 ② 对托运物品的限制比较严格，拒收许多特殊商品，部分国家不提供 DHL 包裹寄递服务

（5）Toll 介绍

Toll 环球快递是 Toll Global Express 公司旗下的一项快递业务，Toll 到澳大利亚以及泰国、越南等亚洲地区价格较有优势，如表 6-11 所示。

表6-11 Toll 商业快递介绍

资费标准	Toll Global Express 的运费包括基本运费和燃油附加费两部分，其中燃油附加费每个月变动，以 Toll Global Express 网站上公布的数据为准
参考时效	① 东南亚：3～5days。 ② 美国/加拿大：6～10days。 ③ 澳大利亚：3～5days。 ④ 欧洲：6～10days。 ⑤ 南美：8～15days。 ⑥ 中东：8～15days。
体积重量限制	① Toll Global Express 首重、续重均为 0.5kg，对包裹的重量限制为 30kg，体积重量超过实际重量需按照体积重量计费。 ② 体积重量的算法为：长×宽×高/5000（cm）。 ③ 单件货物任何一边长度超过 120cm，需另外加收每票 200 元人民币的操作费
禁运物品	① 国家法律法规禁止流通或者寄递的物品。 ② 爆炸性、易燃性、腐蚀性、放射性和毒性等危险物品。 ③ 反动报刊、书籍、宣传品或者淫秽物品。 ④ 各种货币。 ⑤ 妨害公共卫生的物品。 ⑥ 容易腐烂的物品。 ⑦ 活的动物。 ⑧ 包装不妥，可能危害人身安全、污染或损毁其他邮件设备的物品。 ⑨ 其他不适合邮递条件的物品，包括液体、粉末、食品、茶叶、药物、仿牌、纯电池等。 ⑩ 文件
注意事项	① Toll Global Express 运费不包含货物到达目的地海关可能产生的关税、海关罚款、仓储费、清关费等费用，或因货物原因无法完成目的地海关清关手续或收件人不配合清关，导致货物被退回发件地（此时无法销毁），所产生的一切费用如收件人拒付，则需由发件人承担。 ② 若因货物原因导致包裹被滞留在香港，不能继续转运，其退回费用或相关责任由发件人自负。 ③ 如货物因地址不详等原因在当地派送不成功，需更改地址派送，Toll 快递会收取每票 50 元的操作费。 ④ 如因货物信息申报不实、谎报等原因导致无法清关，或者海关罚款等，一切费用由发件人承担，Toll 快递会另外收取每票 75 元的清关操作费。 ⑤ Toll 在当地会有两次派送服务，如两次派送均不成功，要求第三次派送会收取 75 元派送费。 ⑥ 货物不能用金属或者木箱包装，或者严重不规范的包装，否则 Toll 快递会收取 200 元的操作费。 ⑦ Toll 不接受仿牌，承运商查到运费和货物均不退

（6）SF Express

SF Express 即顺丰速运，1993 年在广东顺德成立，是一家主要经营国际、国内快递业务的港资快递企业。近年来，顺丰积极拓展国际件服务，除开通中国大陆、香港、澳门和台湾地区外，顺丰目前已开通美国、日本、韩国、新加坡、马来西亚、泰国、越南、澳大利亚等国家的快递服务，如表 6-12 所示。

表6-12 SF 商业快递介绍

资费标准	① 顺丰快递的体积重量计算公式为长×宽×高/5000（cm）。 ② 如果货物体积重量大于实际重量，则按体积重量计费。 ③ 顺丰快递的资费标准最终以其官网公布的为准

续表

体积重量限制	① 对于体积大、重量轻的货物，顺丰是参考国际航空运输协会的规定，根据体积重量和实际重量中较重的一种收费。 ② 始发地或目的地任一方为港澳台地区或其他海外国家，体积重量（kg）的计算方法为长度（cm）×宽度（cm）×高度（cm）÷6 000。 备注：体积重量的计算方法参考各地区及当地市场惯例，当中可能略有差异
优势	① 国内服务网点分布广。 ② 收派队伍人员服务意识强，服务队伍庞大。 ③ 价格有一定的竞争力
劣势	① 开通的国家线路少，卖家可选的国家少。 ② 顺丰的业务种类繁多，导致顺丰的揽收人员相对于国际快递的专业知识略显逊色

5. 专线物流介绍

（1）Special Line-YW

Special Line-YW 即航空专线-燕文，俗称燕文专线，是北京燕文物流公司旗下的一项国际物流业务。线上燕文专线目前已开通美国、欧洲、澳大利亚、中东和南美专线，如表6-13所示。

表6-13 燕文专线物流介绍

资费标准	① 计算方法：1g起重，每个单件包裹限重在2kg以内。 ② 资费标准参考Special Line-YW官方网站
参考时效	① 在正常情况下，16～35天到达目的地。 ② 在特殊情况下，35～60天到达目的地。 （特殊情况包括节假日、特殊天气、政策调整、偏远地区等。）
注意事项	① 包装材料及尺寸应按照所寄物品的性质、大小、轻重选择适当的包装袋或纸箱。邮寄物品外面需套符合尺寸的包装袋或纸箱，包装袋或纸箱上不能有文字、图片、广告等信息。 ② 由于寄递路程较远，冬天寒冷等原因，请选用适当的结实抗寒的包装材料妥为包装，以便防止以下情况发生。 　a. 封皮破裂，内件露出，封口胶开裂，内件丢失。 　b. 伤害处理人员。 　c. 污染或损坏其他包裹或分拣设备。 　d. 寄递途中碰撞、摩擦、震荡或受压力、气候影响而发生损坏
优势	① 时效快。 【拉美专线】通过调整航班资源一程直飞欧洲，再发挥欧洲到拉美航班货量少的特点，快速中转，避免旺季爆仓，大大缩短妥投时间。 【俄罗斯专线】与俄罗斯合作伙伴实现系统内部互联，一单到底，全程无缝可视化跟踪。国内快速预分拣，快速通关，快速分拨派送，正常情况俄罗斯全境派送时间不超过25天，人口50万以上城市派送时间低于17天。 【印尼专线】使用服务稳定，可靠的香港邮政挂号小包服务，由于香港到印尼航班多，载量大，同时香港邮政和印尼邮政有良好的互动关系，因此，香港邮政小包到达印尼的平均时效优于其他小包。 ② 交寄便利： 北京、深圳、广州（含番禺）、东莞、佛山、杭州、金华、义乌、宁波、温州（含乐清）、上海、南京、苏州、无锡提供免费上门揽收服务，揽收区域之外可以自行发货到指定的集货仓。 ③ 赔付保障： 邮件丢失或损毁提供赔偿，可在线发起投诉，投诉成立后最快5个工作日完成赔付

（2）Russian Air

Russian Air 即中俄航空专线，是通过国内快速集货、航空干线直飞、在俄罗斯通过俄罗斯邮政或当地落地配进行快速配送的物流专线的合称。

Russian Air 俗称俄速通，是由黑龙江俄速通国际物流有限公司提供的中俄航空小包专线服务，针对跨境电商客户物流需求的小包航空专线服务，渠道时效快速稳定，全程物流跟踪服务，如表 6-14 所示。

表 6-14 俄速通专线物流介绍

资费标准体积重量限制	Russian Air 的资费标准为 85 元/kg+8 元挂号费，体积重量限制的参照中邮小包的资费标准
参考时效	① 在正常情况下，15～25 天到达俄罗斯目的地。 ② 在特殊情况下，30 天到达俄罗斯目的地
优点	① 经济实惠。Russian Air 以 g 为单位进行精确计费，无起重费。 ② 可邮寄范围广泛。递送范围覆盖俄罗斯全境。 ③ 运送时效快。Russian Air 开通了中俄航空专线货运包机，提高了配送时效，80%以上的包裹 25 天内到达。 ④ 全程可追踪。48 小时内上网，货物全程可视化追踪

（3）Aramex

Aramex 快递，即中外运安迈世，在国内也称为"中东专线"。作为中东地区最知名的快递公司，成立于 1982 年，是第一家在纳斯达克上市的中东国家公司，提供全球范围的综合物流和运输解决方案。Aramex 快递可通达中东、北非、南亚等 20 多个国家，在当地具有很大优势。正常递送时间一般为 4～12 天，如表 6-15 所示。

表 6-15 中东专线物流介绍

资费标准	Aramex 的标准运费包括基本运费和燃油附加费两部分，其中燃油附加费每月变动，以 Aramex 网站公布的数据为准
参考时效	一般会在收件后两天内上网，中东地区派送时效为 3～8 个工作日
体积重量限制	① 邮包的体积常规限制在 $120\times50\times50cm^3$ 以内。 ② 邮包体积重量计算公式为：长×宽×高/5000（cm），如果邮包体积重量大于实际重量，则按体积重量计费。 ③ 单票包裹尽量不超过 30kg。尤其寄往印度、南非、英国的货件长度不得超过 150cm，货物单件重量不得超过 32kg，超过则加收超重费。 ④ 越南的货物单件重量不能超过 30kg/件，超过则加收超重费
注意事项	① 运单上必须用英文填写明晰的收件人名字、地址、电话、邮编、国家、货品信息、申报价值、件数及重量等详细资料。 ② 必须在运单包关联填写明晰的货物详情、名称、件数、重量及申报价值；单票货物申报不得超过 USD50 000，寄件人信息统一打印。 ③ Aramex 收件地址不可以是 PO Box 的邮箱地址
优势	① 运费价格优势：寄往中东、北非、南亚等国家价格是 DHL 的 60%左右。 ② 时效优势：时效有保障，包裹寄出后 3～5 天可以投递。 ③ 无偏远优势：世界各国无偏远，抵达全球各国都无须附加偏远费用。 ④ 包裹可在 Aramex 官网跟踪查询，状态实时更新信息，寄件人每时每刻都跟踪得到包裹最新动态

（4）芬兰邮政

速邮宝——芬兰邮政是由速卖通和芬兰邮政针对 2kg 以下小件物品推出的香港口岸出口

的特快物流服务，分为挂号小包和经济小包，运送范围为俄罗斯及白俄罗斯全境邮局可到达区域。速邮宝具有在俄罗斯和白俄罗斯清关速度快、时效快、经济实惠的特点，如表6-16所示。

表6-16 芬兰邮政专线物流介绍

资费标准	芬兰邮政起重为1g，运费会根据每月初的最新汇率进行调整	
	挂号小包	① 芬兰邮政挂号小包的资费计算项目包括配送服务费和挂号服务费两部分。 ② 计算方式为运费=配送服务费×邮包实际重量+挂号服务费
	经济小包	① 芬兰邮政经济小包只有配送服务费。 ② 计算方式为运费=配送服务费×邮包实际重量
参考时效	① 对于芬兰邮政挂号小包，物流商承诺包裹入库后35天内必达（不可抗力除外），因物流商原因在承诺时间内未妥投而引起的纠纷赔偿，由物流商承担。 ② 对于芬兰邮政经济小包物流商承诺包裹入库后35天内离开芬兰（不可抗力除外），因物流商原因在承诺时间内没用离开芬兰的物流轨迹节点而引起的纠纷赔偿，由物流商承担	
寄送限制	① 体积、重量限制：芬兰邮政对包裹的重量、体积有严格的限制。 ② 电池的寄送限制：不能寄送电子产品，例如手机、平板电脑等带电池的物品，或纯电池（含纽扣电池）	
优势	① 运费价格优势，寄往俄罗斯和白俄罗斯的价格较其他专线具有明显的优势。 ② 时效优势，时效有保障	

（5）中俄快递——SPSR

线上发货"中俄快递——SPSR"服务商SPSR Express是俄罗斯最优秀的商业物流公司，也是俄罗斯跨境电子商务行业的领军企业。"中俄快递——SPSR"面向速卖通卖家提供经北京、香港、上海等地出境的多条快递线路，运送范围为俄罗斯全境，如表6-17所示。

表6-17 中俄快递——SPSR专线物流介绍

资费标准	① 中俄快递——SPSR的资费计算与邮政挂号小包一致，包括配送服务费和挂号服务费两部分。 ② 运费根据包裹重量按每100g计费，不满100g按100g计，每个单件包裹限重在15kg以内，尺寸在60×60×60cm以内
参考时效	对于中俄快递——SPSR物流商承诺包裹入关后最短14天、最长32天内必达（不可抗力除外），因物流商原因承诺时间内未妥投而引起的纠纷赔偿，由物流商承担
寄送限制	① 可寄送重量100g~15kg，尺寸在60×60×60cm以内的包裹。 ② 电池寄送限制：不能寄送电子产品，例如手机、平板电脑等带电池的物品，或纯电池（含纽扣电池）。 ③ 任何可重复使用的充电电池，例如锂电池、内置电池、笔记本电脑的长电池、蓄电池、高容量电池等，无法通过机场货运安检。 ④ 插电产品，例如摄像头、烘甲机、卷发器等可以发，合金物品等也在可以发的范畴（不含管制刀具等违禁品）

（三）国际物流的优劣势对比

国际物流的优劣势对比如表6-18所示。

表6-18 国际物流的优劣势对比

物流渠道	优势	劣势
平邮	无挂号费，适合货值低、重量轻的物品，按g收费（速卖通线上发货仅7美元以下订单使用，线下发货不受限制）	有尺寸跟重量的限制，时效差，运送时间比较长，无包裹跟踪信息（速卖通线上发货仅由中国邮政提供国内段寄收，封发，计划交航等信息，不提供国外段跟踪信息）。

续表

物流渠道	优势	劣势
国际小包	适用货值低，重量轻的产品（2kg 以内），大多数地区可查询到目前包裹的状态。运费相对于商业快递便宜，按 g 收费，清关能力强，大多数情况都不会产生关税，全球有邮局的地方货物基本都可以到达。无退件费，无偏远费；在符合尺寸与重量的限制之内不计算泡重	时效差，运送时间比较长，有尺寸跟重量限制，不是所有国家都可以查询到包裹状态。货品跟踪信息更新慢，丢包率相对于商业快递高。无法寄送电池、液体、粉末产品
中国邮政大包	2～20kg 以内的货物，大多数的地区，运费相对商业快递便宜。清关能力强，大多数的地区可查询到目前包裹的状态。全球有邮局的地方货物基本都可以到达。无退件费，无偏远费，在符合尺寸与重量的限制之内不计算泡重	尺寸与重量的限制，运送时间比较长
四大商业快递	21kg 以上的货物价格比较有竞争力，性价比相对21kg 以下包裹或者国际小包裹服务好，解决问题及时，网站信息更新快，可提供上门取货服务。当地由自己的公司派送，安全而且时间可以保证	价格比较昂贵，需要考虑体积、偏远地区费、燃油附加费。寄件产品限制较多，退件费用昂贵，清关能力相对邮政渠道差，可能产生关税，旺季可能会有排仓，可能会有转单号
邮政 EMS	按重量计费，包裹任一边超过 60cm 才算体积重量。清关能力强，限制较少，特别是对敏感的货物以及各种特殊商品，一般都可以通关，不易产生关税，不提供商业发票也可以清关，而且具有优先通关的权利。无退件费	网站更新消息不及时，没有大货价，相比于商业快递速度偏慢，一旦出现投递问题，处理时间较长

二、物流运输方式的选择

国际运输一般会采用海运或空运的方式。此外，国际运输可结合多种运输方式，例如陆运和海运，即混合的运输方式。店铺平台卖家必须选择合适的运输方式。卖家应该考虑每种方式在以下四个方面的绩效，运输时间、可预测性、成本和非经济因素。

（一）运输时间

海洋运输从出发地到目的地的时间远远长于航空运输。运输时间的长短对企业的整个物流运作有很大影响。快速的运输延长了产品在国外市场的销售时间。如果由于生产原因产品无法在规定的时间内送达目标市场，那么为了按时交货，企业将选择空运取代一直以来的海运。

（二）可预测性

无论是海运还是空运都会受到自然因素的影响从而导致延误。准确地预测有助于海外分销商为顾客提供一个准确的产品到货时间。

（三）成本

在选择国际物流运输方式时，成本是企业需要考虑的一个重要因素。国际运输价格通常取决于运输服务的成本和货物的价值。为了降低成本，货运企业可以结成联盟，协商合作运输。同时，为了减少总成本和时间，也可以选择性地使用混合运输的方式。

（四）非经济因素

非经济因素通常也会影响运输方式的选择。政府参与在协助运输业发展的同时也对企业造成了困扰。一些物流企业或被政府收购，或依赖政府补助。因此，其他企业不得不服从政府施加的压力，即使有更好的选择也必须使用国内运输公司。在有政府货物需要运输时通常会采取这种政策。

三、国际物流网规

卖家除了对各种常用的国际物流知识有一定的了解，能够设置适合自己的运费模板外，也需要对国际物流网规有一定的认识，避免因触犯规定而受到处罚。国际物流网规主要包括以下几个方面（网规内容以速卖通公布的最新内容为准）。

（1）全球速卖通只支持卖家使用航空物流方式，支持的物流方式包括 UPS、DHL、FedEx、TNT、EMS、顺丰、中国邮政、香港邮政航空包裹服务及其他全球速卖通日后指定的其他物流方式。

（2）卖家发货所用的物流方式必须是买家所选择的物流方式，未经买家同意，不得无故更改物流方式。虽然卖家出于好意更改了更快的物流方式，但仍需获得买家同意以免后续产生纠纷风险。

（3）卖家填写发货通知时，所填写的运单号必须真实并可查询。

（4）过去 30 天内的小包"未收到货"纠纷≥2 笔且小包"未收到货"纠纷率＞15%的卖家会员，速卖通有权限制卖家使用航空大小包。

（5）卖家需要谨慎选择物流发货渠道，平台鼓励卖家选择速卖通提供的线上发货物流渠道。全球速卖通只认可以下物流跟踪信息：线上发货物流跟踪信息、各国邮政官网、UPS 官网、DHL 官网、FedEx 官网、TNT 官网、Toll 官网、EMS 官网、顺丰官网提供的物流跟踪信息。对于无法核实真伪的物流跟踪信息，速卖通有权不予认可。

☑ 任务二　物流模板设置

通过对国际物流概况和国际物流服务商的认识，初步了解了物流服务商的特点和政策法规。所以 Flower Girl Dresses 童装店在操作"运费模板"时，需要根据物流服务商和产品的实际情况设置"运费模板"。在运费上面，也根据物流服务商的优惠政策，尽可能地给客户提供更多的优惠。在提高客户购物体验的同时，还能提高店铺整体的好评信誉度。

一、新手运费模板

Flower Girl Dresses 童装店在发布产品的时候可以选择"新手运费模板"或"自定义的运费模板" 两种，如果未编辑自定义模板，则只能选择新手运费模板才能进行产品发布。

下面我们先学习设置"新手运费模板"。先登录店铺后台，在"产品管理" 界面下的"运费模板"进行设置，如图 6-2 所示。

"运费模板"显示的"Shipping Cost Template for New Sellers"，如图 6-3 所示。

点击"模版名称：Shipping Cost Template for New Sellers" ，可以看到"运费组合"和"运达时间组合"，如图 6-4 所示。

在"运费组合"下，速卖通平台默认的"新手运费模板"包含了"China Post Registered Air Mail""Russian Air""EMS""ePacket"。

系统提供的标准运费，为各大快递运输公司在中国大陆地区公布的价格。对应的减免折扣率是根据目前速卖通平台与中国邮政洽谈的优惠折扣。

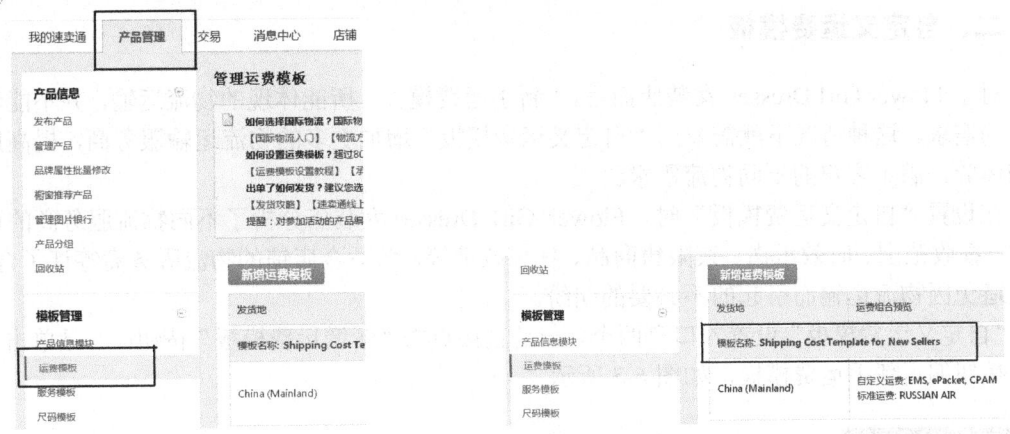

图 6-2　产品管理界面　　　　图 6-3　新手运费模板 "Shipping Cost Template for New Sellers"

图 6-4　"Shipping Cost Template for New Sellers" 显示界面

平台显示的 "其余国家" "不发货" 包含了两重意思,一是部分国家或地区不通邮或邮路不够理想;二是部分国家或地区有更优惠的物流方式可选。Flower Girl Dresses 女装店的商品在发往西班牙的时候,特别注明 "China Post Registered Air Mail"。发货时间为 27-43 天,提醒买家在选择物流运输的同时需要注意发货时间。而该地区,"PostNL" 物流公司虽然到货时间比较长,但是免运费,也是一个不错的选择,如图 6-5 所示。

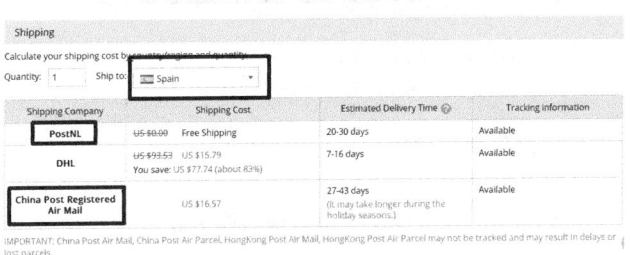

图 6-5　西班牙的物流运输公司及时间

从 "运达时间组合" 上看,"承诺运达时间" 为平台判断包裹寄到收件人所需的时间,如图 6-6 所示。

Russian Air

运达时间组合	运送国家	承诺运达时间
1	所有国家	35 天

EMS

运达时间组合	运送国家	承诺运达时间
1	所有国家	27 天

图 6-6　新手运费模板 "运达时间组合" 界面

二、自定义运费模板

对于Flower Girl Dresses女装店而言,"新手运费模板"所能体现的物流运输,并不能满足客户的需求。这种情况下就需要用"自定义运费模板"增加更多的物流运输服务商,提高用户购物体验,满足客户的不同物流需求。

在设置"自定义运费模板"时,Flower Girl Dresses女装店分析了不同物流服务商的运送范围、揽收范围、时效承诺、禁限售商品、优惠政策等,跟适合店铺的物流服务商签订了合约。尽量避免因物流运输而引起的不必要的纠纷。

"自定义运费模板"设置入口有两个,一是直接点击"新增运费模板"按钮;二是单击"编辑"按钮编辑新手运费模板,如图6-7所示。

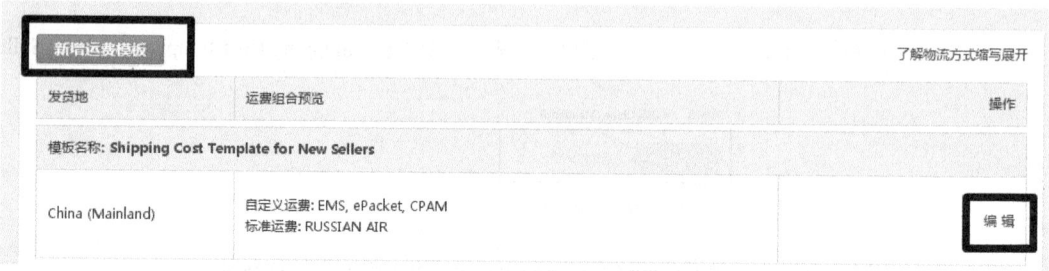

图6-7 新增运费模板

这里的"新增运费模板"不可修改后直接保存。如果修改,先输入模板名称,保存生成新的自定义模板,如图6-8所示。

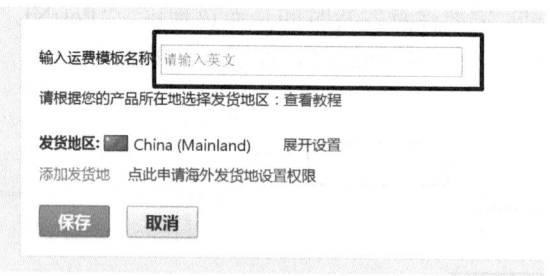

图6-8 填写模板名称界面

两种设置入口,虽然点击后界面有所不同,但都包含了五个方面。一是选择发货地区;二是选择物流类型;三是设置优惠折扣;四是自定义运达时间;五是承诺的运达时间,如图6-9和图6-10所示。

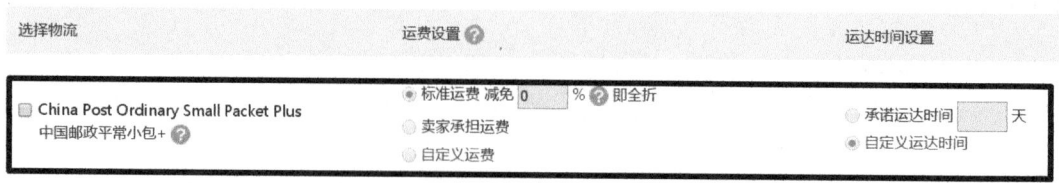

图6-9 选择物流类型和设置到达时间

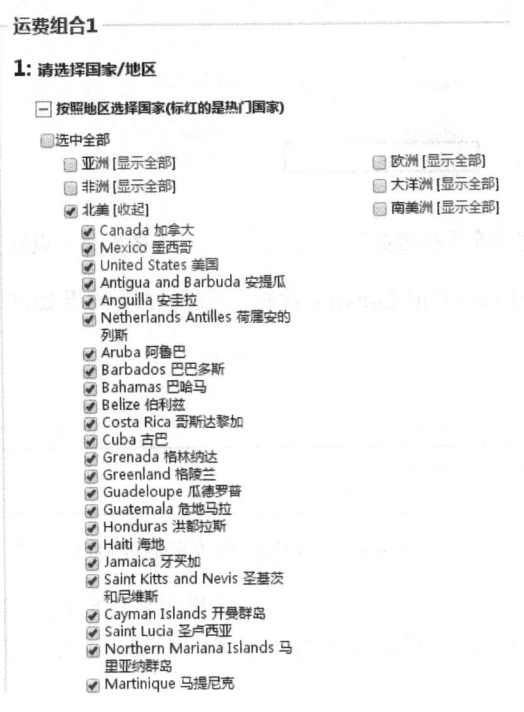

图 6-10　选择到达国家和地区

Flower Girl Dresses 女装店需要给"China Post Registered Air Mail"（中国邮政挂号小包）运输服务商设置运达天数和优惠折扣。先勾选物流方式，设置标准运费，填写优惠折扣，如图 6-11 所示。"标准运费"意味着对所有的国家均执行此优惠标准，如图 6-12 和图 6-13 所示。

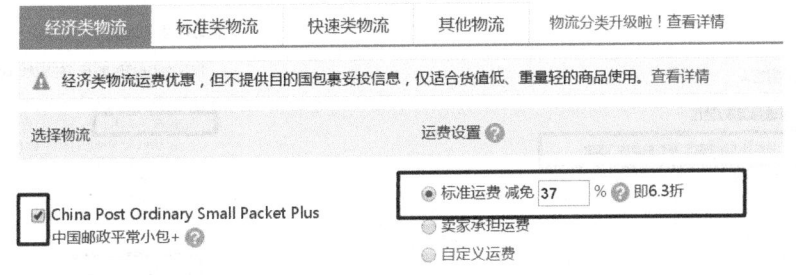

图 6-11　设置运费标准

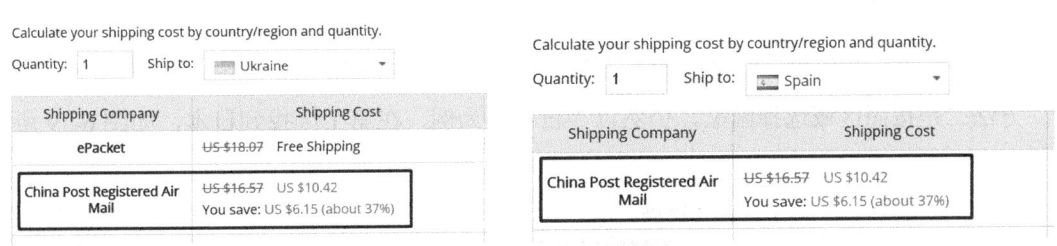

图 6-12　乌克兰中国邮政小包运费折扣　　　图 6-13　西班牙中国邮政小包运费折扣

如果所有国家均采取包邮（Free Shipping）的优惠政策，则勾选"卖家承担运费"即可，如图 6-14 所示。

如果卖家希望对所有买家均承诺同样的运达时间，则需要勾选"承诺运达时间"并设置承诺天数,如图 6-15 所示。

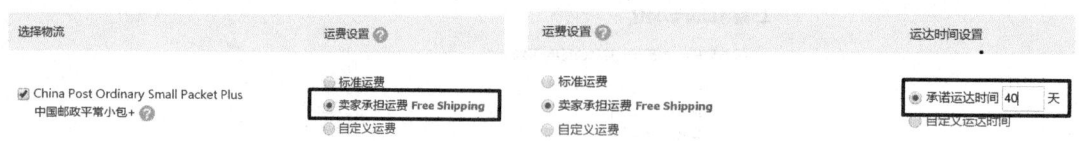

图 6-14 设置"卖家承担运费"　　　图 6-15 设置"承诺运达时间"

完成设置保存后,Flower Girl Dresses 女装店前台展示效果如图 6-16 所示。

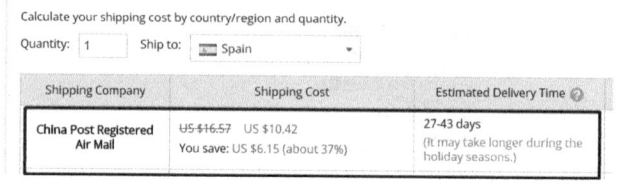

图 6-16 Flower Girl Dresses 女装店前台展示效果

Flower Girl Dresses 女装店经过一段时间的运营和客户反馈邮件发现,大部分的买家希望根据地域和物流服务商的不同,对到达天数有更多的了解。这样的情况下,卖家则可以通过自定义运费和自定义运达时间来实现。

"自定义运费"设置的第一步是选择国家/地区。具体有两种方法,一是按照地区选择国家;二是按照区域选择国家,如图 6-17 所示。

进入自定义运费设置界面后,先选择国家,具体有两种方法。方法一是按照地区选择国家,展开"亚洲"地区,找到"日本"并勾选,如图 6-18 所示。

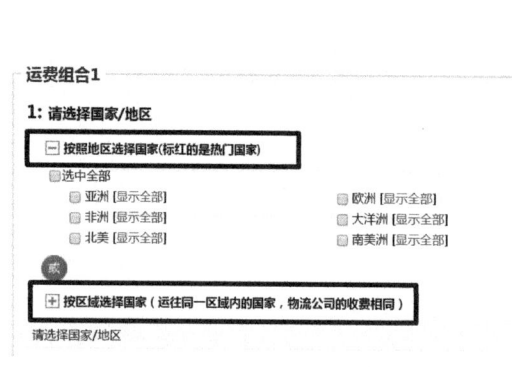 

图 6-17 自定义运费设置　　　图 6-18 按照地区选择国家

方法二是按照区域选择国家,仍然以"日本"为例,在第 1 区找到日本,如图 6-19 所示。

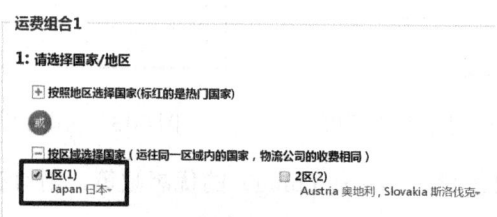

图 6-19 在第 1 区选择国家

对已选国家进行"不发货"操作。单击"确认添加"按钮,如图6-20所示。

如需对更多的国家进行个性化设置,则单击"添加一个运费组合",如图6-21所示。

图6-20 选择"不发货"和"确认添加"　　　　图6-21 添加一个运费组合

Flower Girl Dresses 女装店合作的物流服务商,根据地域的不同,还提供了不同的优惠政策。"自定义运费模板"还可以针对不同国家、不同物流运输设置"运费减免率"。国际运输费用优惠在一定的程度上刺激了消费者在该店铺的购买欲望,也提高了店铺的转化率和营业额。

"运费减免率"操作如下,先选国家,填写减免折扣,单击"确认添加"按钮,最后保存,如图6-22和图6-23所示。

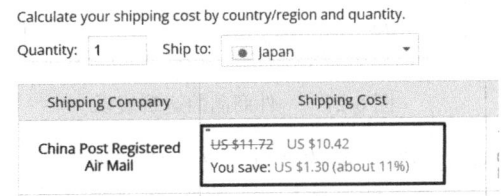

图6-22 "运费减免率"设置　　　　图6-23 "运费减免率"前台显示效果

Flower Girl Dresses 女装店在设置运费的时候,还采取了不同地域"全场免运费"的营销手段,刺激用户消费,加大对店铺的认知度,同时对物流运输服务商也是一个宣传作用,如图6-24和图6-25所示。

图6-24 美国免运费物流服务商　　　　图6-25 加拿大免运费物流服务商

设置步骤,选择"卖家承担运费",然后单击"确认添加"按钮,保存,如图6-26所示。

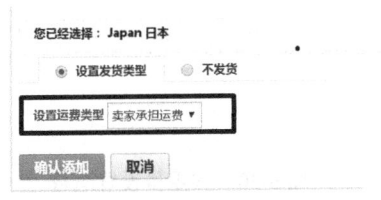

图6-26 "卖家承担运费"设置

设置物流模板时,Flower Girl Dresses 女装店考虑到国际物流服务商针对商品数量和重量的不同，收取的费用也不同。即使是"包邮产品"，数量也是有所限制的。例如，加拿大的买家选择一件商品时，有"China Post Registered Air Mail""ePacket""DHL""UPS Express Saver"和"EMS"五种物流方式，价格比较优惠。选择两件商品时，只有"ePacket"一种物流方式，如图6-27和图6-28所示。

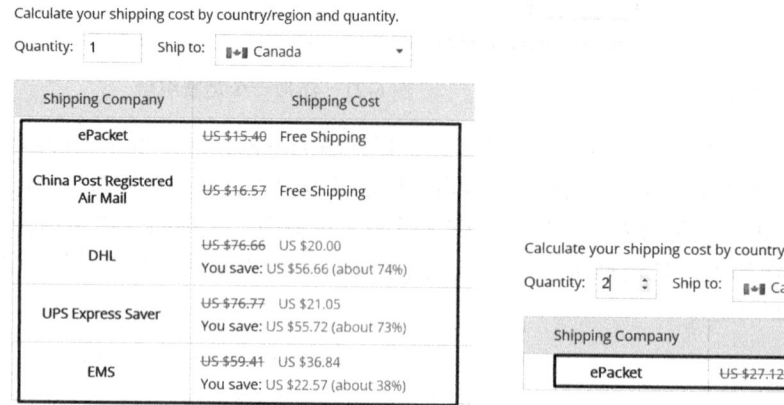

图6-27　一件商品的运费展示　　　　图6-28　两件商品的运费展示

速卖通在产品的"自定义运费模板"中，可以对产品重量或数量进行自定义运费设置。选择"按重量设置运费"或"按数量设置运费"，填写相对应的价格，确认添加，保存完成设置，如图6-29和图6-30所示。

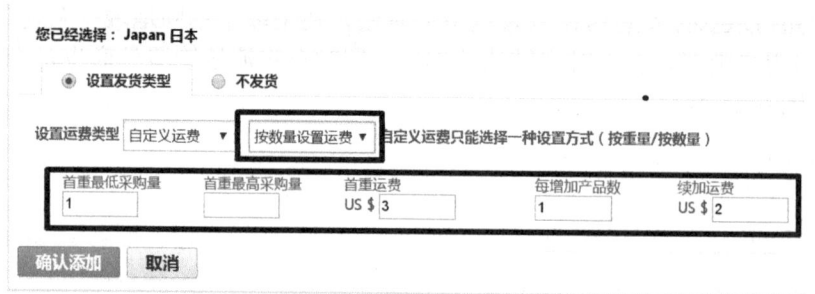

图6-29　按数量设置运费

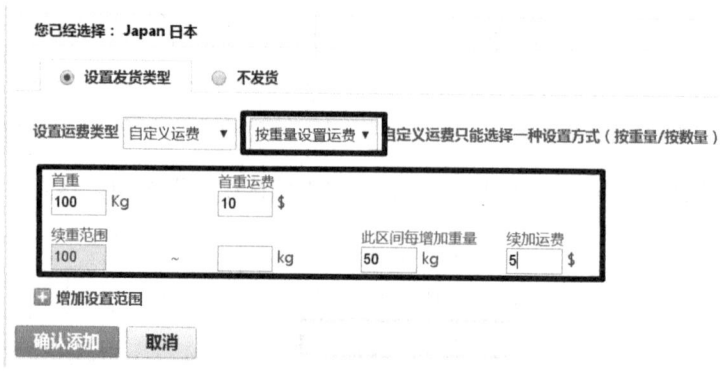

图6-30　按重量设置运费

商品在运输过程中，有的卖家为了提高营业额，故意把运达时间提前，或者不按实际情况随意自定义时间，结果产生了不必要的纠纷。买家会因为商品没有按时到达，而提起纠纷。速卖通有一条规则就是，因物流引起的纠纷，归卖家承担。这对于卖家和买家来说，都是得不偿失的。

"承诺运达时间"实际上不是包裹从出发到买家签收的时间。为了更好地保障买家和卖家的权益，卖家应该在以下三个因素上寻求一个平衡点，第一是买家的购买感受；第二是邮路的实际情况；第三是卖家的自身利益。因此卖家需要根据实际情况适当地修改承诺运达时间。

Flower Girl Dresses 女装店需要针对不同国家、不同物流服务商，修改"承诺的运达时间"。要设置中邮小包"韩国 20 天"（此操作说明仅供学习操作参考使用，各卖家请根据自身的商品货源和发货地实际情况进行设置）。

选择所需的物流方式"China Post Registered Air Mail"后，设置"自定义运达时间"，选择国家，填写运达时间，点击"确认添加"按钮，最后保存，如图 6-31 和图 6-32 所示。

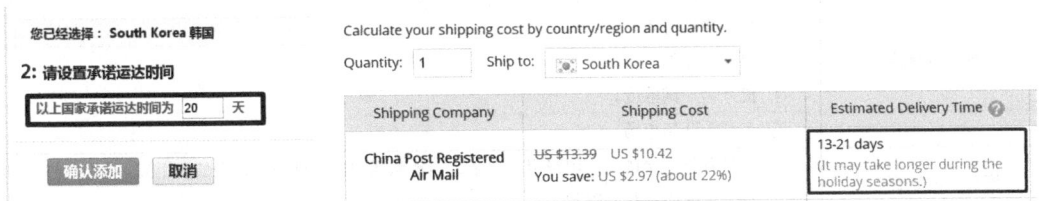

图 6-31　自定义运达时间　　　图 6-32　Flower Girl Dresses 女装店韩国运达时间前台显示界面

卖家必须根据自身的实际情况进行自定义运费设置，切忌盲目模仿他人。因为国际物流受国家政策、物流资费调整、极端天气、政治原因、邮路状况等多种因素影响，不同的时期，卖家应该设置不同的运费模板。

☑ 任务三　海外仓物流模板设置

随着跨境电商的发展，本地化服务的进一步提升，以及本地化体验的良好口碑，海外仓越来越成为未来跨境电商的必然趋势。通过海外仓的管理方式能够加大改善卖家的发货时间。对于当地的买家来说，他们更多会选择使用海外仓服务的卖家来缩短送货时间，以改善购买体验。那么什么类型的产品适合海外仓？海外仓有哪些优点？如何设置海外仓运费模板？带着这些问题，来学习本任务。

一、了解海外仓

（一）海外仓选品

海外仓集货物流是指为卖家在销售目的地进行仓储、分拣、包装及派送的一站式控制及管理服务。确切地说，海外仓集货物流包括了预定船期、头程国内运输、头程海运或头程空运、当地清关及报税、当地联系二程拖车、当地使用二程拖车运输送到目的地仓库并扫描上架和本地配送这几个部分。

适合做海外仓的产品，大致可以分为以下几种情况。

1. 尺寸、重量大的产品

因为此类产品的重量跟尺寸都已经超出了小包规格的界限，直接用国际快递的话，费用昂贵。使用海外仓正好弥补了这个缺点。

2. 单价和利润高的产品

海外仓的本地配送服务相比于国际快递，丢包率跟破损率都可以控制在一个较低的水平，对于卖家而言，可以降低高价值产品的意外损失率。

3. 高人气产品

这类产品由于受到本地市场的热捧，使用海外仓可以加快货物的周转率，减小货物积仓的风险，而卖家也能更快地回笼资金。

（二）海外仓的优缺点

客户下单后，出口企业通过海外仓直接本地发货，大大缩短配送时间，也降低了清关障碍。货物批量运输，降低了运输成本。客户收到货物后能轻松实现退换货，也改善了购物体验，如表 6-19 所示。

表 6-19　海外仓的优缺点

海外仓的优点	① 降低物流成本。 ② 加快物流时效。 ③ 提高产品曝光率。 ④ 提升客户满意度。 ⑤ 有利于开拓市场
海外仓的缺点	① 支付海外仓储费（头程费用、税金、当地派送费用、处理费、仓储费用）。 ② 有一定的库存数量限制

（三）海外仓费用结构概况

海外仓费用结构是指把仓库设立在海外（除中国大陆以外）而产生的一系列费用。可以通过自建仓库和使用第三方物流服务商公司的仓库。第三方物流服务商的海外仓费用结构，由头程费用、税金、当地派送费用、处理费、仓储费用构成。

海外仓的仓储成本费用，不同的国家费用也不同，卖家在选择海外仓的时候一定要计算清楚成本费用，与自己目前发货方式所需要的成本，两者对比进行选择。建议卖家可以在旺季的时候选择使用海外仓储服务。

1. 头程费用

头程费用是指从中国把货运送至海外仓库地址这段过程中所产生的运费，如表 6-20 所示。

表 6-20　头程费用结构

头程费用	费用结构
空运方式	运费+清关费+报关费+其他费（文档费、拖车费、送货费）
海运方式	①集装箱拼箱：以实际体积计算费用，体积会分层计算，1CBM 起运。 ②集装箱整箱：以集装箱数量计算运费

2. 税金

税金是指货物出口到某国，需按照该国进口货物政策而征收的一系列费用。征收进口关税会增加进口货物的成本，提高进口货物的市场价格，影响外国货物进口的数量。

3. 当地派送费用

当地派送费用是指买家对其产品下单后，有仓库完成打包配送至买家地址所产生的费用。参考各国物流服务商公司费用进行收费。

4. 仓储费

仓储费是指储存商品在仓库而产生的费用，一般第三方公司为了提高产品的动销率，会按周收取费用。

5. 订单处理费

订单处理费是指买家对其产品下单后,由第三方人员对其订单进行现货打包产生的费用。

(四)海外仓商品涉及的增值税

VAT(Value Added Tax)是欧盟的一种税制,即售后增值税,是指货物售价的利润税。它适用于在欧盟国家境内产生的进口、商业交易以及服务行为。VAT 销售增值税和进口税是两个独立缴纳的税项。当商品进口到欧盟国家的海外仓时会产生商品的进口税,而商品在其境内销售时会产生销售增值税 VAT。

如果卖家使用欧盟国家本地仓储进行发货,就属于 VAT 增值税应缴范畴,即便卖家所选的海外仓储服务是由第三方物流公司提供的,也从未在当地开设办公室或者聘用当地员工,也需要缴纳 VAT。

为了能依法缴纳增值税,卖家们需要向海外仓本地的税务局申请 VAT 税号。VAT 税号具有唯一性,只适用于注册当事人。当然卖家也可以授权给代理公司或者中介协助注册 VAT 税号。

(五)亚马逊 FBA

对于做跨境电商的卖家来说,物流很重要,亚马逊又非常看重卖家的物流配送能力,所以 FBA(Fulfillment by Amazon)是亚马逊平台运营的核心内容。FBA 是指亚马逊提供的代发货服务,卖家把货物发往 FBA 的仓库,亚马逊提供包括仓储、拣货打包、派送、收款、客服、退货处理一系列服务。尤其是欧洲市场,国内寄往欧洲的物流时间长、费用高,如果卖家不能保证买家在 7~10 天内收到包裹,那么会严重影响综合评分。所以,这时候选择 FBA 是比较明智之举。

FBA 仓储服务费用主要包括 Order Handling(订单处理费)、Pick & Pack(商品挑选打包费)、Weight Handling(称重费)、Inventory Storage(仓储费)。

亚马逊的 FBA 仓储服务也有优缺点。卖家根据自己店铺的实际情况选择,如表 6-21 所示。

表 6-21 FBA 的优缺点

FBA 的优点	① 一半以上的卖家会选择 FBA 服务的卖家。 ② 加入 FBA 服务可以提高 Listing 排名,增加抢夺 Buy Box 的机会。 ③ 不用担心因为物流而引起的差评。 ④ 提供 7×24 小时客户服务热线,解决卖家的客服问题。 ⑤ 拥有丰富的仓储和物流经验,以及先进的智能管理系统
FBA 的缺点	① 成本较高,尤其是仓储费。 ② 语言转换难题尚未解决,只能用英语与客户沟通。 ③ FBA 不会为卖家头程发货提供清关服务。 ④ 退货地址只支持美国(如果是做美国站的 FBA)。 ⑤ 容易提升买家的退货率

二、申请海外仓

Flower Girl Dresses 童装店在了解海外仓的整体概况后,综合考虑,跟美国一家海外仓服务公司合作。现在需要对自己的店铺开通海外仓服务。首先就需要在速卖通店铺后台申请开通海外仓。

第一步,进入卖家店铺后台,在"交易"界面下,单击"我有海外仓"→"申请开通",如图 6-33 所示。

第二步,①填写与"申请发货地设置权限"相关的资料,单击"申请";②"资料审核";③"签署协议";④"申请成功",如图 6-34 所示。

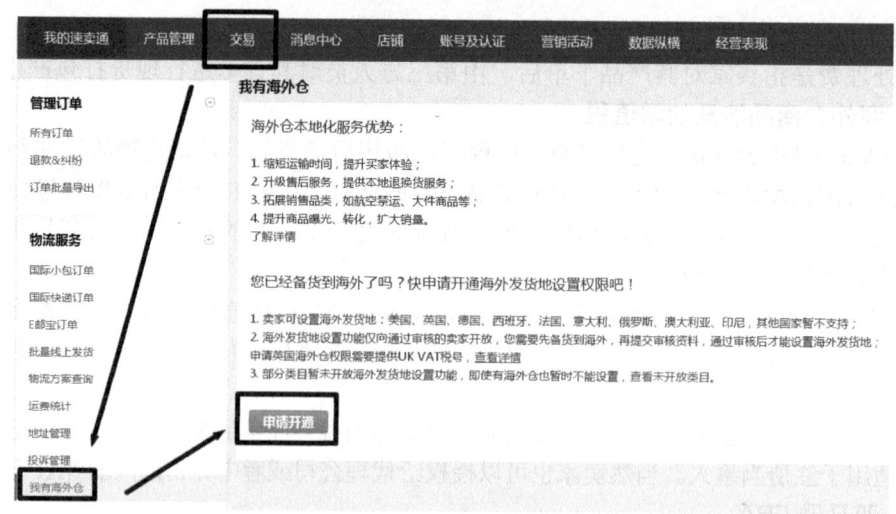

图 6-33 申请开通海外仓权限

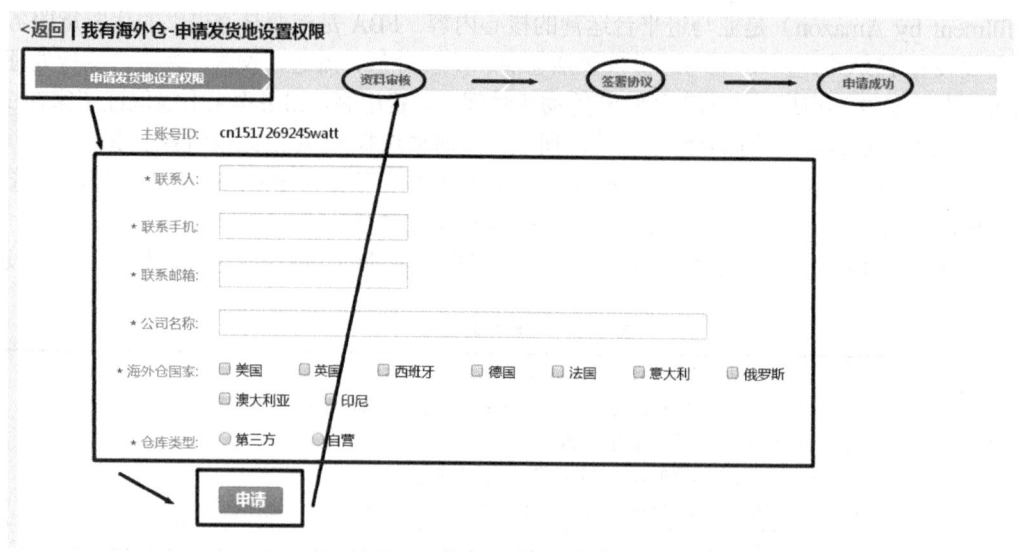

图 6-34 填写"申请发货地设置权限"的步骤

三、海外仓运费模板设置

（一）阿里巴巴速卖通平台

经速卖通平台的严格审核，Flower girl dresses 童装店已经成功申请海外仓。接下来，需要编辑海外仓运费模板。

进入卖家店铺后台，在"产品管理"下，找到"模板管理"下的"运费模板"，单击"新增运费模板"按钮或选择现有运费模板进行编辑，如图 6-35 所示。

点击"新增发货地"，勾选需要设置的发货国家，单击"确认"按钮，同一运费模板可以同时设置多个发货国家。目前运费模板中可选择的发货地设置仅包含中国在内的 10 个国家，如果您的商品发货地不在其中，请选择发货地为中国。后续平台会根据卖家发货地分布新增支持的发货国家，如图 6-36 和图 6-37 所示。

图 6-35 新增或编辑运费模板

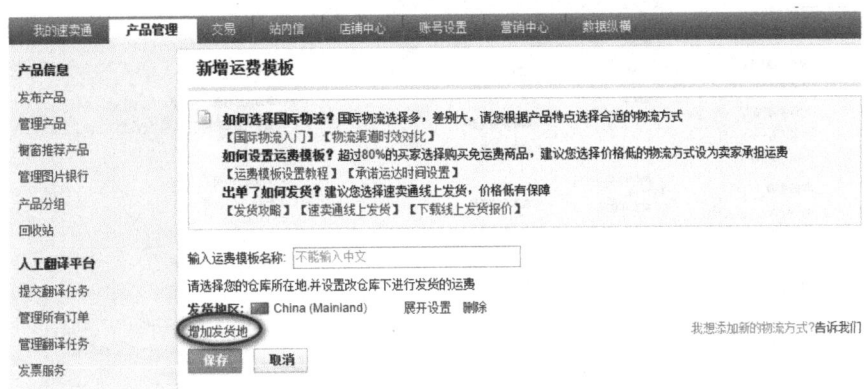

图 6-36 增加发货地

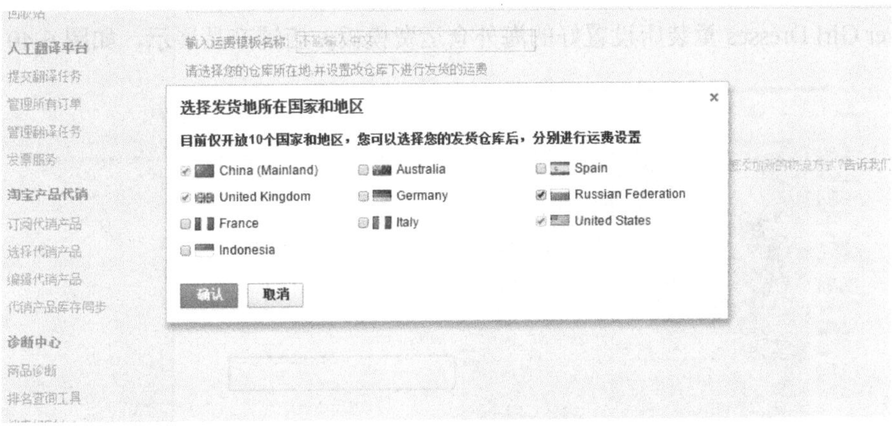

图 6-37 选择发货地区

点击发货地区后的"展开设置",可针对不同的发货地区以及不同的物流方式分别设置运费及承诺运达时间,如图 6-38 所示。

这里可以点击自定义运费,选择物流方式所支持的国家及运费。也可以自定义运达时间,对不同国家设置不同的承诺运达时间,如图 6-39 所示。

图 6-38 "展开设置"设置运费及时效

图 6-39 不同国家设置不同的承诺运达时间

Flower Girl Dresses 童装店设置好的海外仓运费模板，店铺产品展示，如图 6-40 所示。

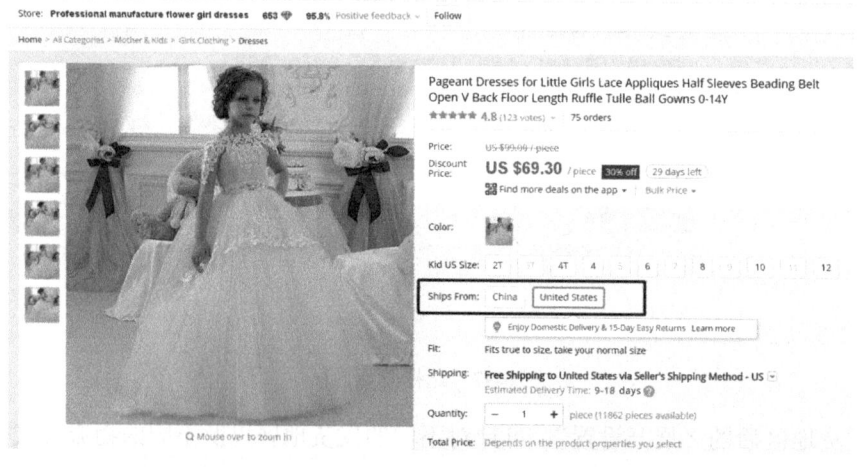

图 6-40 Flower Girl Dresses 童装店海外仓店铺产品展示

在速卖通平台搜索页选择"Ships From"国家，可以筛选海外发货的商品。对 Flower Girl Dresses 童装店来说，产品多了一个"Ships From"的选择，加大了产品的曝光度。同时也加快了在美国地区的发货速度，减少了物流成本，提高了客户满意体验度。

（二）亚马逊平台操作

将产品设置为 FBA 发货，先打开亚马逊后台，单击"Inventory"菜单，即进入你的库存管理界面，如图 6-41 所示。

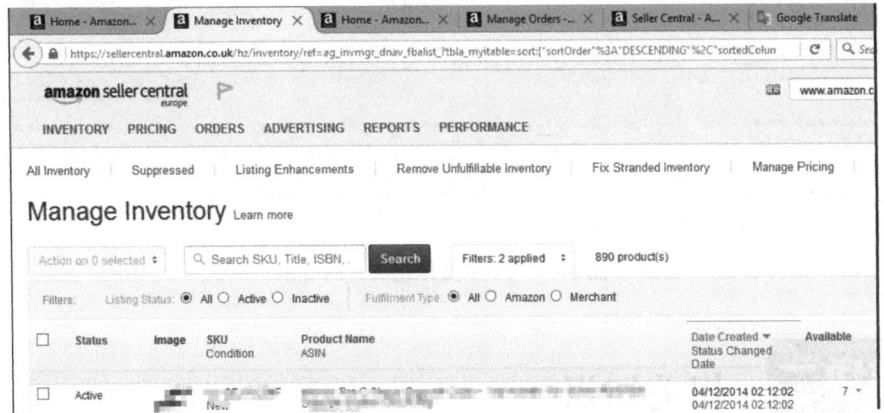

图 6-41　库存管理界面

然后在此产品列表下勾选你需要发货的"listing"，单击工具栏左上方的"Actions on 1 Selected"—"Send/Replenish inventory"，如图 6-42 所示。

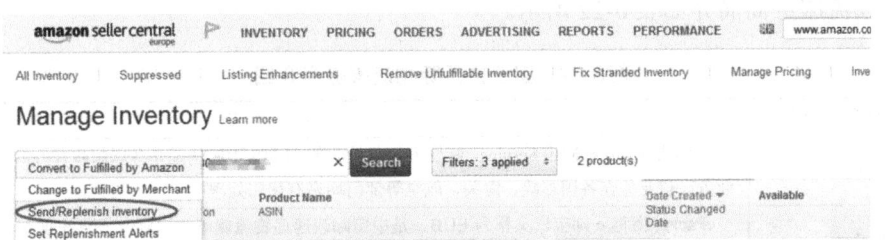

图 6-42　勾选你需要发货的"listing"

当页面跳转后，单击"Convert & Send inventory"。选择你需要发货的目的地国家，选择"Continue to shipping plan"，如图 6-43 所示。

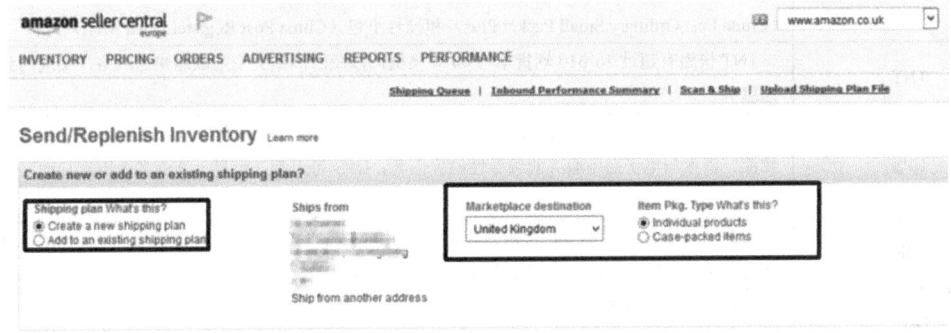

图 6-43　选择发货的目的地国家

即可成功创建你的发货计划，如果需要同时创建多个产品的发货计划，只需在"inventory"界面下也就是第一步时，同时勾选你所有需要发货的产品 listing，以同样的步骤即可完成，如图 6-44 所示。

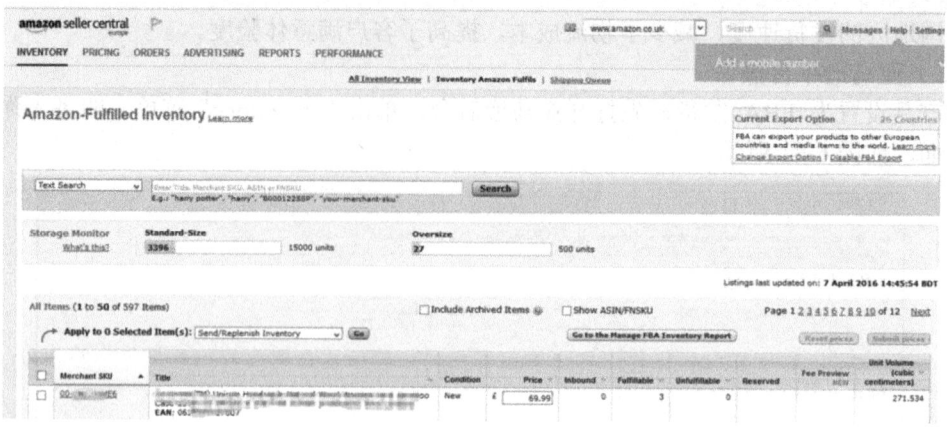

图 6-44　FBA 操作完成界面显示

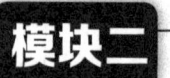　相关知识

一、认识国际物流

国际物流服务商简介如表 6-22 所示。

表 6-22　第三方国际物流服务商介绍

第三方物流服务商	介绍
EMS	EMS 即 Express Mail Service，特快专递邮件业务。EMS 国际快递是各国邮政开办的一项特殊邮政业务。该业务在各国邮政、海关、航空等部门均享有优先处理权
ePacket	ePacket 俗称 e 邮宝，又称为 EUB，是中国邮政速递物流旗下的国际电子商务业务。ePacket 目前可发往美国、澳大利亚、英国、加拿大、法国、俄罗斯
China Post Air Parcel	中国邮政航空大包，俗称"航空大包"或"中邮大包"。中国邮政大包除了航空大包外，还包括水路运输、空运水路运输的大包
China Post Air Mail	中邮小包是指包裹重量在 2kg 以内（阿富汗为 1kg 以内），外包装长、宽、高之和小于 90cm，且最长边小于 60cm，通过邮政空邮服务寄往国外的小邮包。国际小包可以分为中国邮政平常小包（China Post Ordinary Small Packet Plus）和挂号小包（China Post Registered Air Mail）两种
TNT	TNT 快递有超过 26 610 辆货车与 40 架飞机，以及欧洲最大空陆联运快递网络，实现门到门的递送服务
UPS	UPS 快递（United Parcel Service）作为世界上最大的快递承运商与包裹递送公司，同时也是运输、物流、资本与电子商务服务的领导性的提供者。UPS 每天都在世界上 200 多个国家和地区管理着物流、资金流与信息流
FedEx	Federal Express，即联邦国际快递，是一家国际性速递集团，提供隔夜快递、地面快递、重型货物运送、文件复印及物流服务，总部设于美国田纳西州
DHL	DHL 国际快递是全球快递行业的市场领导者。可寄达 220 个国家及地区，涵盖超过 120 000 个目的地（主要邮政区码地区）的网络，向企业及私人顾客提供专递及速递服务
Toll	Toll 环球快递（又名拓领快递）是 Toll Global Express 公司旗下的一项快递业务，Toll 到澳大利亚以及泰国、越南等亚洲地区价格较有优势
SF	SF Express 即顺丰速运，是一家主要经营国际、国内快递业务的港资快递企业。除中国大陆、香港、澳门和台湾地区外，顺丰目前已开通美国、日本、韩国、新加坡、马来西亚、泰国、越南、澳大利亚等国家的快递服务

续表

第三方物流服务商	介绍
Special Line-YW	Special Line-YW 即航空专线燕文，俗称燕文专线，是北京燕文物流公司旗下的一项国际物流业务。线上燕文专线目前已开通美国、欧洲、澳大利亚、中东和南美专线
Russian Air	Russian Air 即中俄航空专线，是通过国内快速集货、航空干线直飞、在俄罗斯通过俄罗斯邮政或当地落地配进行快速配送的物流专线的合称
Aramex	Aramex 快递，即中外运安迈世，在国内也称为"中东专线"，可通达中东、北非、南亚等 20 多个国家，在当地具有很大优势
芬兰邮政	芬兰邮政是由速卖通和芬兰邮政针对 2kg 以下小件物品推出的香港口岸出口的特快物流服务，分为挂号小包和经济小包，运送范围为俄罗斯及白俄罗斯全境邮局可到达区域
中俄快递	中俄快递-SPSR 服务商 SPSR Express 是俄罗斯最优秀的商业物流公司，也是俄罗斯跨境电子商务行业的领军企业。"中俄快递-SPSR"面向速卖通卖家提供经北京、香港、上海等地出境的多条快递线路，运送范围为俄罗斯全境

二、常用订单跟踪查询网站

查询跟踪号的网站很多，此处推荐 17TRACK 综合性网站，可以同时查询多个国家的邮政小包，并且可将查询结果转换成收件国语言，方便卖家直接截图或者复制文字信息后发给买家。

（一）17TRACK

www.17track.net。

（二）邮政渠道类：

1. 中邮小包

intmail.183.com.cn。

2. 香港小包

app3.hongkongpost.hk/CGI/mt/c_enquiry.jsp。

3. 新加坡小包

www.singpost.com。

（三）快递类

1. DHL

www.dhl.com。

2. TNT

www.tnt.com。

3. FedEx

www.fedex.com。

4. UPS

www.ups.com。

5. 中邮 EMS

www.ems.com.cn/english.html。

项目七 数据分析

伴随着大数据产品时代的到来,数据即资产,如何盘活数据资产,是企业运营的核心议题。数据分析给不同的商家带来了不同的内容,如行业分析、选品开发、店铺监控、商品分析、蓝品开发、打造爆款、店铺优化等。对于跨境电商店铺来说,利用数据分析,分析行业、买家行为及需求对于提高店铺产品销量,显得尤为重要。数据分析有利于优化店铺多项指标,同时对店铺的流量及转化都有所帮助。但数据分析对于许多新商家来说都相当困难,要想了解数据对店铺的影响,需要认真研习。

 学习目标

知识目标

1. 了解数据分析常用的公式和名词。
2. 理解数据分析中的常用指标。
3. 明确行业数据分析的主要内容。
4. 熟知店铺经营的分析要点。
5. 明确店铺流量的主要来源。
6. 了解影响商品转化率的因素。
7. 掌握提高商品转化率的方法。

能力目标

1. 熟练掌握行业数据分析过程。
2. 明确店铺经营分析的实施步骤。
3. 掌握移动端店铺数据分析技巧。
4. 能够根据数据分析结果提出优化策略。
5. 能够借助速卖通后台"数据纵横"进行店铺数据分析。
6. 掌握几个站外市场行情分析工具。
7. 具备敏锐的市场洞察力和数据判断能力。

 项目情景

Sunshine 是一家刚起步不久的速卖通平台女装店铺,定位于潮流服饰,主营女装及配件。由于店铺自开设以来销量一直处于低迷状态,店铺运营人员欲以速卖通平台自身提供的"数据纵横"为分析的基础开展数据分析，找出店铺面临的问题，并进一步做针对性优化，以求改变店铺运营现状。

模块一　任务分解

数据分析是指运用了适当的统计方法对收集来的海量第一手资料进行分析，以求最大化地开发数据资料的功能，发挥数据的作用，并提取有用的信息，形成正确结论。数据分析能将整个店铺的运营建立在科学分析的基础上，通过各种指标定性、定量的分析，为决策提供最准确的参考。

以速卖通平台为例，卖家后台提供了"数据纵横"工具，其中有庞大的行业数据和卖家自己的店铺的所有数据，可运用图形、表格直观分析，也可用 Excel 的公式及数据透视表功能进行统计运算，最后快速得到答案，为店铺的成长提供动力。

速卖通数据分析分为两个部分：行业分析和店铺商品分析。第一部分是选好行业，选好产品，让店铺发展起来。第二部分是根据繁多的数据指标，针对店铺和产品开展优化工作、营销活动，为店铺的成长提供动力。

✓ 任务一　行业数据分析

Sunshine 店铺的运营人员首先通过"数据纵横"中的行业情报对店铺所在的行业进行分析。运营人员将从行业概况、蓝海行业及搜索词分析三个方面出发，查看行业对比数据、行业趋势、行业国家分布，进一步寻找蓝海行业，并结合搜索词分析优化产品标题、产品属性，进行蓝海产品开发。

一、获知行业概况

（一）行业对比

行业对比指跟相关的行业进行数据趋势对比，可以分别从访客数占比、成交额占比、在售商品数占比、浏览量占比、成交订单数占比和供需指数等方面进行对比分析。通过分析结果，可以看出随着季节的变化，平台发展种类的方向在变化，从而可以加强对某个行业的投入或避开一些竞争过于激烈的红海市场。

1. 行业访客占比与上一级行业对比分析

Sunshine 店铺运营人员以店内主要销售商品——连衣裙为例进行分析，选择行业为服装/服饰配饰>女装>连衣裙。从数据波动可以看出，随着季节的变动，访客量一直在下降，所以店铺应该根据季节来调整店铺内的商品，迎合访客的购买需求。而在一周内的数据中访客数最低往往在周六、周日两天，因此店铺在周末可以做一些促销活动进行引流。

2. 同级行业对比分析

通过同级行业对比分析，可以获得访客数、成交额、客单价、供需指数这些指标，从而了解当前竞争小的行业，店铺可以选择供需指数小、竞争小的行业作为突破口进行选品，并对店铺内的产品进行调整，如图 7-1 所示。

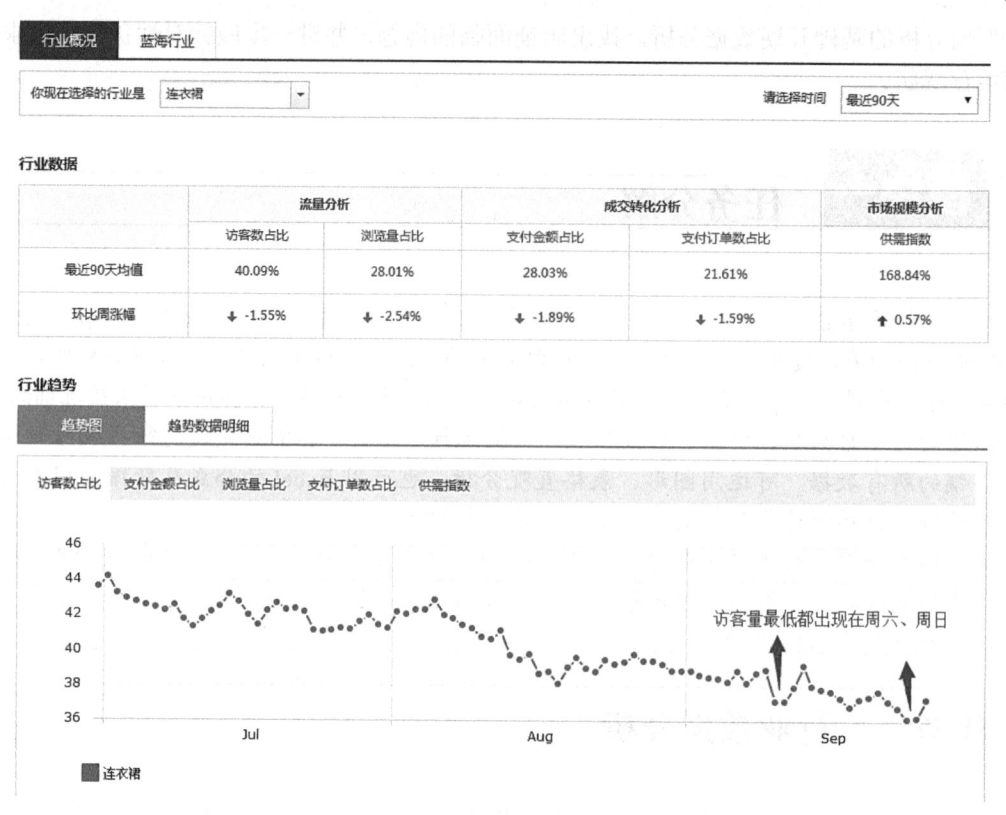

图 7-1 连衣裙行业概况

Sunshine 店铺选择了三个同级行业进行对比分析,如图 7-2 所示是服装/服饰配件＞女装、珠宝饰品及配件＞流行饰品、箱包＞手提/单肩/斜挎包三个行业在最近 30 天的访客数占比数据对比情况。

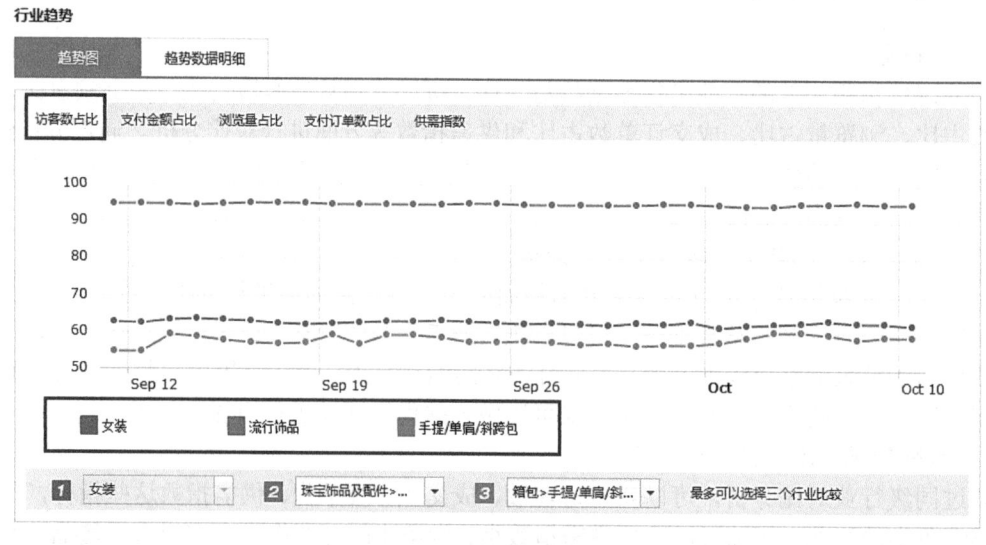

图 7-2 访客数占比数据对比

如图 7-3 所示是服装/服饰配件＞女装、珠宝饰品及配件＞流行饰品、箱包＞手提/单肩/斜挎包三个行业在最近 30 天的成交额占比数据对比情况。

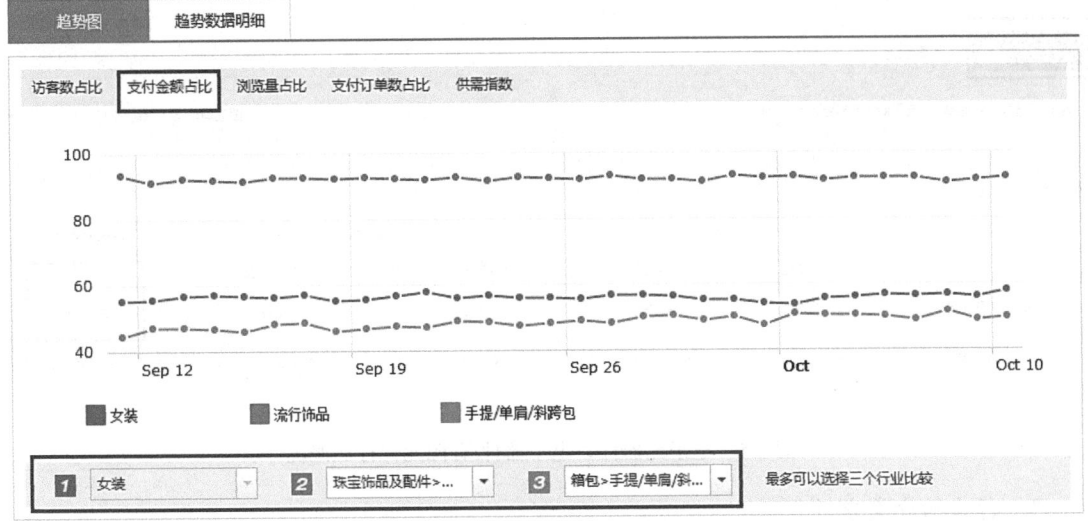

图 7-3 支付金额占比数据对比

如图 7-4 所示是服装/服饰配件＞女装、珠宝饰品及配件＞流行饰品、箱包＞手提/单肩/斜挎包三个行业在最近 30 天的供需指数对比情况。

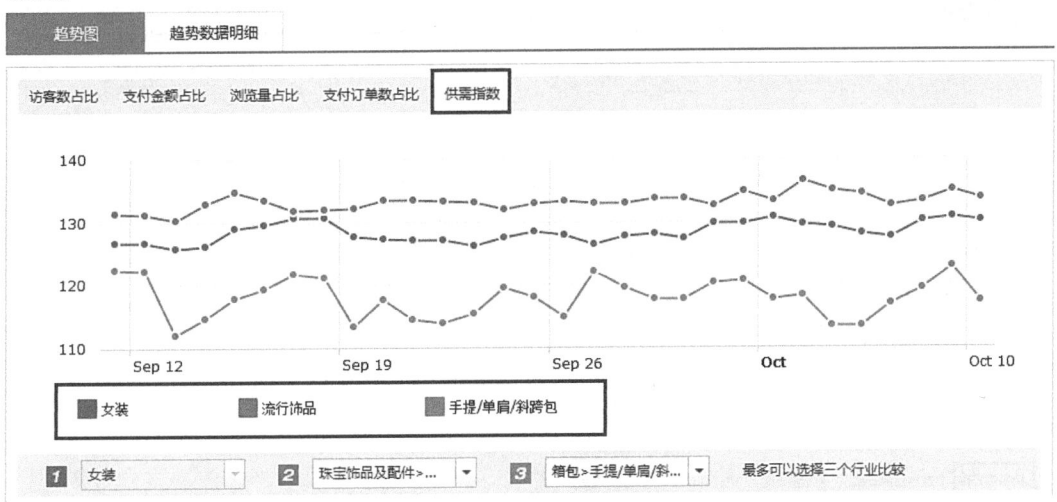

图 7-4 供需指数数据对比

由三个同级行业对比分析，Sunshine 店铺运营人员发现女装行业的访客数占比、支付金额数占比、供需指数都处在中间水平，还有很大的发展空间。结合行业背景，在速卖通平台不断地调整代销产品规模下，服装行业竞争度在不断下降，在整体行业流量不断地上升的前提下，减少了"僵尸产品"的数量，这对服装行业来说是利好政策。行业整体的供需指数下降了，当然这并没有改变服装行业的红海属性，要想在服装行业做出成绩也将面对巨大的竞争压力。

Sunshine 店铺运营人员同样明白行业供需指数并不能作为竞争是否激烈的唯一标准，还应根据具体行业做具体的分析。如图 7-5 所示为电子元器件＞电子器件/有源元件行业概况，图中显示其供需指数高达 233.6%。由于电子元器件是长尾产品线，海量的 SKU（库存量单位）是此行业的基本情况，各卖家之间比拼的并不是谁的价格更低，而是谁的 SKU 更丰富，谁的货

255

源更稳定，质量更可靠。

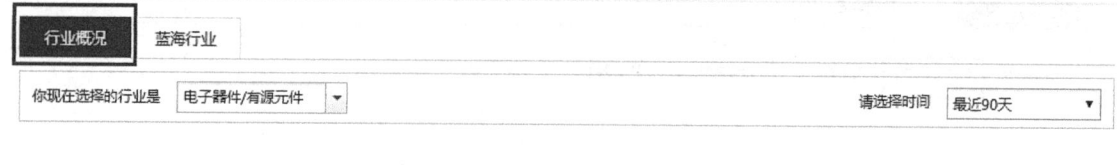

图 7-5　电子元器件＞电子器件/有源元件行业概况

3. 行业细分类分析

分析了同级行业后，Sunshine 店铺运营人员接下来对女装行业下的细分类进行了分析，选择了店铺内主要的三个产品类目：连衣裙、雪纺衫/衬衫、牛仔裤，通过访客数占比、支付金额占比、供需指数占比三个维度进行行业趋势分析，结果分别如图 7-6、图 7-7、图 7-8 所示。

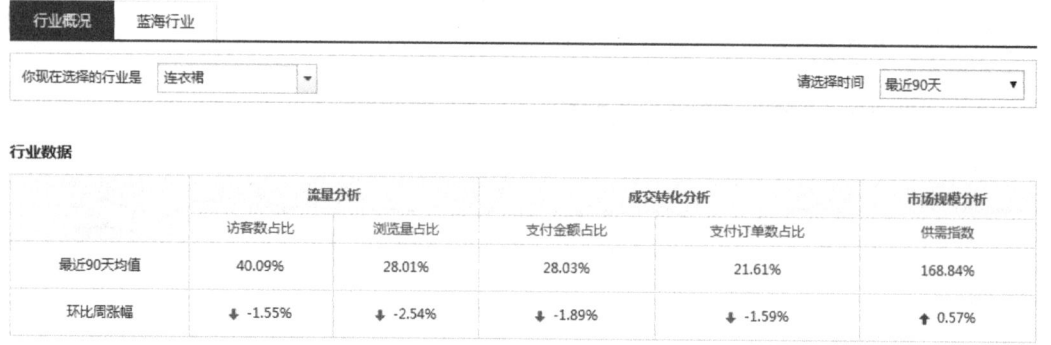

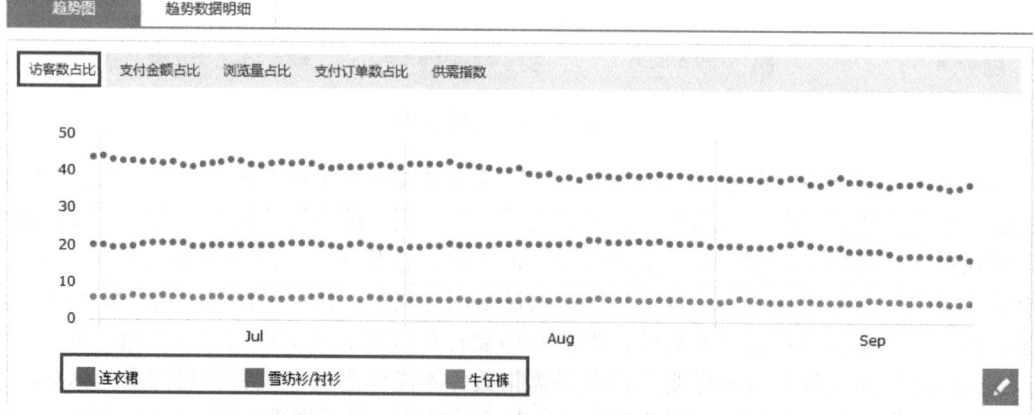

图 7-6　行业细分类访客数对比

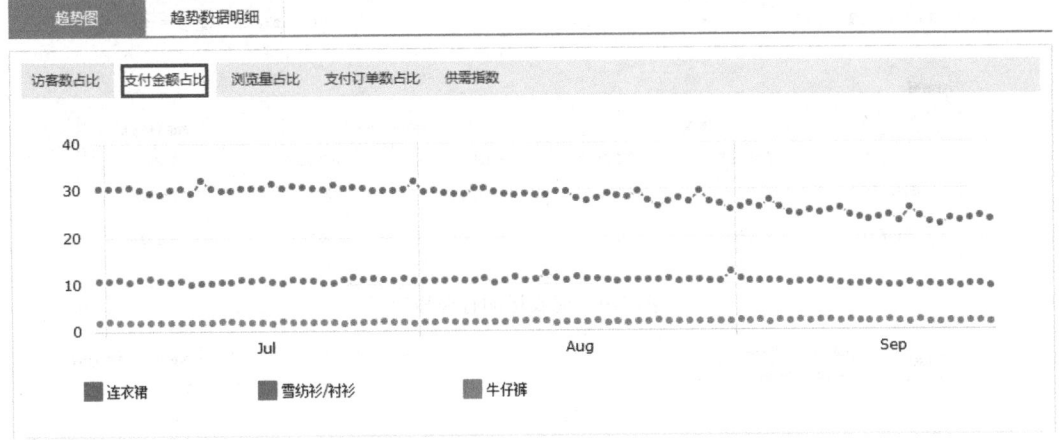

图 7-7　行业细分类支付金额占比对比图

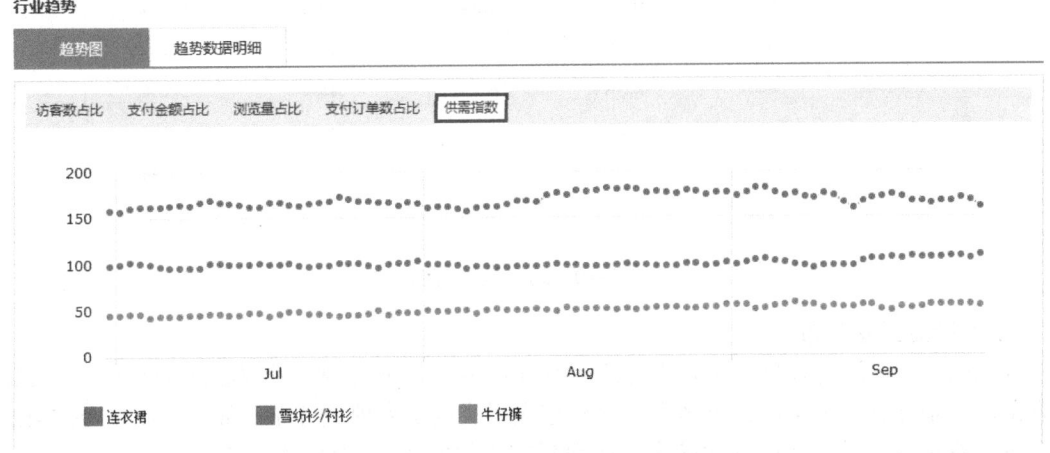

图 7-8　行业细分类供需指数对比图

由以上三张对比图的数据可以看出，女装连衣裙的访客数、供需指数、支付金额占比都比牛仔裤和雪纺衫/衬衫的要高，同时面临着较高的访客数和巨大的竞争压力。因此，如果是女装新店开业为了避开竞争，可以选择牛仔裤或者雪纺衫作为突破口。店铺销售额发展需要突破瓶颈的时候，选择成交额占比高的女装连衣裙为好。而当店铺各项数据都遇到瓶颈的时候，选择访客数多的女装连衣裙为佳。结合 Sunshine 店铺一直低迷的销售状态，应选择女装连衣裙来进行销售。

（二）行业趋势分析

Sunshine 店铺运营人员锁定了女装连衣裙后，接下来要进行连衣裙的行业趋势分析。首先选择行业，查看该行业最近 7 天、30 天或 90 天的流量，以及成交转化和市场规模数据，了解市场行情变化情况。如图 7-9 所示是服装/服饰配件＞女装＞连衣裙行业在最近 90 天环比上周数据变化情况。

图 7-10 是服装/服饰配件＞女装＞连衣裙行业在最近 7 天趋势数据明细，此分类访客数占比不断降低，支付金额占比也随之下降，供需指数一直在上升。简单地说，就是连衣裙买家的增速没有卖家的增速快，导致竞争越来越激烈。店铺应适当调整女装产品的种类，合理分配连衣裙的占比，增加一些竞争压力较小的蓝海产品。

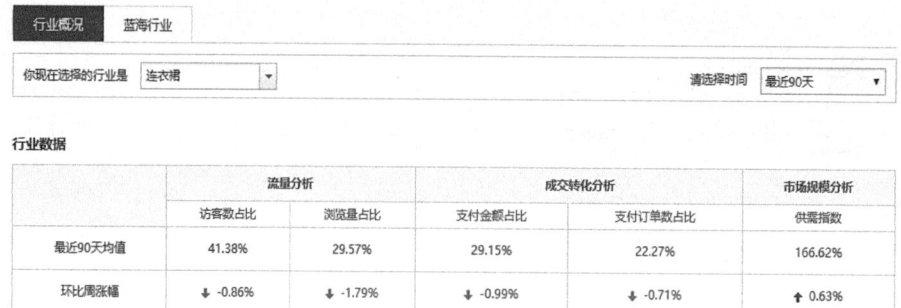

行业概况　蓝海行业

你现在选择的行业是　连衣裙　　请选择时间　最近90天

行业数据

	流量分析		成交转化分析		市场规模分析
	访客数占比	浏览量占比	支付金额占比	支付订单数占比	供需指数
最近90天均值	41.38%	29.57%	29.15%	22.27%	166.62%
环比周涨幅	↓ -0.86%	↓ -1.79%	↓ -0.99%	↓ -0.71%	↑ 0.63%

图 7-9　连衣裙的行业概况

趋势图　趋势数据明细　　↓下载最近30天原始数据

	流量分析		成交转化分析		市场规模分析
	访客数占比	浏览量占比	支付金额占比	支付订单占比	供需指数
2016-09-30	36.39%	25.06%	22.59%	18.02%	166.18%
2016-10-01	36.37%	24.43%	22.85%	17.83%	170.39%
2016-10-02	36.01%	24.23%	23.63%	18.52%	172.44%
2016-10-03	36.63%	25.33%	23.64%	18.08%	165.58%
2016-10-04	36.78%	25.1%	21.42%	17.04%	164.91%
2016-10-05	36.42%	24.66%	21.72%	17.35%	166.63%
2016-10-06	36.32%	24.73%	22.17%	17.67%	166.6%

图 7-10　趋势数据明细

（三）行业国家分布

Sunshine 店铺运营人员以连衣裙为例查看行业国家分布，行业选择服装/服饰配件＞女装＞连衣裙，分别选择支付金额、访客数，分析连衣裙类的买家地域分布，如图 7-11、图 7-12 所示，可以看出两种维度下的行业国家分布数据前三位的都是 RU（俄罗斯）、US（美国）、BR（巴西）。根据行业国家分布的结果，可以确定连衣裙的主要需求国家为俄罗斯、美国、巴西，接下来店铺应面向目标国家做针对性营销。

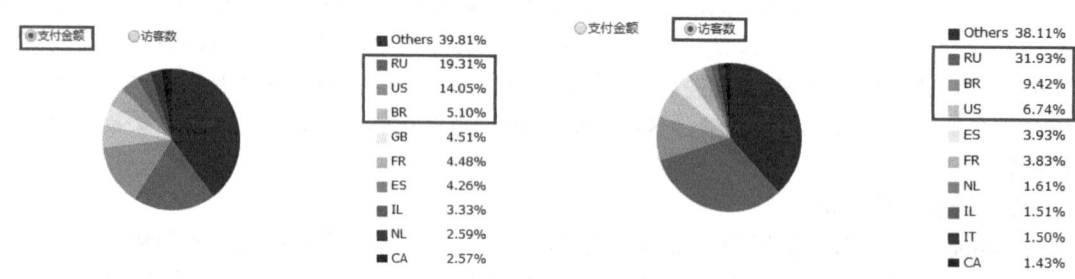

图 7-11　行业国家分布图 1

图 7-12　行业国家分布图 2

二、寻找蓝海行业

为了店铺有充分的空间和时间去发展团队，并且把店铺做精、做强，立于不败之地，Sunshine 店铺运营人员准备开始寻找女装类的蓝海产品。蓝海指的是未知的有待开拓的市场空间。蓝海行业指那些竞争尚不大，但又充满买家需求的行业。蓝海行业充满新的商机和机会。在对不同的行业进行对比后，寻找蓝海行业是每一个卖家心中的期盼。

如图 7-13 所示，速卖通平台推荐了 12 个一级蓝海行业。蓝海行业和红海行业只是相对而言的，随着时间的推移，新进入的竞争者多了，流量爆发期过后也会出现价格搏杀的局面。

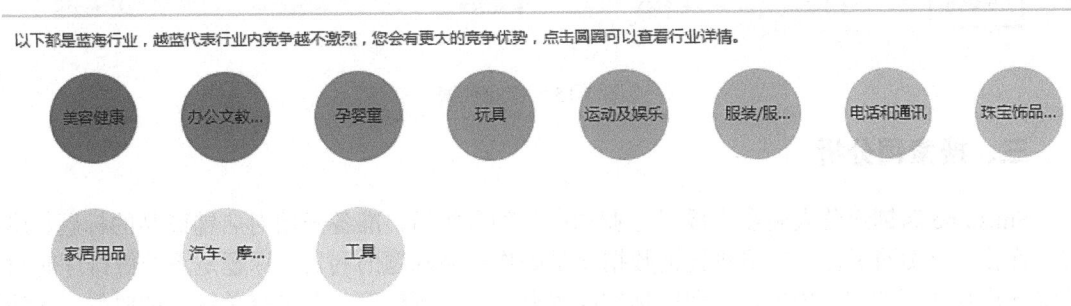

图 7-13　一级行业蓝海程度

如何在速卖通平台上生存，如何在一片红海中寻找到蓝色的希望呢？需要不断地观察数据的趋势，迎接挑战，拥抱变化。

Sunshine 店铺运营人员发现虽然女装整体行业在线产品非常多，但是部分子分类的供需指数依然很低，仍然没有足够的在售产品。如图 7-14 所示，女装叶子行业的第一行是袜子分类下的鞋垫，其供需指数是 10.2%，供需指数较低，表明该产品的需求量远远大于了供应量，是女装行业中可以添加的蓝海产品。

点开"鞋垫"的"查看行业详情"操作，进入"鞋垫"的行业概览页面，通过查看环比周涨幅的数据，可以发现最近一周内"鞋垫"的访客数占比、浏览量占比、支付金额占比、支付订单数占比都呈上涨趋势，供需指数依然保持比较低的水平。根据这些数据可以判断"鞋垫"在近期是蓝海产品。

找到蓝海产品后，还可以根据行业趋势图及趋势数据明细进一步查看该行业 30 天或 90 天的流量，以及成交转化和市场规模数据，了解市场行情变化情况，并可以根据行业国家分布找到主要需求国家，为店铺引进新产品、开拓新市场提供依据，如图 7-15 所示。

蓝海行业细分

服装/服饰配件>女装　　　您可以通过筛选，查找特定行业下的蓝海行业

叶子行业名称	供需指数	操作
女装 > 袜子 > 鞋垫	10.2%	查看行业详情
女装 > 泳衣/沙滩服 > 沙滩裙/沙滩上衣/披纱	124.54%	查看行业详情
女装 > 泳衣/沙滩服 > 连体泳衣	129.75%	查看行业详情
女装 > 贴身衣物 > 女士内裤	113.12%	查看行业详情
女装 > 贴身衣物 > 内衣配件（乳贴/乳垫/肩带等）	96.34%	查看行业详情
女装 > 袜子 > 长筒袜	88.15%	查看行业详情
女装 > 袜子 > 连裤袜	92.28%	查看行业详情
女装 > 贴身衣物 > 文胸套装	70.78%	查看行业详情
女装 > 贴身衣物 > 文胸(不要发布哺乳/情趣文胸)	92.77%	查看行业详情
女装 > 上衣，T恤 > Polo衫	17.79%	查看行业详情

图 7-14　蓝海行业细分

行业数据

	流量分析		成交转化分析		市场规模分析
	访客数占比	浏览量占比	支付金额占比	支付订单数占比	供需指数
最近7天均值	1.95%	0.72%	0.38%	0.5%	9.84%
环比周涨幅	↑ 14.04%	↑ 9.09%	↑ 40.74%	↑ 21.95%	↓ -10.22%

图 7-15 行业数据

三、搜索词分析

Sunshine 店铺运营人员在完成了行业和产品的分析后，准备开始对店铺商品的标题、属性进行优化。速卖通平台的完整热搜词数据库是制作产品标题的利器。标题是系统做排序时对于关键词进行匹配的重要内容，专业的标题能提升卖家的可信度。在选择关键词的时候，需注意该关键词是否为品牌原词，品牌商品必须拿到授权才能销售，发布属于禁限售的商品会被处罚。

利用速卖通平台提供的搜索词分析功能，可以对店铺内的产品关键词进行选择优化。搜索词分析页面提供了热搜、飙升、零少关键词的直观表单展示，表格中的效果字段可以排序，例如搜索“dress”，按搜索指数降序排列可以找“dress”前几位的搜索热词。

（一）热搜词——优化标题

热搜词是指近段时间买家搜索指数较高的词，如图 7-16 所示。

Sunshine 店铺运营人员选择“服装/服饰配件”行业，以全球为维度，选择最近 30 天的数据，搜索关键词“dress”，以浏览-支付转化率降序排列可以看到排在第一名的是“woman dress”是支付转化率最高的，但是同时搜索人气、搜索指数都比较高，竞争指数达到了 234。而排在第二位的“dashiki dress”和“slip dress”同样有较高的浏览-支付转化率及点击率，竞争指数却偏低很多，在做此类产品的标题的时候应注意加入前缀描述词，优化标题，增加搜索概率，同时可以选择竞争指数较低的产品为店铺新增产品，如图 7-17 所示。

搜索词	是否品牌原词	搜索人气	搜索指数	点击率	浏览-支付转化率	竞争指数	TOP3热搜国家
woman dress		3,685	39,679	42.05%	3.11%	234	CZ,SK,HU
dashiki dress		6,207	20,045	54.71%	0.88%	41	US,FR,NL
cotton dress		1,628	13,901	49.96%	0.79%	218	US,AU,RU
slip dress		3,776	13,391	65.21%	0.74%	58	US,AU,BR

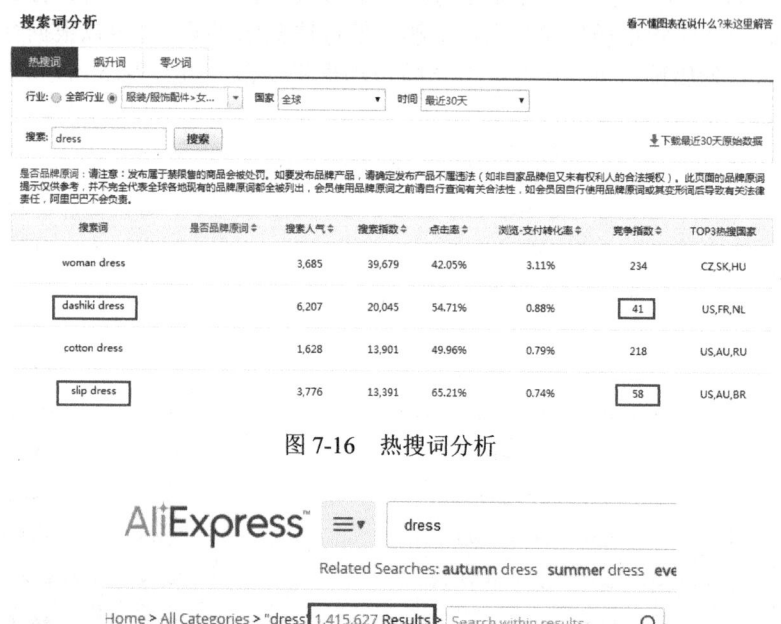

图 7-16 热搜词分析

图 7-17 dress 的搜索结果数

以"dashiki dress"为例,进入速卖通买家平台单击搜索"dashiki dress"进行验证,出现了 5 250 个搜索结果,说明有 5 250 个产品把这个关键词加入了标题中,按销量排列的第一个产品的订单量 1438 个,订单量也较大。而搜索大类"dress"时出现了 1 415 627 个搜索结果。在销售 dashiki dress 的时候应该把"dashiki"关键词加入,优化产品标题,从而增加产品搜索概率,如图 7-18 所示。

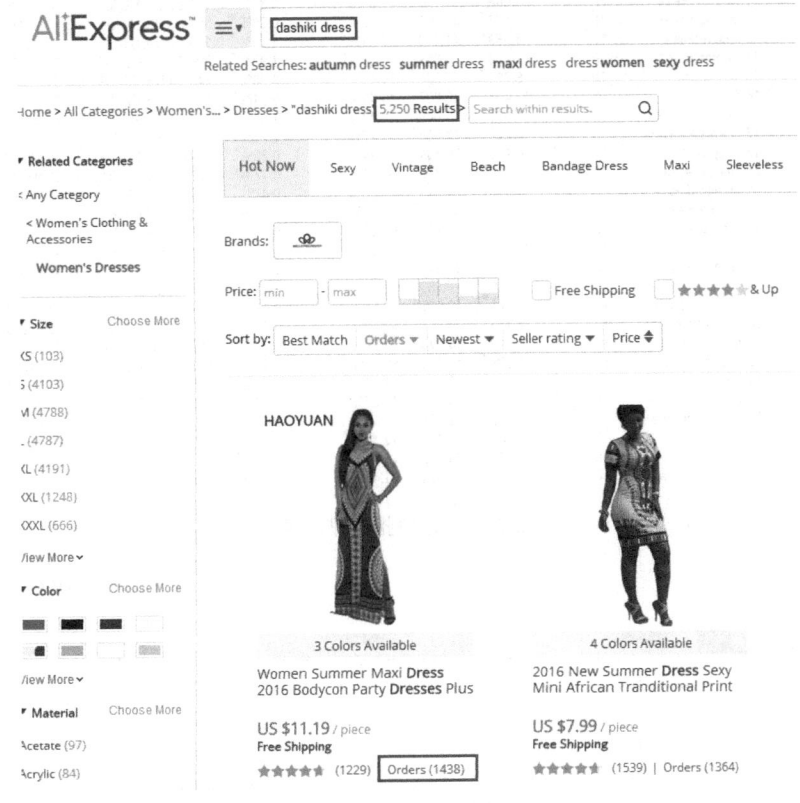

图 7-18　dashiki dress 的搜索结果数

Sunshine 店铺运营人员同时下载了最近 30 天的热搜词表格进行订单指数分析,通过筛选去掉转化率为 0 的数据,接着加入一列"订单指数",将其公式设为"=搜索指数*点击率*浏览支付转化率"就可以得到订单指数的具体数值,然后将订单指数降序排列,结果如图 7-19 所示。引流款产品最需要大的订单量,所以可以以订单指数为准,选择与较高的搜索词相关的产品作为引流款。

(二)飙升词——优化产品属性

飙升词是指搜索指数同比上一个时间段累计搜索指数的增长幅度。

在销售过程中,系统热搜词在卖家的产品中也有"水土不服"的现象,这是关键词严重同质化造成的,所有卖家都想用最热的关键词,例如"NEW 2016",但是关键词竞争度高了,被搜索到的概率反而小了。这时候我们应该更多地运用飙升词库提供的数据来优化标题。

Sunshine 店铺运营人员主要关注了飙升词库中的搜索指数飙升幅度、曝光商品数增长幅度、曝光卖家数增幅,如图 7-20 所示。选择搜索指数飙升幅度较高,而曝光商品数增长幅度、曝光卖家数增幅较低的搜索词来优化产品属性描述。

NO.	搜索词	是否品牌原词	搜索人气	搜索指数	点击率	浏览-支付转化率	竞争指数	TOP3热搜国家	订单指数
1	dress	N	64,762	331,232	42.80%	0.35%	83.00	US,CZ,BR	496.1855
2	платье	N	53,827	445,263	42.02%	0.16%	61.00	RU,UA,BY	299.3592
3	vestidos	N	42,146	261,956	33.23%	0.29%	55.00	BR,CL,ES	252.4391
4	autumn dress	N	29,624	160,859	44.88%	0.25%	83.00	US,CZ,LT	180.4838
5	winter dress	N	10,292	67,879	53.08%	0.33%	125.00	US,LT,CZ	118.8996
6	summer dress	N	8,392	44,564	38.03%	0.66%	113.00	NZ,US,AU	111.8547
7	плате	N	23,572	197,964	36.89%	0.13%	68.00	RU,UA,BY	94.9376
8	office dress	N	9,366	48,952	46.80%	0.41%	65.00	FR,BE,CA	93.9291
9	maxi dress	N	10,720	64,695	48.42%	0.29%	120.00	US,NL,GB	90.84343
10	dress women	N	8,270	49,189	47.25%	0.38%	146.00	US,CZ,SK	88.31885
11	women dress	N	8,086	54,710	41.51%	0.37%	157.00	US,HU,IL	84.02745
12	платье осень	N	10,123	81,855	48.45%	0.20%	63.00	RU,UA,BY	79.3175
13	beach dress	N	1,553	11,448	57.44%	1.19%	175.00	CA,US,IL	78.2512
14	woman dress	N	979	8,682	46.64%	1.92%	225.00	CZ,HU,SK	77.74627
15	lace dress	N	5,701	37,950	56.65%	0.30%	143.00	US,CA,BR	64.49603
16	dresses	N	13,433	65,097	46.48%	0.21%	106.00	US,CZ,IN	63.53988
17	vestidos de play	N	1,673	10,008	38.17%	1.63%	107.00	CL,AR,PE	62.26687
18	платье женско	N	7,262	73,003	39.47%	0.21%	113.00	RU,UA,BY	60.51
19	sexy dress	N	8,755	36,431	48.24%	0.32%	87.00	US,NL,CA	56.23781
20	платье зима	N	6,896	57,106	56.71%	0.17%	59.00	RU,UA,BY	55.05418
21	vintage dress	N	4,087	24,645	47.18%	0.47%	146.00	US,NL,IL	54.6493
22	платья женски	N	10,418	97,561	38.71%	0.14%	82.00	RU,UA,BY	52.87221
23	boho dress	N	1,906	11,934	50.89%	0.80%	156.00	US,AU,NL	48.5857
24	vestido	N	20,295	99,157	34.37%	0.14%	41.00	BR,CL,ES	47.71237
25	velvet dress	N	3,337	16,947	57.55%	0.47%	94.00	US,TR,RU	45.83909
26	שמלה	N	965	7,663	53.72%	1.09%	112.00	IL,FR,US	44.87054
27	bandage dress	N	6,523	40,967	63.25%	0.17%	128.00	US,GB,CA	44.04977
28	long sleeve dres	N	2,170	14,147	51.52%	0.59%	157.00	US,CA,GB	43.00259
29	party dresses	N	6,618	34,270	51.00%	0.22%	115.00	US,CA,GB	38.45094
30	sequin dress	N	1,906	12,210	66.95%	0.47%	132.00	US,GB,LT	38.4206
31	linen dress	N	636	7,999	61.94%	0.76%	305.00	GB,US,RO	37.65481
32	winter dresses	N	2,046	15,725	48.57%	0.48%	185.00	US,HU,GR	36.66064
33	черное платье	N	2,366	19,699	42.50%	0.43%	110.00	RU,UA,BY	35.99992
34	plus size	N	8,644	49,197	40.14%	0.18%	87.00	BR,US,CA	35.54582
35	long dress	N	6,729	38,962	49.24%	0.17%	139.00	US,CZ,SK	32.61431
36	bodycon dress	N	5,226	26,552	51.45%	0.23%	104.00	US,GB,NL	31.42031

图 7-19　订单指数排序表

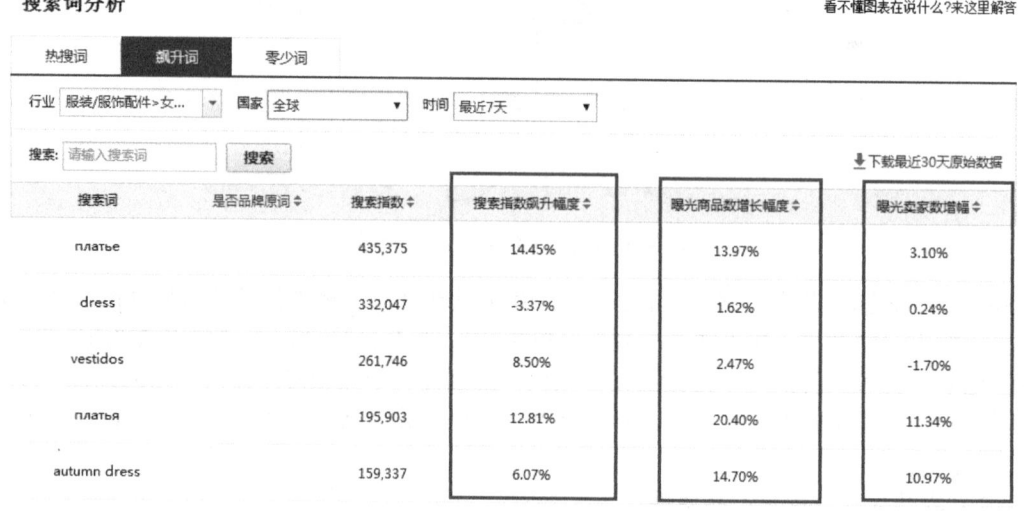

图 7-20　飙升词分析页面

（三）零少词——蓝海开发

零少词是指具备一定的相关搜索热度，但供应商发布产品较少，通常该词对应的精确匹配产品数量不超过 1 页，并且在同行业中竞争度较低的关键词。通过零少词的查询可以进行行业的蓝海开发。Sunshine 店铺运营人员接下来查询了连衣裙行业下的零少词如图 7-21 所示，选择行业"服装/服饰配件＞女装＞连衣裙"，零少词搜索结果为"ali pearl"。

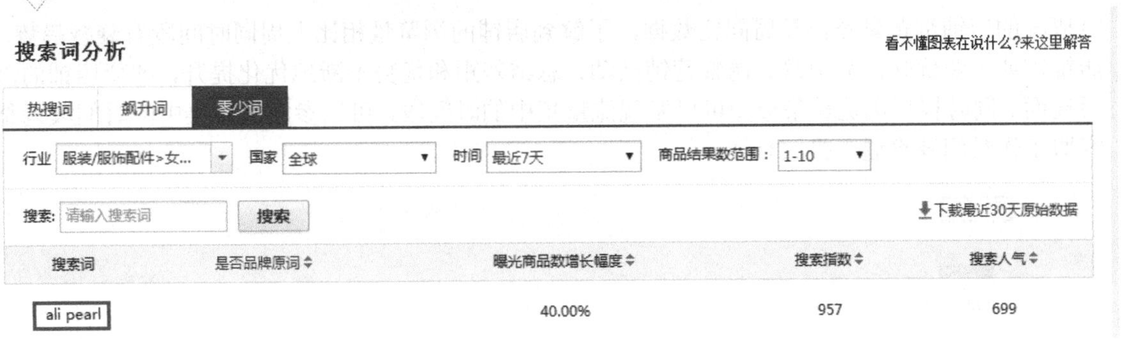

数据分析 项目七

搜索词分析

搜索词	是否品牌原词 ≑	曝光商品数增长幅度 ≑	搜索指数 ≑	搜索人气 ≑
ali pearl		40.00%	957	699

图 7-21　零少词分析页面

在速卖通买家平台连衣裙类目下搜索"ali pearl",如图 7-22 所示,仅出现了一个搜索结果,即一款珍珠肩带黑色连衣裙,因此店铺可以根据店铺自身情况考虑添加带珍珠元素的连衣裙为店铺新增产品。

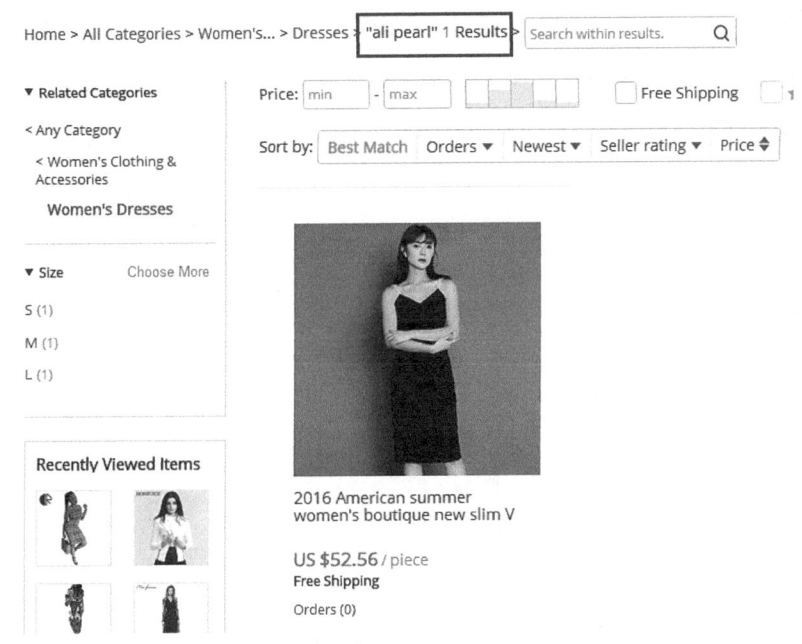

图 7-22　连衣裙类目下搜索"ali pearl"页面

☑ 任务二　店铺经营分析

Sunshine 店铺的运营人员接下来将从店铺实时概况、成交分析、流量来源、装修效果分析、商品分析、营销助手分析六个方面出发,具体分析店铺的经营状况。

一、店铺实时概况

对自己的店铺概况的查询是每一位卖家的必修课,特别是查询流量和转化数据,及时应对市场变化,才能立于不败之地。查询店铺实时概况的访问路径是:卖家后台—数据纵横—实时风暴。Sunshine 店铺运营人员查询了店铺实时概况,如图 7-23 所示是店铺每日实时数据页面,数据显示店铺目前实时支付金额处在较低水平,而且店铺的浏览量、访客数都比较低。通过实

263

时概况的店铺浏览量今日及周同比数据,了解到店铺的浏览量相比上周同时间段有衰减趋势,店铺需要不断优化商品信息、调整营销活动,总结差距和优势不断地优化提升,改变店铺的落后局面。同时根据浏览量条形图可以发现流量集中的时间段,可以参考流量集中的时间段调整客服工作时间及直通车投放时间。

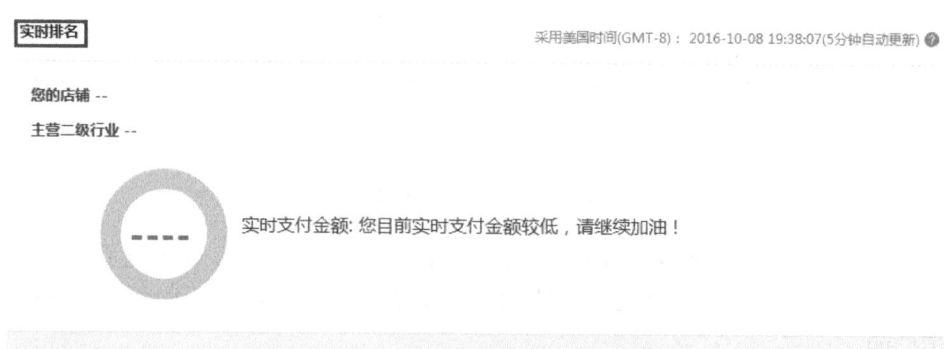

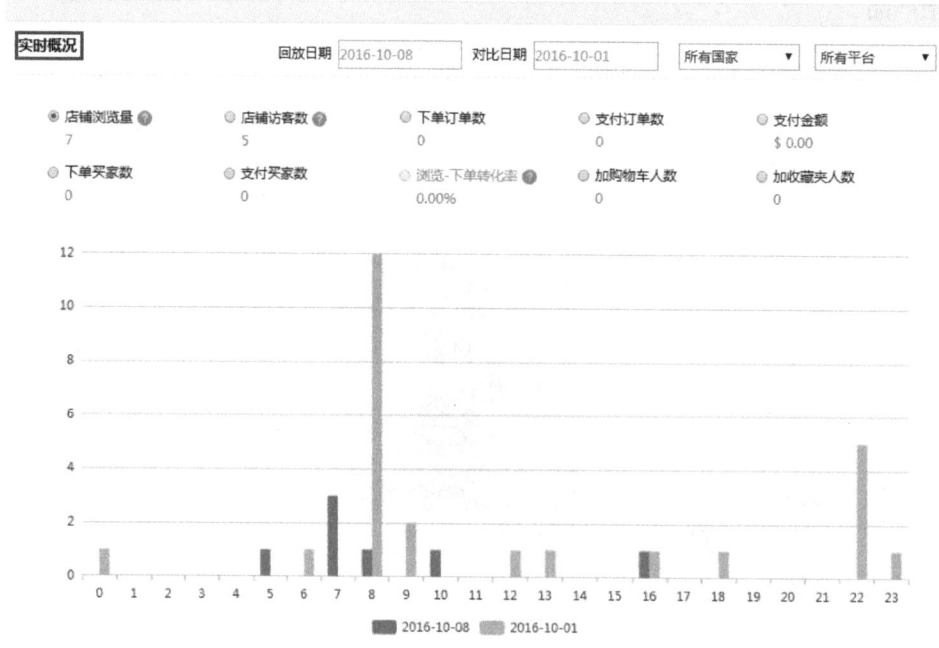

图 7-23　店铺实时概况页面

二、成交分析

接下来,Sunshine 店铺运营人员通过"经营分析—成交分析"工具查看了店铺的整体数据,包括商铺排名、成交概况、成交分布、成交核心指标分析和成交波动分析。这些数据是对店铺的成交情况的全面分析,能帮助店铺更清晰地了解目前店铺的整体经营状况。经常关注这些数据,将自身经营状况跟同行进行对比,知己知彼方能百战不殆。

(一)商铺排名

商铺排名的数据呈现了店铺在近 30 天内跟同行业同层级的其他卖家的总成交额对比算出的分层排名情况,清晰地反映了当前店铺的排名情况。如图 7-24 所示,店铺目前还处在同行同层级比较低的阶段。

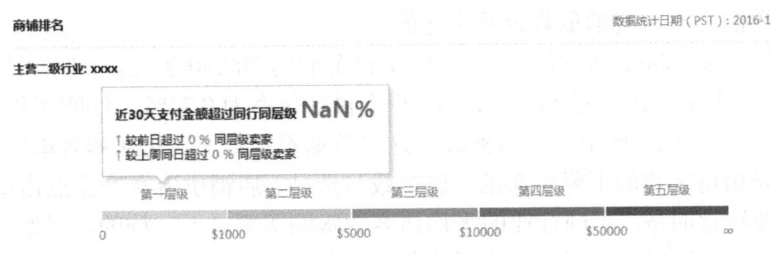

图 7-24 商铺排名

(二)成交概况

成交概况下的数据呈现了全店、App 以及非 App 成交的核心数据,三部分分开统计,可以分 1 天、7 天、30 天和自然日、周、月进行统计。

图 7-25 是店铺最近 30 天的成交概况数据,用一个很简单的公式解释了一个非常重要的道理:即影响店铺成交额的三个因素就是访客数(进店流量)、浏览-支付转化率(转化率)及客单价:

$$支付金额 = 访客数 \times 浏览\text{-}支付转化率 \times 客单价$$

图 7-25 成交概况

访客数(Unique Visitor,UV)是指统计时间段内访问店铺页面或宝贝详情页的人数,为 PC 端(电脑端)访客数和 App 端访客数之和。同时访客数会进行去重计算,例如一个买家在统计时间范围内访问店铺多次则只记为一个访客数。

浏览-支付转化率:等于下单买家数/商品页访客数。

客单价是指店铺每一个顾客平均购买商品的金额,也就是平均交易金额。

卖家要时常关注自己的店铺跟同行同层级卖家的对比分析,当数据有显著变化时,要及时分析背后的原因,从而有针对性地提升店铺运营。

客单价跟卖家的店铺定位有关,并不是客单价越低就越好,对于一些一味地以超出合理定价之外的低价带来销量但服务跟不上的店铺,平台会对之进行曝光、降权甚至屏蔽。而一些服务等级为优或良的店铺,会有曝光加权并得到平台更多的资源扶持,如橱窗奖励。很多小而美的店铺,即使做的是中高端产品,销量跟排名也非常不错。当然,对于那些盲目提高客单价,抱着宰一单是一单的心态，其销量肯定是不好的。

如图 7-25 所示，Sunshine 店铺最近 30 天的支付金额为 700.90 美元，上期同比下降 40.5%，访客数为 3 666 位，上期同比下降 51.97%，浏览-支付转化率为 0.74%，上期同比上涨 12.12%，客单价为 25.96 美元，上期同比上涨 10.18%。由这些数据不难看出转化率和客单价都有所上升，支付金额的下降是由访客数的下降引起的。访客数与选品、店铺引流及产品点击率等方面密切相关。在这里需要注意的是，不同行业的平均访客数跟购买率是不一样的，例如女装等红海行业，平均购买率本身就比较低，而竞争度低的蓝海行业转化率就高一些。卖家还需通过"同行同层级均值对比"以及"同行下层均值对比"两个维度来对比分析自身店铺与同行之间的差距，并设定合理的追赶目标。

（三）成交分布

成交分布展示了店铺主要买家来源情况，Sunshine 店铺运营人员欲参考成交分布数据为店铺做特色化运营。成交分布包括国家、平台、行业、商品、价格带、新老买家和 90 天回头购买七个维度可供选择。如图 7-26 所示是店铺最近 30 天的 GMV 分析（国家分布和平台分布趋势看板），从中可以看出店铺目前主要的买家来自 RU（俄罗斯），说明店铺的商品更受俄罗斯买家欢迎，店铺急需针对俄罗斯的市场进行选品和引流。这里还可以把支付金额切换为支付买家数来进一步查看国家支付买家分布。

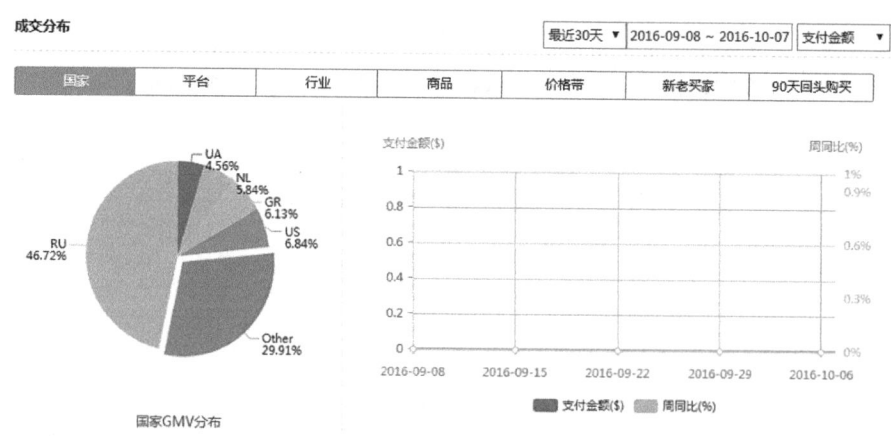

图 7-26 成交分布

（四）成交核心指标分析

图 7-27 是店铺的成交核心指标界面，也要从全店铺、App 和非 App 三个维度来进行分析，主要分析搜索曝光量、店铺浏览量、店铺访客数和浏览-下单转化率的详细数据，明确了店铺的提升点。同样，这些数据可以分 1 天、7 天、30 天、自定义日/周/月，按全球/国家（目前支持店铺成交排名前五的国家）统计，从"上期同比""同行同层级均值对比"以及"同行下层均值对比"三个维度来对比分析数据。选好筛选范围后，也可以单击表格右上角的"下载"按钮导出 Excel 表格进行进一步的数据分析。

Sunshine 店铺运营人员通过查看店铺最近 30 天的成交核心指标数据，发现店铺的搜索曝光量、浏览量、访客数、下单买家数、支付买家数及支付金额都在大幅度下降，退款金额却在增长，如图 7-27 所示。这些数据都显示店铺处在一个衰退阶段，店铺急需优化商品信息，调整营销活动，改变店铺成交局面。

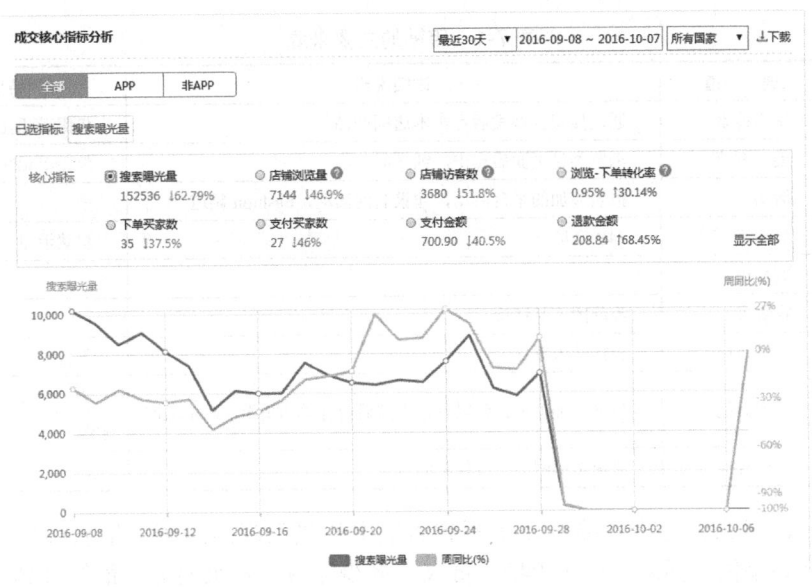

图 7-27 成交核心指标分析

（五）成交波动分析

成交波动分析，通过多维度、多视角分析成交波动的原因。可通过成交概况的数据解读，进行单维度波动原因分析。如图 7-28 所示，第一层级国家以色列影响了波动下降 76.91%，可查看到商品：32708907353 成交下降。也可通过成交公式分析波动原因，例如以色列影响了下降 76.91%，可查看具体影响因素的变化情况。Sunshine 店铺运营人员总结了三个成交波动下降因素及优化办法：流量下降——需要做营销或引流，客单价下降——可以通过满减、关联销售等增长客单价，转化率下降——需要做营销或引导老买家回头。

图 7-28 成交波动分析

三、分析流量来源

在了解了店铺的实时概况，并完成了成交分析后，Sunshine 店铺运营人员接下来将进行店铺流量来源分析，查看店铺内流量的构成，分析不同渠道的流量占比和走势，从而了解和优化店铺流量来源，提升店铺流量，如表 7-1 所示是店铺的主要来源。

表 7-1　店铺的主要来源

来源	渠道	详细说明	特别说明
站内	站内搜索	通过搜索框搜索后点击本店铺产品	仅限英语主站来源
	类目浏览	浏览类目页面后点击店铺产品	仅限英语主站来源
	活动	报名参加的平台活动，非报名的活动，Fashion 频道	—
	直通车	P4P 流量	付费流量
	购物车	—	—
	收藏夹	收藏的产品链接	—
	直接访问	直接输入链接	不含直接访问店铺首页
	站内其他	包含店铺首页、分组页、卖家后台订单历史页（snapshot）	非英语主站的大多数流量来源
站外	站外合计	非速卖通网站的链接来的流量	—

通过商铺流量来源分析功能可以了解到店铺中的热门商品的浏览量从哪里来又到哪里去了。这些商品如果做了活动，投了 P4P，带来了多少流量。带来的流量最终又到哪里去了。这些数据都可以在商铺流量来源分析中找到。

单击"数据纵横"—"商铺流量来源"选项，就会出现"商铺来源排行"以及"详细数据"这个页面，在这里可以查看本店最近一段时间的流量来源渠道。单击选项栏，可以切换展示浏览量占比、访客数、新访客占比、平均访问深度、跳失率这几个维度的数据，了解店铺流量来源以及如何优化提升店铺流量，如图 7-29 所示。

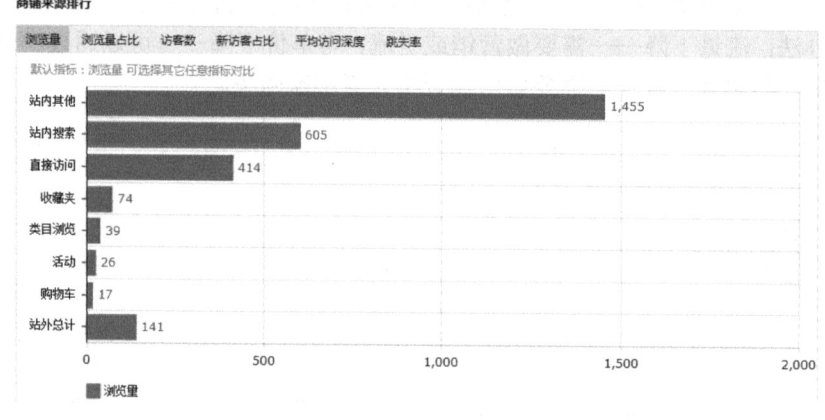

图 7-29　商铺流量来源排行

从图 7-29 可以看出，Sunshine 店铺存在明显问题是店铺整体流量太低，通过活动、购物车带来的流量都很少，而往往通过活动带来的新客户最多，对提升有很大的帮助。所以店铺接下来应注重引流，适当地投放 P4P 以及争取报上平台活动。

图 7-29 的数据是按柱状图展示的，对应的详细数据见图 7-30，可以单击图标右上方的"下载原始数据"按钮导出 Excel 来进行系统分析。而且将鼠标光标移到趋势的小图标上，会展示渠道变化趋势，单击可以连接到该渠道的详情页面。如图 7-30 所示，在图的最右边一栏中有对应的提升流量秘籍，单击这里的蓝色字体，就能链接到相关的干货帖，可参考进行店铺引流。

如图 7-31 所示，最长可以查看最近 30 天的流量来源，在下面的详情数据报表中可以查看近 30 天每个渠道的流量趋势。

还可以通过自定义时间选择查看最近 30 天内某一天的流量情况，从而方便店铺分析在某一天做了引流操作后的效果(例如设置了店铺活动,参加平台活动等操作带来的具体某天的流量变化),如图 7-32 所示。

图 7-30　流量来源详细数据

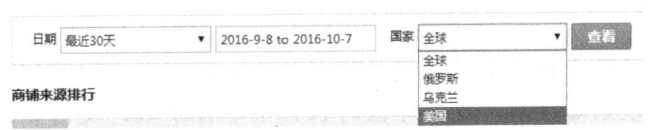

图 7-31　日期选择最近 30 天　　　　　　　　图 7-32　日期选择自定义时间

Sunshine 店铺运营人员通过查看最近一个月店铺内浏览量位于 TOP3 的国家,发现店铺浏览量前三的国家分别为俄罗斯、乌克兰、美国,如图 7-33 所示,可以选中任意一个国家进行进一步的流量来源分析。这里选择全球,进一步查看某个渠道的具体流量来源。单击数据表格中蓝色的链接,查看站内其他 URL 详情,如图 7-34 所示,主要包含了促销活动、订单管理页、及店铺分组页面带来的流量,卖家可以通过店铺装修和关联销售提升店铺的流量与转化率。

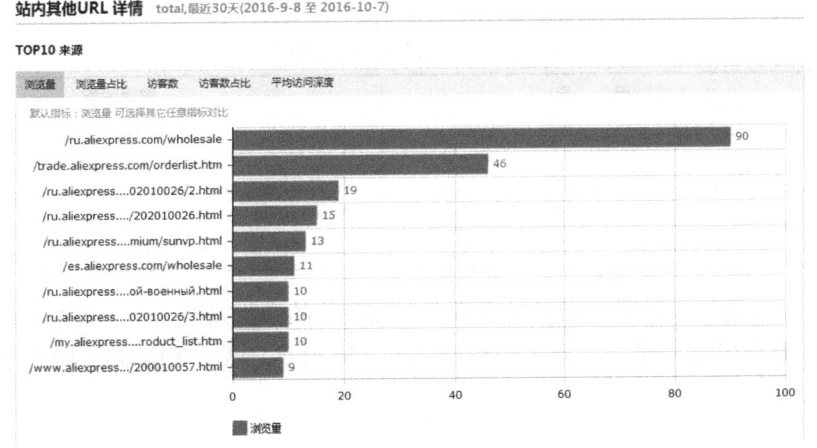

图 7-33　国家选择列表

图 7-34　站内其他 URL 详情

四、分析装修效果

在进行装修效果分析时，可以查看在最近 30 天内，哪些天做过店铺装修，装修后店铺的流量、访问深度、访问时长及跳失率的变化，以此来衡量店铺装修效果。

如图 7-35 所示是装修效果趋势，由于店铺最近 30 天没有装修事件，所以由图看不出装修事件对数据趋势的影响。对于有装修事件的店铺可以分析装修事件前后数据趋势的变化，由此来衡量店铺装修效果，并做进一步改进。

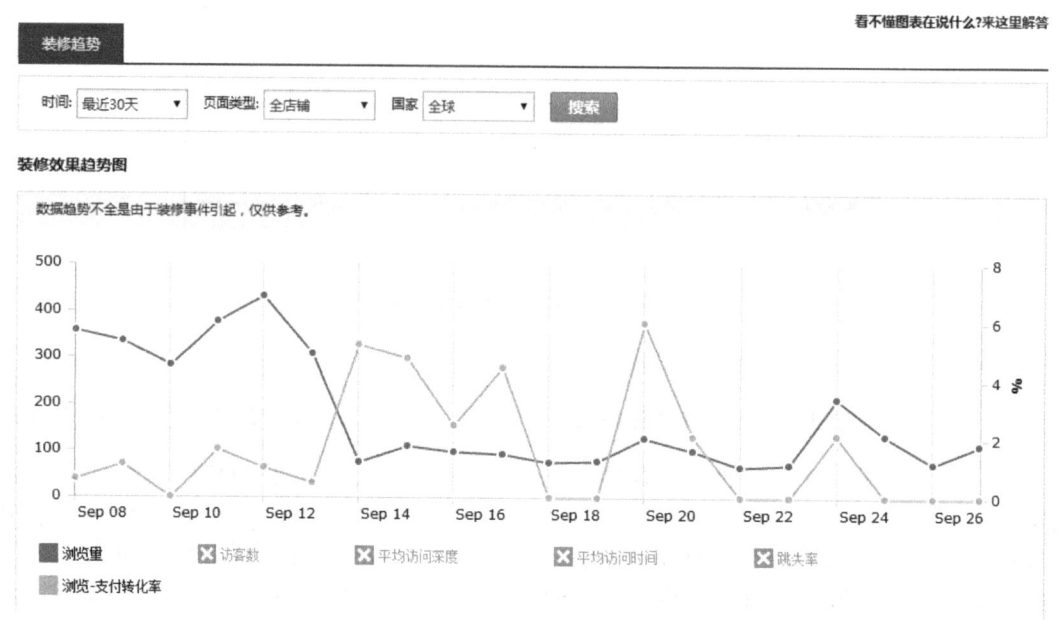

图 7-35　装修效果趋势

五、商品分析

Sunshine 店铺运营人员在对店铺整体做了分析后，接下来对店铺内的商品进行分析。商品分析是通过对搜索曝光量、平均停留时长、下单订单数、支付金额、加入购物车人数等各项指标进行对比分析，找出店铺商品的缺陷，给出解决方案。如表 7-2 所示是商品分析的整个过程。

表 7-2　商品分析的关键指标

关键指标	因　素	解决方案
曝光量	Listing 排名（搜索、类目）	优化标题，优化结构化描述（属性）
点击率	主图	优化主图
转化率	价格	优化供应链
停留时间	宝贝详情页	丰富详情页，主要是图片

Sunshine 店铺运营人员通过批量导出所有店铺商品的数据进行分析，各个关键指标项以需要选取商品的 TOP10 平均值作为参照指标，如图 7-36 所示。这里对店铺内 10 个商品做了问题点评和操作建议。

序号	售价	搜索曝光量	浏览量	访客数	订单数	成交金额	点击率	转化率	存在问题	操作建议
1	$10.37-$10.47	53478	3235	2458	133	$1,850.26	4.06%	5.41%	流量偏低	优化标题属性
2	$9.03-$10.00	69228	2786	2221	130	$1,231.21	3.21%	5.85%	点击偏少	优化图片
3	$8.47-$8.49	56952	3656	2910	108	$1,005.43	5.11%	3.71%	流量偏低,转化低	优化标题属性,打折促销
4	$7.44-$7.44	29214	1955	1494	99	$915.80	5.11%	6.63%	曝光不够	潜力产品,平台活动
5	$7.77-$8.51	104980	3229	2583	81	$660.40	2.46%	3.14%	点击偏少,转化低	优化图片
6	$10.47-$11.52	90445	3838	3246	70	$657.50	3.59%	2.16%	点击偏少,转化低	优化图片
7	$7.59-$8.26	29197	1712	1442	69	$630.41	4.94%	4.79%	曝光不够	优化标题属性
8	$11.93-$12.94	131533	3040	2399	68	$850.51	1.82%	2.83%	点击偏少,转化低	更换图片
9	$9.87-$10.85	57539	2006	1670	68	$933.97	2.90%	4.07%	点击很低	优化图片
10	$14.47-$17.56	97945	4672	3607	67	$1,147.36	3.68%	1.86%	转化差	打折促销
	平均值	72051	3013	2403	N/A	N/A	3.74%	4.04%	N/A	N/A

图 7-36 商品分析表

六、营销助手分析

营销助手分析可以更好地帮助卖家分析各类营销活动效果，提供活动商品必要的数据支持，提升卖家选择活动商品的效率，帮助卖家结合数据有效地选择活动与判断活动效果。Sunshine 店铺运营人员通过"经营分析"—"营销助手"查看到了如图 7-37 和图 7-38 所示的页面，分别为店铺营销概况、店铺活动列表页面。

店铺营销概况   数据统计日期（PST）：最近30天

活动数	活动商品数	活动售出商品数	活动支付金额
17	170	21	$700.9

活动支付金额占比
100.0%

图 7-37 店铺营销概况

活动信息	访客数	下单订单数	浏览-下单转化率	支付订单数	支付金额	操作
店铺限时折扣：9-9 2016-09-25 00:00~2016-09-30 23:59	100	0	0.00%	0	0	趋势图 商品排行
店铺限时折扣：9-9 2016-09-22 00:00~2016-09-29 23:59	41	1	2.44%	1	18.3	趋势图 商品排行
全店铺打折：9-19 2016-09-19 20:00~2016-09-30 23:59	450	5	1.11%	5	102.89	趋势图 商品排行
店铺限时折扣：9-9 2016-09-18 00:00~2016-09-25 23:59	23	0	0.00%	0	0	趋势图 商品排行
店铺限时折扣：9-13 2016-09-13 00:00~2016-09-21 23:59	120	6	4.17%	4	67.62	趋势图 商品排行

图 7-38 店铺活动

单击图 7-38 最后一栏"趋势图"选项，能看到细分数据，如图 7-39 所示可以发现活动期间访客数呈增长的趋势，较上周同日访客数也有所增加。

如果店铺成功报名参加了平台活动，则参加活动的商品点击趋势图会有相应的数据分析，具体了解商品在活动期间的表现，为商品优化和商品分类打下基础。

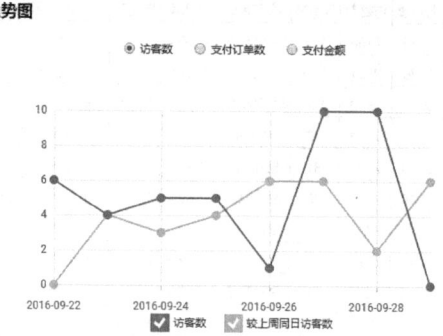

图 7-39　活动期间访客数趋势

任务三　移动端店铺数据分析

自 2014 年以来，速卖通移动端流量和订单数量在不断地增长，而且随着平台对移动端的大力投入，这种增长趋势还会持续，所以作为速卖通卖家都必须重视移动端。

速卖通的移动端一共有四种访问方式，分别是 Android 客户端、iPhone 客户端、iPad 客户端和 M site。前三种是在手机或者 iPad 设备上下载安装 App 来使用的，而 M 站则是为了方便没有安装客户端的买家直接访问而设计的。这四种访问方式展现的布局稍有不同，但内容大同小异。

移动端有着自身的特点——屏幕小、容易受网络速度影响、产品展现方式有限等，根据数据纵横里提供的移动端数据，Sunshine 店铺运营人员重点分析了以下三点。

（1）明确店铺流量来源。
（2）分析店铺相关的数据。
（3）优化提高转化率。

Sunshine 店铺运营人员通过对移动端数据进行分析，找出店铺里适合在移动端推广的产品，并且提高产品在移动端的转化率。

一、移动端店铺流量来源

移动端的流量主要来源于平台活动、类目浏览、自然搜索、PC 端转化和站外流量。

（一）平台活动

移动端的平台活动主要有两类，一类是常规的平台活动，即卖家可以在后台的"营销活动—平台活动"页面选择参加速卖通"移动抢购"活动，这个活动在移动端前台展现的区域是 FLASH DEALS；另一类是平台大促。

点击速卖通卖家后台"营销活动"如图 7-40 所示，可从平台活动的快捷入口进入平台活动报名页面（见图 7-41）。

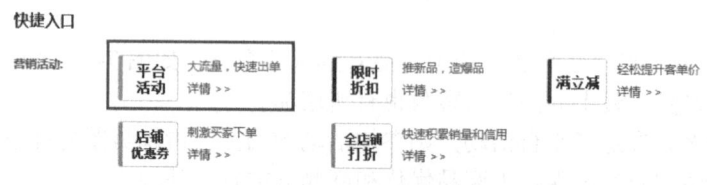

图 7-40　平台活动快捷入口

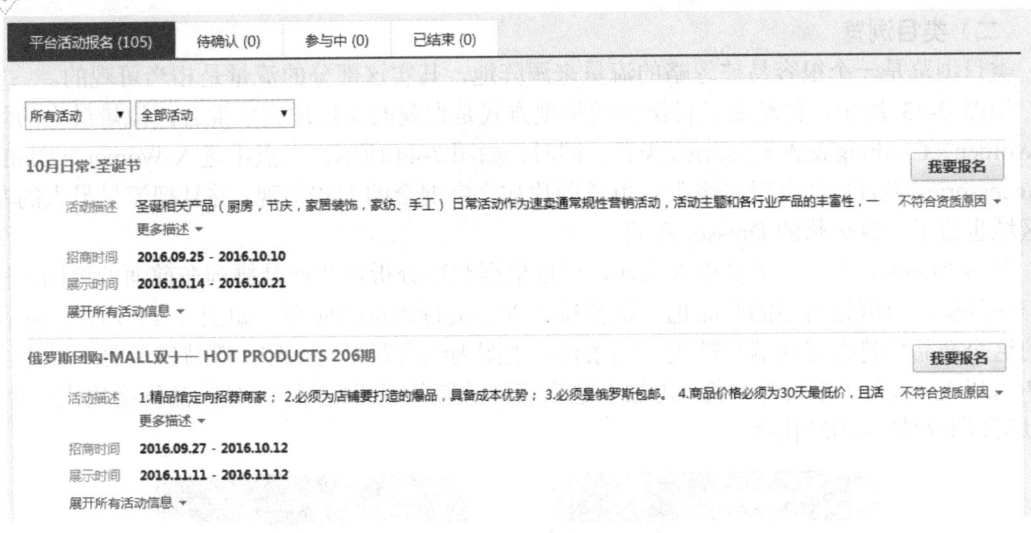

图 7-41 平台活动报名页面

后台报名的移动抢购活动所在区域是 FLASH DEALS，常规状态下在 Android 客户端的第一屏中。在平台大促期间，平台针对移动端重点区域会进行调整，把原本在第一屏显著位置的 FLASH DEALS 挪到第二屏，由于移动端的流量全部集中在了一个小小的屏幕上，所以，平台会根据优先顺序实时调整每一屏的内容。如图 7-42 所示，一个新用户刚进入速卖通平台时，平台会将 New User Perks 调整到第一屏，引导用户进行注册成为会员，这时原本在第一屏的 FLASH DEALS 区域会被移到了第二屏的位置。但是从活动页面点击进入二级页面以后，不管是 FLASH DEALS 产品，还是大促专场的产品，只要产品价格合适、优化得当，得到较高的转化率是顺理成章的事儿。

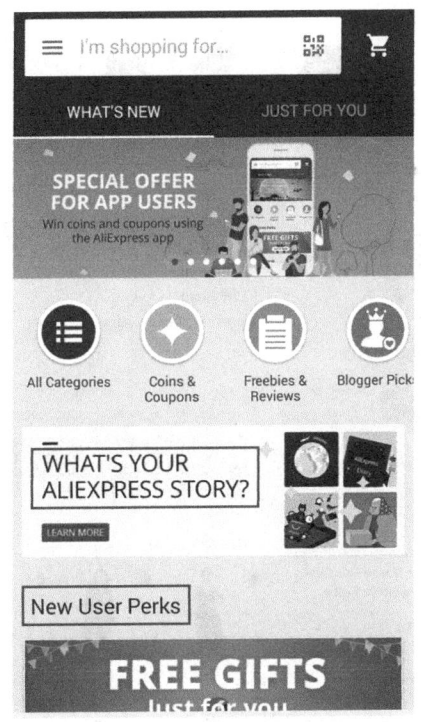

图 7-42 手机端前两屏的内容

(二)类目浏览

类目浏览是一个很容易被忽略的流量来源阵地,其实这部分的流量是相当可观的。

如图 7-43 所示,移动端类目浏览的呈现方式是直观的图片加文字混合,流量最大的区域是 Women's Clothing & Accessories 类目。同时,如图 7-44 所示,当点击进入 Women's Clothing & Accessories 类目后会发现二级类目也是图片加文字混合的方式呈现,并且把流量最大的左上角区域也给了一直火热的 Dresses 类目。

单击"Dresses"二级类目进入页面,可以根据观察分析这些产品排列在前面的原因,积累出一些经验,争取让自己的产品也有机会排在细分类目浏览的前面。如图 7-45 所示,排在前面的这个产品均符合移动端高转化率的条件:主图为纯白背景无水印,模特露脸且产品占主图的 70%以上,参与了手机专享价,再加上这家店铺的服务等级较好,而且产品价格也比较合适,所以可以取得较高的转化率。

图 7-43　一级类目浏览图　　　图 7-44　二级类目浏览图

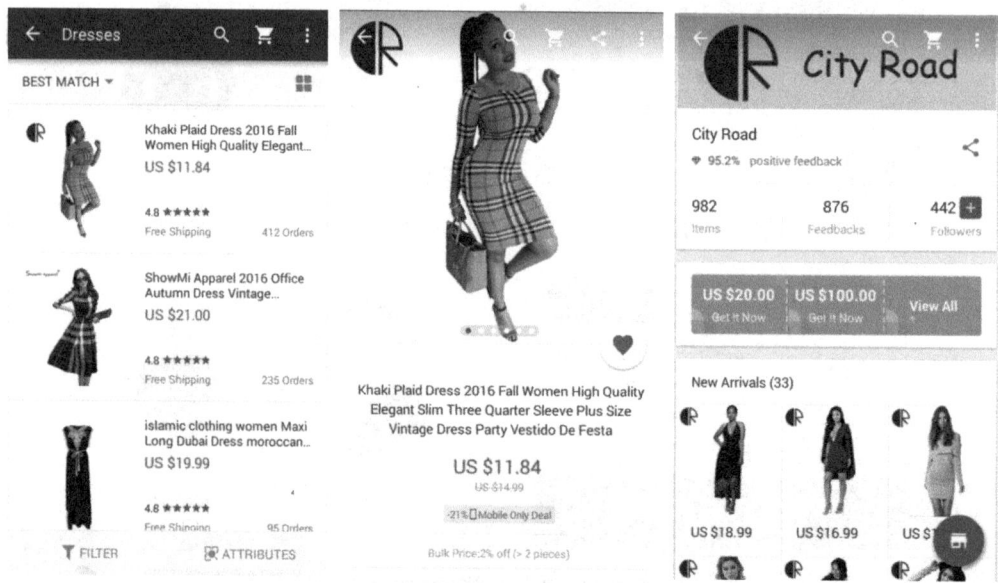

图 7-45　类目浏览排列前面的商品详情

(三)自然搜索

移动端自然搜索排序相比 PC 端会有一些差异,移动端搜索排序倾向于向移动端转化,对店铺的服务等级、产品的优化质量有比较高的要求,同时还要参考是否做自主营销活动或者参加平台活动。如图 7-46 所示,在自然搜索"women dresses"关键词时,排在前面的这个产品也是类目浏览排在前面的产品,各项数据均符合移动端高转化率的条件,可参考借鉴。

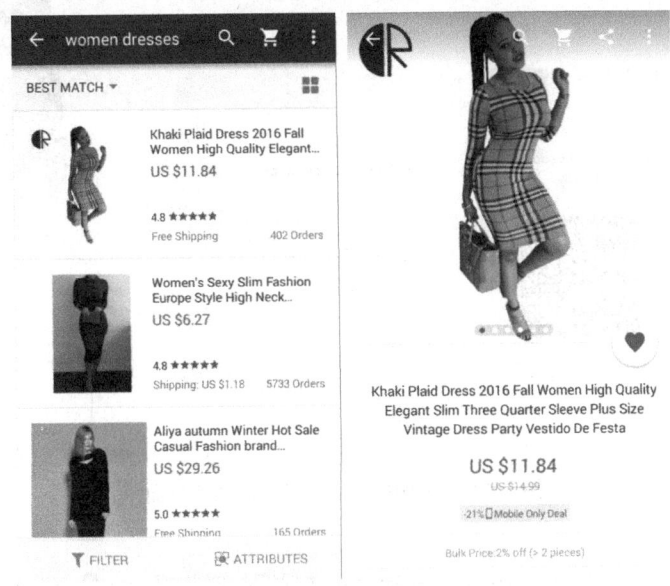

图 7-46　自然搜索排列前面的商品详情

(四)PC 端流量转化

PC 端流量转化主要是指一个产品如果同时做了 PC 端和移动端的限时限量折扣活动时,根据现行规则,移动端的折后价比 PC 端的折后价要低,从而能吸引部分买家通过扫描二维码转到移动端下单。如图 7-47 所示,此款连衣裙在 PC 端的限时限量的折扣活动又做了移动端的限时限量折扣活动时,在 PC 端会出现一行提示"Find more deals on the app",并带有下三角按钮,将鼠标指针放上去之后会出现二维码,当买家用移动端 App 扫描之后会跳转到该产品在移动端的页面。如图 7-48 所示,可以看到该连衣裙在移动端的售价是 11.84 美元,相比 PC 端售价 11.99 美元,买家在移动端会得到实惠,从而提高了移动端的转化率。

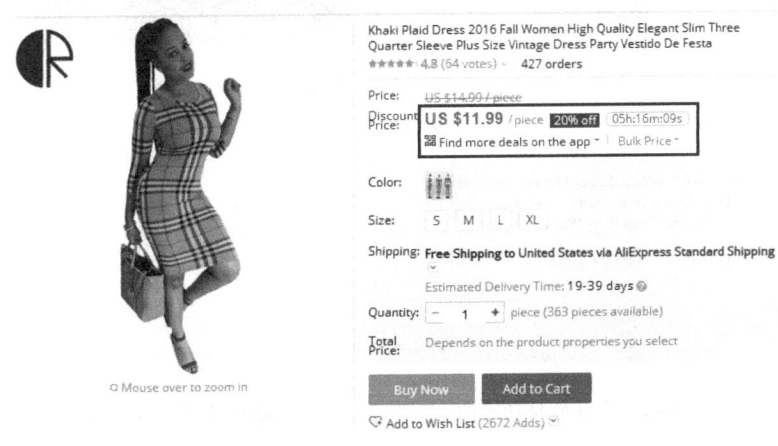

图 7-47　商品 PC 端销售页面

（五）站外流量

站外流量主要由两个部分组成，一个是买家通过移动客户端自带的分享功能将产品分享给好友，另一个是产品二维码的应用。

图 7-48　扫码进入商品移动端销售页面

1. 分享功能

如图 7-49 所示的标注框中的内容就是商品的分享功能。买家手机如果是 Android 操作系统，点击分享按钮之后会出现如图 7-50 所示的分享页面，包括了用户手机里安装的带分享功能的客户端，供买家选择。如果买家的手机是 iOS 系统的，点击分享按钮之后，会出现邮件、Facebook、Twitter 三个分享功能供买家选择（俄语用户还会有一个 VK 功能可供选择）。

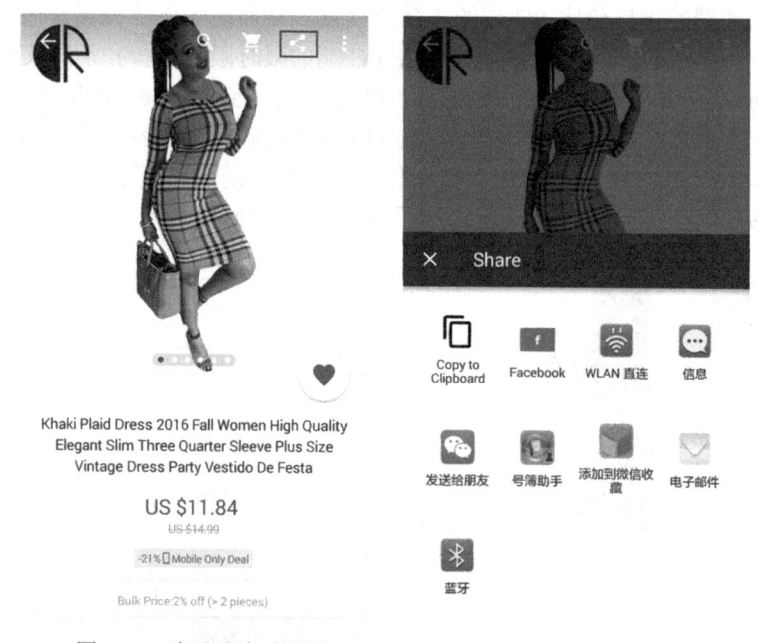

图 7-49　商品分享功能图　　　　图 7-50　分享页面

除此之外，还有一个分享功能出现在买家完成购买评价之后，客户端会弹出引导的对话框，询问买家是否愿意将评价的内容分享到 Instagram 中。

２．二维码的应用

站外流量的另一个来源是二维码的应用，卖家可以将移动端店铺或者店里热销的产品的网址生成二维码打印到纸上放入包裹里，或者印刷到产品包装袋、购物袋上供买家扫描，在买家再次利用购物袋时，又一次增加了二维码的曝光度。这里需要注意的是，不建议商家把二维码贴到包裹上或者直接印在气泡信封上，一是将二维码贴到包裹上或者直接印在气泡信封上很容易被磨损，二是在外包装上印上二维码这种明显的商业广告可能会引起目的国海关不必要的误会，影响通关。

二、移动端店铺数据分析

Sunshine 店铺运营人员在明确了移动端流量来源之后，结合店铺具体情况查看流量进来之后的表现。可以复制转化率高的产品的经验，把转化率低的产品尽量往转化率高的方向优化，从而达到最大化利用流量。

（一）商铺概况

商铺概况的访问路径是卖家后台—数据纵横—成交分析，这里目前是移动端数据信息量最大、最集中的区域。其中主要有成交概况、成交核心指标分析、成交分布三部分内容。

１．成交概况

如图 7-51 所示是 Sunshine 店铺后台中"成交分析—成交概况"截图，从这里可以看到全店铺和 App、非 App 选定时间段内的支付金额、访客数、购买率和客单价。值得注意的是，其中有向上和向下的箭头，这是"上期同比"的意思。

图 7-51　成交概况

上期同比：选定时间段数据与上一个相同时间段数据的对比。

计算公式：（本期数据-对比数据）/对比数据。通过"上期同比"功能可以很方便地看到店铺在指定时间段内的表现是变好了还是变坏了。

如图 7-51 所示，Sunshine 店铺 App 端成交支付金额上期同比下降了 42.37%，访客数下降了 17.55%，浏览-支付转化率下降了 44.83%，而客单价却增长了 24.87%。从这些数据可以看出店铺的外部引流出了问题，店铺需要积极报名参与一些平台活动，结合店铺优惠券来改变店铺流量下降、转化率低的现状。

２．成交核心指标分析

如图 7-52 所示是 Sunshine 店铺后台的成交核心指标分析-App 选项卡截图，从这里可以直观地看到全店产品在 App 上的整体表现。

图 7-52 成交核心指标分析

在日常店铺运营过程中主要关注的指标是搜索曝光量、店铺浏览量和浏览-下单转化率。

搜索曝光量反映的是店铺内产品在移动端搜索排序曝光的能力,有搜索曝光量并不意味着有浏览量。

店铺浏览量反映的是吸引点击流量的能力,店铺浏览量在通常情况下与搜索曝光量成正相关,但在移动平台举行活动期间或者有强势站外引流期间也有可能和搜索曝光量不成正比。

关注浏览-下单转化率主要是为了查看变化趋势,如果一段时间内移动端浏览-下单转化率下降很快,而且一蹶不振,则要结合当时主推商品来具体分析,从主推商品客单价、移动端页面优化和是否参加了活动等多方面找原因,尽可能提高转化率。

如图 7-52 所示,Sunshine 店铺近一个月的搜索曝光量为 74 632,上期同比下降 52.59%,店铺浏览量 2 999,上期同比下降 27.84%,浏览-下单转化率为 0.58%,处在比较低的水平。由搜索曝光量的曲线图不难发现店铺进入 10 月以后整体的搜索曝光量急速下降为零,而且周同比数据几乎都为负数,呈现下降趋势。这些数据都表明店铺进入 10 月之后处于停滞阶段,需积极参与营销活动进行引流,并对店铺页面进行优化整改。

3. 成交分布

如图 7-53 所示是 Sunshine 店铺最近 30 天内支付金额在非 App 端和 App 端的 GMV 分布,可以看出 App 端的支付比率占到了 23.68%,还有很大的发展空间,店铺应结合移动端流量的主要来源不断为移动端引流,提高移动端转化率。同时可以在店铺访客分布里查看买家访问该店铺产品使用的主流方式,有些国家的买家侧重于 PC 端,有些国家买家侧重于移动端。可以针对不同国家买家使用设备的不同侧重而针对性地优化产品,可以在自己的手机上将买家客户端设置为最大来源国的区域和语言来进行调试,以求给访客最好的购物体验。

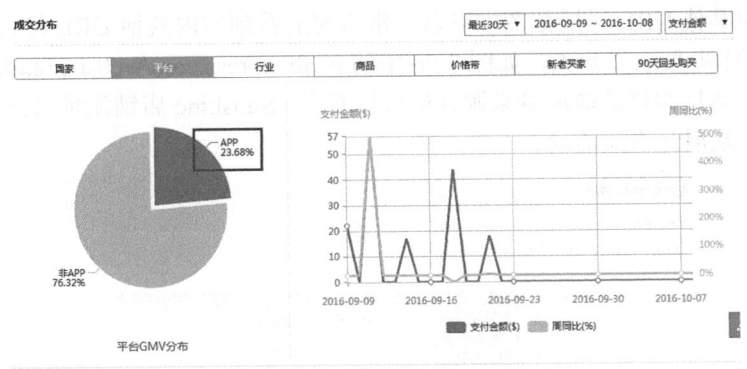

图 7-53　成交分布

（二）商铺流量来源

"卖家后台—数据纵横—商铺流量"来源统计页面中有活动、直接访问、站内其他、站内搜索、购物车、收藏夹、类目浏览、直通车和站外总计这几项，如图 7-54 所示。

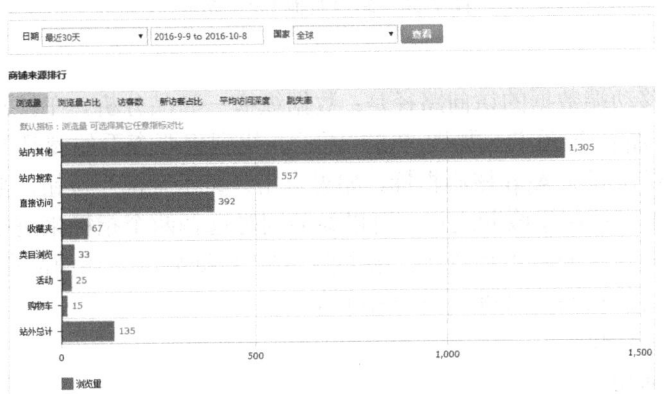

图 7-54　商铺来源排行

图 7-54 中体现移动数据的有两个项目，一个是"活动 URL 详情"，另一个是"站内其他 URL 详情"。其中"活动 URL 详情"中以"http"开头的是经过处理的移动端 URL 来源，由此可以看出移动端活动流量占总体活动流量的大致比例。如图 7-55 所示，这是 Sunshine 店铺参加平台活动期间商铺来源分析中的活动 URL 详情，由于店铺并没有在移动端做活动，因此活动 URL 来源中没有"http"开头的 URL 来源。

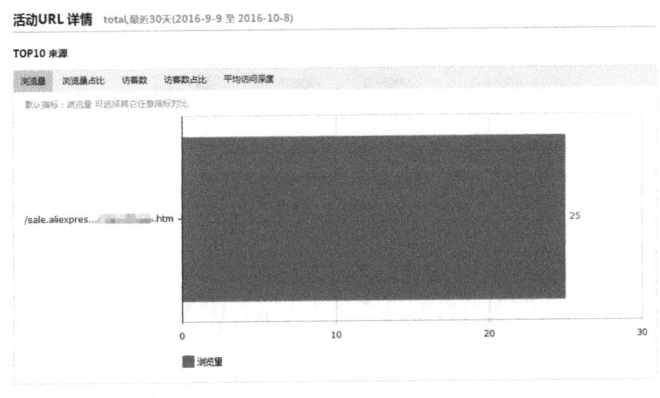

图 7-55　活动 URL 详情

从店铺站内其他 URL 详情截图中可以非常直观地看到站内其他 URL 移动端所占比重，移动端的 URL 一般以"m ."开头，如图 7-56 中的 m.aliexpress.com/website.html。

由以上两个项目的移动端流量来源分析可以看出，Sunshine 店铺流量来自移动端的比例较低，应针对移动端展开引流活动。

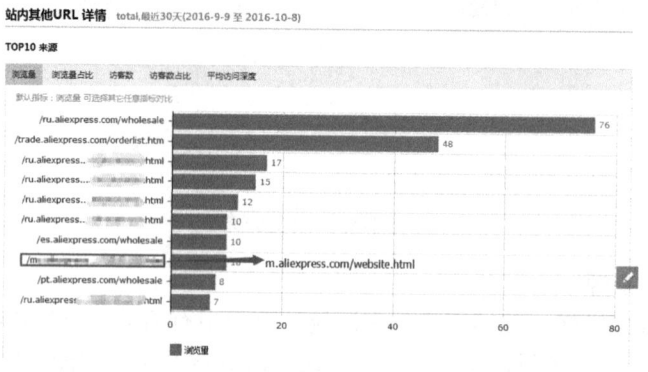

图 7-56　站内其他 URL 详情

（三）商品分析

商品分析有关移动端数据的访问路径是：数据纵横—商品分析，在打开的页面中选择具体商品展开数据分析-App 选项卡。如图 7-57 所示，找到想要查看的商品展开数据之后切换到 App 选项卡，会出现该商品 App 核心指标，如果点击"显示全部"按钮，则会出现该产品 App 全部指标。在把全部指标展示收起之后，可以最多同时选择两个指标来进行分析，查看该产品在指定时间段内的表现是变好还是变坏。根据图 7-57 数据显示，该商品在 App 端的支付金额一直呈现出很不稳定的状态，可以从四个方面来优化：

（1）移动端布局优化。

（2）店铺营销活动。

（3）移动端平台活动。

（4）自主站外引流。

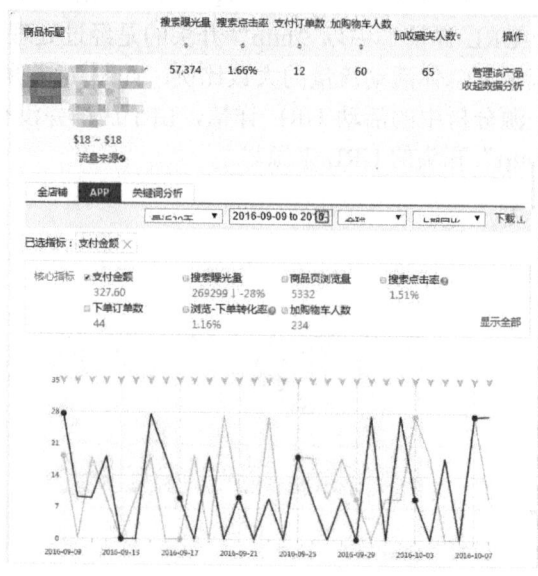

图 7-57　商品分析

（四）数据对比

如果只是单独地查看某一个产品的移动端指标，那么最多只能对此产品进行分析，不能发现比它更优秀的产品，也不利于找准针对移动端的方向。

所以需要对店铺里不同表现的产品进行分析，经过几个核心指标的对比，然后找到转化率高的产品之所以转化率高的原因，从而为产品优化和后续选品提供依据。

如表 7-3 所示，这是 Sunshine 店铺四款不同风格产品的真实表现，它们所在的类目也都不相同，Sunshine 店铺运营人员截取折后价、主图质量、移动详情页质量、活动与否、好评率、点击率、转化率来分析。

表 7-3　数据对比

产品	折后价	主图质量	移动详情页质量	活动与否	好评率	点击率	转化率	产品特点
A 产品	US$9.99	优	优	平台活动	100%	1.87%	8.79%	活动、性价比
B 产品	US$99.99	一般	优	无	100%	2.19%	0.35%	高搜索
C 产品	US$29.99	一般	优	无	96.5%	0.59%	2.79%	普通平价款
D 产品	US$8.99	良	优	店铺活动	100%	5.18%	9.16%	性价比高

根据表 7-3 数据分析结果如下。

A 产品属于典型的针对平台活动优化过的类型，其主图质量优，性价比高，好评率高，转化率高。

B 产品属于新上市的热门搜索类型，但是其价位太高，导致有点击率，但转化率较低。

C 产品属于普通评价大众款类型，因为其价格一般，没有做活动，好评一般，所以转化率也一般。

D 产品属于配件类产品，主图质量良好，性价比高，参加了店铺活动，需求大，转化率高。

综合上述分析，要想让产品在移动端尽可能地实现高点击率、高转化率，最好做到以下几点。

（1）产品日常需求量大或者搜索旺盛。

（2）产品移动端折后性价比越高，转化率就越高。

（3）将主图和移动端详情页质量做到优秀。

（4）参加平台活动或者店铺活动，如店铺自主营销限时限量折扣活动等。

（5）产品好评多，好评率高。

三、移动端优化策略

抛开产品本身的属性，从平台的角度出发，可以从 6 张产品图、手机专享价、详情页这三个方面对移动端产品进行优化。

（一）产品图的优化

当发布产品到了 6 张产品图片这一步时，如果产品图片不符合要求，则平台会在图片缩略图的左上角加上一个感叹号来提醒。与此同时，平台也给出了建议，即图片格式为 JPEG，文件大小在 5MB 以内。图片像素建议大于 800×800。横向和纵向比例建议 1:1～1:3。图片中产品主体占比建议大于 70%。背景为白色或者纯色，风格统一。如果有 LOGO，则建议放置在左上角，不宜过大。

在上传移动端图片时，不用担心上传的图片的体积太大会影响移动端的加载，移动端加载的图片是经过平台系统优化过的，卖家只需要按平台的提示来上传 6 张产品图就好了。而且，这 6 张产品图最好能清晰展示产品的各角度细节，这样一来，就能让买家不需要再在移动端点击 Description 就能看清产品全貌，增加其下单的可能性。如图 7-58 所示为产品图片上传页面。

图 7-58　产品图片上传页面

（二）手机专享价

设置手机专享价（见图 7-59）是一种营销策略，一是为了满足买家"买到打折产品"的心理期望，二是为了让买家在过滤搜索选项时不会因为勾选了"打折"选项而把我们的产品过滤掉。要是能配合店铺优惠券（见图 7-60）和店铺"满立减"（见图 7-61）来设置店铺活动就会让移动端页面更有吸引力。

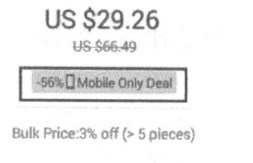　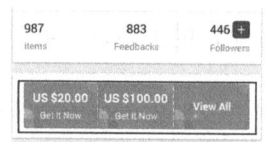　

图 7-59　手机专享价　　　　图 7-60　店铺优惠券　　　　图 7-61　店铺"满立减"

（三）详情页优化

由于现在速卖通平台还没有单独的可以对移动端页面进行编辑的地方，所以必须考虑到产品详情页在 PC 端和移动端的适配。并不是每一个产品都需要进行移动端的优化，因为大部分产品是不需要优化的，只有少数产品在 PC 端编辑时指定了布局宽度才导致移动端页面显示异常（通常是 PC 端页面显示完整但移动端页面只显示出图片的一部分）。当发现在移动端显示异常时才需要到 PC 端后台进行调整，切换到源代码试图，找到布局的宽度值，删掉或者改为 100% 就可以做到和移动端适配。

同样，还要检查自定义产品信息模块，部分产品是因为自定义产品信息模块而导致 PC 端与移动端无法完美适配的。

在调试移动端页面时，还可以用谷歌浏览器模拟各种移动端，访问 M 站的产品链接来进行调试。

模块二　相关知识

一、数据分析常用公式和名词解释

UV: Unique Visitor，网站独立访客，即访问网站的一台电脑客户端为一个访客。
PV: Page View，即页面浏览量或点击量，用户每次刷新即被计算一次。

平均访问深度（PV/UV）：等于 PV/UV，数值越大，买家访问停留页面的时间越长，购买意向越大。

店铺成交转化率：指成交用户数占所有访客数的百分比，即店铺成交转化率=成交用户数/总访客数。

单品转化率：等于单品下单用户数/访客数。

PV 点击率：即浏览量（点击量）占曝光量（流量）的百分比。

二、数据分析常用指标说明

（一）行业情报指标说明

1. 访客数占比

在统计时间段内行业访客数占上级行业访客数的比例。一级行业占比为该行业占全网比例。

2. 浏览量占比

在统计时间段内行业浏览量占上级行业浏览量的比例。一级行业占比为该行业占全网比例。

3. 成交额占比

在统计时间段内行业支付成功金额（排风控）占上级行业支付成功金额（排风控）的比例。一级行业占比为该行业占全网比例。

4. 支付订单数占比

在统计时间段内行业支付成功订单数（排风控）占上级行业支付成功订单数（排风控）的比例。一级行业占比为该行业占全网比例。

5. 供需指数

在统计时间段内行业下商品指数/流量指数。供需指数越小，竞争越小。

（二）搜索词分析指标说明

1. 是否品牌原词

如果是禁限售，你销售此类商品将会被处罚。对于品牌商品，如果拿到授权可以进行销售。

2. 搜索指数

搜索该关键词的次数经过数据处理后得到的对应指数。

3. 搜索人气

搜索该关键词的人数经过数据处理后得到的对应指数。

4. 点击率

搜索该关键词后并点击进入商品页面的次数。

5. 浏览-支付转化率

关键词带来的成交转化率。

6. 竞争指数

供需比经过指数化处理后的结果。

7. TOP3 热搜国家

在所选时间段内搜索量最高的 TOP3 的国家。

8. 搜索指数飙升幅度

在所选时间段内累计搜索指数同比上一个时间段内累计搜索指数的增长幅度。

9. 曝光商品数增长幅度

在所选时间段内每天平均曝光商品数同比上一个时间段内每天平均曝光商品数的增长幅度。

（三）商品分析指标说明

1. 搜索曝光量

在搜索或者类目浏览下的曝光次数。

2. 商品页浏览量

该商品被买家浏览的次数。

3. 商品页访客数

浏览过该商品的买家数。

4. 搜索点击率

商品在搜索或者类目曝光后被点击的比率，其等于浏览量/曝光量。

5. 访客数

访问该商品的买家总数。

6. 成交订单数

该商品在选定时间范围内支付成功的订单数-选定时间方位内风控系统关闭的订单数。

7. 成交买家数

该商品在选定时间范围有过成功交易的买家数。

8. 成交金额

该商品在选定时间范围内产生的交易额。

9. 询盘次数

买家通过该商品单击旺旺与站内信的次数。

10. 成交转化率

该商品有过成功交易的买家数占访问买家总数的比率，等于成交买家数/访客数。

11. 平均停留时间

买家访问该产品所有detail页面的平均停留时间。

12. 添加购物车次数

该商品被买家添加到购物车的次数。

13. 添加收藏次数

该商品被买家收藏的次数。

14. No-Pay比率

该商品在选定时间范围内未成功支付的订单/创建成功的订单。

（四）装修效果分析指标说明

1. 平均访问深度

该来源带来的访客每次入店后在店铺内的平均访问页面数，即人均访问页面数。一段时间访问深度=每天访问深度日均值，即每天访问深度平均值。

2. 平均访问时间

访问时间为用户在一次访问内访问店铺页面的时长，平均访问时间即所有用户每次访问时访问时长的平均值。

3. 跳失率

只访问了该店铺一个页面就离开的次数占总入店次数的比例。一段时间跳失率=每天跳失率日均值，即每天跳失率平均值。

4. 购买率

访问该页面的访客中当天下单的访客/访问该页面的总访客数。

5. 有装修事件
是否装修。

三、影响商品转化率的因素

影响商品转化率的因素有很多，可以归纳为流量、商品本身以及客服跟进这三个方面。

流量方面：宏观角度的影响因素为不同流量来源的占比，例如 PC 端/无线端流量的占比、不同国家流量占比、搜索流量/活动流量的占比。微观角度的影响因素为流量的精准度。

商品本身方面：其中包括价格、物流方案、销量、评价、产品描述、售后服务等因素。

客服跟进方面：客服的服务会影响客户的咨询率、下单率和支付率，进而会影响单品的转化率。

除此之外，品牌影响力、老客户黏度、关联营销等也会影响转化率。

四、站外工具——了解站外市场行情

分析站外数据，可以了解整体的海外市场需求，辅助日常的产品开发。

（一）看海外买家都在搜什么产品

1. Google insight for search

作用：可以查询产品关键字的海外搜索量排序，产品在不同地区、季节的热度分布及趋势。

2. Google AdWords

作用：可以查询关键字和相关关键词的海外搜索量，找到热卖的品类。

3. ebay Pulse

作用：方便查看美国 ebay 35 个大类目下被买家搜索次数最多的前 10 个关键字，进入某个大类目下可以查看二级、三级、四级等类目下被买家搜索次数最多的前 10 个关键字。

（二）看海外市场的热卖商品

1. Watcheditem

作用：方便查看美国 ebay 各级类目下热卖的商品。

2. Watchcount

作用：查看 ebay 各国站点关注度最高的商品。

跨境电商客户服务

跨境电子商务平台除了日常的管理和数据分析外，客户服务也是很关键的工作内容，其中客服的技巧对于促进跨境电商平台的交易量有着很大的作用。如何通过提高客服的技巧，给予顾客更好的体验，减少销售和物流过程中带来的纠纷。在本项目中，通过对速卖通店铺实际客服工作实例做详细讲解，帮助学生掌握跨境电商询盘、客户服务、纠纷处理等平台客户服务的实际工作内容。

 学习目标

知识目标

1. 了解跨境电商客户询盘分析及回复的基本内容。
2. 认识跨境电商客户服务的基本工作内容。
3. 熟悉跨境电商客户纠纷处理的基本要点。
4. 了解跨境电商客户纠纷处理的基本工作流程。

能力目标

1. 掌握跨境电商客户询盘分析方法及回复技巧。
2. 熟悉跨境电商客户服务技巧。
3. 掌握跨境电商客户纠纷处理的方法和技巧。
4. 具备良好的跨境电商客服岗位的学习和适应能力。
5. 优秀的英语听说读写能力。
6. 熟练掌握跨境电商客服沟通工具的操作能力。
7. 良好的沟通能力及团队协作能力。
8. 能够承受客服工作压力并具备较强的责任心。

 项目情景

HAppYOGA CITY 是一家在跨境电商速卖通平台经营时尚女装的店铺如图 8-1 所示，主要商品包括女士夹克、裙子、短裤、大衣、羽绒服等。本项目通过了解该店铺客服人员的日常工作内容，让学生了解跨境电商询盘、客户服务、纠纷处理等具体工作任务及业务流程，最终让学生具备跨境电商客户服务岗位技能及相关的职业素养。

跨境电商客户服务 项目八

图 8-1 HAppYOGA CITY 速卖通店铺首页

模块一 任务分解

☑ 任务一 跨境电商询盘

一、客户询盘分析

（一）买家发送询盘动机分析

HAppYOGA CITY 店铺的客服根据询问的内容将光顾该店铺的买家分为以下几种类型。

1. 明确目的型

这类客户是真正有需要的一类，这点可通过他们询问的内容看出来。如果问得比较具体，如产品的款式、颜色、功能、包装、认证、特定的参数、交货期、订单数量等，都可看出这类客户是诚意度较高的。

2. 潜在客户型

有些客户有了供应商，想再增加几个供应商，或者与原供应商合作不愉快，想换一个供应商，因此发送询盘寻找合适的供应商。有些客户以前从其他市场进口商品，听说中国商品物美价廉，所以发询盘了解商品的价格等情况。有些客户暂时手头没单，但预先了解一下市场情况，以备不时之需。有些在本国是一个大的销售商，需要找一个好的 OEM 工厂帮着做贴牌生产，因此发询盘了解情况。有些经销商产品做得很杂，看到什么产品赚钱就想咨询一下，因此发询盘收集一些想要的产品。

3. 无明确目标型

有些买家刚入行，也不知什么产品好做，因此发询盘广泛收集资料，无非就是要产品价格、图片等。

4. 垃圾类型

有些客户并不是真正想做生意，只是想得到一两个免费样品。有些是借询盘之名，看似要做生意，实际上是骗你帮他办理邀请函。有些询盘是为了引到某个网站上登录，目的是骗取卖家账号等。

分析清楚客户发询盘的目的与意图，客服就知道为什么回复了客户，但有些顾客并不回复的根本原因。

然而，有些买家联系了几次就没音信了。还有的客户一直在联系，就是不下单，HAppYOGA CITY 店铺客服人员对此以客户的身份进行了相关分析。买家的身份不同，处理订单的价格、订单的快慢就不同，这些买家主要可分为下面几类。

第一类：零售商

一般订单较小，但下单频率快，要货急，主要关注价格、交货期，当然质量也是需要的。零售商一般也不太会关注卖家实力多大、公司研发能力等，觉得卖家比较专业，同时和客服人员沟通畅通，下单一般很快。目前在速卖通平台大多数属于这类客户。

第二类：贸易商

对价格较敏感，很多在店铺所在城市有采购办事处，对市场相当熟悉，因此他们会找很多供应商，从中挑选有竞争力的卖家、所以有时虽聊了很久，但可能最终没有选择，也许是沟通问题，也许是询问价格问题，还可能仅仅把店铺列入了潜在供应商名单，贸易商手上一般都有订单，一般会在沟通半个月到一个月时间，会有订单。

（二）分析辨别询盘要点

前面 HAppYOGA CITY 店铺客服人员把询盘的客户进行分类，下面依据具体内容大致可从这三个方面辨别询盘要点。

1. 询盘的内容

收到一封询盘邮件时，判断客户有没有实单、订单大小、需求缓急，可以通过询盘的内容或一两次的沟通看出来。HAppYOGA CITY 店铺客服人员主要从这几个方面来看。

邮件标题：可体现买家的态度，也可看他是群发的询盘，还是单独发给一家的。

产品名称：如果提到具体产品型号、功能、技术参数、颜色、包装等细节，说明顾客是有诚意的。

订单数量：如果问到最小订单量是多少、价格多少，一般来说，这个客户的开始订单量不大，但应该有明确需要了。

产品认证：客人对产品认证很关心，问有没有通过他提出的认证，说明客户可能走超市或其他渠道，订单量应该不错。

关键功能：说明客户有明确需求，只是在物色一个供应商。

交货时间：如果客户明确问到交货时间、付款方式，也可看出是有实单在手，而且可能比较着急。

通过邮件的蛛丝马迹可以判断出一些顾客的心理状况，同时做客服要懂一点儿心理学，当然除了"内容为王"外，还可以从其他方面去分析。

2. 客户的联系方式

公司名称：如果想进一步确定某公司，可以在网上查一下，一般都会有结果。如果网上查不到，说明该公司可能刚起步，也可能不太注重电子商务。

联系电话：如果电话、传真都是一个号，可反映公司小，一般的大公司，传真与电话是不一样的。

办公地址：公司地址写得清清楚楚，就可看出这是一家正规公司，试着通过百度地图查一下，可看出公司的大小。

网站信息：一般来说，正规公司会用企业邮箱，除非他不想让你知道，你可以通过企业邮箱或网址去了解客户，这是一个很好的方法，可初步判断出公司实力、产品范围、销售渠道等。

3. 询盘 IP 地址

HAppYOGA CITY 店铺客服人员一般从速卖通网站上收到的询盘，大都有 IP 地址。通过 http://whois.webmasterhome.cn 可以测出来发邮件的客户来自哪个国家。

（三）如何处理询盘

HAppYOGA CITY 店铺客服人员前面分析询盘的真假、虚实，其分析的目的都是为了更好地与客户沟通，做到有的放矢，不致于事倍功半。分析后该如何处理这些询盘呢？客服主要从这几个方面来做。

1. 垃圾型询盘

对于刚入行的跨境电商客服人员，刚好可以借此练练英文写作水平，但不要抱太大的希望。

2. 无明确目标型

可以建立一个回复的模板，发送时稍稍改动一下称呼，就可以发出去了，根本不占用时间。当然这类客户还是抱一点儿希望的，因为还不能完全清楚其真正的意图，可能有些客户不太懂得如何去写邮件和交流，客服人员需要有一定耐心。

3. 潜在客户型

多引导式提问与沟通，了解客户信息，可以要他们的 MSN、Skype 号等。在沟通过程中，要体现专业与耐心，也许两三个月内有订单，有可能半年后才有订单，做好打持久战的准备。

定期关怀，可以建立一个档案，把那些没有成交的客户信息收集一下，每隔一段时间给他们发一些促销邮件，告诉他们现在的产品的价格，有没有特价。一方面会给人留下深刻印象，另一方面用利益来驱动客户。

利用节假日发一些祝福贺卡与祝福的话，以"情"来打动客户，人心都是肉长的，对客户真诚，客户是可以感觉到的。

4. 目标明确型

需要第一时间回复，但并不是马上回复，可根据国家时差不同，分时间来处理。最好是 24 小时内回复客户。例如 HAppYOGA CITY 店铺客服人员早上打开邮箱，收到一个法国的询盘，完全可以在 14 点去回复客户。

针对客户提出的问题作出准确的回答，给人效率与专业的感觉。

在回复时体现出公司的实力与诚意，让客户感觉与这家公司合作可靠与踏实。

（四）提高询盘回复率

HAppYOGA CITY 店铺客服人员回复客户的第一封邮件非常关键，好比给人的第一印象一样，有时就是"以貌取人"，很多买家就是根据客服第一次回复邮件来筛选回复的对象。大致要注意这样几点。

1. 回复的专业性

你在回复邮件时，是否真正了解自己的产品，对客人提到的关于产品参数、功能、认证、方案等是否有一个清晰的了解。如果一个客服对产品都不熟，就无法让客户信服，客服人员必须掌握客户的心理。

2. 制造"亮点"

如果在回复邮件中没有什么突出的亮点，那如何在众多的邮件堆中给客人留下深刻印象呢？国外的顾客都喜欢专业化、个性化，与众不同的产品才能给别人留下深刻印象。大致可以从这样几个方面注意。

公司介绍：HAppYOGA CITY 店铺客服人员在介绍公司时，把店铺规模、基本情况、知名客户、研发能力、认证情况全都"亮"了出来，这些都是可以让顾客对客户服务加分的方面。

专业报价：HAppYOGA CITY 店铺客服人员根据以前分析的，不同国家、不同身份客户对价格敏感度不同，因此报价时要具体情况具体对待，根据订单量、交货时间、季节不同、贸易术语给出个性化的报价，当然也要留有余地地报价。

清晰图片：客户要图片，HAppYOGA CITY 店铺客服人员一定要发送比较清晰的图片，而且多几个不同方位的。"一张好的图片就是一个无声的销售员"，同时要注意图片容量大小，方便客户浏览与接收。

设置签名档：把 HAppYOGA CITY 店铺的网址、电话、MSN、邮箱、店铺 logo 做一个签名档，高度体现专业。单凭这一点就可以给客户留下与众不同的印象。

3. 注意礼貌性

格式规范：很多人忽视了一封邮件中的字号大小、格式排列等，这好比一个人穿衣，不注意整体形象，随意搭配，会给人不好的印象，同样一封邮件不考虑浏览者的感受，客户会反感的。

主题明确：如果不注意回复邮件时的标题，会导致客户以为是垃圾邮件，一直 delete，可用：HAppYOGA CITY 店铺名+for 产品名称等。

4C 原则：生意人讲究的是效率，因此简洁、清楚是必须的，另外，邮件不能出现单词、语法的错误。

语气礼貌：做生意要讲究"和气生财"，所谓先交朋友再做生意，语气不要太生硬，学会用一些祈使句来表达委婉，另外在称呼上也要注意，毕竟有些客户很在意。对于有些满足不了客户需求的，不要一口气回绝，也不要避而不谈。而应该婉约表达，或者给客户一个不能满足的解释。

4. 与客户打交道的体会

HAppYOGA CITY 客服人员需要自己多做功课，少让客户做功课，急客户所急，想客户所想，客户才会相信你，依赖你，才会持久与你合作。因为外国劳动力成本高，客人有时很忙，或有些客户喜欢边做生意边享受生活，如果能帮他解决很多不必要的麻烦，客户就会对店铺的产品很信任。

客户邮件是很好的免费老师。完全可以从客户邮件中来判断出客户是新手还是老手，性格等方面，所谓"文如其人"。

学会换位思考。我分析是为了更好的沟通，当 HAppYOGA CITY 客服人员知道客户的身份、目的时，就学会站在客户的角度来看待，这样与客户沟通起来才会畅通。

二、客户询盘回复

（一）如何把询盘转化成真实订单

HAppYOGA CITY 客服人员在进行网上贸易的过程中，遇到的买家是多种多样的，因此，客服人员对所有买家在询盘回复前首先都应进行分类管理，这样才能提高效率，增加成交量。

HAppYOGA CITY 客服人员将买家分为寻找卖家型、准备入市型、无事生非型、信息收集型、索要样品型、窃取情报型；其中按地域划分时，又可分为欧洲买家、北美买家、亚洲买家等。因此对买家进行很好地分类，将有助于买家的管理、交易和服务以及前后期的展开工作。

HAppYOGA CITY 客服人员在与买家接触的过程中，必须深入了解买家的各种信息，真正懂得买家的需求和消费模式，特别是店铺主要盈利来的"金牌买家"。因不同的买家对客户服务有着不同的需求，创造不同的利润，所以，HAppYOGA CITY 客服人员应根据买家的需求模式和价值对其进行分类，找出对公司最有价值和最有潜力的买家群以及他们最需要的产品和服务,更好地配置资源,改进产品和服务,牢牢抓住最有价值的买家,取得最大的收益。

（二）如何有效地跟进询盘

1. 区分"大小"买家,识别"好坏"询盘

识别好坏询盘,HAppYOGA CITY 客服人员从以下几点考虑:"看"询价的方式,"看"询价的内容,"看"询盘中的小细节。通过三方面综合考虑,从而更好地识别买家、询盘,找到合适的买家。

2. 把握询盘技巧、及时跟进,包括慎重对待、及时回复

HAppYOGA CITY 客服人员在回复新买家时,除了在邮件中解答买家关心的问题,最好同时将店铺的其他情况介绍给该买家,让买家能够更全面透彻地了解店铺品牌。对外商的询盘遵循快速、准确、全面、具体、清楚、礼貌的原则。对于询盘,HAppYOGA CITY 客服人员要保持持续跟进。在跟进过程中,更重要的是细细体会各种可能发生的情况,积极采取相应措施,激发、把握买家购买意图,实现合作。

3. 如何与买家讨价还价

在外贸过程中,产品价格和质量是决定整个订单成交的核心,几乎所有的新买家在第一次联系的时候都有一个价格周旋的进程。HAppYOGA CITY 客服人员在报价过程中应该注意以下几点:不会轻易报价,讲究报价方式。总之,即使这个价格能接受,也表现得比较委屈和勉强。如果买家一还价,客服马上就松口,买家就知道肯定还有让价的空间,接下来价格就会被越压越低。而且,永远不要在买家面前显示出急躁的态度,客服越着急,买家就越会砍价。有时关于价格的谈判,未必要当天回复,可以等上一两天。

报价技巧:HAppYOGA CITY 客服人员与买家的讨价还价也是一种心理战,把你自己想象成买家,多揣测一下买家的心态,换位思考,会有意想不到的收获。

4. 勿以"单小"而不为

因为"小订单"经常是麻烦多,收益不多,所以很多供应商会对"小订单"加以限制或者规定最小起订量,或者在付款方式上有特别的要求。"小订单"可能已经成了很多外贸人眼里的"烫手山芋",那么,到底是该"接"还是"不接"呢?

"小订单"承接技巧:HAppYOGA CITY 客服人员店铺的自身状况,决定对小订单的处理方案。对于任何小订单,运作程序务必善始善终,做好全面的记录和存档,包括给买家提供样品。保持积极良好的心态,耐心琢磨买家的询盘,发挥出应有的水平给买家留下最好的印象,让"小订单"尽快转化成大订单。

（三）如何给买家寄送样品

样品寄送必然带来相应的成本,所以 HAppYOGA CITY 客服人员在寄样品之前必须对这类询盘作初步判断,确定哪些样品值得寄、如何寄样品才能更好地保护卖家的权益。

1. 无须寄样的情况

第一次发询盘就直接索要样品和产品报价,这些买家目的很简单:骗取样品。对付这样的买家,最好不要直接寄样品,可以先将产品图片发给对方看,若对产品感兴趣,再谈寄样品的事情,这样可以避免很多不必要的麻烦。

一些以前根本没有联系过的国内贸易公司突然以电话或传真的形式表示对你的产品感兴趣,希望能够提供样品供检测等资源。

2. 应该寄样的情况

自己联系的国内贸易公司、买家。对于一些规模较大、在行业内较有名气的买家。买家明确表示将支付样品费以及运费。买家提出已查看公司发布在外贸平台的所有产品,而其中只有与之需求相近的产品,并询问采购要求的产品。

3. 可寄可不寄的情况

遇到这类情况应该按照 HAppYOGA CITY 店铺的实际情况来处理。

（1）选择最佳寄样方式

包括寄样准备（寄样确认、取样原则、与买家确认地址）、寄送方法（邮政的航空大包、航空快递）、寄送支付方式（预付、到付）等方面。

（2）样品寄出后通常有两种情况

① 买家收到样品后，满意并下单。

② 买家收到样品后，没有回复（一般有几种可能）。对于此种情况，要及时和客户沟通，直接问买家就行了。

（3）如何避免样品石沉大海

① 及时通知很重要。

② 样品管理。

③ 跟踪样品情况。

④ 与买家建立稳定的联系。

寄样小结：买家对承担寄样费用的态度，往往能在一定的程度上反映出其合作诚意，因此，应挑选有诚意的买家。合理寄样不仅能促进订单的完成，也能避免贸易双方针对货物品质的贸易纠纷。

（四）与买家沟通的技巧

HAppYOGA CITY 客服人员成功的沟通案例一：

客户发邮件过来说没收到货的例子。

交易日期：11 月 20 日。

客户问题：12 月 5 号收到客户的邮件。

Hi,When did you ship the item? I did not get it yet.

Thanks

收到邮件马上回复：

Dear valued customer:

Your item has been sent by Hong Kong Airmail Service on Nov. 21th. It usually takes 10～20 workdays to reach you, so please be patient.

If you haven't received your package in these days，please contact us.

Hope you would love this item,and have a nice day!

Best regards,

HAppYOGA CITY

收到客户回复：12 月 9 日收到客户的邮件

Hi,I have received the package very beautiful，thank you I love it and will buy again.

Thanks

一般沟通：首先，及时回复。其次，回复的邮件内容里面一定要写明什么时候发的货，用的什么货运方式，大约的到达时间段，等等。

分析：现在一般的卖家都发 EMS，时间比较长，所以客户在等了 10 天左右还没收到来信问也很正常。这种邮件一定要及时回复，不然客户如果等了一两天还没回信，很容易引来投诉或者差评。以上也只是发货过程中的一种情况，还可能是发货后 25 天已经过了，客户还没收到，那就是外一个邮件模板了，根据自己物品的价值大小可以选择重发或者退款，当然最好就是可以让客户自己选择是重发还是退款。

HAppYOGA CITY 客服人员成功的沟通案例二：
客户收到货了，但说收到的货与 gate 广告上的不一样，客户要求退款。
交易日期：11 月 27 日。
客户问题：12 月 16 日收到客户的邮件。

My friend the item arrived today however the faceplace glass insert is all scratches. It's impossible to see the screen. I would like my money back.

收到邮件马上回复：

Hello,

First of all, we are so sorry that you are not happy with this purchase.

If you don't mind, can you take a digital photo to us for investigate? If this is our mistake, send a wrong item to you, we can send a new one to you or we can refund all your payment. We apologize to you once again.

Best regards

收到客户回复：12 月 17 日收到客户的邮件附带了照片。
通过看图片清楚是客户自己不会使用造成的回复邮件如下。

Hello,

I just received the photo you sent to us. There are double screen protector film from both sides, you need to remove these screen protector film. After you do that, you will see the clear screen.

If you have any questions, please feel free to contact us.

Have a good day!

Best regards

客户回复：12 月 18 日收到客户的邮件

Hi, yes, you are right. I just removed the screen protector, the screen is ok now, no scratches, Thank you for your help.

回复客户：12 月 18 日

Hello,**

You are welcome! Hope you would love this item，and hope we can do business again.

Best wishes

一般沟通时需要及时回复，回复的邮件内容里面一定要写明：首先要表示抱歉，然后再让客户拍照片发到 HAppYOGA CITY 的站内信箱，与客户讲明如果确实是 HAppYOGA CITY 客服人员发错货了，愿意重发或者退款。

另外，在圣诞旺季，货物繁多复杂的时候，发错货也是挺正常的事儿，遇到这种情况也不必太慌，也不能凭自己的记忆说一定没发错，基本上买家不会故意说不一样的，有也是个别难缠的客户，所以拍照片是比较好的处理方法。从照片中基本上可以看出物品是什么问题，然后对症下药一一解决即可。

☑ 任务二　客户服务

一、沟通技巧

（一）从订单环节入手

为了减少与顾客不必要的纠纷，HAppYOGA CITY 客服人员就要从订单环节入手并注意多方面的细节。这样一方面从源头避免纠纷，另一方面也可以提高物流表现能力。

下面以HAppYOGA CITY客服人员在针对巴西买家在订单环节的客户服务工作主要有以下五个部分，如表8-1所示。

表8-1 客服针对巴西买家在订单环节的主要工作

订单所处环节	卖家主动联系客服内容	好　　处
平台验款与资金未到账（巴西Boleto付款）	发送邮件，解释平台验款与Boleto付款的时间及原因	防止资金审核较长引起客户误会
发货前准备	询问地址完整，联系方式，个人税号（CPF）或者公司税号，进行海关收税、商品确认等	减少货件丢失，被扣关等
货物在物流途中	主动告知包裹状态；定期发送包裹更新状态	避免买家没有看到客服信息直接纠纷
包裹运输可能超时	主动为买家延长收货时间	避免买家因为临近最后收货确认日期而引起纠纷
包裹成功投递	让买家确认收货，建议买家留好评	缩短回款周期

这里HAppYOGA CITY客服人员要注意的一些问题是：

平台验款与资金未到账环节中，巴西买家往往喜欢用Boleto付款，但是Boleto不是网上实时付款，使用这个方式付款每笔交易一般需要2～7天才能支付。所以使用Boleto或其他付款方式，只有成功到账之后再发货。

发货前准备中，针对商业快递或者大金额的邮政包裹一般都要跟客户要到税号。另外，针对巴西海关的关税情况，也要进行了解，包括以下内容。

1. 商业包裹大部分需要缴纳关税

（1）商业包裹价格在3 000美元以下，可以以个人名义进行清关；

（2）超过3 000美元，必须使用公司进口执照完成清关。

2. 邮政包裹为50美元起征点

（1）个人寄给个人的包裹价格在50美元以下，免税。

（2）个人寄给个人，发货人必须填写为个人，而不是公司。

（3）海关对金额的理解，不仅仅按照申报金额，还要参考市场价格。

（4）如果被认为是商业行为的包裹，那么即使金额较低也会收税。

对于发往巴西的商业包裹，一定要有税号，HAppYOGA CITY客服人员运用了邮政路径，这样扣关可能性较小。在包裹中没有夹售后卡，这样不会被认为是商业行为的包裹。

物流运送途中或超时，巴西顾客收货心理预期是60天，一旦跨过60天，卖家就会很难阐明理由。一般的客户在60～90天往后都会开始投诉，因此最好对每个还没收到货的客户主动延长收货时间。

包裹已妥投，HAppYOGA CITY客服人员首先要运用第三方软件查询已妥投的情况，然后恳求放款和进行好评邮件推送。

除了以上方面以外，HAppYOGA CITY客服人员在日常工作中，要花时间分订单进行查询，对于查询不到的订单要加以重视，一般情况下要进行退款，因为一旦因此被客户投诉，店铺会被冻结7天。

同时，对于巴西物流HAppYOGA CITY客服人员会分为三个阶段跟进。

第一个阶段：30天时一般会把物流跟踪号码、大致的物流信息告知客户。

第二个阶段：45天时会对客户进行安慰，恳求客户耐心等候，表明假如客户没有到货的

话，可以选择退款。

第三个阶段：60 天时由于已经过了忍受期，一般客服人员都会选择退款，要对客户进行道歉，并想尽办法，尽可能地留住客户，希望他们再次光顾店铺。

（二）从纠纷环节下手做好客服

首先 HAppYOGA CITY 客服人员要清楚地了解速卖通纠纷处理的基本流程，如图 8-2 所示。

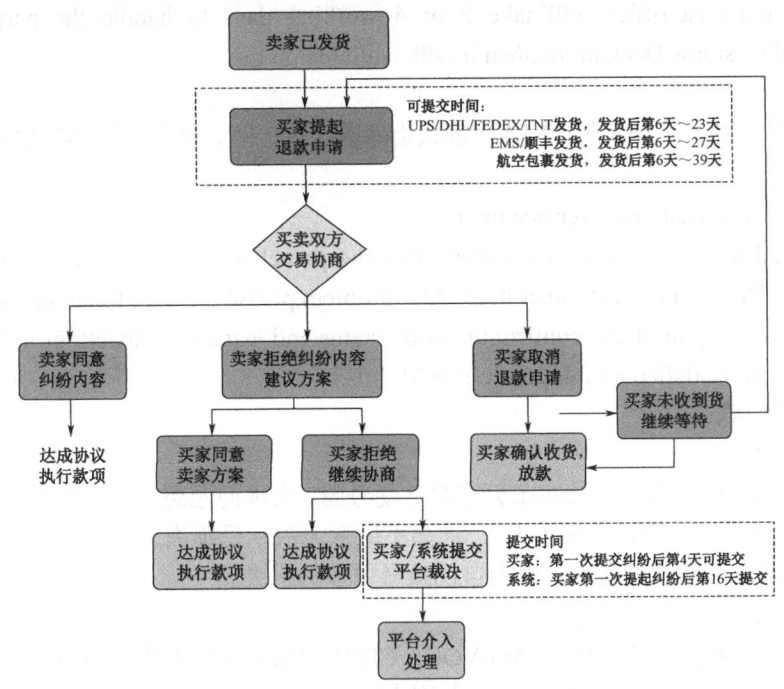

图 8-2 速卖通纠纷处理流程

纠纷分为三种：附和纠纷；拒绝纠纷内容，给予提出建议计划；卖家撤销退款请求。一般都是选用前两种方式，第三种一般很难附和，除非有非常好的回馈给予买家。

附和纠纷：针对物流的时间问题，如果超过了应到达的时间，只要买家提出纠纷，一般都会判定是卖家的责任，因此 HAppYOGA CITY 客服人员会事先与买家商量好达到的时间。

拒绝纠纷：客户以查不到物流跟踪信息为由提起纠纷，HAppYOGA CITY 客服人员首先要对此进行核实，假如真的找不到信息，应该马上给客户退款。因为一旦被路径判定，会关店 7 天。45 天以后提起的纠纷，是否拒绝纠纷可以根据当时承诺达到的时间来定。

（三）关于物流的沟通

1. 售前

HAppYOGA CITY 客服人员对顾客要有亲和力，在沟通中介绍产品相关的信息。

Hello,Dear Friend:

Thanks for your visiting to my online store,if you can not find anything you like,you can tell us,and we will help you to find the source!Thanks again.

2. 售中

HAppYOGA CITY 客服人员在此过程中要留心询问税号，客户下单后，要留心提示客户付款和到货时间等事宜，发货的时候要给用户加以提示。

Dear Friend:

Thanks for buying products from my store.As the request of Brazil Customs,all express parcels imported to Brazil need CPF number for Customs Clearance.

Dear Friend:

 Thanks buying from my online store.

 Please kindly know that Brazil Bank system will take at least 5 days for checking your Boleto payment.After payment done,we will ship it out within 2 days.Thanks again.

 Normally the post office will take 2 or 4 working days to handle the parcel is tracking information and Customs Declafation,then it will available on this.

 3. 售后

 HAppYOGA CITY 客服人员在向客户确认货品送达后，提示对方对此次购物体验给予评价。

Dear Friend:

 This is after-sale customers service mail.

 We received notice of logistics company that the parcel was signed at your address.Is it in a good condition? Do you need any other help? Any problem,please feel free to contact us!

 If all well,would you please confirm the order status and leave a feedback for us? Expect your 5 star for us if you are satisfied.Thank you so much!

 （四）调整心态

 1. 将心比心

 HAppYOGA CITY 客服人员站在买家的角度考虑，出现问题想办法一起解决，而不是只考虑自己的利益。"己所不欲，勿施于人"，谁都不愿意无故承受损失。作为卖家，可以在一定的承受范围内尽量让买家减少损失，也为自己赢得更多的机会。

 2. 有效沟通

 及时回应：买家有不满意时，HAppYOGA CITY 客服人员马上作出回应，与买家进行友好协商。若是买家迟迟未收到货物，在承受范围内可以给买家重新发送货物或其他替代方案。若是买家对货物质量或其他不满意，与买家进行友好协商，提前考虑好解决方案。

 沟通技巧：HAppYOGA CITY 客服人员和买家沟通时注意买家心理的变化，当出现买家不满意时，尽量引导买家朝着能保留订单的方向走，同时也满足买家一些其他的需求。当出现退款时，尽量引导买家达成部分退款，避免全额退款退货，努力做到"尽管货物不能让买家满意，态度也要让买家无可挑剔"。

 3. 保留证据

 HAppYOGA CITY 客服人员对于交易过程中的有效信息都能够保留下来，如果出现了纠纷，能够作为证据来帮助解决问题。

 在交易过程中能够及时充分地举证，将相关的信息提供给买家进行协商，或者提供给速卖通帮助裁决。

 纠纷并不可怕，只要卖家做好充分准备，一切以买家满意为目标，一定会有好的结果。

二、具体问题沟通方案

 （一）客户无法完成下单的沟通方案

 比如 HAppYOGA CITY 的客户来到购买页面，但是无法完成单击"Add to Cart"按钮操作。部分客户用手机客户端登录选购产品，所以有些提示看不见，这个时候就应该想到是否是因为这个原因无法完成下单，如图 8-3 所示。同时客服人员要给客户一定的提示，协助用户把选项填写完整。

（二）客户没有需要的尺寸或颜色的沟通方案

HAppYOGA CITY 的有些客户会问这样的问题："I want light color,but there is no option there,what should I do?"对于客户提出的一些特殊的小要求，或者是更改尺寸、颜色时，HAppYOGA CITY 的客服人员可以告诉他们利用"Message box to seller"功能。客户选择完产品之后，请买家注明特殊需求。

对于买家的这种需求，HAppYOGA CITY 客服人员通常会说："Friend,you can go ahead to place your order and leave the message in the box like:I want one more of …,then I will adjust the price for you,after I change the price,you can make payment then."

大部分人会认为这时买家应该已经明白该如何操作了，实际上还是会有买家再说："Sorry,I am confused what should I do it?"

图 8-3　选项填写完整

这个时候 HAppYOGA CITY 客服人员进一步解释说明："Place the order but stop at the payment page,after I told you pay it and after you see the price changed to the price I told,then put your bank information on the payment page."

这样说明过后，买家就会知道如何操作了，也不会对修改价格有任何疑问。这里需要提醒的是，在修改价格之前，一定要和买家沟通好。否则，如果买家不理解卖家的行为后期去投诉，卖家就有提价销售的嫌疑。

（三）关于付款的沟通方案

1. 客服人员首先要熟悉速卖通的付款方式

HAppYOGA CITY 客服人员了解到，目前平台支持买家通过信用卡（分人民币通道和美元通道）、WebMoney（简称 WM）、T/T 汇款、西联汇款、Qiwi Wallet、巴西 Boleto 这几种方式付款。

2. 买家付款不成功该如何解决

HAppYOGA CITY 客服人员首先要询问一下客户付款不成功的原因，常见请款如下。

一是买家用 Business Card 支付。商务卡目前在速卖通是无法支付成功的，所以客服人员可以建议买家换卡。

二是买家信用卡未开通 3D 密码。HAppYOGA CITY 客服人员建议买家联系发卡行开通 3D 密码即可。偶尔碰到发卡行不支持这种 3D 密码服务或者没听说过 3D 密码的，直接建议更换支付方式（VISA Card 的 3D 密码叫 Verified by Visa（VBV），MasterCard 的 3D 密码叫 MasterCard Secure Code）。

如图 8-4 所示为买家信用卡支付页面。

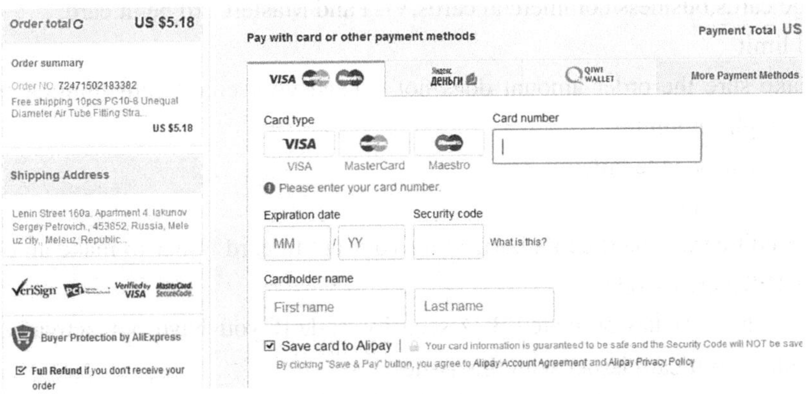

图 8-4　买家信用卡支付页面

更加具体的付款方式说明可以参照如下链接：http://help.aliexpress.com/payment_method.html。

3. 线下交易需谨慎

HAppYOGA CITY 客服人员在将上述问题解决之后，如果还是不能成功付款，有些买家可能会要求使用 PayPal 这样的线下交易，因为它的使用人群广且快捷。这时需要谨慎处理，因为 PayPal 更多地倾向于买家的利益，所以在不得已的情况下，尽量不要使用。若要使用则不可使用除 PayPal 登记注册外的地址进行发货。不可使用 Money Requested，而是使用 Invoice 方式收款。不可与未注册的账户交易。

（四）关于订单关闭的沟通方案

为了保证交易的安全性，保障卖家的利益，降低后期因为盗卡等原因引起的买家拒付风险，速卖通平台会在 24 小时内对每一笔买家支付的订单（信用卡支付的）进行风险审核。如果监测到买家的资金来源有风险（如存在盗卡支付等风险），支付信息将无法通过审核，订单会被关闭。

若订单资金审核不通过，不会影响卖家的账户。订单关闭后，无法重新开启。平台会通知买家申诉，如果买家提供的证明审核通过，HAppYOGA CITY 客服人员则可以让买家重新下单付款。

（五）关于无法完成付款的原因解答

Q:Why did my payment fail?

A:If your payment for an order has failed,please check it is not due to the following situation:card security code failed.

Please note that an incorrect card security code could cause payment failure.Card security code is the short numeric code on the back of your credit card.Please verify that you have entered the correct card security code and try again.

● Insufficient fund.

If you meet the insufficient find error log when you make payment by credit card,please make sure that you have sufficient funds in your account and that payment for your order does not exceed your credit limit.

Please also make sure you have used a Visa or MasterCard personal credit card to finish payment,because at present debit card or business card is unable to be supported.

The credit card type that accept:

When you choose Visa and MasterCard as payment methods,please make sure your Visa or MasterCard is a personal credit card.The following types of credit cards are currently unable to be accepted:charge cards,business/commercial cards,Visa and MasterCard bebit card.

● Exceed limit

Please make sure the order amount does not exceed your credit card limit.Or the payment is unable to go through smoothly.

● The 3-D security code failed.

Please make sure that:

1. Your credit card should be authorized by your credit card issuer to make an online payment by activating 3-D Security Code.

2. Your credit card has activated 3-D security code.If you have not activated 3-D security code,please contact your card issuer with this issue.

The 3-D security code for Visa is called Verified by Visa （VBV） and for MasterCard is called

MasterCard Secure Code.

三、解决差评问题

（一）可能导致差评的因素

1. 商品图片与实物存在差异

有时候为了使自己的产品看起来比较吸引眼球，会在图片处理上或多或少添加一些产品本身没有的效果。这样会给客户一个美好的心理预期，提高客户的期望值。然而，一旦收到实物后与图片对比差别过大，买家就会非常失望，通常买家会在第一时间询问，为什么在颜色或者形状上有差别？

对于这类投诉 HAppYOGA CITY 客服人员会更主动地向买家解释，并提供原有的图片。如果只是因小部分修图处理造成的色差，合理的解释还是可以赢得客户的信任的。在这个过程中要多表现自己对买家的重视，适当地给予下次订单的优惠和折扣。真诚的道歉可以将小事化了，向买家争取好评。

HAppYOGA CITY 运营人员在上传产品图片的时候可以多一些角度的细节图，或者使用一张没有处理过的图片，尽量让买家有全面的视觉印象，避免不必要的投诉和差评。

2. 标题和实际服务情况不符

众所周知，为了吸引买家下单，HAppYOGA CITY 运营人员都会写上"Free Shipping"，实际上对大部分买家也做到了免邮。但是有时会忽略了一些国家的进口政策，比如，美国大于 500 美元申报价值的货物，就要按照重量收取进口关税；加拿大和澳大利亚则是高于 20 美元的货物要收取关税；英国、德国等欧洲国家货物的申报价值必须是 20~25 美元，一旦超出将会有更多的关税产生。

一旦有关税产生，买家必须支付后才能拿到货物。因此 HAppYOGA CITY 客服人员就会遇到这样的问题：

"Why I should pay 25pounds for the package,you told me was free to ship,how could you lie to me？""I am very disappointed."

还有一些比较极端的客户会因为支付额外的费用拒绝签收。这些都是潜在的差评和纠纷。因此 HAppYOGA CITY 客服人员在发商业快递的时候，会注意填写的申报价值，对于货值很高的货物会提前和客户沟通好。

3. 信用卡账户有额外的扣款显示：Aliexpress Charge

速卖通平台针对买家的支付不收取费用，HAppYOGA CITY 客服人员建议买家联系银行并询问是否需要支付手续费。如果买家通过 T/T 转账，买家的银行端一般需要收取一定的手续费。

（二）如何解决差评

1. 由于质量问题产生的差评

（1）HAppYOGA CITY 客服人员在得知买家要求退货的情况下，及时与买家沟通，多为买家考虑，尽量征得买家的理解，有助于解决纠纷。

（2）对于退回的包裹，HAppYOGA CITY 客服人员要检查是否拆开过，检查包裹外包装和寄出包裹的胶带是否完好。没有拆包的原件大多是放心的。如果已经拆开过的包裹，要检验实物是否完好（比如衣服的吊牌、是否试穿过、有没有气味儿等）。

（3）HAppYOGA CITY 客服人员要查看是否在 7 天无理由退换的期限之内，具体从买家收到货物的时间算起。

（4）买家是否正确在网上点击退货退款，尽量在买家投诉，小二介入之前在规定时间内自行解决纠纷。因为小二的介入往往对卖家不利，既要退款还要进行处罚。

（5）关注和学习网上对于退货纠纷的新规则，目前管理者也开始保护正规卖家，不支持恶意买家的行为。

2. 由于买家个人使用不当产生的差评

如果HAppYOGA CITY客服人员在沟通调查当中发现是由于买家个人使用不当产生的差评，有两种解决方案。第一，如果以消除差评为主要目的，应该和买家仔细解释为什么会出现这样的质量问题，在使用操作过程中存在哪些不正确的地方，最后和买家商量以何种方式可以使其满意并修改差评。第二，如果是由于买家个人原因导致的质量问题，我们可以选择差评回复并附上产品的使用说明及事项，这种方法可能是大多数卖家在无法解决差评时不得不采取的办法。

3. 买家在下单前的细节要求没有得到满足产生的差评

有很多买家下单时在订单里留言说"这是为了我的婚礼准备的，请你不要让我失望"等信息。HAppYOGA CITY客服人员遇到这样的订单时，首先应该交代出货的人员特别注意该订单的质量和包装。其次，如果这个客户买了一个非常便宜的产品，但是从询盘的态度上又可以看出他很期待，在这种情况下为了避免差评，应该考虑亏一点儿成本去满足这个客户的心理预期。

为了满足客户的各种细节要求，在发货之前稍微揣摩一下客户心理，一些不必要的差评是完全可以避免的。

（三）如何避免差评

1. 当买家光顾HAppYOGA CITY店铺，询问产品信息

HAppYOGA CITY客服人员跟买家初次打招呼时要亲切、自然，并表达出热情。尽量在初步沟通时把产品情况介绍清楚。

Hello,my dear friend.Thank you for your visiting to my store,you can find the products you need from my store.If there is not what you need,you can tell us,and we can help you to find the source,please feel free to buy anything!Thanks again.

2. HAppYOGA CITY客服人员鼓励买家提高订单金额和订单数量，提醒买家进款确认订单

Thank you for your patronage,if you confirm the order as soon as possible,I will send some gifts. A good news:recently there are a lot of activities in our store.If the value of goods you buy count to a certain amount,we will give you a satisfied discount.

3. HAppYOGA CITY客服人员发货之后提醒买家已经发货

Dear friend,your package has been sent out,the tracking No.is 0000000000 via DHL,please keep an eye on it,hope you love our hair and wish to do more business with you in the future.Good luck!

Dear customer,we have sent the goods out today,and we can receive the tracking number after 12 hours later,we will send you message when we receive it.

The goods you need had been sent to you.It is on the way now.Please pay attention to the delivery and sign as soon as possible.If you have any questions,please feel free to contact me.

4. 当完成交易时，HAppYOGA CITY客服人员对客户表示感谢，并希望顾客下次能够再次回头

Thank you for your purchase,I have prepared you some gifts,which will be sent to you along with the goods.Sincerely hope you like it.I will give you a discount,if you like to purchase other products.

5. 推广新产品，HAppYOGA CITY客服人员在采购季节期间根据自己的经验可以给买家推荐自己热销的产品

Hi friend,

Christmas is coming,and Christmas gifts have a large potential market.Many buyers bought

them for resale in their own store,it is high profit margin product,here is our Christmas gift link,please click to check them,if you want to buy more than 10 pieces,we also can help you get a wholesale price.Thanks.

Regards

6. HAppYOGA CITY 客服人员对于已经下单却还未支付的订单的处理方法

Dear,thank you for your support!We will send out the package as soon as possible after your payment.

Friend,Best wishes to you!Besides,we have two shipping method here:DHL and UPS both can be delivered within 3~5 days,if you only accept DHL,just note it under the order.If you prefer UPS,note at your order as well dear.Thank you.

7. 订单被 AliExpress 关闭时，HAppYOGA CITY 客服人员可以这样回复

Dear,your order has been closed because your credit card has not been approved by the Aliexpress,if you want the hair now,we have prepared for you and you can put a new order. Besides,you can pay through western union,T/T payment or money bookers payment too.Also,please contact with the Ali initiatively!Good luck!

8. 大量订购询问价格

若是赶上采购季节一定要抓住机会，回复一定要详尽，内容一般包括样品的价格、样式、采购量和相应的价格。这个报价建议是包括运费的，而且价格要相对有优势，给买家感觉给了优惠。

Hi friends.Thank you for your inquiry.We very much hope to complete the order with you for me,here is the products link you need,if you buy 100 pieces,we can give you a wholesale price,$25/piece.If you have any idea,please let us know,we will try our best to help you.Looking forward your reply.

Regards

9. 海关问题

由于某些国家海关的严格检查造成货物延误，HAppYOGA CITY 客服人员应及时通知买家。及时的沟通让买家感觉你是一直在跟踪货物的状态，并是一位负责的卖家，更避免造成误会。

Dear friends,

We received notice of logistics,company,now your customs for large parcel periodically inspected strictly,in order to make the goods sent to you safety,we suggest that the delay in shipment,wish you a consent to agree.Please let us know as soon as possible. Thanks.

10. 退换货问题

Dear friend,I am sorry for the inconvenience.If you are not satisfied with the products,you can return the goods back to us.

When we receive the goods,we will give you a replacement or give you a full refund.We hope to do business with you for a long time.

We will give you a big discount in your next order.

Best regards

任务三 纠纷处理

一、纠纷处理对策

HAppYOGA CITY 客服人员在交易过程中要尽量避免纠纷的产生，如果真的产生纠纷了，能够顺利地解决，让买家感到满意，这些措施都会为店铺留住客户，并且产生口碑效应，赢得更多的客户。

（一）纠纷原因和应对方法

1. 买家未收到货物类纠纷

（1）物流状态显示货物还在途中暂未到达

HAppYOGA CITY 客服人员可以和买家沟通先关闭纠纷，并且帮助买家延长收货时间。因为很大一部分客户是害怕自己的利益不能得到保障而提起纠纷的，只要客户的货物还未确认收货，客户都有时间耐心等待收货并且确保资金的安全。

（2）对货物短装的纠纷

提起纠纷的原因通常是订单包含多件商品，卖家通过两个包裹发货，其中一个包裹已妥投，另一个包裹仍在途中。因此买家以未收到货为由提起纠纷，并要求部分退款。

如果遇到这类纠纷，HAppYOGA CITY 客服人员可以拒绝纠纷，并向买家强调另一个包裹仍在运送途中，给买家提供在途包裹的运单号，并帮助买家延长收货时间等待在途包裹的到达。

此类纠纷当平台介入后会邮件给双方告知情况。

● 告知买家：部分包裹在途建议等待，如果包裹妥投请确认收货。

The tracking number shows the goods are in transit, we will ask seller to contact shipping company to confirm the status of package within 3 calendar days.

If you have received the goods in good condition, please cancel this claim and confirm order received.

● 告知卖家：货物运输时间已经超过承诺运达时间，建议积极与买家沟通。

如果相应期限到期后，包裹仍未妥投，卖家应该同意部分退款，并告知买家。

I have agreed to refund you. Firstly I refused your dispute is that because this parcel RB59****564CN is in shipping and I hope it can be shipped and we extended delivery time for you. I do not ignored you. I am very sorry for my late.

（3）海关扣关

交易订单的货物由于海关要求所涉及的原因而被进口国海关扣留，造成买家未收到货物。海关要求所实际的原因包括但不限于：

第一，进口国限制订单货物的进口。

第二，关税过高，买家不愿意清关。

第三，订单货物属于假货、仿货、违禁品，直接被进口国海关销毁。

第四，货物申请价值与实际价值不符导致买家必须在进口国支付罚金。

第五，卖家无法出具进口国需要的卖家应提供的相关文件。

第六，买家无法出具进口国需要的买家应提供的相关文件。

货物被进口国海关扣留时，常见的物流状态为：

● handed over to customs（EMS）

● clearance delay（DHL）

● Dougne（法国，会显示妥投，但是签收人是 Dougne）

速卖通在接到此类纠纷裁决之日起 2 个工作日内会提醒买家和（或）卖家 7 天内提供海关扣关原因信息和证据，根据信息和证据确定责任进行裁决。HAppYOGA CITY 客服人员在货物发出之后及时关注物流情况，出现异常时与买家和物流公司保持沟通，及时了解扣关原因并尽可能提供相关的信息及证据。

（4）包裹原件被退回

交易订单的货物因为买家收货地址有误或不完整无法妥投，或者因买家原因无法清关，导致包裹被直接退回给卖家。

自速卖通通知 HAppYOGA CITY 客服人员举证开始 3 天内，HAppYOGA CITY 客服人员必须提供因买家原因导致包裹不能正常妥投的证明，证明的形式可以是物流公司的查单、物流公司内部发出的邮件证明、与买家的聊天记录等。

（5）包裹或寄往或妥投在非买家地址

由于 HAppYOGA CITY 客服人员填写错了买家的收货地址，或者邮局误将包裹寄往了非买家地址，导致买家无法正常地签收包裹。

自速卖通通知 HAppYOGA CITY 客服人员举证开始 3 天内，提供发货底单及买家要求修改收货地址的沟通记录。若底单上的地址与买家收货地址不一致，且 HAppYOGA CITY 客服人员无法提供证据证明买家要求修改收货地址，即可判定 HAppYOGA CITY 店铺发错地址。

若最终判定为 HAppYOGA CITY 客服人员发错地址，客服人员先尝试物流联系，更改买家收货地址，若更改后买家收到货物，则全额放款。若无法更改或更改后买家还是未收到货物，HAppYOGA CITY 客服人员联系物流取回包裹。

（6）物流信息显示货物已经妥投

物流信息显示已经妥投，但是买家以未收到货提起了退款申请，并且未与 HAppYOGA CITY 客服人员达成一致意见，提交到速卖通进行裁决。

自速卖通通知 HAppYOGA CITY 举证开始 3 天内，HAppYOGA CITY 客服人员必须提供货物妥投的证明（物流公司的物流信息截图、妥投证明等）。

（7）买家拒签

买家拒签包括有理由拒签和无理由拒签。有理由拒签，即当货物递送至买家（包括买家代表）时，买家发现货物存在肉眼可见的货物损坏或与订单不符的情况，例如货物破损、短装、严重货不对版等情况，买家可以当场拒绝签收。无理由拒签，即货物递送至买家（包括买家代表）时，买家无任何理由拒绝签收。

卖家可提供相应的聊天记录和发货物流底单。

（8）因货物途中丢失

HAppYOGA CITY 客服人员跟买家解释纠纷对于店铺的重要性，此外，在肯定货物丢失的情况下重新发货，及时将新的运单给到客户。

2．买家收到货物与约定不符类纠纷

（1）质量问题

HAppYOGA CITY 客服人员及时查找真正的原因，如果是质量问题，可以让客户选择是退款还是保存货物部分款。由于没有纠纷率的顾虑，只要买家接受方案，就可以解决纠纷。

（2）与描述不符

买家收到的货物与 HAppYOGA CITY 店铺在网站相应的产品详情页面的描述，存在颜色、尺寸、产品包装、品牌、款式/型号等方面的差距。

产品描述以 HAppYOGA CITY 在全球速卖通平台上展示的产品描述为准。HAppYOGA

CITY 需要保证产品的描述信息（包括产品标题、产品详细描述页面等）前后一致，如果出现信息矛盾或误导倾向，平台保留最终的纠纷裁决权。如果在买家下订单之前卖家已经明确提示买家产品可能存在颜色的偏差，或产品可能存在一定的误差，并明确了误差大小，自速卖通发出通知起 3 天内卖家需提供有关提示的沟通记录作为证明。

（3）恶意的纠纷

最让 HAppYOGA CITY 客服人员头疼的就是各种各样恶意的纠纷，不知道该如何处理，是忍让妥协还是力争到底？一般恶意的差评无非是买家想要部分退款，在可以接受的范围内，可以小事化了。但是，如果是非常明显且过分的恶意纠纷，可以放心地交给平台处理。

二、处理纠纷过程中提交证据的方法

Media Fire 是美国开发的网络存储性网站，注册会员可以使用该网站上传的下载文档、视频以及可读性文件，如图 8-5 所示。上传及下载文档都必须先在网站上进行注册，用 E-mail 地址即可进行注册。目前，在纠纷阶段遇到容量较大的图片及视频证据时，买卖双方可以将证据上传至 Media Fire，以方便下载查看。网址：http://www.mediafire.com/。

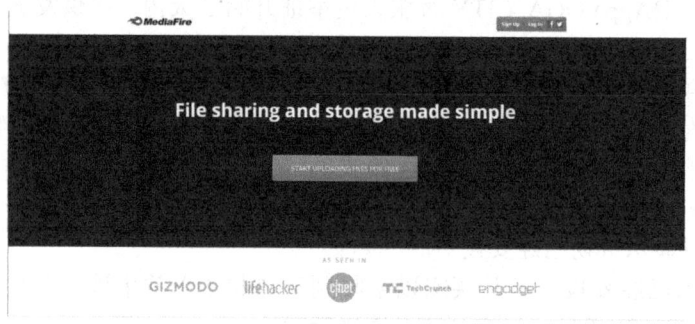

图 8-5 Media Fire 首页

单击"Sign Up"按钮进行注册，可以注册的会员类型有 3 种，其中两种为付费性质，一种为免费性质，免费会员可以使用的最大存储空间为 10GB，如图 8-6 所示。

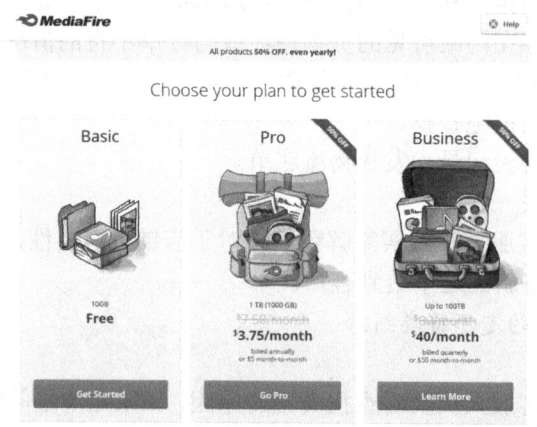

图 8-6 Media Fire 注册页面

选择自己想要的会员类型，单击"Get Started"按钮，在信息填写页面填写完相应的信息后单击"Create Account & Continue"按钮，即可完成注册。注册完成后页面显示如图 8-7 所示。

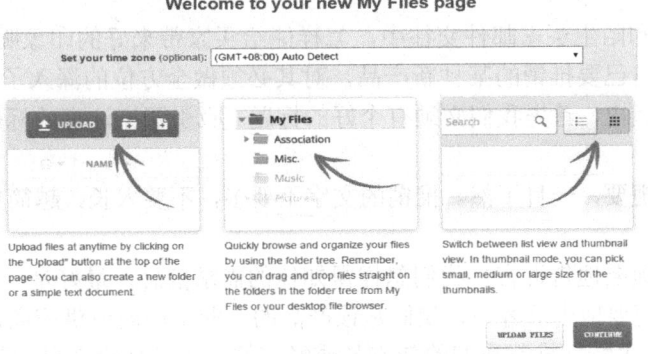

图 8-7　Media Fire 欢迎页面

上传所有需要保存的文件。选择文件后，单击"Upload Files"按钮后，网站进行上传操作，显示如图 8-8 所示。

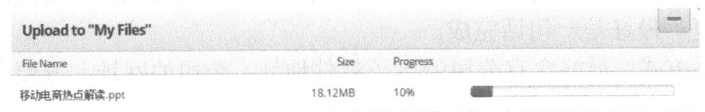

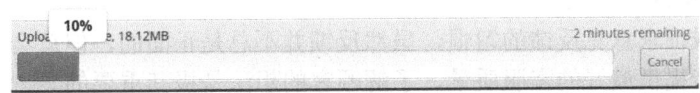

图 8-8　上传文件

上传完成后复制自己的证据链接，放到阿里的平台上，如图 8-9 所示。

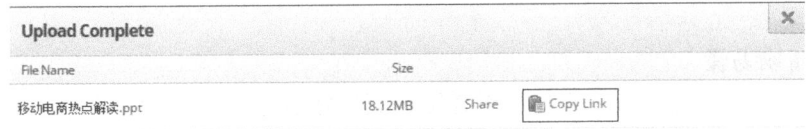

图 8-9　复制链接

模块二　相关知识

一、客户询盘分析及回复技巧

第一封外贸推销邮件在外贸业务中非常重要，就如我们和陌生人交往时彼此之间留下的第一印象。

在我们第一次和陌生买家邮件交往中，怎样能给买家带来好的印象呢？对自己的产品要百分百熟悉，特别是自己要推销的某种新产品，对其必须做全方位的深入了解。

写第一封英文函电，首先我们必须有个好的标题。吸引买家注意的标题，买家才有可能打开看我们的邮件。

其次必须简单扼要，一目了然。推销的文字不要多，不要太长，越简单越好，同时也要介绍自己产品的卖点。

第一段：简明扼要地告诉客户我们怎样得知他的需求信息，最好是一句话。

第二段：简单扼要地告诉客户，我们是该产品的专业生产商或供应商，我们有上乘质量及具有竞争力的价格。再特别推荐我们的新产品或畅销的一个品种给客户。最多不要超过两句话。

第三段：详细地描述所推荐的产品，越全面越好。通常是对产品品名、性能、材料、价格、产品规格、包装规格、技术参数、付款方式、生产时间、样品提供情况等每个环节要做详细介绍，不能太累赘。

第四段：表示希望能够得到客户的评价及回复，如有任何疑问，欢迎随时沟通，我们会在第一时间给予回复。最好是一句话完成。

第五段：联系方式，最好含有公司的电子邮件地址、公司的网址。方便客户更方便回复并对我们有更多的了解。

我们常常出现的问题是用太多的文字来说明自己的公司背景，其实这是很大的败笔。买家每天会收到很多推销邮件，很少有时间来研究你的公司背景。买家常常将烦琐的文字做垃圾邮件来处理，可能不会看我们辛苦写的长的推销邮件，所以简明扼要很重要。

二、客户服务技巧

提高跨境电商客服质量的方法如下。

1. 征求意见反馈

客服需要养成征求意见反馈的习惯，虽然反馈并不总是正面的，但总会对店铺有所助益。如果店铺想尽可能提供最好的客服质量，了解顾客的想法是极其重要的。

2. 提供可选范围

客户来到店铺购物就说明他们希望有选择空间，说到客户服务时，也有必要确保让客户有选择空间，不要只是提供给顾客一张联系表单，还可以向他们提供在线语音、Skype 和免费咨询电话。

3. 信息清晰易懂

为了避免冲突，最好在订单中尽可能详细地交代好信息，即要提供与发退货政策、担保条款、保修以及其他会影响顾客购物体验的详细信息。

4. 投资建设高质量的站内搜索

客服水平很大程度与电商网站的设计方式有关。为了让客户满意并赢得客户，那就在打造高质网站搜索功能方面多一些投入。

5. 提供有价值的跟进工作

消费者在一家网站购物后都有收到恼人邮件的经历。不要成为这样的电商，与其连续数月闲散地给下过单的顾客发送促销信息，不如在他们下单后即刻发出对他们有价值的交易信息和出价。在顾客对店铺还有印象时获得其忠诚度的可能性最大。

6. 提供免费送货服务

电商提高客服质量最好的策略之一就是提供免费送货服务。这会让你多一些支出，但却可

以给顾客留下深刻的印象，一次下单可能带来更多的后续订单。

三、纠纷处理技巧

（一）速卖通纠纷规则

卖家发货并填写发货通知后，买家如果没有收到货物或者对收到的货物不满意，可以在卖家全部发货 5 天后申请退款（若卖家设置的限时达时间小于 5 天，则买家可以在卖家全部发货后立即申请退款），买家提交退款申请时纠纷即生成。

当买家提交或修改纠纷后，卖家必须在 5 天内"接受"或"拒绝"买家的退款申请，否则订单将根据买家提出的退款金额执行。

如果买卖双方协商达成一致，则按照双方达成的退款协议进行操作。如果无法达成一致，则提交至速卖通进行裁决。

（1）买家可以在卖家拒绝退款申请后提交至速卖通进行裁决。

（2）若买家第一次提起退款申请后 15 天内未能与卖家协商一致达成退款协议，买家也未取消纠纷，第 16 天系统会自动提交速卖通进行纠纷裁决。

（3）若买家提起的退款申请原因是"货物在途"，则系统会根据限时达时间自动提交速卖通进行裁决。

（4）对于纠纷，为了改善买家体验和增强其对速卖通平台及卖家平台的信心，速卖通鼓励卖家积极与买家协商，尽早达成协议，减少速卖通平台的介入。如果纠纷提交至速卖通，速卖通会根据双方提供的证据进行一次性裁决，卖家必须同意接受速卖通的裁决。并且，如果速卖通发现卖家有违规行为，会同时对卖家给予处罚。

（5）纠纷提交给速卖通进行纠纷裁决后的 2 个工作日内，速卖通会介入处理。

（6）如买卖双方达成退款协议且买家同意退货的，买家应在达成退款协议后 10 天内完成退货发货并填写发货通知，速卖通将按以下情形处理。

① 买家未在 10 天内填写发货通知的，则结束退款流程并交易完成。

② 买家在 10 天内填写发货通知且卖家 30 天内确认收货的，速卖通根据退款协议执行。

③ 买家在 10 天内填写发货通知，30 天内卖家未确认收货且卖家未提出纠纷的，速卖通根据退款协议执行。

④ 在买家退货并填写退货信息后的 30 天内，若卖家未收到退货或收到的货物货不对版，卖家也可以提交到速卖通进行纠纷裁决。

（二）纠纷对卖家的影响

目前，网站与纠纷相关的卖家考核指标共有三个，分别是纠纷率、裁决提起率、卖家责任裁决率。设定这三个考核标准的初衷，就是为了区分卖家的服务能力，也让买家能够找到服务能力较好的卖家。

经过很长一段时间的分析与研究发现，很多服务能力较强的卖家可以自行协商解决纠纷、解决客户的问题，却依然受到了纠纷率的影响。虽然跨境交易产生纠纷是无法彻底避免的情况，但是就网站而言，平台是希望看到卖家能在买家遇到问题后，有能力且积极主动地联系买家协商解决纠纷从而提升用户体验的。

基于上述原因，速卖通平台从 2014 年 5 月 29 日起，就纠纷相关指标做出以下调整。

（1）取消卖家纠纷率指标的统计及考核，相关页面纠纷率指标的展示全部下线。

（2）加强对裁决提起率、卖家责任率裁决率的考核。

（3）平台活动入选条件之一的纠纷率指标将由裁决提起率代替。

这样一个新规定的出现，就决定了我们应该加强个人解决纠纷的能力。

（三）指标定义及计算方法

1. 裁决提起率

（1）定义：买卖双方对于买家提起的退款处理无法达成一致，最终提交至速卖通进行裁决（claim），该订单即进入纠纷裁决阶段。裁决提起率指一定的周期内提交至平台进行裁决的订单数与发货订单数之比。

（2）计算方法：裁决提起率=过去 30 天内提交至平台进行裁决的纠纷订单数/过去 30 天内（买家确认收货+确认收货超时+买家提起退款（dispute）并解决+提交到速卖通进行裁决（claim）的订单数）。

2. 卖家责任裁决率

（1）定义：纠纷订单提交至速卖通进行裁决（claim），速卖通会根据买卖双方责任进行一次性裁决。卖家责任裁决率指一定的周期内提交至平台进行裁决且最终被判为卖家责任的订单数与发货订单数之比。

（2）计算方法：卖家责任裁决率=过去 30 天内提交至平台进行裁决且最终被裁定为卖家责任的纠纷订单数/过去 30 天内（买家确认收货+确认收货超时+买家提起退款（dispute）并解决+提交到速卖通进行裁决（claim）并裁决结束）的订单数。例如，截至统计日，某卖家历史上一共发货 100 笔订单，其中 40 笔订单在 30 天前已经交易结束，10 笔订单在统计之日仍处于"等待买家确认收货"状态，余下的订单是需要进行统计的，在过去 30 天内这些订单分别经历了以下状态。

30 笔买家确认收货，11 笔确认收货超时，9 笔买家提起退款。买家提起的 9 笔退款订单中 1 笔买家取消了退款申请并确认收货，5 笔与买家协商解决了，3 笔提交至速卖通进行裁决，最后有 2 笔裁定是卖家责任，另外 1 笔还未裁决，则该卖家的裁决提起率和卖家责任裁决率分别为

裁决提起率=3/(30+11+1+5+3)=6%

卖家责任裁决率=2/(30+11+1+5+2)=4.1%

（3）处罚细则如表 8-2 所示。

表 8-2 处罚细则

指标	考核点	处罚措施
纠纷率	卖家被提起纠纷的情况	影响卖家的产品曝光
裁决提起率	卖家未解决的纠纷提交到全球速卖通的情况	严重影响卖家的产品曝光，比率过高，会导致卖家的产品一段时期内无法被买家搜索到
卖家责任裁决率	速卖通裁决的卖家责任纠纷订单的情况	

注：系统会每天计算重要指标的数值，根据数值及时进行处罚更新。

（4）什么是 ODR

卖家服务等级每月末评定一次，考核过去 90 天内卖家的经营能力，包括买家不良体验订单率、卖家责任裁决率、好评率等，重点考核体现卖家交易及服务能力的一项新指标——买家不良体验订单率（Order Defect Rate，ODR），即买家不良体验订单占所有考核订单的比例。根据考核结果将卖家划分为优秀、良好、及格和不及格卖家，不同等级的卖家将获得不同的平台资源。

买家不良体验订单率 ODR=买家不良体验订单数/所有考核订单数。这里涉及两个概念：买家不良体验订单和所有考核订单。

买家不良体验订单是指考核期内满足以下任一条件的订单。

考核订单指以下任一时间点发生在考核期内的订单：卖家发货超时时间、买家选择卖家原

因并成功取消订单的时间、卖家完成发货时间、买家确认收货或确认收货超时时间、买家提起/修改纠纷时间、仲裁提起/结束时间、评价生效/超时时间。

总结来说,就是从订单开始到结束,每一个环节里出现的问题都会对自己的卖家服务等级造成影响。

(四)卖家服务等级的划分

历史累计结束的已支付订单数≥30笔的卖家,将根据卖家在考核期内的表现分为优秀、良好、及格和不及格4个等级,各等级要求如表8-3所示。

表8-3 卖家服务等级的划分

评级	优秀	良好	及格	不及格
评定标准	符合以下所有条件: 1. 考核期内结束的已支付订单数≥90笔 2. ODR<2.5% 3. 卖家责任裁决率<0.8% 4. 90天好评率≥97%	符合以下所有条件: 1. ODR<4% 2. 卖家责任裁决率<0.8%	符合以下所有条件: 1. 4%≤ODR<8% 2. 卖家责任裁决率<0.8%	符合以下任一条件: 1. ODR≥8% 2. 卖家责任裁决率≥0.8%

特别说明

(1)结束的已支付订单指买家支付成功且处于"已完成"和"已关闭"状态(除资金审核未通过、未成团外)的所有订单。

(2)90天好评率=过去90天内产生的好评率/(过去90天内的好评数和差评数总和)。

(3)卖家责任裁决率指过去90天内提交至平台进行裁决且最终被判为卖家责任的订单数与发货订单数之比。计算方法:卖家责任裁决率=过去90天内提交至平台进行裁决且最终被裁定为卖家责任的纠纷订单数/过去90天内(买家确认收货/确认收货超时+买家提起退款(dispute)并解决+提交到速卖通进行裁决(claim)并裁决结束)的订单数总和。

(4)在考核期内,买家不良体验的订单来自2个及以下买家时,将不考核ODR。

(5)在考核期内,卖家责任裁决订单数仅为1,将不考虑其卖家责任裁决率。

(五)卖家服务等级的资源

不同等级的卖家将在橱窗推荐数量、搜索排序曝光、提前放款、平台活动、店铺活动等方面享有不同的资源。等级越高的卖家享受的资源奖励越多,"优秀"卖家将获得"Top-rated Seller"的标志,买家可以在搜索商品时快速发现优秀卖家,并选择优秀卖家的商品下单。指标表现较差的卖家将无法报名参加平台活动,且在搜索排序上会受到不同程度的影响。详见表8-4。

表8-4 不同等级卖家奖励资源

奖励资源	优秀	良好	及格	不及格	成长期
橱窗推荐数	10个	5个	2个	无	2个
搜索排序曝光	曝光优先+特殊标识	曝光优先	正常	曝光靠后	正常
提前放款特权	有机会享受最高放款比例	无法享受最高放款比例	无法享受最高放款比例	无法享受最高放款比例	无法享受最高放款比例
平台活动	优先参加	允许参加	允许参加	不允许参加	允许参加
店铺活动	正常	正常	正常	活动时间和数量大幅减少	正常
营销邮件数	500	200	100	无	100

（六）如何提升卖家服务等级

在解决这个问题之前，我们可以先问自己一个问题：为什么速卖通平台要把卖家服务等级作为考核一个店铺的标准，甚至变成了影响曝光的原因？

因为卖家的商品质量及服务能力对于买家的购买决策有着决定性的影响，特别是商品的描述及评价、沟通效率、纠纷处理效率和态度等方面，买家希望在选择商品时能快速识别商品和服务表现皆好的卖家。

从卖家的当月服务等级分析，好评率及卖家责任裁决率都在可控范围内。

在详细指标中可以看出，DSR 是提升服务等级的重要因素。

DSR 是评价系统中的一个环节，长期以来一直被卖家和买家所忽视。如果说中差评可以通过人为因素和后期弥补来挽回，那么 DSR 则是评定一个卖家、一个商品最客观的标尺。DSR 卖家分项评分，指买家在订单交易结束后以匿名方式对卖家在交易中提供的商品描述的准确性（Item as Described）、沟通质量及回应速度（Communication）、物品运送时间合理性（Shipping Speed）三方面服务作出的评价，是买家对卖家的单向评分。

信用评价买卖双方均可以进行互评，但卖家分项评分只能由买家对卖家做出。

以下是如何提升卖家分项评分的总结。

1. 提高商品描述的准确性

在商品详情页和店铺装修中，凡是可能会影响买家购物判断的图片、描述、物流运达时间等因素都应该及时修改。

2. 提升客服人员的素质和沟通回复效率

在第二项沟通质量上，有很多卖家都亮红灯，这与客服人员的专业能力和反应速度以及沟通技巧有非常重要的关系。

建议做到：

（1）24 小时旺旺在线。

（2）及时回复买家询盘并耐心解答。

（3）注意引导买家正确理解产品性能。

3. 物流速度

物流问题是卖家没有办法控制，也是很多卖家头疼的问题。如果选择线上发货的话，这个部分的问题可以不用担心。如果是自己发货，一定要做到以下几点。

（1）货物发出时，要给买家留言。

（2）货物有清关问题时要及时和买家联系。

（3）在遇到一些不可抗力因素导致物流缓慢时要提前告知买家。

相信如果做到这些，对于服务等级的提升将是非常有帮助的。

参考文献

（一）参考书籍

[1] 丁晖. 跨境电商多平台运营[M]. 北京：电子工业出版社，2015.

[2] 李鹏博. 揭秘跨境电商[M]. 北京：电子工业出版社，2015.

[3] 速卖通大学. 跨境电商数据化管理[M]. 北京：电子工业出版社，2016.

[4] 速卖通大学. 跨境电商营销[M]. 北京：电子工业出版社，2015.

[5] 速卖通大学. 跨境电商美工[M]. 北京：电子工业出版社，2015.

[6] 速卖通大学. 跨境电商客服[M]. 北京：电子工业出版社，2015.

[7] 阿里巴巴商学院. 跨境电商基础、策略和实战[M]. 北京：电子工业出版社，2016.

（二）参考网站

[1] http://www.globalsources.com/

[2] http://www.cifnews.com/

[3] http://www.ebrun.com/

反侵权盗版声明

电子工业出版社依法对本作品享有专有出版权。任何未经权利人书面许可，复制、销售或通过信息网络传播本作品的行为；歪曲、篡改、剽窃本作品的行为，均违反《中华人民共和国著作权法》，其行为人应承担相应的民事责任和行政责任，构成犯罪的，将被依法追究刑事责任。

为了维护市场秩序，保护权利人的合法权益，我社将依法查处和打击侵权盗版的单位和个人。欢迎社会各界人士积极举报侵权盗版行为，本社将奖励举报有功人员，并保证举报人的信息不被泄露。

举报电话：（010）88254396；（010）88258888
传　　真：（010）88254397
E-mail：　dbqq@phei.com.cn
通信地址：北京市万寿路173信箱
　　　　　电子工业出版社总编办公室
邮　　编：100036